江西经济管理干部学院
江西省工业和信息化委员会

Report on the
Development of Jiangxi Industrial
Clusters in 2015

2015年
江西产业集群发展报告

经济管理出版社
ECONOMY & MANAGEMENT PUBLISHING HOUSE

2015年江西产业集群发展报告

顾　　问　谢　斌

主　　编　杨人平　秦夏明　陈世伟

副 主 编　（按姓氏笔画排序）

　　　　　时炼波　罗时万　徐思龙　樊小青

成　　员　（按姓氏笔画排序）

　　　　　邓　虹　王　珏　江智萍　李方明　李彩霞

　　　　　肖永平　肖文胜　张明勇　张夏添　宋艳萍

　　　　　吴超鹏　罗乐娟　夏　妍　衷　欣　黄小平

　　　　　黄海明　曹国平　韩树全

前　言

产业集群不仅是产业成长过程中的历史现象，而且也是现代产业发展的特征。用产业集群一词对集群现象进行分析，首先出现于波特的《国家竞争优势》一书中。他指出，集群不仅仅能够降低交易成本，提高效率，而且能够改进激励方式，创造出信息、专业化制度、名声等集体财富。更重要的是，集群能够改善创新的条件，加速生产率的成长，更有利于新企业的形成。针对全球快速发展区域出现新的产业集群特征，波特指出，当今世界经济地图由"集群"（Elusters）所控制。

改革开放以来特别是近年来，产业集群已成为我国区域经济发展的重要产业组织形式和载体。随着国家统筹区域发展战略的实施和区域经济结构调整步伐的加快，目前，东部沿海省市产业集群已占到本区域工业增加值的50%以上。实践表明，产业集群在强化专业化分工、发挥协作配套效应、降低创新成本、优化生产要素配置等方面作用显著，是工业化发展到一定阶段的必然趋势。引导和促进产业集群发展，有利于优化经济结构，转变经济发展方式；有利于集约使用土地等资源，集中进行环境治理；有利于带动中小企业发展，提升区域和产业竞争力；有利于统筹区域和城乡发展，加快工业化和城镇化进程，对于实现全面建设小康社会目标和社会主义和谐社会建设具有十分重要的意义。

江西产业集群"始于汉室"。2000多年前，中国瓷都景德镇（旧称新平）陶业的兴起，揭开了江西传统产业集群的序幕。20世纪90年代以后江西现代产业集群初露端倪，至今形成了以现代制造业为主体，以各类工业园区为载体，多行业、多层次、跨区域的发展格局。据统计，2014年，全省60个重点产业集群主营业务收入达到8200亿元，比上年增长20%，占全省规模以上工业的比重为30%左右，跨15大产、行业，分布在45个县、区、市，100亿元以上产业集群达到35个，其中200亿元以上12个、500亿元以上1个；提供的就业岗位占江西工业园区用工岗位的一半以上。实践表明，江西产业集群已经成为发展升级的主要抓手、小康提速的重要途径、绿色崛起的重要依托、实干兴赣的重要体现。

放眼全国，江西省产业集群与发达省份相比仍有较大差距。主要表现在：一是整体规模偏小。2014年，全省60个重点产业集群中主营业务收入还没有1个千亿级的产业集群。二是产业层级较低，创新能力不强。大多数产业集群技术含量较低，自主品牌和创新能力缺乏，陷入"低端锁定"和"高端不足"发展困境。三是产业链不完整，集约化程度偏低。大多数产业集群的企业主要集中于产业链微笑曲线的制造端环节，社会化服务体系不健全，特别是对产业集群配套的生产性服务业发展滞后，有些对分散排放没有集中治理，环境污染严重，有些落后生产能力在产业转移中没有依法淘汰。面对这些问题，如何培育和发展一批特色明显、结构优化、体系完整、环境友好和市场竞争力强的产业集群，切实推动产业集群转入科学发展轨道，是摆在决策者、研究者、管理者面前的重大课题。

为促进江西省产业集群的健康、快速、可持续发展，江西经济管理干部学院和江西省工业和信息化委员会共同发布《2015年江西产业集群发展报告》。旨在对江西省产业集群发展现状进行及时追踪，对其发展水平进行客观评价，对其经验和教训进行深入剖析，对其发展前景进行理性展望。

　　为编撰好《2015年江西产业集群发展报告》，江西经济管理干部学院与江西省工业和信息化委员会联合成立了专家组和课题组。专家组和课题组在调研、研讨和撰稿过程中得到了省直有关部门、有关县区和工业园区的大力支持，在此特别感谢。

　　我们深知全面、系统、科学地研究全省产业集群发展问题的难度大、工作量也大，虽然课题组成员非常努力、勤勉地去攻克这一难题，但受研究条件、研究能力限制，这部报告自然不尽如人意，还有不少产业集群没能纳入研究范围，其中的错误与不当之处也很多。我们恳请关心江西产业集群发展的各界人士不吝赐教。由于撰写时间仓促，本报告还有许多疏漏和不足之处，欢迎各位读者提出宝贵意见。

江西经济管理干部学院
江西省工业和信息化委员会
2015年3月

目　　录

第一部分　理论前瞻

产业集群博弈分析 …………………………………………………………… 3
江西产业集群嵌入全球价值链的思考 ………………………………………… 9
江西承接产业集群转移对策研究 ……………………………………………… 18
江西产业集群现状与发展对策分析 …………………………………………… 25
对江西创新型产业集群的基本判断及对策分析
　　——基于对先进地区国家级创新型产业集群经验的学习与反思 ……… 32

第二部分　光电产业集群

新余市光伏产业集群发展分析报告 …………………………………………… 47
南昌市光伏产业集群发展研究
　　——基于产业链的视角 …………………………………………………… 54
南昌市与深圳LED产业集群比较研究 ……………………………………… 66
武宁县节能灯（绿色照明灯饰）产业集群发展对策研究 …………………… 78
信丰县电子信息产业集群发展研究 …………………………………………… 84
余江县微型元件产业集群发展研究 …………………………………………… 91

第三部分　家具建材产业集群

南康区家具产业集群发展研究 ………………………………………………… 99
宁都县门业产业集群发展的对策建议 ………………………………………… 111
高安市建筑陶瓷产业集群发展经验总结 ……………………………………… 117

第四部分　新材料产业集群

永修县有机硅产业集群发展研究 ……………………………………………… 127
新余市钢铁及钢材深加工产业集群发展分析报告 …………………………… 135
南昌市有色冶金新材料产业集群发展研究 …………………………………… 147
萍乡市粉末冶金产业集群发展分析 …………………………………………… 154
萍乡市芦溪县电瓷产业集群案例分析 ………………………………………… 159

— 1 —

萍乡市工业陶瓷产业集群发展对策研究……………………………………… 164
上犹县玻纤及复合材料产业集群发展研究…………………………………… 171
横峰县有色金属产业集群竞争力研究………………………………………… 176

第五部分　航空汽车产业集群

景德镇市直升机产业集群发展研究…………………………………………… 183
南昌市航空产业集群发展研究………………………………………………… 192
南昌市汽车产业集群升级研究………………………………………………… 206

第六部分　矿产加工产业集群

鹰潭市铜产业集群发展研究…………………………………………………… 219
赣州市稀土产业集群发展对策研究…………………………………………… 232
石城县矿山机械产业集群发展研究…………………………………………… 242

第七部分　纺织服装产业集群

南昌市纺织服装产业集群发展研究…………………………………………… 249
奉新县纺织产业集群案例研究
　　——从波特钻石模型视角分析…………………………………………… 256
于都县服装产业集群发展分析………………………………………………… 262

第八部分　食品医药产业集群

袁州区医药产业集群发展研究………………………………………………… 269
樟树市中医药产业集群发展研究……………………………………………… 276
金溪县香料香精产业集群发展案例研究……………………………………… 282
推动企业境外投资　促进南昌市生物医药产业升级………………………… 288
南昌市食品产业集群发展研究
　　——基于"钻石理论"模型分析………………………………………… 295

第九部分　其他

会昌县氟盐化工产业集群发展研究…………………………………………… 305
万载县花炮产业集群案例研究………………………………………………… 314
余江县雕刻产业集群发展研究………………………………………………… 321
星子县体育用品产业集群发展分析报告……………………………………… 325

第一部分　理论前瞻

产业集群博弈分析

随着经济全球化的不断发展和科技的不断创新，新的信息技术使沟通更加高效，过程更为流畅。每个行业都深刻体会到全球化脚步加快、产品更新换代周期以及技术淘汰周期缩短等带来的日益加剧的竞争。企业要立于不败之地或要开辟新的市场，不能以一个孤立的行为主体立足，而必须采取各种联合的方式参与市场竞争。产业集群作为企业联合的方式之一，在经济发展中扮演着越来越重要的角色，其不仅构成当今世界经济的基本空间构架，也是一个国家或地区竞争力之所在。产业集群由在地理上相对集中，有交互关联性的企业、专业化供应商、服务供应商、金融机构、相关产业的厂商及其他相关机构等众多利益相关者构成。由于产业集群内的各组织机构均是独立的组织机构，每一组织机构的行为决策都会对其他组织机构造成一定的影响，必须考虑其他组织机构的反应，这种互动性的决策导致了各种博弈的产生。

一、产业集群竞合博弈

（一）产业集群企业合作

众多的企业之所以要以集群的形式整合在一起，就是可以通过企业之间的合作降低企业经营成本从而提高企业竞争力。合作是指两个或两个以上的企业从自身利益出发，采用各种方式建立起来的生产、销售、管理、技术开发等方面的相互协作关系。产业集群企业合作主要有两种形式：一是基于资源共享的合作；二是基于专业化分工的合作。基于资源共享的合作通过多种资源共享，不但可以分担某些领域内巨额的开发费用，还可以达到知识共享、人力资源和技术优势互补的协同效应，对合作双方以及整个集群的创新能力都是一个极大的促进。同时，通过共享外部基础设施、服务设施、公共信息资源和市场网络，共同利用某些辅助企业，可以享受到规模经济。基于专业化分工的合作围绕某一产业的价值链进行分工协作生产，这种灵活的专业化分工提高了工作效率，可以带来范围经济，使得产业集群的竞争力得到提升。

（二）产业集群企业竞争

由于构成产业集群的每一个企业都是独立的，都从个体理性的角度追求自身利益的最大化，使得企业在合作的同时也处于不断竞争的环境中。并且由于地理上的接近性，企业对于竞争压力的感受更为直接，也更容易了解行业动态，企业间的竞争就因此而加剧。地理上的集中相对加剧了同业之间的竞争，产业集群内紧密接近的企业由于共同的区位缩短了竞争的过程，减少了代理成本，激励了供应商的发展，加速了竞争者的不断出现，使得产业集群内企业间竞争加剧，迫使企业不断降低成本，改进产品及服务，进行技术创新。当创新在某一企业率先实现时，集群内其他企业就面临新的挑战。率先创新者的成功，会打破原来的竞争格局和企业间的利益分配格局，使其他企业处于不利的竞争地位或面临生存危机，或使它们原有的创新贬值或完全失去价值，落后的企业为了在激烈的竞争中占据一席之地，为了避免被兼并、被淘汰，就必须不断进行创新，提升自身的竞争力。

（三）产业集群竞合博弈

产业集群中企业的这种既合作又竞争的互动关系构成了产业集群的竞合博弈，也正是企业间这种竞争合作的博弈关系导致了产业集群的产生和不断发展。只有竞争与合作这两个矛盾体协调发展，才能使产业集群企业在竞争中寻求合作的机会，又通过合作更好地展开竞争。相比较地理上分散的直接竞争，产业集群内企业竞争的最大特点是在合作中竞争，既合作又竞争是产业集群内单个企业与整个产业集群保持活力与竞争优势的决定性因素。由于构成产业集群各企业的完全理性与完全信息的条件很难实现，因此，产业集群各企业的分析推理能力、理解复杂交互关系的能力、认识和改正错误的方式及速度存在着差异，导致各企业决策受到其所处的社会环境、过去的经验、日常惯例及其他相似情形下的行为选择等因素的影响，各企业的理性局限是非常明显的。因此，产业集群竞合博弈各方之间是一个长期的演化博弈过程，只有各方通过反复学习，不断试错，企业间才能形成一定程度的稳定关系，并最终达到博弈均衡。

二、产业集群博弈类型

产业集群在众多企业竞争与合作博弈下不断发展，主要有四种具体的博弈关系。

（一）产业集群中同质企业间的博弈

1. 产业集群中的"柠檬市场"

对于缺乏创新而导致的产业集群同质化产品，交易双方所拥有的信息是不对称的。一般情况下，相较于购买产品的顾客而言，产品的生产者拥有更多关于产品成本、质量等方面的信息。由于顾客不知道产品的优劣，为了避免自身的利益受损，通常会根据产品市场上的平均价格来进行购买，那么对于产品质量优而质量高的企业而言，成本相对较高，其产品要么卖不出去，要么降低价格遭受损失。相反，产品质量劣的企业由于成本相对偏低而得到额外收益。其结果便是产品质量优的企业迫于生产成本的压力，逐步退出市场，从而造成劣质产品驱逐优质产品，使得产业集群市场上的产品质量出现持续下降现象，形成产业集群的"柠檬市场"，给整个产业集群的声誉和利益造成严重损害。

2. 产业集群中的"智猪博弈"

正如单个企业拥有自己的企业品牌，由在一定区域内聚集且紧密联系的企业构成的产业集群也拥有自己的区域品牌。产业集群区域品牌是指某个行政或地理区域内某一优势产业的产业集群，经过长期努力而形成或创建的为该产业内企业所共同拥有的在产业市场具有较高市场份额和影响力的知名品牌。区域品牌是一个区域产业集群区别于其他集群的标志，它代表了集群内企业的一种潜在的竞争力与获利能力，是集群内的企业长期规范经营,通过良好的质量、全面周到的服务等积累起来的良好声誉,从而导致了消费者对区域内所有生产同类产品的厂商的信任和忠诚。在市场竞争中,区域品牌有利于提高集群声望,扩大产品销售,它是产业集群获得持续发展能力的重要因素。但是,在产业集群区域品牌创建中"智猪博弈"现象普遍。产业集群一般由少数大企业或龙头企业及众多的中小企业构成。但是在区域品牌创建的过程中,大企业和小企业实力不同,从区域品牌中获取的利益也不一样,因此,小企业就趋向于少付出甚至不付出努力而坐享其成。区域品牌优势一旦形成,产业集群内的所有企业都可以获得利益。并且,区域品牌除了创建,更是一个长期的维护过程,在此过程中,许多的企业倾向于不劳而获的"搭便车",这严重地削弱了集群内以实力发展和支撑区域品牌企业的积极性。另外,大企业和中小企业在进行产业集群的关键、共性技术研究开发时,通常小企业不付出努力而坐等大企业创新,等大企业创新成功后,中小企业采取技术模仿的方式进行生产,这就造成了产业集群技术创新的"智猪博弈"现象。

3. 产业集群中的"囚徒困境"

"囚徒困境"是指博弈各方都追求个体的利益最大化,结果导致集体受损的情况。同样是在技术创新合作中,当合作创新的企业实力相当时,每一个企业都希望以最小投入从其他企业的创新行为中最大化自己的利益,而致使每一方的创新动力都降低,结果是陷入"囚徒困境",产业集群技术创新受阻。另外,对于集群中存在的同类型企业,由于提供同质产品也可能导致"囚徒困境"。在各企业提供同质产品的情况下,如果大家能够约定维持同一个价格水平,那么大家都能获得一定的利益。但由于是同质化产品,唯一的竞争优势是低价格,这样一些企业为了扩大市场就采取低价策略,而另一些企业为了保住原有的市场份额,也必定降价竞争。最后的结果是,各企业都不断压低价格,导致利润都减少的"囚徒困境"。

(二)产业集群供应链上下游企业的道德风险

道德风险是指在双方信息不对称的情况下,一方享有自己行为的收益,而将成本转嫁给对方,从而造成对方利益受损的情况。道德风险的存在不仅使得处于信息劣势的一方受到损失,而且会破坏原有的市场均衡,导致资源配置的低效率。在产业集群供应链的上下游企业中,供应链系统是一个复杂自适应系统,由于自身的复杂性和不确定性,供应链上下游企业间的信息不对称、制度机制的不健全和信誉机制的不完善等,导致道德风险普遍存在于供应链系统中。在供应链上下游企业间合作过程中,由于上游企业在供应材料时存在信息优势,而下游核心企业在此过程中存在信息劣势,上下游企业之间构成一种委托代理关系。对于供应链上游企业而言,提供高品质或劣质商品行为之间是相互替代的,且不被下游企业观察或观察成本很高,就造成供应链上游企业倾向于提供劣质商品而获取更大的利益。

(三)产业集群发展中产业发展与生态环境的博弈

长期以来,不少产业集群企业发展模式是一种高投入、高消耗、高污染、低效益的粗放型经济发展模式,这种发展模式不可避免地对当地生态环境造成影响,使得产业集群在以其聚集优势为区域经济增长做出巨大贡献的同时,也带来了资源短缺、环境污染及生态破坏等负效应。结果是产业发展与生态环境之间是一种此消彼长的对立关系,也就是经济的发展必定以牺牲环境为代价,要保护好环境必将停滞经济的发展,其实质是一种零和博弈关系。由环境库兹涅茨曲线可知,在人均收入水平较低的情况下,经济的发展必然以牺牲环境利益为代价,产业发展通常走的是一条先污染后治理的路,如果我们今天依然沿袭这条路,那将付出很大的代价,因为之前走这条路的产业还可以在污染之后把污染企业转移到欠发达地区去,但是现今这类落后的产能转移出去的空间已越来越小。随着生态文明建设的日益重视,环境方面的限制门槛也越来越高,产业发展导致环境承受能力越来越弱,产业集群的竞争优势也日益受到威胁,产业发展与环境之间的这种零和博弈关系亟须改变。

（四）产业集群发展中政府与市场的博弈

由于产业集群内各市场主体即企业之间存在着既竞争又合作的博弈关系,使得各企业在市场运作中采取利润最大化的经济行为可能会损害其他企业的利益,对产业集群的整体发展产生不利影响,不可避免地会出现市场失灵。正是由于市场失灵的存在,必须借助政府这只"看得见的手"来纠正。但是政府在弥补市场失灵的过程中,由于政府的有限理性、行政效率、外部性、制度因素、信息对称、滞后效应等问题,可能导致政府对产业集群的干预不当,不能有效地克服市场失灵,甚至阻碍和限制产业集聚中市场功能的正常发挥,加剧了市场缺陷和市场紊乱,造成产业集群发展中政府失灵。因此,政府行为就存在一个合理的有效性边界,但是,界定政府在产业集群行为中的有效性边界是一项复杂的系统工程,需要考虑多方面的因素,这样就造成政府与市场边界不清的状况。由于政府与市场边界不清晰,政府"有形的手"和市场"无形的手"就一直在博弈之中。因此,在产业集群发展过程中,政府与市场之间关系的变更、边界的调整,将是一个长期的、动态的博弈过程。

三、基于博弈分析的产业集群发展策略

产业集群发展中存在各种博弈,一方面竞合博弈极大地促进了产业集群的发展,另一方面竞合博弈过程中负能量博弈又对产业集群的发展造成了各种不良的影响。为有利于产业集群的更好发展,本书在对产业集群博弈分析的基础上提出如下策略:

（一）加强产业集群企业品牌建设

对于产业集群中存在的"柠檬市场",可以通过创建企业品牌来消除。集群发展过程中的"柠檬市场"风险,其根本原因就是信息不对称的存在。如果集群中的企业能够建立自己的企业品牌,产品的差异化就能够被顾客很容易地识别,从而实现顾客与产品质量之间的信息对称,有效纠正由此产生的产业集群市场机制失灵。当产业集群遭遇"柠檬市场",拥有良好品牌形象的企业可以凭借其好的市场形象,从众多的企业中识别出来,避免危机的出现。另外,对于因价格战引发的"囚徒困境",通过企业品牌建立,使顾客对该品牌产生偏好,而不因其他企业的低价格而转换产品导致"囚徒困境"。虽然短期内可以通过产品差异化而规避价格战问题,但由于差异化很容易被模仿,因此,最有效的方

法还是通过企业品牌建设达到目的。

（二）建立完善的激励约束机制和可靠的信息共享渠道

对于产业集群供应链上下游企业间存在的道德风险可通过建立完善的激励约束机制来加以防范。通过激励机制进行利润分配，达到特定的供应链目标的绩效标准将会得到相应的利润分配，使上下游合作者能分享自己的经营成果，鼓励其自觉采取符合企业最大利益的行动，从而达到"双赢"的效果，并进而有效地控制道德风险行为的产生。同时通过约束机制对供应链上企业实施约束，限制其利用所掌握的私有信息做出不利于供应链、不利于其他成员，从而损害供应链的整体利益和其他成员的利益的事。

此外，由于信息不对称是供应链管理中道德风险产生的主要原因。因此，要想控制和防范道德风险，就要在供应链上各成员企业之间建立可靠的信息共享渠道，通过建立和完善供应链上下游企业之间的信息共享机制，提高供应链上各成员的信息透明度，以减少供应链上下游企业之间的信息不对称，从而有效防范道德风险的产生。

（三）加强产业集群创新的知识产权保护和发挥行业协会的作用

对于产业集群合作创新中存在的"搭便车"现象，要注意加强产业集群创新的知识产权保护。因为创新是形成超额利润的源泉，而知识产权保护是推动技术创新的关键。当企业缺乏有效的知识产权保护时，企业的创新成果就会很快地外溢，这使企业获得创新所形成的超额利润的时间就很短，企业的创新活动的积极性就会受到打击。因此，我国应完善知识产权的保护制度，这有利于企业进行自主创新。加快有关知识产权保护的立法进程，严格立法，严厉打击各种假冒伪劣产品和侵犯知识产权的行为。企业在技术创新之后，申请专利保护，以维护自己的利益。

对于产业集群区域品牌发展中存在的"搭便车"现象，可通过行业协会发挥协调和管理的功能，开展行业自律，规范同业竞争，着力维护企业权利和行业利益，建立起一种法律之外的惩处机制和程序，避免只顾及短期利益的机会主义行为。如行业协会可以建立群内奖惩制度、企业诚信档案，对有经营非诚信的企业和管理者实行集群禁入，组建质量检测中心，制定产品质量控制标准，负责产品质量检测，引导企业提高产品质量，督促集群内企业严格自律。还可通过行业协会组建信息和研发中心以公共服务方式推动行业技术创新，为中小企业提供技术服务。行业协会的技术平台面向集群内的各中小企业，既可以克服技术创新中的"搭便车"行为，同时又避免中小企业创新受困，这种行业性的有偿技术服务是达到低成本产业集群创新最优效率的重要路径。

（四）发挥市场主导和政府引导的作用

在产业集群的形成和发展中，政府职能与市场机制的作用都不可或缺，各有发挥作用的空间。中共十八届三中全会强调了全面深化改革的核心问题是处理好政府与市场的关系，使市场在资源配置中起决定性作用和更好发挥政府作用。这一论述为产业集群的发展提供了重要的制度保障，既充分发挥市场配置资源的决定性作用，又积极发挥政府的引导作用，形成产业集群发展的合力。要充分发挥市场机制的作用，使企业成为产业集群发展过程的主导力量，就要按照"自下而上"的原则要求，在对产业集群进行分析研究、掌握并遵循产业集群的内在发展规律的基础上制定产业集群发展政策。政府对产业集群的发展是引导作用，履行促进者和组织者的职能，为产业集群的发展提供支持和激励，而不是"自上而下"的全程主导和控制。因此，政府应在市场环境、制度环境、文化环境、创新体系及设施配套等方面做好服务工作，为产业集群的发展提供一个优良的环境。

（五）力促产业集群生态化转型

针对产业集群发展中产业发展与生态环境的零和博弈，产业集群生态化转型是一种较好的解决办法。产业集群生态化指依据生态经济学原理，运用生态、经济规律和系统工程的方法来经营和管理产业集群，以实现其经济、社会效益最大化，充分利用资源，生态环境损害最小化和废弃物多层次利用的目的。产业集群生态化把产业发展与生态环境保护结合在一起，建立高效、低耗、低污染、经济增长与生态环境和谐的产业发展过程，促进人类产业系统与自然环境的相互作用和协调，实现经济社会持续发展。实施产业集群生态化转型，首先，在政府层面，按照产业生态化的要求制定和完善相关的法规、规章和政策体系，为集群内企业创造一个既具有强制性的法规制度环境又具有利益激励的市场环境与经济机制。其次，在产业集群内部进行生态技术创新，如对生产流程和生产工艺进行节能降耗变革、寻找稀缺性原料替代品等，使高效率利用资源变成现实。

江西产业集群嵌入全球价值链的思考

一个产业集群的竞争力既取决于产业层次，也取决于该产业集群在全球产业价值链中的位置。随着经济全球化与一体化的深化，江西产业集群要实现持续发展和升级，在全球价值链中搜寻、捕捉、创造价值是必然的选择。嵌入全球价值链，能够使江西产业集群在降低产品生产成本和增强即时供货柔性能力的工艺升级，以及提升产品式样、质量、安全、环保的产品升级方面取得进步。但是在进入诸如核心自主研发能力、品牌能力和全球市场销售渠道等高附加值全球价值链的高端环节过程中，会遇到来自掌握核心技术、全球品牌以及全球市场销售终端渠道的发达国家国际大买家或跨国公司的"俘获效应"和"纵向压榨效应"等压制，难以实现功能升级和跨部门升级。在此背景下，研究江西省产业集群嵌入全球价值链的系统性对策显得极其紧迫。

一、嵌入全球价值链是江西产业集群发展的必然选择

（一）嵌入全球价值链是江西产业集群发展的迫切需要

全球价值链为江西的产业集群发展提供了机遇。首先，全球价值链为江西产业集群提供了学习途径。通过与跨国公司建立紧密联系，江西的产业集群可以不断吸引其技术溢出，提升自己的技术与管理水平。其次，全球价值链还是江西产业集群进入国际市场的有效途径，跨国公司强有力的市场、技术支持使得江西产业集群的产品可以进入竞争激烈的国际市场。最后，来自全球价值链的大量业务，可以使江西产业集群获得生存和发展的资本。事实上，拉美一些国家的服装、制鞋产业集群的成功正是抓住了20世纪六七十年代欧美制造业务转移的机遇，参与到了它们的价值链当中，并在之后的几十年里在价值链中得到了不断的提升，已经由原来的简单生产加工转到现在的研发、制造、营销等核心环节，甚至也开始拥有自己的品牌。

江西产业集群的主要特征是劳动密集型、技术含量低、成本低，以廉价的土地、资源和劳动力为比较优势，随着全球化的进一步渗透和国际产业转移步伐的加快，上述比较优势极易被其他国家和地区模仿并超越，从而失去竞争优势。因此，嵌入全球价值链，重塑江西产业集群的动态优势，已是迫在眉睫的战略选择。

（二）嵌入全球价值链是推动产业集聚的客观要求

产业集聚很大程度上是在伴随着全球价值链的空间重组，参与经济一体化的过程中起步和发展的。产业集聚和全球价值链的空间重组共同体现了资源配置效率的提高。正是各个价值环节的地理集聚特性使得很多地方的产业集聚群成了全球价值链条中的一个从属

部分。

全球价值链片断化布局提高了价值链的治理要求，治理者除了要避免被治理者不能按照治理者要求完成任务带来的市场风险外，还面临着协调和管理全球价值链运行的垂直化生产和整合风险，如分布在全球空间上的各个价值创造环节繁多的经济行为体及其活动的协调，国际通行标准、认证体系等外围保证性支撑活动在整个价值链环节的执行等。这就要求价值链的治理者必须从提高效率和降低成本上去考虑治理问题。而产业的地理集聚较好地解决了上述全球价值链环节片断化下面临的治理问题，一方面，地理集聚产生的集聚经济因素发生作用，如通过互补的专业化资源、降低供应成本和专业化市场等途径形成集群的外部经济性和联合行动，有利于降低成本和加速创新；另一方面，价值链环节在地理上的集中便于治理者管理，同时，风险控制也可以通过集群的内部机制来实施。正是由于产业地理集聚效应和全球价值链内部治理的需要，使得价值链环节的全球空间分离和组合具有"大区域离散和小区域集聚"特征，大量同一类型或者不同类型的地方企业集聚在一起，围绕国际资本与当地政府和公共机构形成了紧密的网络关系，进而形成较为完整的产业集群，并取得集群竞争优势或国际竞争潜力，从而融入全球价值链条。

江西省通过财税、产业等政策，单纯地将企业聚集在特定的物理空间中，容易形成产业集聚，但是集聚不等于集群，而是要围绕着某一产业链的片断，相关联的一群企业、研究机构、中介服务机构等，集聚在一个特定的物理空间中，要使企业与企业之间、企业与研究院所之间以及企业的上下游之间形成合力，这样才能发生聚变。聚变的目标是将政策推动所形成的"产业集聚"嬗变为市场力量连接的"产业集群"。因此，嵌入全球价值链，是推动江西产业集群发展的客观要求。

(三) 嵌入全球价值链能够促进产业结构调整和集群整体优化升级

嵌入全球价值链对江西产业集群的升级具有重要价值。嵌入全球价值链能提高江西的产品内分工水平，同时也是提高产业集群攀升能力的重要路径。江西现有产业集群多数是具有传统比较优势的劳动密集型产业集群，即便在技术密集环节，绝大多数的企业也处在全球价值链的低端位置。单纯嵌入全球价值链低端环节的江西产业集群升级，必须首先向全球价值链高端环节攀升，否则极易被淘汰或被边缘化。

因此，我们必须在开展全面国际合作与严格保护知识产权的基础上，科学评析不同产品、产业在全球价值链中的分工、地位以及竞争力，明确产业升级转型的方向和目标，集中力量攻克重大关键技术，扩大营销范围和增强营销能力，加大先进技术、知名品牌和优质服务对出口的引领作用。引进和培养"高、精、尖"专业人才，提升自主研发和设计的能力和水平，鼓励和支持发展服务贸易，加强全球价值链中的中、高级生产要素积淀，提升江西产业集群的国际竞争能力。同时，在保持江西制造和加工优势的基础上，加大力度推进自主设计和研发的发展，最终实现全球价值链的再分配，推动江西产业结构转型升级。

(四) 嵌入全球价值链能够增强产业发展的科技创新能力

嵌入全球价值链并实施创新导向战略，是产业集群升级的关键。全球价值链可使企业具有全球视野，有更多的机会进行更高层次的技术引进、管理学习。通过与全球优秀企业合作，集群可以获得较好的市场声誉，可降低市场成本和与其他企业的合作成本。嵌入全球价值链，对产业集群创新能力提升具有"双重促进效应"：一方面，全球治理者在利益驱动下，可能会有意识地帮助集群完成工艺创新、部分产品创新，从而大大降低集群创新的成本；另一方面，通过嵌入全球价值链，产业集群将拥有更广泛的外部网络联系，产业集群核心企业可以实现显著成长，拥有更多的创新资源，来自全球性市场的机会与竞争将驱使产业集群采取创新战略。当前江西省集群内本土企业技术创新行为普遍呈现出一种低端化、模仿化、同质化、个体化、偶然化共性特征，表现出"集体创新动力缺失"困境。嵌入全球价值链，构建以核心企业为主导的产业集群，充分利用"双重促进效应"，开展供应链上的合作创新，是解决江西省产业集群创新动力问题的一条有效途径。

二、江西产业集群嵌入全球价值链的基本判断

2014年3月，江西省下发了《全省重点产业集群推进工作方案》（以下简称《方案》），根据《方案》，当年将重点推进南昌小蓝汽车及零部件等60个产业集群，力争2015年主营业务收入突破1.1万亿元。

《方案》要求，2014年全省60个重点产业集群主营业务收入达到8200亿元，比上年增长20%，100亿元以上产业集群达到35个，其中200亿元以上12个、500亿元以上1个；2015年主营业务收入力争突破1.1万亿元，占全省工业的30%左右，100亿元以上产业集群达到45个，其中500亿元以上3个，建立功能较为完善的产业集群服务体系。

当前，江西省产业集群嵌入全球价值链存在的主要问题有：

（一）产业集群处在初级发展阶段

目前，江西初步形成了60多个产业集群。这些产业集群大部分立足于当地的农业和矿产品资源基础之上，企业生产仅限于对农产品和矿产品资源进行简单加工，生产的都是技术含量低的初级产品，产品附加值低，产业竞争力严重不足。有的企业是通过招商引资进来的，与当地原有企业、原有产业，与当地的资源、市场还缺乏紧密的有机联系和牢固的共生关系，有些企业目的在于享受土地出让等优惠政策，有些企业目的在于吸纳当地大量廉价的资源，因此植根性不强，没有与当地经济发展形成深度嵌合，做大做强地方支柱产业的动力不足，在后续投入和扩大再生产方面积极性不高，有的甚至呈现候鸟型特征，打一枪换一个地方。总体来说，江西产业集群内各企业之间没有真正的专业化分工，没有基于共同地域文化背景下的相互认同和协同关系，也没有形成上、下游企业产业及支撑产业相互关联的互补作用效应，更缺乏既竞争又合作的创新动力。这些特征揭示了江西省产业集群仍处在初级发展阶段。

（二）产业价值链被低端化锁定

截至2013年末，江西新增了11个主营业务收入过百亿产业集群，全省过百亿产业集群达31个。但是总量不大、实力不强、结构不优仍然是江西省工业发展的"短板"。

在省现有产业集群中，还有不少是凭借低廉的劳动力、土地和自然资源优势从事全球价值链分工体系中的加工、组装、制造等环节的活动，这些环节是全球价值链的"非战

略环节"，位于U形"微笑曲线"底部，属于低价值环节。无论是在南昌这样的相对发达地区，还是在抚州这样的经济欠发达地区，无论是属于新材料、新能源等高新技术行业，还是家用电器、纺织服装等传统行业，大多依靠企业聚集而形成的低成本优势，销量和效益受国际经济形势、人民币汇率、劳动力成本等因素影响极大，稍有变动就可能导致企业亏损甚至倒闭。一些新兴产业的集群也存在着类似问题，如光伏行业，虽属于战略性新兴产业，但掌握核心技术的企业并不多，产业缺少抵抗较大风险和危机的能力，一旦行业发展环境发生一定的变化，便难以从容应对。

总体来说，江西省产业集群数量较少，且绝大多数规模偏小，都普遍存在着产品技术含量不高、缺乏核心自主知识产权和产品定价权的问题，企业和集群的发展更多依靠低成本竞争和自然资源消耗，缺乏高附加值环节和产品，遇到了在产业价值链被低端化锁定的困局。

（三）集群效应尚未真正显现

产业集群化不仅仅是大量企业简单地聚集或行业简单地集中，更重要的是在这些企业或行业之间必须形成密切合作的关系。产业集群的规模经济效应，很大程度上是依赖于企业间的分工协作实现的。从江西省产业集群发展情况来看，产业结构中存在着"集中尚可，集群不足"问题，严重地制约了产业结构的调整和优化。

江西大多数工业园区内大多数企业关联度不大，没有太多的联系，园区内企业大多只是地理空间上的聚集，只是企业的简单"堆砌"。由于园区产业集群度低，对相关产业的带动作用有限，制约了产业链的纵向延伸，阻碍了产业纵向分工的细化、深化和专业化，也限制了产业链条的延长、规模的扩张和关联产业及支援产业的发展，导致各个企业都是封闭的大而全的生产系统，研发和交易成本都很高，配套的生产服务业难以发育，集群效应远未显现，制约了产业结构升级。

（四）产业集群整体竞争力不强

江西虽然已经有60多个产业群，但在一些地方，工业园区建设水平与国内先进省份相比还有较大差距，园区内的主导产业或大型"标志性"项目少，有些园区简单地等同于一些无相关的企业、行业堆积或叠加，只重视引进企业的数量、招商资金量的大小，忽视了内生因素所形成产业链的培植，缺少营造产业集群的发展氛围。

江西的产业集群大多没有与科技服务产业相关联，缺乏创新机制和创新网络，缺乏研发机构和研发队伍，缺乏各个方面人才的教育和培训体系，用于科技创新的费用比重低，产业治理结构落后，产业集群自身的产业升级和可持续发展能力受到严重影响。此外，江西的产业集群还缺乏有自主知识产权和国际影响力的自主品牌以及营销能力，领导型企业的驱动力和影响力不足。

由于发达国家企业通过全球供应链管理，进一步加强了它们在价值链高端环节的垄断力量。目前，江西产业集群大多是凭借低成本优势嵌入到全球价值链的非战略性环节——加工、组装以及部分非核心零部件的生产环节上，充当的是"国际代工"的角色。在谋求转变经济发展模式、调整产业结构的关键时期，我们不仅要思考如何嵌入全球价值链的问题，更应关注嵌入后如何培养自身的设计、研发、营销等高级要素，沿价值链攀升这一现实问题。

三、江西产业集群嵌入全球价值链的基本思路

江西的产业集群被锁定于全球价值链的低端环节，既有要素禀赋的客观原因，又有企业家缺乏敏锐视角和观察力的主观原因；既是外部的全球价值链治理者的封锁与控制所致，又是内部的集群能力不足造成；既是国家制度缺失所引发，又是政府官员盲目追求政绩所致。

要实现从价值链低端向高端攀升的链条控制力不断增加的升级，必须经历企业能力的升级、配套供应商能力的升级、生产性服务商能力升级、公共机构与政府服务能力的升级，乃至完整地方价值链的整合与升级，最终完成地方价值链与全球价值链的高度融合与相互促进制约关系的形成的过程。

江西产业集群嵌入全球价值链的基本思路主要有：

（一）全球价值链中各环节的价值分析是前提

不同的产业类型，其价值链构成的具体环节各有其特征，价值链中的价值分布也大不相同。进行价值分析可以使集群找到合适的细分市场，确定最佳的切入方式，调整在全球价值链中的环节，实现"功能升级"和"链条升级"。因此，价值分析是江西省集群实现由区际走向国际的关键。具体来说就是，集群内的企业要结合所居产业的具体特征，深入分析所在产业的价值构成、价值来源、价值分布；了解价值链中各环节的进入壁垒和价值链管制状况；对比集群在价值链中的定位和获取现状，研究集群目前价值获取特点；了解全球竞争对手的价值链定位，研究其价值来源途径；充分利用外部联络网络挖掘全球价值链中价值增加潜力较大的环节；结合自身的优势，以及江西自身的区域特色，确定自身在全球价值链中的"战略环节"。

（二）嵌入方式的选择和调整是实现升级的生命线

江西的产业集群需加强与全球发达集群的联系与互动，通过频繁的正式和非正式联系网络，积极利用外部资源，把握全球产业变化动态和关联产业联动态势。在此基础上，根据自身已有的条件和价值链的治理能力找到最合适的嵌入点或价值环节。需要强调一点，全球价值链是连续动态变化的，因此，江西的产业集群应不断挖掘自身内生因素，利用集群的自增强效应、积累效应，以主动的方式不断改变自身在全球价值链中的组织，保持和强化集群在"战略性环节"的竞争优势，提高集群所在价值环节的进入壁垒，最终通过不断地调整嵌入价值链的方式，促进集群实现持续升级和全球价值链的治理。

（三）国内外集群间的制度和文化建设是集群实现升级的依托

制度、文化等本身是产业集群聚集优势产生的内生要素。然而，它本身又是一把双刃剑。良好的制度建设与创业文化是发挥集群竞争优势的源泉；而在机会主义盛行的制度环境里，集群的"柠檬风险"加大，"以劣驱优"的恶性竞争行如鬼魅，不仅会使江西的一些集群丧失国际市场，同样，也会失去国内市场。因此，应重视和加强各集群间的制度建

设,倡导创新的产业文化,充分发挥集群各自的优势,增强创新能力,积极地寻找各自的全球细分市场机会,鼓励和培育差异化发展,争取江西省集群在全球价值链中定位多元化,变"诸侯混战"的"同质竞争"为"异质互补",实现集群的持续升级。与此同时,江西的产业集群更应该重视加强与全球其他经济行为主体的对话与交流,积极地参与国际产业制度、产业标准和规范的建设,为江西省产业集群嵌入全球价值链和实现持续升级,创造一个公平、公正、合理的国际竞争环境。

四、江西产业集群嵌入全球价值链的主要对策

(一)积极融入全球价值链治理机制,主动承接价值链主导者的技术转移

江西产业集群嵌入全球价值链的优势主要在于较低的要素成本,因此大多属于劳动密集型的传统业(尤其是传统制造业),一般嵌入的是购买者驱动的 GVC(全球价值链 Global Value Chain),这本质上是一种准等级机制的价值链治理模式,价值链治理者决定着价值链中各参与者间的分工和价值链的发展方向,同时也为该价值链中其他参与者提供部分技术转移。其原因有三:第一,价值链治理者需要提供研发设计等条件,引导产品创新潮流;第二,价值链治理者还需要在生产过程中对其他参与者进行监督管理,从而使其他参与者的生产完全符合自身要求;第三,最重要的是价值链治理者需要绑住其他参与者迅速实现部分升级,进而满足其适应日益提高的最终国际消费需求的即时变化。

江西产业集群应顺势而为,厘清全球价值链中技术溢出的主要途径:一是价值链治理者通过与地方产业集群建立合资公司,或通过帮助地方产业集群引进技术含量较高的机器设备等以实现技术的内部转移;二是价值链治理者在对地方产业集群的生产过程进行技术指导和监督时通过文字资料、技术专家现场指导和技术咨询以及对员工进行技能技术培训等环节实现技术转移;三是价值链治理者在江西产业集群当地设立研发中心,从而将研发成果迅速转移给江西的产业集群。据此,江西的产业集群可以把握和利用好全球价值链来帮助自身竞争力的提升,这是江西产业集群实现升级的重要途径。

(二)努力创造有利条件,主动实现攀升

江西各产业集群可以通过各种途径化解价值链治理者对其升级所设置的种种障碍,从而更好地接受技术外溢,具体来说主要体现在以下几个方面:首先,自创品牌应先以国内市场为主,减少在国际市场上与价值链治理者的直接竞争,保持能得到其订单进而获取技术,在条件成熟时再将国内品牌向国际品牌延伸;其次,鼓励自有研发技术人员进入价值链治理者研发机构,从而有机会接触最先进的技术;再次,培育本土企业家精神,倡导创新意识,营造创新氛围;最后,加强自主研发活动,逐步积累自身的技术能力,增强外来技术的消化吸收能力,使其更容易在一个技术差距相对不大的条件下,能更快地吸收价值链治理者的技术溢出,从而在全球价值链中实现主动攀升。

(三)优化公共政策环境,助力地方产业集群升级

地方政府应从地方产业集群的长期发展目标出发,制定相应的产业和科技发展政策,

加强财政税收政策支持的安排，鼓励和支持省内各产业集群积极、主动地参与国际经济交流与合作，促进各产业集群实现合作创新。

同时，为了更好地支持地方产业集群走出去，真正能融入全球价值链，还必须要练足内功，发展相关的支持性产业和机构，加强公共产品的供应，包括公共数据平台建设、产品交易中心、商品信息网络、生产要素交易市场、现代物流中心和知识产权保护等，按照区域经济一体化的发展思路，打破条块、区域分割，统筹功能布局，共建各种网络平台，做到公共设施尽可能共建共享，真正以市场规律配置各类要素资源。重视软环境建设，在企业文化创新、企业信用建设、公平公正公开执法等各个方面，为企业群成长提供优质服务。

要建立、引进并且不断完善诸如代理营销、保险、质检、劳动力交易和培训等中介性服务，在区域内通过各种中介服务、政策服务，尽可能降低企业交易成本，以提升企业群的整体竞争力，促进产业集群的成长，不断增强江西各产业集群对国内外资本的吸纳力和区域竞争力。通过企业发起、政企互动、协会呼应和支持等全方位协调，从而助力江西省产业集群的渐进升级。

（四）培育高级生产要素和龙头企业

要改变江西产业集群在全球价值链分工中不利地位，摆脱低端锁定和"贫困式"增长的命运，就必须改变江西的产业集群仅凭劳动力、自然资源等低级要素参与全球价值链分工的现状，用高级生产要素参与全球价值链分工，走"高端"嵌入全球价值链的道路。为此就需要培育高级要素，这些高级要素包括技术研发、产品设计、市场渠道开拓、品牌运营等所需的高素质的人力资本、专利技术、标准、市场势力、管理等经济要素。

目前江西省产业集群处于被"俘获"型的价值链治理当中，要改变被"俘获"的命运，就需要构筑龙头企业，通过龙头企业在资本、技术、人才等方面的强大实力，以及其在市场上强大的影响力来平衡全球价值链上的各种势力，实现向"关系型"（合作型）治理模式转变。集群中龙头企业的选择主要应把握三条标准：一是在资本、技术、人才资源等方面拥有较大规模和较强实力；二是要拥有自主知识产权的知名品牌，能对上下游产业链条形成强大的引领和整合能力；三是在核心技术、专利产品、管理技能、市场网络等方面拥有核心竞争优势，能对上下游产业产生强大的拉动和集聚作用。

（五）发展具有比较优势的特色产业

集群中产业的选择通常根植于区域的比较优势上，另外，它又会强化这种比较优势，推动区域特色经济形成。从沿海发达地区产业集群发展的经验来看，蕴含在当地历史和文化中的内生的制度性资源、地域文化、传统工艺、企业家精神等对促进产业集群的形成和发展产生了重要影响。江西的有色、石化、建材、纺织、冶金新材料等传统产业具有明显的资源和区位优势，汽车及零配件产业、生物医药产业、半导体照明产业、电子信息及家电产业、航空产业经过十几年的发展，产业集聚效应初步显现。这些产业不仅具有比较优势，而且产业链长，产品和生产工序宜于分解、组合，更适合运用产业集群战略。从江西省的园区产业基础和环境来看，发展上述在区域竞争中拥有比较优势的特色产业比单纯强调发展高新技术产业更具有现实意义。关键是要在这些传统产业中不断进行技术创新，发展与原产业相关的高新技术，同时也突出园区产业定位的差异化，在认真分析比较各园区现有的产业优势和基础上，在全省园区选择部分重点打造的产业集群，制定针对性强的扶持政策，以更优惠的政策、更明晰的导向、更有利的保障，持续不断地推动园区产业集群做大做强。

（六）再造和延伸产业价值链

在嵌入全球价值链的初级阶段，江西的产业集群一方面应该进一步立足生产环节，加强生产过程管理控制和产品研发，通过工艺升级和产品升级，早日做大做精做强。另一方面，在积累了一定的技术、资金和市场实力后，必须逐渐向功能升级和链升级的方向发展，以防范被核心环节上的主导企业锁定在附加值较低的生产环节上。

要在完善产业链条上下功夫。完善产业链条，既是提高产业集群竞争力的关键环节，又是吸引产业进一步集聚的重要抓手。要按照发展循环经济的思路谋划项目、布局项目、建设项目，引导半导体照明（LED）产业、生物医药产业、汽车制造及零配件产业、冶金新材料产业等主导优势产业，发挥现有优势，努力扩大规模，引进上下游配套企业，完善或延长产业链条，发展终端产品，提高工艺水平和技术标准，努力构建上下游产品接续成链、关联产品复合成龙、资源闭路循环的循环经济链条。要通过原产业集群中产业链的延伸，在上下游的一些环节上培育新的产业集群，增大产业集群之间的关联性，逐步形成产业集群网络。要加大产业链招商力度，着重引进能够弥补全省产业集群核心技术空白的企业或项目，以提升集群的整体竞争力。大力发展大型专业市场、大宗商品电子交易市场、物流、会展等生产性服务业，形成从原料采购、运输、半成品、成品生产，到产品进入分销渠道，最终到达消费者的相对完整的产业链。

各个国际采购商的任务是在全球范围内对价值链各个优势环节进行整合。随着地方产业集群内部价值链结构的完善和发展，集群企业在价值链环节上的竞争力也将不断得到加强。所以，集群企业可以借此优势嵌入全球价值链之中，成为全球价值链中的一个组成环节，并且企业由此可以面向更广阔的市场，吸取国际先进的制造技术。而这些高效的生产技术又可以通过集群内价值链的生产活动向其他企业扩散，从而促进产业集群内整个产业生产效率的提高，实现集群在产业内的工艺（过程）升级。

（七）将生产的地方化与营销的全球化相结合

在经济全球化时代，发展产业集群必须将增强本地生产系统的内力和利用国际资源的外力结合起来，即面向整个国际市场进行营销以及原材料供应。我国的浙江嵊州领带产业群、温州打火机产业群、福建石狮和广东虎门服装产业群等都是依靠国际市场，通过"三来一补"方式迅速发展起来的。应当抓住世界制造业全球性转移、分工的契机，进入全球分工体系，与跨国公司结成战略联盟，洞察国际市场需求，培育和建立生产地方化、营销全球化的产业集群。要把专业市场的建设作为国内国际市场的有效载体，促进当地特色产业形成和联动发展，形成以专业市场为纽带，特色产业不断集聚，互为依托，联动发展、共同壮大的产业体系格局。

要加强与国际同类产业集群和有关国际经济组织的联系，争取取得国际机构的指导和支持。江西产业集群必须加强与全球发达集群的联系与互动，把握全球产业变化动态，在积极利用外部资源的同时，根据自身已有条件和价值链的治理能力找到最合适的嵌入点或价值环节，以主动的方式不断改变自身在全球价值链中的位置，不断地调整嵌入价值链的方式，促进江西产业集群实现持续升级。

江西承接产业集群转移对策研究

在经济全球化的背景下，以发达国家和地区为主导的新一轮产业结构调整正在全球范围内展开，产业转移和资本流动呈现出产业集群导向的新趋势。研究国内外产业集群转移的规律和特点，提出江西省如何制定科学高效的产业集群承接规划与政策，对促进全省经济跨越式发展有着十分重要的意义。

一、产业集群转移的动因分析

产业集群转移，一方面有利于转出地腾出更多的土地资源去发展更有优势的产业集群；另一方面有利于寻找新的市场，降低生产要素成本，使集群内企业重新获得竞争优势，延长集群的生命周期，除此之外，还有以下具体原因：

（一）降低运输成本和交易成本

产业集群内有相互关联的企业共同转移到一个新地方，使信任继续存在，节省企业大量的搜索新市场信息的时间和费用，使监督成本和机会成本降低，企业之间可以继续提供互为需求的产品和劳务，自然会降低运输成本和交易成本。

（二）获得规模经济与外部效应

大量的企业通过产业的空间集聚，可以实现相同行业的企业数量增加，获得单个企业无法获取的外部规模经济，同时，规模的扩大有利于吸引新企业加入，使产业集群规模继续扩大，产生更大的外部经济效应。

（三）共享劳动力市场

产业集群容易形成劳动力市场圈。一方面，产业集群有利于吸引新企业和新的专业技术人才及管理人才的加入；另一方面，当劳动者在该产业集群工作较长时间后，会对该集群内的专业技术形成依赖，不会轻易放弃该集群内的专业技术而去重新学习另外一个产业集群内的专业技术，降低劳动者流出率。

（四）增强创新能力

集群对创新的影响主要集中在三个方面：能够为企业提供一种良好的创新氛围；有利于促进知识和技术的转移扩散；可以降低企业创新的成本。

因此，产业集群转移比单个企业选择单独进行转移能够获取更多的优势（见表1），这些优势也就形成了企业选择产业集群转移这一模式的动力。

表1 单个企业转移与产业集群转移的比较

基本情况 \ 转移形式	单个企业转移	产业集群转移
投资区位选择、配套设施建设成本	由单个企业承担	集群内企业共同承担
交易成本	信息采集、寻找新的供应商和销售渠道，交易成本大	维持了企业之间原来的网络关系，有效降低交易成本
规模经济效益	单个企业大	企业分工协作、共享规模经济
转移的风险	不确定性大，转移的风险高	能有效降低风险
运输成本	缺少配套企业，运输成本增加	集群内企业空间地理位置的临近减少运输成本

二、江西承接产业集群转移的优势与挑战

（一）江西承接产业集群转移的基础较为完善

1. 工业化发展取得了较好成绩

一是工业生产稳步增长。2014年规模以上工业增加值6833.7亿元，比上年增长11.8%，占全省生产总值的43.5%。其中，战略性新兴产业增加值增长11.3%。服务业占生产总值比重提高0.8个百分点。三次产业比由11.4:53.5:35.1调整到10.7:53.4:35.9。二是高新技术产业发展强劲，继光机电一体化领域之后，电子信息、生物医药和医疗器械、新材料三大领域2014年全年实现工业产值也迈入千亿元大关，分别达到3221.2亿元、1129.4亿元、1124.9亿元和1040.8亿元。四大千亿元领域合计实现产值占全省的94.7%。截至2014年底，4个国家级高新技术产业开发区合计实现主营业务收入2656.1亿元、工业增加值670.6亿元，分别占全省94个工业园区的12.5%和11.4%；5个省级高新技术产业开发区合计实现主营业务收入2322.7亿元、工业增加值545.4亿元，分别占8.8%和8.7%。三是规模以上企业数大幅度增加，2014年，全省规模以上工业企业已达8997户，较上年同期净增893户。分设区市看，南昌市以1210户全省领先，其次为九江市1209户、赣州市1164户、宜春市1081户、吉安市1046户。规模以上工业企业过千户的设区市达到5个，比上年增加2个，其中宜春、吉安为首次突破1000户。规模以上工业企业数的快速增长，是江西工业平稳较快增长的缩影，对做大江西工业总量起着至关重要的作用。

2. 工业园区发展水平较高

2014年，全省工业园区深入实施工业强省战略，加快推进产业升级，园区经济实现两个重大突破，一是全省工业园区工业增加值首次突破5000亿元，达到5454.47亿元，同比增长12.0%；二是主营业务收入首次突破2万亿元，达到23226.75亿元，增长12.3%。总体看来，园区经济运行呈现"五稳"的特点：一是优势产业平稳增长。全省工业园区有色金属冶炼和压延加工业、电气机械和器材制造业、化学原料和化学制品制造

业、非金属矿物制品业、农副食品加工业、计算机通信和其他电子设备制造业、纺织服装服饰业7个过千亿行业实现主营业务收入13696.55亿元，占全省工业园区的59.0%，增长14.7%。二是龙头企业平稳增长。全省工业园区中中国石油化工股份有限公司九江分公司、晶科能源有限公司、江西正邦科技股份有限公司、江西中烟工业有限责任公司、方大特钢科技股份有限公司等9户过百亿企业实现主营业务收入1772.26亿元，占全省工业园区的7.6%。三是经济规模平稳增长。全省工业园区实现主营业务收入23226.75亿元，增长12.0%；工业增加值5454.47亿元，增长12.3%。其中，主营业务收入过百亿园区总数达71个；过500亿元园区总数达10个；过千亿园区增加到2个。四是招商引资平稳增长。全省工业园区招商实际到位资金3747.53亿元，同比增长10.2%；招商签约资金5187.50亿元，其中亿元以上的工业项目1021个，10亿元以上项目95个，50亿元以上项目9个。全省工业园区招商资金实际到位率为72.2%，比上年提高12.3个百分点。五是运行质量保持平稳。全省工业园区出口交货值1942.89亿元，同比增长27.0%；销售产值22465.37亿元，增长17.3%；实现利润1663.44亿元，同比增长16.7%；利税2747.62亿元，同比增长16.8%。园区实现全行业盈利。

3. **职业技术教育相对发达**

承接产业集群转移需要拥有高技能的知识工人大军。智力资本已经成为经济发展的新引擎。近年来，江西职业教育规模一直处于全国前列，目前已拥有独立设置的高职学院43所、普通中专65所、技工学校89所、职业中学352所、成人中专91所、职业培训机构1万余所，年培训能力130万人次。江西职业教育优势能够充分满足承接产业集群转移的需要。

4. **物流条件有了根本改变**

承接产业集群转移要求承接地能满足大进大出、成本较低、通关便利的物流条件。过去江西省的物流主要依赖公路、铁路，现在以铁海联运为突破口，构建了以南昌航空口岸、九江水运口岸为龙头，铁路、航空、水运、公路一体的联运口岸物流商贸网络群。根据测算，铁海联运每年可为江西企业降低商务成本3亿~4亿元。

5. **低碳经济基础良好**

一是将鄱阳湖生态经济区定位成低碳经济试验区，省会南昌被批准为全国发展低碳经济试点的唯一省会城市等，能够为江西崛起创造新的发展优势，增加新的发展机遇。二是江西具备发展低碳经济的产业基础。工业方面，作为清洁能源的太阳能光伏产业，拥有一流的生产规模、工业技术和骨干企业；农业方面，省政府将绿色食品、有机产品工程列入全省建设"绿色生态江西"十大工程。目前，中国最大的有机绿茶生产基地、绿色有机茶油基地、绿色食品脐橙基地、绿色食品淡水产品基地、绿色有机矿泉水和纯净水基地等均在江西。低碳经济发展的良好基础提高了江西承接产业集群转移的竞争力。

（二）江西承接产业集群转移具有得天独厚的优势

近年来，江西凭借独特的生态优势、资源优势、区位优势，丰富的劳动力资源，大力加强基础设施建设，努力完善产业配套，不断完善投资环境，凸显出综合竞争优势，在承接产业集群转移中处于得天独厚的有利地位，具有承接全球和东部沿海地区产业集群转移的能力。

1. 生态和资源优势明显

目前，江西全省森林覆盖率达到63.1%，有11个国家级风景名胜区，24处省级风景名胜区；188个自然保护区，其中国家级自然保护区13个，自然保护区总面积1770.2万亩，占全省土地面积的7.1%；58个森林公园，其中国家级14个，新增国家园林城市3个。全省地表水监测断面水质达标率80.8%，城镇地表水集中式饮用水源地水质达标率100%。拥有优良的水质和空气，主要河流Ⅰ～Ⅲ类水质断面比例为77.2%。江西矿产资源丰富，已探明的矿产资源有160多种，保有储量居全国前10位的矿产资源有53种，铜、银、铀、钽、重稀土、伴生金等12种矿产储量居全国第一位。亚洲最大的铜冶炼基地——德兴铜矿就在江西。与中部地区其他五个省份比较，江西的生态与资源优势明显。

2. 交通区位优势独特

江西省是全国唯一一个与长三角、珠三角和闽东南三角区都毗邻的省份，在接受沿海发达地区的经济辐射与带动中有着十分明显的区位优势。近年来，江西交通运输格局发生了巨大变化，为承接产业集群转移提供了前所未有的交通运输便利。截至2014年底，江西省高速公路通车里程达4516公里，全面实现县县通高速。江西构建"五纵五横"铁路网速度加快，至2014年12月，运营铁路已达到3734公里，江西省铁路网密度223.7公里/万平方公里，是全国平均水平的两倍。每万人拥有铁路0.83公里，高于安徽、湖南、浙江、福建、广东等周边省份。已基本形成了以铁路、公路运输为主体，水陆空并举的立体型综合运输网络。

3. 低成本优势明显

江西劳动力资源丰富，在沿海地区熟练的打工者队伍达580万人以上。江西劳动力成本2013年有较大的提高，城镇非私营单位就业人员年平均工资42473元，名义增长10.29%，扣除物价因素，实际增长7.60%；全省城镇私营单位就业人员年平均工资27819元，名义增长18.35%，扣除物价因素，实际增长15.46%。2013年，虽然江西平均工资增速高于全国，但人均工资水平与全国相比，差距较大。一是非私营单位的就业人员年平均工资只有全国平均数51474元的82.5%，比全国平均水平少9001元，列全国倒数第四位，仅高于黑龙江、河北和广西；二是私营单位就业人员年平均工资只有全国平均数32706元的85.1%，比全国平均数少4887元。

4. 投资环境优势明显

近年来，江西省委、省政府坚定不移地实施对内对外全方位开放的方针。全力为投资者营造一个安全可靠的法制环境、诚实守信的人文环境、开放开明的政策环境、高效快捷的政务环境、舒适优美的人居环境。江西人民"求新思变、开明开放、诚实守信、善谋实干"的新观念正在迅速形成。全省上下"帮你成功、促我发展"的亲商、爱商、安商、富商的服务水平不断提高，投资集聚效应正在进一步显现。正因为如此，江西实际利用外资总额在中部地区处在前列，利用外资实现较快增长。2014年上半年，江西省新批外商投资企业469家，增长10.9%；实际使用外资金额46.1亿美元，增长10.4%。引进省外5000万元以上项目1206个，增长17.9%；实际进资2400.4亿元，增长20.7%。目前，江西在工业、农业、服务业、旅游业等多个领域已全面开放。随着投资环境的改善以及地缘优势，江西正成为境外投资和沿海发达地区产业集群转移的首选之地。

（三）江西承接产业集群转移面临的挑战

江西在承接产业集群转移过程中，拥有较多的优势，但也面临着较大的问题和挑战。

1. 承接的产业层次不高

由于沿海发达地区的产业结构调整和优化升级，在产业转移中主要是将大部分粗加工、低附加值的劳动密集型产业向内地转移，江西省大部分县市区都把机械电子、纺织服装、矿产品加工、食品药品和电子信息等产业作为自己支柱产业，因而承接的产业层次不高。

2. 交通信息网络建设需要进一步完善

江西的交通建设虽然取得了很大进步，但是与沿海发达地区相比，还有一定差距。通往经济发达的省市高速公路需要进一步完善。现代物流业规模小、形式单一、缺乏一体化服务供应商，没有形成社会化供应链，不能有效降低物流成本，难以满足转移企业对物流服务的需要。同时，以互联网为载体的现代信息通信网络建设还比较落后，尤其是各级政府机关在电子信息方面，还不能够十分及时提供企业所需要的各类信息，成为制约产业向江西大规模转移的瓶颈。

3. 综合配套能力不强

江西工业发展速度很快，具备一定的产业基础，但产业集聚和企业集群的态势还处于形成过程中，未形成具有规模的块状区和特色产业带，集聚效应还不明显。工业园区内有强劲市场领导能力的龙头企业数量不多，尚未形成支持龙头企业的中小企业群，中小企业素质不高，发展不充分。产业间没有形成相互协调、相互促进的产业链，呈现出规模小、集约化、专业化程度低的现象。这种状况降低了江西产业的配套能力，进而限制了部分企业向江西转移。

4. 高素质人才短缺

承接产业集群转移对江西的人才需求提出了更高的要求。江西拥有丰富的劳动力资源，但劳动力结构不合理。虽然近几年在人才培养和引进方面做了大量工作，但仍不适应江西承接产业集群转移的需要：一是高级技能人才严重缺乏；二是经营管理人才缺乏，尤其是职业经理人、复合型管理人才严重不足，造成江西企业生产经营效率不高，资源利用率低，竞争力下降；三是具有创新研发能力的高层次人才严重不足。江西省主要学科学术带头人培养对象仅110余人，在赣"两院"院士仅3人，主要学科学术带头人培养对象比例明显偏低，不到20%。

5. 公共服务效率相对较低

与沿海发达省市相比，江西政务环境还有待进一步优化，公共服务效率还有待进一步提高。一是一些地方政府职能还未根本转变，管理越位、错位、缺位问题还较为突出，"脸难看"、"事难办"仍在一定范围内不同程度地存在；二是政府部门"重审批、轻服务"的现象还不同程度存在，审批项目复杂且环节多；三是在招商引资上，缺乏创新的手段和措施，专业性招商知识很少，项目库建设不规范且滞后，无法满足客商咨询需要等问题，这些都使企业运营成本加大，阻碍了发达地区向江西的产业集群转移。

6. 各地在承接产业集群转移上存在激烈的竞争

一是江西和其他中西部省份竞争激烈。近年江西加快了追赶步伐，但周边各省也不断深化改革、扩大开放、优化环境，给江西承接产业集群转移带来巨大竞争压力。二是江西省内各地竞争激烈。由于缺乏政策上的引导和约束机制，各地在制定优惠政策上，相互攀比，竞相让利，造成区域内各地之间无序竞争，产业布局分散，资源得不到有效整合，制约了产业聚集效应的发挥。

三、江西承接产业集群转移的对策建议

（一）制定科学的承接产业集群规划

江西省应根据主导产业发展规划和各地区的产业发展定位，制定科学合理的产业集群承接发展规划，包括产业选择规划和产业区域布局规划，以引导全省产业集群承接顺利推进。首先，立足于各地区产业发展基础、要素资源状况、市场发育情况、产业结构水平、投资回报率、对外开放水平、产业配套和环境保护等现实条件，认真编制各地产业集群承接规划，确定各地区具体的承接产业和区域布局。其次，编制产业集群承接指导目录，提高承接转移产业的进入门槛，严格控制引入高污染、高耗能的产业和企业。最后，及时建立产业集群转移引导机制，将承接规划的制定和产业结构优化升级相结合，充分发挥各地区特色产业的发展优势，实现各地区产业合理分工和错位发展。

（二）创新承接产业集群方式

江西省要立足自身优势，不断创新产业集群承接方式，提高承接的针对性。目前，江西省可以选择的产业集群承接方式主要有以下几种：一是成本压缩型产业集群承接方式，这种方式主要是为了应付要素成本的不断攀升，因此江西省可以利用自身的综合成本优势，积极承接纺织、服装、食品、机械电子制造等对经营成本敏感的产业集群。二是资源利用型产业集群承接方式，如江西赣南是中国重要的有色、稀有、稀土金属矿产地之一，素有"世界钨都"和"稀土王国"的美誉，赣南（黑）钨、（中重）稀土资源储量、产量均占世界第一，可以积极承接稀土深加工企业，重点发展稀土产业集群。三是产业链延伸型产业集群承接方式。围绕各地的主导优势产业，联络世界500强企业，积极对接国内外大型企业，引进一些知名品牌和龙头企业，全力打造产业的聚集优势，再针对产业链的上下环节开展全方位的配套招商，吸引大量相关企业和配套服务项目投资落户，延伸主导产业链，提高主导产业的项目吸纳力和聚集力。四是总部经济型产业承接方式。充分利用各地区资源禀赋的差异，将跨国公司和大型企业总部迁入拥有丰富科技和人才资源的中心城市，将生产加工基地建在其他城市，实现企业内部各类生产工序之间的合理分工与合作，提高产业集群承接的质量和效益。如可以发挥南昌中心城市、九江、赣州省域副中心城市的功能，大力开展总部经济型产业承接，增强区域极化效应和辐射效应。

（三）加强产业集群承接载体建设

加强产业集群承接载体建设的关键与重点是加强工业园区载体建设。这就要求：一是遵循"布局集中、产业集聚、生态环保、特色发展"的总体要求，继续做好和完善全省工业园区发展规划，对各园区功能和产业进行明确定位，实行"差别化"发展战略；二

是打破省内行政区划限制，鼓励市县共建产业园和发展"飞地经济"；三是加强园区基础设施建设，做好园区配套工作，推动园区道路、水电、绿化、暖气、管网、通信、排污等基础设施建设，加大园区标准厂房建设，不断优化园区生产、生活环境，推动园区物流、生活服务、教育、环保等基础设施建设，提高园区综合治理能力，夯实园区发展的基础；四是积极培育特色工业园区，突出产业发展特色，重点加强一批特色产业集群建设，积极培育一批特色鲜明的产业园区。

（四）营造良好的承接产业集群环境

一是营造高效便捷的政务环境，按照大部制改革的思路进行政府机构改革，推行"阳光行政"、"一站式服务"，提高政府机构的办事效率和服务水平，营造"亲商、重商、爱商、富商"的良好投资环境；二是大力加强投资硬环境建设，重点是进一步加强江西省铁路、公路、民航、水路等综合交通运输设施的建设力度，打通以南昌市为中心的6小时经济圈；三是进一步扩大对外开放，加大对外向型经济发展的政策支持力度，推动开放型经济和外贸出口的快速发展；四是完善生态环境保护体系，提高承接项目的环保要求，严格控制高消耗、高污染的企业进入本地，建立健全环境监管体系，加强政府的环境监测，在产业集群承接中努力改善生态环境。

（五）加大承接产业集群的政策支持

完善全省产业集群承接的产业政策、税收优惠、土地政策、外贸政策、货币信贷和人才引进等政策体系，促进全省产业集群承接顺利进行。一是做好各地承接产业集群转移的产业定位，尽快出台产业集群承接指导目录，科学制定江西省重点鼓励引进的产业集群发展规划，从财税政策、建设用地、劳动用工、进出口退税、信贷担保和行政收费等方面给予全力支持；二是严格执行江西省各类专项资金管理办法，继续完善专项资金管理制度，加大对主导产业和重点承接产业集群的财政投入，逐步拓宽落户企业的投融资渠道；三是不断推进制度创新，完善招商引资重大项目跟踪制度，开展劳动用工人员职业培训，健全人才培养和引进制度，为产业集群有序承接提供良好的智力支持和制度保障。

江西产业集群现状与发展对策分析

一、江西省产业集群概况与分类

（一）江西省产业集群概况

2013年，全省重点调度的60个产业集群实现主营收入6601亿元，比上年增长21.8%；利税539亿元，增长27.2%；群内企业10087户（已投产9204户），从业人数98万人，分别分布在轻工、装备、冶金、建材、石化、纺织、电子等行业。其中，传统型产业集群共有31个，主要集中在钢铁、纺织、轻工、医药等发展历史较长、产业基础较好的产业集群，如南康家具、樟树医药、青山湖区针织服装、进贤医疗器械等产业集群；新兴产业集群有29个，主要集中在新材料、新能源、电子信息、汽车制造等近几年逐步发展壮大的产业集群，如鹰潭铜合金材料、宜春锂电新能源、上饶经开区光伏、南昌经开区光电、南昌小蓝汽车及零部件等产业集群等。

（二）江西省产业集群的分类

江西省产业集群主要有五种类型。按产业性质可分为传统型和新兴型产业集群；按发展路径可分为龙头带动型、资源依托型和市场带动型产业集群。

1. 传统产业型产业集群

主要集中在钢铁、纺织、轻工、医药等发展历史较长、产业基础较好的，如南康家具、樟树医药、青山湖区针织服装、进贤医疗器械等产业集群。

2. 新兴产业型产业集群

主要集中在新材料、新能源、电子信息、汽车制造等近几年逐步发展壮大的产业，如鹰潭铜合金材料、宜春锂电新能源、上饶经开区光伏、南昌经开区光电、南昌小蓝汽车及零部件等产业集群。

3. 龙头带动型产业集群

主要依靠龙头企业雄厚的技术支持和强大的品牌优势，带动周围众多相关中小企业，为其加工、制造零部件或配件，或为其提供某种服务的领域，如永修星火有机硅、景德镇直升机、南昌小蓝汽车及零部件、上饶经开区光伏、新余高新区光伏等产业集群。

4. 资源依托型产业集群

根据当地的自然资源特点，生产具有明显地方特色的产品，形成具有地方特色的产业集群，如上栗县粉末冶金产业集群、会昌氟盐化工、高安建筑陶瓷、赣州稀土磁性材料等产业集群。

5. 市场带动型产业集群

主要由众多相对独立的中小企业由于产品相同或相近，聚集在一起，紧密合作，配套生产，具有完整的产业链形成的产业集群，如南昌小蓝医药、湘东工业陶瓷、抚州高新区汽车及零部件、上高绿色食品等产业集群。

二、江西省产业集群的主要优势

（一）得天独厚的资源优势

江西的资源优势可以分为自然资源、劳动力资源等。江西自然资源十分丰富。截至2009年，矿产资源大省江西已发现矿产187种，其中有色金属、贵金属、稀土矿产资源方面在我国甚至于世界都具有的重要地位。水资源方面，江西坐拥我国最大的淡水湖鄱阳湖，境内水系发达，河流众多，丰富的地表水资源是江西的潜在优势。可以说，优越的自然资源是江西打造产业集群的物质基础。

江西劳动力资源储备丰富。根据《江西省第六次全国人口普查主要数据公报》显示，江西15～64岁的劳动年龄人口为3143.08万人，占总人口的70.52%，比21世纪初上升了2.62%。劳动年龄人口的增长速度和增加数均超过全省常住人口增速。劳动力资源呈逐年增长的趋势，2000～2010年平均每年劳动年龄人口增加33.22万人。江西劳动力资源在较长一段时间内在为沿海发达省份的经济做贡献，随着省内劳动密集型产业集群的形成和发展，江西应该充分利用本省的劳动力资源，吸纳其就业，更好地为本地集群企业服务。在沿海劳动力资源供应不足的现阶段，江西可以充分利用资源优势进行集群企业的招商引资。

（二）不断发展的经济水平

近年来，江西经济得到快速发展，"十一五"期间国内生产总值年均增长13.2%。但是应该清醒地看到，江西并没有从根本上改变经济基础薄弱、经济总量小、人均收入低的劣势。2014年江西省国内生产总值为1.57万亿元，在全国31省（市、区）中排第18位，经济发展水平直接关系着产业集群的培育和成长，其中最能够影响集群发展的是企业的数量和产业的规模。产业规模是产业集群成长的基础，如果产业没有形成规模，那么就无法进行专业化分工，集群就难以可持续发展。江西的企业数量和产业规模在全国处于劣势，不利于产业集群的发展，有待尽快改变。仅考察企业数量，截至2014年，江西登记在册的企业数量为298866个，远远低于集群密集省份，同期广东、江苏、浙江的企业数量分别为3083535个、2220279个、1867569个。

（三）传统特色的产业集群

依托传统优势，江西省形成了一批具有地方特色的传统产业集群。樟树市医药集群具有1800多年的历史，拥有仁和集团、天齐堂等110家企业，"中国药都"享誉海内外，2013年实现销售收入110亿元，占全国的2%；共青城羽绒服装集群现有纺织服装企业310家，培育了"鸭鸭"、"回圆"、"深傲"等一批国字号品牌，为"中国羽绒服装名城"

和"国家新型工业化产业示范基地"。拥有赣州稀土，贵溪铜，樟树盐化工，高安建筑陶瓷，湘东工业陶瓷等资源特色的产业集群。拥有南昌高新区电子信息及通信，宜春市锂电新能源，赣州稀土磁性材料及永磁电机，上栗粉末冶金等新兴产业集群。在江西的产业集群中，传统产业比重明显高于新兴产业。

（四）价格低廉的劳动成本

目前，长江三角洲、珠江三角洲中经济发达城市的工业用地已近乎枯竭，土地价格暴涨。广东、浙江等省劳动力成本上升，水、电、土地等价格上涨，导致近万家企业外迁。江西是我国经济欠发达地区，相对丰富的劳动力资源导致劳动力价格低廉，大部分员工工资水平只相当于东部沿海地区的 1/2 左右。江西生产要素（水、电、原材料、土地等）价格相对较低，有利于集群企业降低生产成本，提高其竞争力。这些成本优势，有利于江西工业园区的招商引资，促成产业的集聚和集群化发展，推动江西产业集群有序发展。

三、江西省产业集群发展的主要问题

（一）集群效果方面

1. 产业集群缺乏影响力大的龙头企业

2013 年，60 个产业集群主营收入仅占全省规模以上工业的 25%，过百亿的产业集群只有 24 个，不到总数的一半；超 200 亿元的 5 个，超 300 亿元的 2 个，超 500 亿元的仅有 1 个，目前还没有超千亿的产业集群。很多产业集群主要靠政府的推动，而非市场化的产物。大多数产业集群缺乏实力雄厚、技术领先、核心竞争力强、带动作用大的龙头企业作支撑，产业链条难以衔接，存在"聚而不集"现象。如章贡区汽车零部件集群没有一家企业主营业务收入超 3 亿元；安义铝合金塑钢型材集群只有 1 家企业主营业务收入过 10 亿元，铝型材产品以普通民用型材为主，产品附加值较低，难以发挥效应。

2. 集群产业链关键环节缺失较多

产业区内各企业之间没有真正的专业化分工，也没有形成上、下游企业产业及支撑产业相互关联的互补作用效应，更缺乏既竞争又合作的动力，企业集群非常不平衡。由于产业集群度低，对相关产业的带动作用有限，制约了产业链的纵向延伸，产业链关键环节缺失现象较多。如吉安市电子信息集群，高附加值环节的制造企业偏少，一些龙头企业缺乏与之相配套的原材料、元器件生产供应企业；南康家具集群缺少烘烤、喷漆等企业；青山湖区针织服装产业集群缺少印染企业。这些都制约了产业结构升级。

3. 市场竞争优势不明显

江西产业集群的产品市场竞争优势不强。集群多是一些技术含量较低、劳动力密集型的粗加工工业及低端制造产业，产业结构层次偏低，产业发展水平不高。大部分企业还处于发展初级阶段。集群内企业创新能力不强，研发投入不足，具有自主知识产权的关键核心技术不多，缺乏具有较强市场竞争力的拳头产品，集群中生产性服务业发展非常不够、明显滞后。

（二）政府作用方面

1. 集群形成机制亟待完善

产业集群是在市场机制的作用下，生产要素按照要素回报最高在产业间和地区间充分流动而引致相关企业在一定区域内集聚而成的，它的形成需要完善的市场体制和市场机制充分发挥作用。目前江西省内的企业大多数是通过招商引资进来的，与当地原有企业、产业、资源、市场还缺乏紧密的有机联系和牢固的共生关系，有些企业目的在于享受土地出让等优惠政策，有些企业目的在于吸纳当地大量廉价的资源，根植性不强，没有与当地经济发展形成深度嵌合，做大做强地方支柱产业的动力不足，在后续投入和扩大再生产方面积极性不高，有的甚至呈现"候鸟型"特征，打一枪换一个地方。

2. 产业集群整体规划亟待制定

一是缺乏科学合理的产业布局规划，造成了各地区产业结构趋同现象严重。进行招商引资时，由于缺失集群规划，招商方式单一、渠道狭窄，招商项目规模也普遍偏小，重大招商项目少，除特色产业集群外，多数产业集群的主导产业相似，各产业集群中的企业之间产业关联度小，难以形成有效的产业链。二是招商引资政策中缺乏服务管理政策，造成集群内企业生命力薄弱。江西省各地运用各种方法积极进行招商引资，扩充和壮大了本地经济规模，并取得了显著成效，但政府仅仅依靠优惠政策吸引外资促成产业集群的发展，而未对集群中的企业进行有效的考核与管理，造成外地的企业根植性差。对于主要通过招商引资建立起来的各地产业集群而言，因为缺乏系统的服务管理政策，整个集群的稳定性差也是一个不争的事实。

3. 人才激励政策亟待强化

在人才培养和开发方面的政策激励较弱，导致集群发展所需人才缺失。相较于国外政府无偿为产业集群培训所需专业人才，江西省各地虽有大量专门的职业培训机构，但是由于部分地方政府对职业教育的认识不够，未能将这些培训机构转化为产业集群的人才培养地。而对于一些专业人才培养院校，如景德镇陶瓷学院陶瓷艺术设计及材料学等专业人才，地方政府也未制定一些优惠的人才留用政策，造成大量优秀专业人才流失。

（三）产业技术方面

1. 核心技术难以形成

江西省目前的产业集群，无论是属于新材料、新能源等高新技术行业，还是家用电器、纺织服装等传统行业，都普遍存在着产品技术含量不高、缺乏核心自主知识产权和产品定价权的问题。企业和集群的发展更多依靠低成本竞争和自然资源消耗，缺乏高附加值环节和产品，遇到了产业价值链被低端锁定的困局。即使是有战略性新兴产业，集群内掌握核心技术的企业也并不多，产业缺少抵抗较大风险和危机的能力，一旦行业发展环境发生一定的变化，便难以从容应对。

2. 行业壁垒难以突破

创新型产业集群作为一个战略性新兴产业或是传统产业的升级版，有着巨大的市场需求及利润空间。而江西省的产业集群主要是以传统的产业为主，承担的基本是进入壁垒低、技术含量低、经济回报低的生产任务，处于国际分工体系的低端位置。要进入创新型产业集群的行列，就意味着要打破进入的壁垒，提高自身的综合竞争力。相对于其他行业，创新型产业集群进入壁垒较难突破，具体表现为贸易壁垒、资金壁垒与技术壁垒。做好产业进入壁垒分析，认真对待创新型产业集群的发展风险问题，是江西省产业集群需要面对的重要挑战。

3. 品牌优势难以建立

从国外竞争者角度而言，由于中国市场广阔，加之相对便宜的劳动力成本、土地成本、资源成本和各种招商引资的政策吸引，跨国公司通过雇用相对廉价的中国高技术研究人员，迅速地在中国建立研发基地或是开办工厂。国内企业不仅需要艰难地追赶那些巨型跨国企业，还需要追赶那些几乎控制了供应链各个部分的大公司。江西企业本身就缺少核心技术，在研发方面的投入薄弱，缺乏品牌建设，在国内外同行竞争中处劣势地位。

四、优化江西省产业集群发展对策

（一）集群效果方面

1. 培育发展龙头企业、高端业态

要引进有实力的企业，更要引进能够形成产业链、形成产品簇的企业群。而且在创新型产业集群发展中，龙头企业的带动作用不可或缺。要做好产业龙头项目引进，特别是引进国内外拥有高新技术的大企业、大集团。要围绕"拉长、拓宽产业链，丰富、壮大产业群"的发展思路，对本地优势产业链开展认真梳理和研究，积极培育和引进上下游龙头企业和配套项目，加快打造要素集聚、功能集成、生产集约的产业集群。

2. 强化统筹集群布局

明确重点发展的产业，确定产业发展集群的区域。按照全省的产业集群的规划和重点区域布局，通过各市、县的协调，项目对换等，确保产业集群战略的实施。研究国内外产业演进和梯度转移趋势，借鉴先进园区的管理模式，把园区真正办成江西优势产业集群的生产基地和产品输出地。通过强化统筹集群规划，明确目标、突出重点、分类指导，促进企业集群有序发展，提高产业集中度，形成强有力的产业群体和竞争主体。

3. 完善配套平台体系

完善的产品配套体系，是产业集群化的基本条件。要加强企业间的前向和后向联系，鼓励企业采取多种形式，按照产业链的不同环节进行专业化分工协作，大力提倡发展产业链经济，并围绕主导产业链培育和完善地方产业配套体系。

（二）政府作用方面

1. 完善集群环境建设

一是完善产业集群形成的制度环境。适宜的制度环境和市场环境是产业集群形成的基础条件。加快市场化改革，营造适宜的市场环境，充分发挥市场机制在资源配置中的作用，促进生产要素在市场机制下在地区间、产业间自由流动；建立统一的、开放的、多层次、公平竞争的市场体系。二是完善产业集群发展的体制环境，按照现代市场经济的要求，完善产业集群市场竞争的规则和制度，推进产业集群的市场化进程。三是改善企业群

的产业经营环境。加大力度宣传企业集群形象,帮助集群扩大市场规模,开展各类特色商品展览活动,提高商品的产业区声誉,提高产业集群市场竞争力。四是优化产业集群发展软硬环境。形成与国际化相接轨的政策、体制、观念,加强对外向型经济的服务工作。五是要营造良好的人才发展环境。产业竞争实质上是人才的竞争,必须坚持以人为本,把吸引和留住人才作为发展产业集群的第一要务。

2. 制定集群发展规划

要在主导产业定位的基础上,充分考虑与未来政治、经济、社会、文化与科技相关的决策性影响因素,做好市场需求预测,从中寻找集聚区的发展机会和市场空间。结合江西实际情况,制定好并实施江西省的产业集群发展战略规划,特别是对国家重点支持的产业集群领域,政府在技术创新、金融信贷、土地、信息服务等方面给予重点支持。

3. 出台吸引高级人才政策

一是要积极探索与重点高校联合培养高学历人才的有效途径,为企业不断输送创新人才。争取教育部的支持,适当调整江西高校的专业设置,提高与重点创新型产业集群发展相关专业的招生比例。二是要以合作建设省级以上重点实验室和研发中心为载体,围绕战略性新兴产业,通过"国家创新人才计划"、"江西省引进优秀高层次专业技术人才优惠政策"等人才政策,进一步创造条件吸引海内外优秀人才来江西发展,尤其要引进学科带头人及科技管理人才。三是要建立更为方便的人才引进机制以及相关的户籍管理制度,以事业发展和宽松自由环境留住所需要的人才。四是要完善产业集群的人才培养机制。根据创新型产业集群发展规模的要求,适当增加专业技术人员总量,逐步优化专业技术人才的年龄结构和职务结构,加速培养短缺人才。特别是依据创新型产业集群发展的重点任务和科技主攻方向,有计划地选拔和培养一批有发展前途的中青年专业技术骨干,组建学术技术梯队,加强中青年拔尖人才的培养工作,并以此带动专业技术人才整体素质的提高。

(三) 产业技术方面

1. 扶持企业技术创新

一是要充分发挥财政投入的作用,进一步落实企业创新研究开发费用税收抵扣和高新技术企业所得税减免等优惠政策,激励集群企业增加科技投入,成为研究开发投入主体。二是要帮助企业争取国家、省、市项目资金扶持。对获得国家、省、市项目资金的企业,根据实际情况给予适当比例的配套资金支持。三是要解决好技术研发到产业化环节风险承担问题,加速建立风险投资机制,大力发展创业投资,积极利用创业板和中小板市场,拓宽中小型科技企业融资渠道。

2. 鼓励企业形成行业竞争优势

一是根据江西企业资源优势和发展定位,通过技术、产品和人才的引进,以自主开发、委托开发和联合开发等方式,充分利用和整合国内外技术与管理资源,最终形成具有自主产权的技术能力,提高竞争优势;二是引导集群企业增强知识产权意识,建立和完善以专利、商标、版权、商业秘密等知识产权为主要内容的创造、运用、保护、管理工作机制,鼓励集群企业加强重大专利开发,争创名牌,将核心技术和专利技术向标准转化;三是整合各类科技资源,促进创新创业,加强综合孵化器和专业孵化器建设,完善科技、金融、中介、物流等创新服务功能,促进创业者更便利、更通畅地获得技术、市场、人才等有关信息，提高中小企业的竞争力。

3. 塑造集群品牌形象

一是在区域品牌的建设方面塑造集群品牌形象。推动集群品牌在行业中的影响力，降低集群内企业产品的销售成本。二是加强质量标准体系的建设，做好对企业产品质量、服务质量的监督和认证，推行全面质量管理。三是政府应作为集群的总代表加强对外宣传，促进外部对集群的了解，这也是集群品牌建设的重要内容。

对江西创新型产业集群的基本判断及对策分析

——基于对先进地区国家级创新型产业集群经验的学习与反思

近年来,各地政府都积极加强政策扶持,加大资金投入和引导,希望通过大力发展创新型产业集群,加快培育本地的战略性新兴产业。截至目前,全国共有32家国家级创新型产业集群试点单位,并遴选了38家开展试点培育。从国家级创新产业集群试点单位的总数来说,江西与发达地区相比不具有优势;从产业集群的总产值、企业规模、人才层次及数量、研发投入及专利获得数量等方面相比,也存在不小的差距。

一、北京、深圳、本溪创新型产业集群发展的示范路径

创新型产业集群试点建设工程实施以来,各集群内企业数量和质量得到迅速提升,集群资源集聚共享、开放协同效应初步显现,各试点单位在实践中各显其能,形成了以龙头企业带动产业升级,以民营企业主导推动集群发展,以原创技术引领产业发展,以政府推动集群快速发展,以集群发展推动产城融合,依托高校和科研院所推动科技成果转化和企业发展等一系列有特色、有效的发展模式。

本节仅以北京中关村移动互联网产业集群、深圳高新区下一代互联网创新型产业集群以及本溪制药创新型产业集群这三家国家级创新型产业集群试点单位为例,对其成功的经验与启示进行分析与梳理。

(一)技术创新引领产业升级——北京中关村移动互联网产业集群

中关村是TD-LTE通信标准诞生地和三大运营商总部所在地,聚集了我国最多的移动应用开发者,百度、新浪、搜狐等用户数最多的互联网企业,联想、爱国者等国内最大的数码品牌,奇虎、网秦等最大的安全服务商等。2011年易观评选的移动互联"创新应用之星"有70%位于中关村示范区;清科的最具投资价值企业榜单前三甲中有两家在中关村。北京中关村移动互联网产业集群已呈健康发展之路(见图1)。

中关村在移动互联网产业取得了一批关键核心技术的突破。例如,以创毅视讯、君正为代表的核心芯片;以播思通讯、中科创达、风灵创景、京联云为代表的移动终端操作系统;以优视为代表的浏览器;以联想、汉王、爱国者等为代表的移动智能终端;以奇虎、网秦为代表的网络安全;以百度为代表的移动搜索等。

2014年中关村软件园总产值达1409亿元,园区企业总利润135亿元,园区企业利润

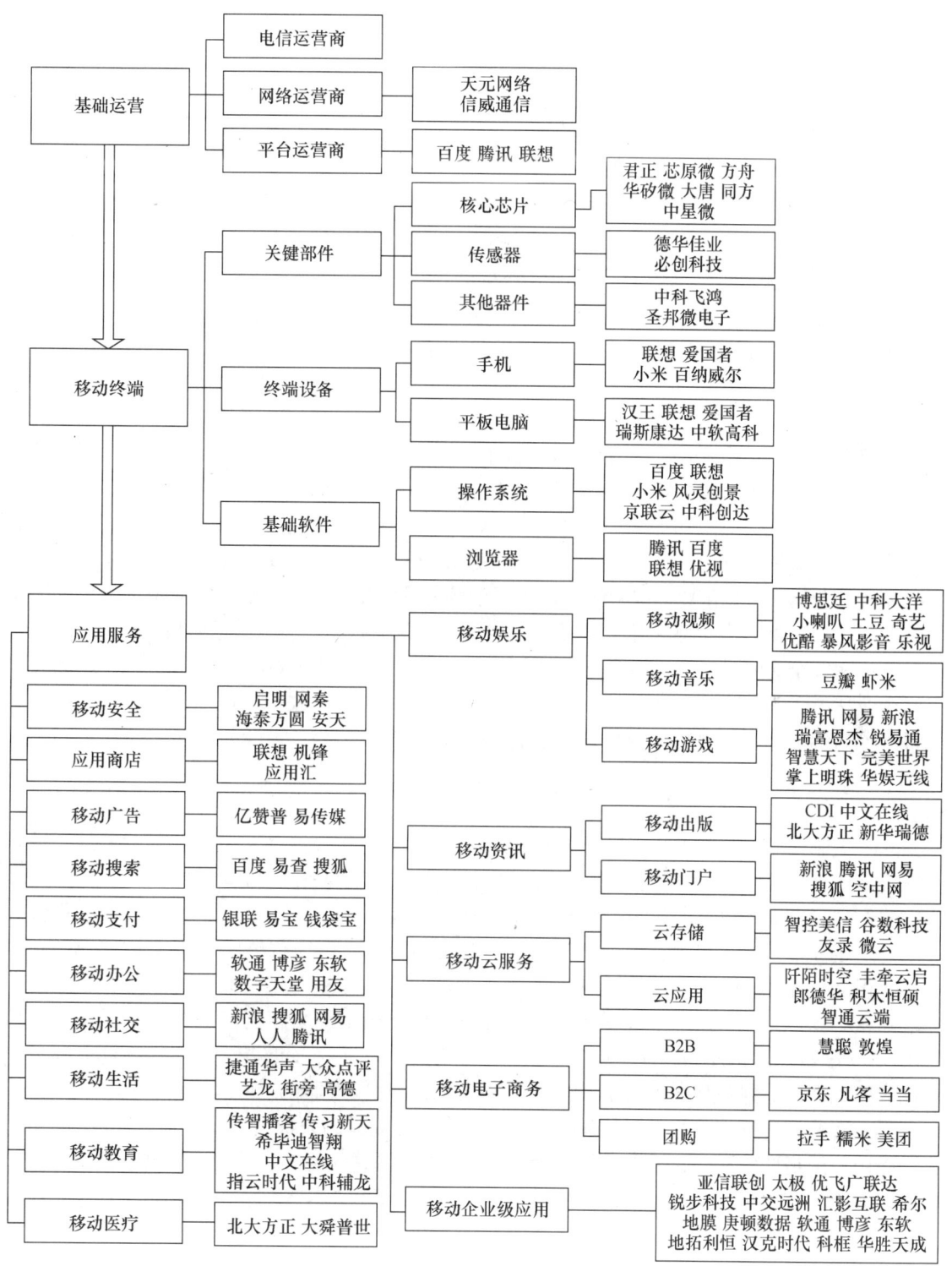

图1 北京中关村移动互联网产业集群产业链

率为9.6%,园区企业总数为277家,园区企业在园人数3.89万人,高端人才共有79人。在知识产权方面,2014年园区企业研发经费共投入137亿元;2014年园区知识产权总量为 19095 项,软件著作权数量为 3522 项;专利总量为 14175 项;2014 年园区获得国家级科技奖项共有 39 项,其中,特等奖 1 项,一等奖 6 项;2014 年园区企业科技成果转化 305 项,比 2013 年增加 77 项。

(二)龙头企业带动产业发展——深圳高新区下一代互联网创新型产业集群

深圳高新区发展下一代互联网产业具有配套完整、主导产品研发与制造能力国内领先的优势。而这些优势的形成与龙头企业有着很大关系。在软件运营服务行业,园区企业金蝶"友商网"是管理型 SaaS 服务的国内领军企业。在互联网内容方面,深圳高新区拥有全国最大的互联网综合运营服务商腾讯、国内领先的 A8 数字音乐服务平台、中青宝网游等龙头企业。在移动互联网方面,中兴通讯和华为跻身全球手机销量十强;在核心环节平台软件领域,拥有华为、中兴、融创天下和卓望数码四大国内领军企业。其中,以中兴、华为、国民技术为代表的一批高新技术企业在物联网系统集成、计算处理及解决方案方面具有较强实力。在电子商务产业,深圳高新区拥有国内第二大的交易和支付平台腾讯"拍拍网"和"财付通"。在云计算产业,拥有运算速度超千万亿次的国家超级计算深圳中心。

深圳高新区坚持以龙头企业为牵引,构建以"高新软优"为特征、具有国际竞争力的现代产业体系。位于此地的阿里巴巴国际运营总部涉足电子商务的全产业链条,百度国际大厦(即百度华南总部)还兼具百度国际总部和深圳研发中心两个重要角色。

在龙头企业的带动下,2013 年,深圳高新区下一代互联网创新型产业集群产业链关联企业达 1023 家,其中高新技术企业有 264 家,从业人员总数 12.48 万人。主要包括物联网、高端软件、三网融合、电子商务和云计算等相关产业(见图 2)。

(三)资源优势汇聚产业集群——本溪制药创新型产业集群

本溪制药产业集群先后获批为国家重大新药创制大平台、国家创新药物孵化基地、国家火炬计划本溪中药科技产业基地、国家辽宁(本溪)生物医药科技产业基地。

"本溪制药"产业集群立足自身实际,坚持"产业为重、科技支撑、大学为要、产城结合"的发展理念、以 7 个重点产业和 3 个配套功能区建设为载体实施了"173"战略,举全市之力推进产业集群发展。"1"即 1 个发展目标。再用 5 年时间,形成生物医药产业的核心竞争力,将以"本溪制药"产业集群为核心的本溪高新区建成产值超千亿元的国内一流、世界先进的健康产业集聚区。"7"即 7 个产业发展重点。以生物制药及疫苗产业园、高端仿制药及化药产业园、现代中药产业园、医疗器械产业园、食品和保健品产业园、医药相关配套产业园、健康服务产业园 7 个产业园为发展载体。"3"即 3 个配套功能区。围绕形成集群的核心竞争力,达到产城结合的建设目标,着力建设创新创业功能区、大学教育功能区、城市服务功能区 3 个配套功能区。"本溪制药"产业集群初步形成了以"原料生产与人才聚集、技术服务与企业孵化、规模生产与相关配套"为产业链的创新型产业集群(见图 3)。

本溪市是辽宁中药材的主产区,各类植物、动物、矿物类中药类药材 1117 种,品种和产量位居辽宁首位,是我国北方药品主产地之一,产业化发展基础良好。在此基础上,集群成功引入沈阳药科大学、中国医科大学、辽宁中医药大学等医药相关高校 6 所,已引进人才770人,其中高级职称125人、博士110人、硕士373人,有14位院士受聘为入驻项目的高级顾问;引进国内外领军人才团队27人,海外团队11个。大学和人才的引进为集群发展提供了强大的智力支撑。

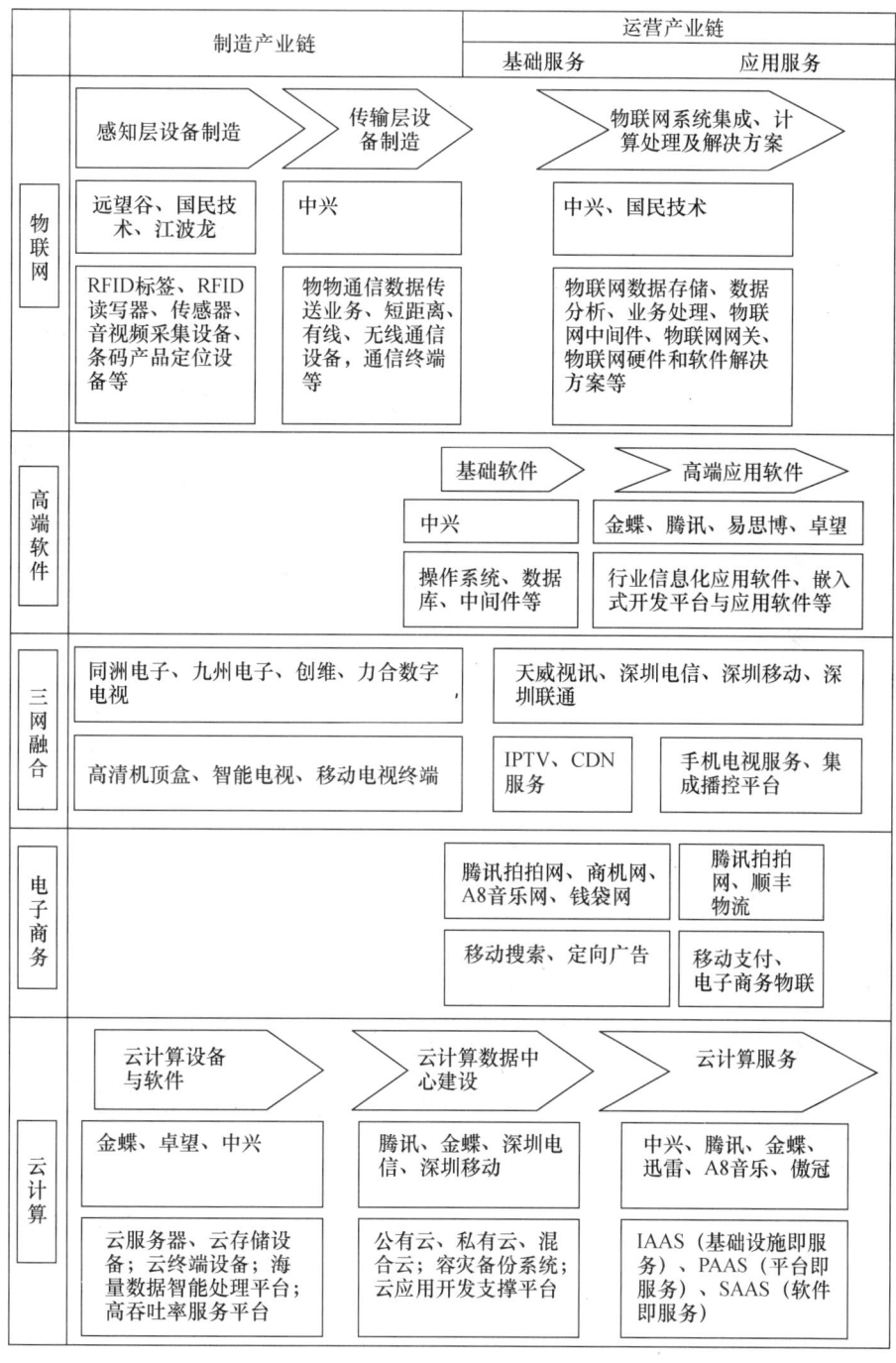

图2 深圳高新区下一代互联网创新型产业集群产业链

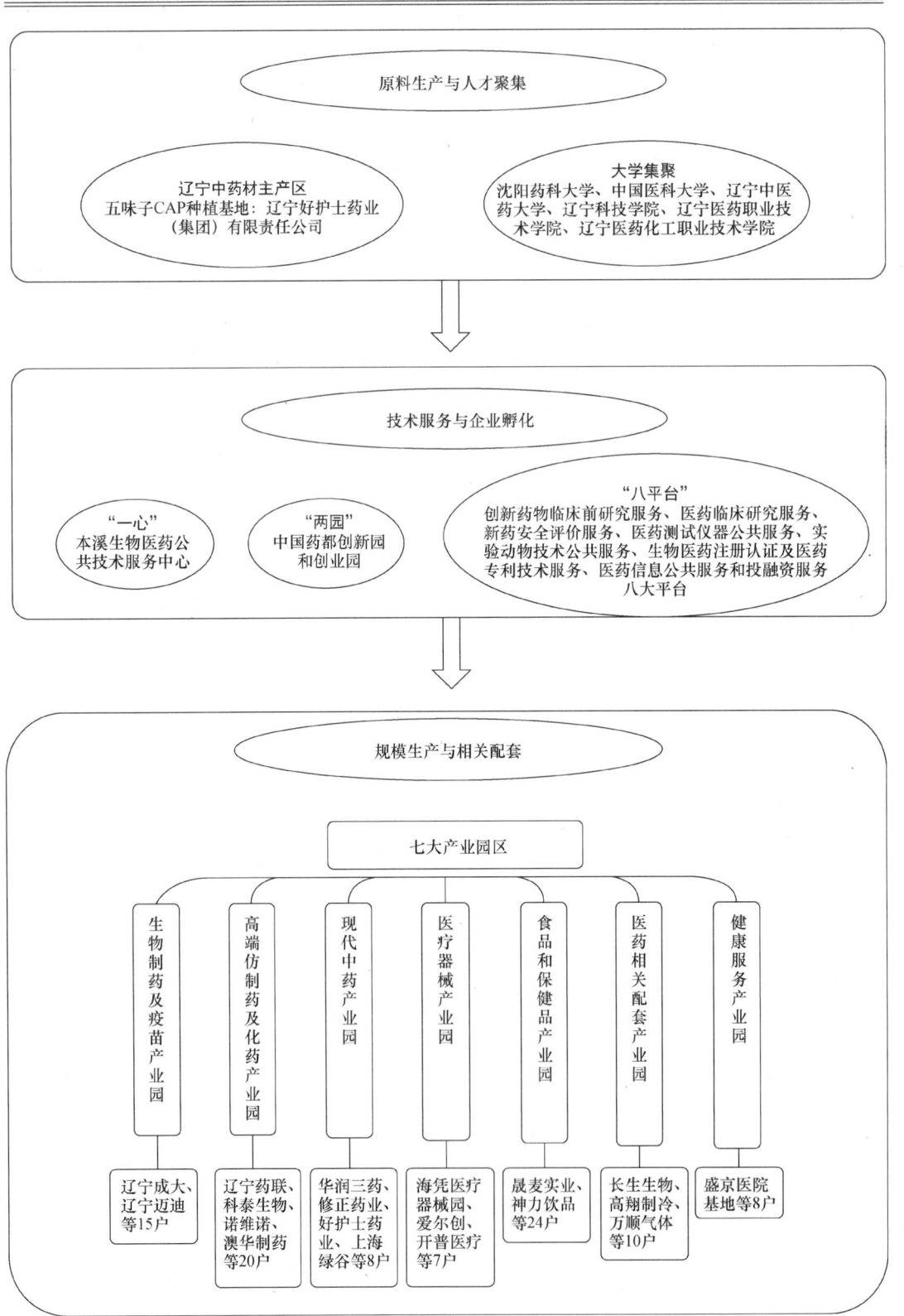

图3 本溪制药创新型产业集群产业链

该集群现拥有研究机构49家，国家级工程技术研究中心1家。集群的创新载体中国药都创新园已引入包括全球最大基因组研究机构深圳华大基因研究院、德国拜耳和沈阳药科大学联合实验室在内的高层次科研机构与在孵企业46家，拥有在研品种263个，重点推进了20个重大创新品种的研发工作，其中国家一类重点品种14个，获得国内外专利139项，初步具备了立足本溪、辐射辽宁乃至东三省，为生物医药企业提供药物研发、临床服务、分析检测等多项公共服务的能力。2009年，中国药都创新园经国家科技部认定为国家级高新技术创业服务中心。

二、国家级创新产业集群试点单位的成功经验

（一）充分发挥政府的引导作用

尽管创新型产业集群的发展主要是依靠市场，通过企业的衍生与扎堆自发形成的，应该充分发挥市场在创新型产业集群发展中的基础性作用，但同时也必须要强调政府的引导作用。

科技部火炬中心《创新型产业集群试点认定管理办法》明确指出，"集群所在地政府（原则上为地级市政府）制定了促进集群产业发展的政策措施，建立了政府引导下的集群产业链协同机制，设立了试点工作管理机构。"《创新型产业集群试点评价指标体系（试行）》中，将一个地方的创新产业集群是否纳入政府工作规划或计划；是否确立了集群建设组织体系、任务分工和工作制度；围绕集群主导产业的发展，是否制定了包括政府采购、土地保障、鼓励创新创业等支持集群发展的系列政策和措施均作为重要的考核依据。

我们从各国家级创新型产业集群试点单位的成功经验中可以看出，各个创新型产业集群试点单位的背后，都得到了政府部门的大力支持以及各种政策、资金等要素条件的充分保障。

（二）具有典型的发展路径

这些特色鲜明的产业集群有着各自不同的发展路径。它们有的依托当地资源优势，通过民间自发的创新原动力、市场机制的调节作用而逐渐成为全国闻名的产业集群；有的以活跃的技术创新为支撑，以丰富的科研背景为依托，在政府的支持下呈现出不可遏制的快速增长态势；有的则在几家龙头企业的牵动下，吸引大批产业链相关企业、研究机构、中介组织聚集，形成了颇具影响力的产业集群。

从各创新型产业集群的基本情况来看，国家级创新型产业集群基本上都是以科技型中小企业、高新技术企业和创新人才为主体，以知识或技术密集型产品为主要内容，以创新组织网络、商业模式和创新文化为依托。

（三）充分发挥科技人才的支撑作用

人才是高端产业群发展过程中至关重要的因素。人才的区位选择决定了高端产业及其产业集群的区位和发展。产业聚集对吸引人才至关重要，能够催生人才的流动、植根和成长，同时人才聚集作为产业聚集的关键要素，又将进一步推动产业聚集的深化。要促进高

端产业集群的发展，就要充分发挥人才的支撑作用。

（四）建立起完善的科技创新体系和公共服务平台

各地均重视建立完善的科技创新体系，搭建创新的载体和平台。通过支持科技企业孵化器、技术转移机构、创新驿站、生产力促进中心、国际化服务机构、科技金融服务机构等服务平台，为企业发展搭建起了完整的科技服务体系。或者通过设立高新区、特色产业基地、软件园、孵化器、大学科技园等创新创业载体，使各项政策落地，使各类公共服务集中配置，为企业提供孵化、发展、壮大的沃土。

（五）重视集群内龙头企业的培育及全产业链的打造

创新型产业集群是产业集群发展的更高阶段。试点单位均有自己的龙头企业，突出以价值链为纽带，有组织、有意识地在特定园区空间集聚产业链各个环节的多家企业，并促成这些企业进行"创新竞争"，以提高产业链各环节创新的成功率和高效率。

（六）加大对核心项目的投融资服务

成功的创新型产业集群，都纷纷建立起了多渠道的金融服务体系，以推动企业规模化发展。特别是加快针对创新产业集群的金融服务环境建设，为企业创造多种渠道的项目融资、股权融资与信贷融资等，完善金融资本进入和退出企业的渠道，为规模企业 IPO 上市做准备，为中小企业项目发展提供资金保障。

三、江西国家创新型产业集群试点（含培育对象）的基本判断

2014 年 12 月 15 日，由江西省科技厅组织景德镇高新区申报的景德镇直升机制造创新型产业集群，正式获得国家科技部批复，成为江西省首家"国家级的创新型产业集群试点"。此外，"南昌高新区生物医药产业集群"作为"国家级创新型产业集群试点（培育）单位"，也正在努力培育中。

（一）现状分析

1. 景德镇直升机制造产业集群

景德镇直升机产业发展具备了先天优势和良好基础，主要产品有多种型号的直升机整机和旋翼、航电、装备制造器件、内饰件、锻铸件、电子元器件、电缆线等零配件。

景德镇直升机制造产业集群的主要特点：

（1）产业配套日趋完善。产业体系较完整，并拥有两家龙头企业或设计单位：中航工业直升机设计研究所（602 所）是我国唯一的直升机研究所，掌握了直升机总体设计和系统集成的核心技术；中航工业昌河飞机工业（集团）有限责任公司是我国直升机重要生产基地，已形成民用直升机机型及无人直升机等多系列、多品种的生产格局。不仅如此，景德镇有与直升机产业配套的企业达到 40 多家，形成了直升机研发、生产及配套较完整的产业体系。

（2）体系标准与国际接轨。生产体系和质量保证体系满足如美军标（MIL）、美国材料与协会标准（ASTM）、AS9100、ISO9000和国内航空航天标准的要求。昌河飞机工业（集团）有限责任公司已成为美国西科斯基公司、波音公司，意大利阿古斯特公司的供应商，积累了丰富的直升机生产管理经验和能力。

（3）科研体系完整，生产实力较强。拥有一个国家级科研单位，四个省级以上技术中心等五个科研机构；有两个国家级国际科技合作基地；有理化检测中心（具有计量资质的检测机构）、生产力促进中心等五个科技中介服务机构。拥有总体气动、结构强度、旋翼设计、航电火控、飞行控制、液压传动、环境控制、信息技术等40多个专业和16个系统设计试验研究室，具备直升机总装、试飞、特设、铆装、机加、旋翼制造、复合材料制造、热处理、表面处理、钣金、钳焊、导管制造和整机维修等生产能力。

（4）国际合作提升科技创新能力。通过与国际先进的直升机公司合作，已经掌握了部分直升机数字化技术。基地具备了三维设计用的CATIA工作站、计算机强度计算和仿真、内部共享的产品数据库管理工作平台，拥有了各种精密加工测试设备4300多台/套等技术手段，三轴、四轴、五轴的数控加工设备有120余台。

（5）先进的复合材料零部件制造工艺和技术。基本掌握了包括复杂的复合材料制造技术，如桨叶等复杂载荷零件的制造技术。采用先进的复合材料结构桨叶和新构型桨毂，可大幅度提高旋翼效率，简化桨毂构造，提高构件使用寿命，提高桨叶和桨毂的可靠性与维护性。

（6）现代直升机总装集成技术和能力。已初步具备第四代直升机研制和总装能力，但离大批量总装和电气集成检测的需要相比还有较大距离，还有待继续投入和技术改造，全面满足批量生产和民用适航的要求。

（7）人才集聚优势明显。景德镇直升机产业集群内现有职工11000余人，其中各类科技人员4000余人。中国直升机设计研究所现有在职职工2600余人，其中各类专业技术人员1400余人，高级工程师350多人，研究员118名，有国家级专家2人、部级专家8人，入选"国家新世纪百千万人才工程"和"国防科工委511人才"18人，省级优势知识创新团队1个，省级技术带头人1人。昌飞集团公司职工人数5382人，拥有省级技术带头人1人，技术中心总人数为827人，占企业工程技术人员总数的49%，中心有博士研究生2人，硕士研究生22人，高级技师49人，技术中心具有高级以上职称人员共561人。技术带头人团队具有享受国务院特殊津贴专家23人，国防科技工业511人才4人，突出贡献专家3人，市级拔尖人才2人。技术中心聘有国外专家10名，7名来自美国西科斯基公司，3名来自意大利阿古斯特公司，这几家公司均是国际一流的直升机制造公司。同时直升机配套企业景航铸造公司、景鑫锻造公司、江西中景集团等为直升机配套的企业拥有高级工程技术人员1000多人，省级技术带头人1名，人才集聚优势明显。

2. 南昌高新区生物医药产业集群

南昌高新区生物医药产业集群主要包含了生物医药和生物农业两大产业，囊括了现代中药、化学药、生物制剂、医疗器械、食料、兽药和中药农业等领域。生物医药产业是南昌高新区的传统优势产业，也是南昌高新区正在打造的千亿元产业之一。随着南昌国家医药国际创新园及南昌高新区生物医药创新型产业集群的建设，产业集聚效应凸显。

南昌高新区生物医药产业集群的主要特点：

（1）生物医药作为高新区发展的主导产业，有着深厚的产业基础，已形成较为完整的产业链。园区目前共有 160 家生物医药企业，其中工业企业 113 家，营销企业 22 家，研发平台及研究机构 25 家，规模以上企业 27 家。2013 年生物医药规模以上企业共实现主营业务收入 320.73 亿元，占全区主营业务收入的 31.6%。

（2）已有较完善的全省生物和新医药产业创新体系。高新区内的生物医药产业拥有工程中心、企业孵化器、大学科技园等 7 个国家级科技创新载体，并且拥有中德生物联合研究院、中药固体制剂国家工程中心、国家干细胞基因库、南昌大学生物工程中心、江中集团国家新药创制中心等为代表的多个生物医药研发平台。以江西中医药大学（中药固体制剂制造技术国家工程研究中心、现代中药制剂教育部重点实验室、江西省中药种质资源工程技术研究中心）、南昌大学（食品学科和技术国家重点实验室、国家新药临床研究基地）、江西省中医药研究院（江西省中药质量标准工程技术研究中心）、江西省药物研究所（江西省中药工程技术研究中心）等为技术支撑，以项目的产学研结合为载体的、较完善的全省生物和新医药产业创新体系，集聚了一支专门从事生物和新医药研究与开发及其成果转化的科技队伍和企业家队伍，为生物和新医药产业的发展提供了较好的基础条件。

（3）高新区内生物医药产业链条逐渐完善。高新区内生物医药产业拥有 60 多家生物医药企业，初步形成了医药产品、医疗器械及医疗保健品开发、生产、物流配送和营销的产业链。如以美国默克集团、法国赛诺菲集团为代表的世界领先制药企业研发群体；以江中集团、汇仁集团、金水宝制药、济民可信集团、诚志股份、弘益药业、闪亮制药为代表的中成药研制生产群体；以江西洪达医疗器械集团、3L 医用制品等为代表的医疗器械生产群体；以汇仁营销、国药控股为代表的医药贸易销售群体。

（二）困难与挑战

江西的各类创新型产业集群，不论是航空制造业、生物医药产业，还是新能源、新材料产业和光电信息产业，普遍存在着基础薄弱，缺少龙头企业，产业链不完整，产品技术含量不高，缺乏核心自主产权，自主创新能力不够，缺少专业人才，缺乏公共服务平台，科研实力较弱等问题。产业集聚发展路径单一、产业集聚速度缓慢，相关的体制和政策法规还存在一定的欠缺。

1. 产业链发展不完整且相对低端

江西的创新型产业集群虽然主营收入都有较大程度的增长，但是都尚未形成完整的全产业链，产业创新能力不足，对全省经济增长的作用也非常有限。

省内创新型产业集群产业层次和附加值偏低，尚处于形成初期，主要依靠低成本战略来形成竞争优势，存在着严重的产业链被低端封锁的困局。一些集群中企业产品的技术和知识含量偏低，高附加值产业和产品不够；低附加值产业集群较多，高新技术产业集群较少；自主创新能力弱，集群大而不强，自主研发的企业比例很低，多数企业没有核心技术；作为技术创新基础的劳动力技能较低；因受保守型传统文化的约束，集群内企业的创新意识不够，人才流动性较低。

我国发展航空制造业走的是一条跟踪、仿制、合作的道路，许多关键技术仍要从国外引进，这也导致研究基础薄弱，技术储备不足，发动机和机载设备性能水平普遍不高，极大制约了我国航空制造业产业集群的发展。目前我国的航空产业和产品自主知识产权程度还比较低，航空工业核心技术和关键技术缺失，自主创新能力不强，产品竞争力弱、市场份额低，这些导致我国航空制造业产业集群的整体竞争力薄弱。

而南昌高新区生物医药产业集群，虽然形成了以项目的产学研结合为载体的、较完善的全省生物和新医药产业创新体系，集聚了一支专门从事生物和新医药研究与开发及其成果转化的科技队伍和企业家队伍，但是企业多以仿制为主，具有自主知识产权的新药品种很少，研发技术与国际差距不小。南昌的生物医药企业，特别是中小型企业对新药研究开发资金投入不足。南昌的生物医药经济中，占较大比重的基本上是仿制药，或是简单的剂型改进，被世界公认的创新药品很少（见图4），这将潜伏着巨大的危机。一方面产品不可能出口，只能内销；另一方面，按照国际规定，对专利保护期的药品进行仿制是要受到起诉的，这对长期依赖仿制药品的企业要开发具有自主知识产权和高附加值的新药品种提出了严峻的挑战。企业未能形成"生产一代、储备一代、研制一代"的企业技术创新体系。高校、科研机构、企业三者之间的沟通渠道不畅，没有形成技术创新的合力。

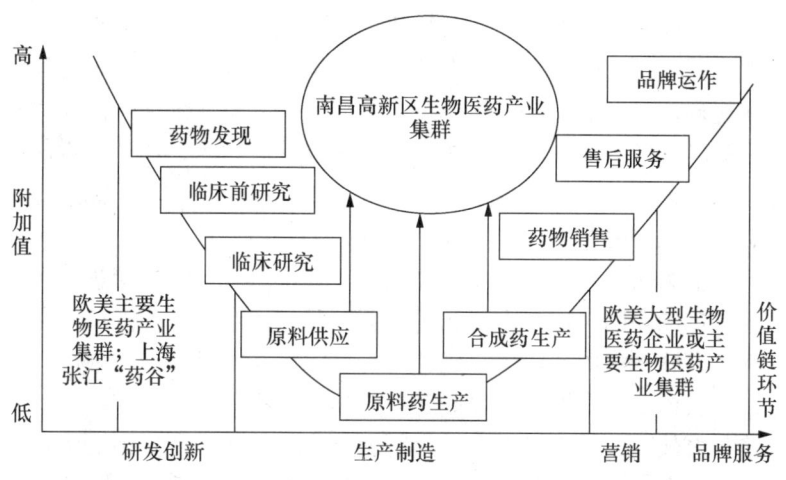

图4 南昌高新区生物医药产业集群在全球价值链中的位置

2. 产业进入壁垒高，风险巨大

创新型产业集群作为一个战略性新兴产业或是传统产业的升级版，其巨大的市场需求及利润空间诱使潜在进入者纷纷进入。相对于其他成熟行业来说，创新型产业集群有不少存在前期科研和试验的资金投入量较大，更具有市场的不确定性、生产流程与技术手段多变性，生产技术集成能力差，大企业少，小企业多，自主开发能力不足等问题，进入壁垒高。

生物医药产业的发展，明显具有高投入、高风险、高回报、长周期的"三高一长"特征。一个新药的市场开发需要很长的时间和大量的资金投入。由于欧美一些公司强大的资金实力，可以在市场开发上投入巨额资金，做大量的产品宣传，并可以在长时间不盈利的情况下继续生存，这是中国公司所无法相比的。我国在生物制药研究上的资金投入严重不足，在新产品的研究上极其缺乏竞争力，新药开发进程缓慢。在国外，一项基因工程药物的研制就需耗资 1 亿美元甚至更多。同样是一种新药研制，一旦国外竞争对手抢先申报药品专利权，就会使国内的前期开发投资落空，使得技术创新面临较高的技术风险、市场风险和财务风险。企业必须不停地面临着技术发展、技术竞争和技术选择的压力与挑战，慢一步或错一步都可能惨遭"前功尽弃、淘汰出局"的命运。

在飞机制造业的全球价值链中，飞机的研发设计、整机制造以及航空发动机等关键部件的技术能力要求最高、投资额最大，因此进入门槛最高，附加值也最高。机体结构件、机载设备和航电系统制造环节的技术能力要求、资本要求仅次于整机研发与制造，相应的进入门槛和附加值也很高。市场营销、品牌运营与售后维修服务环节的市场能力要求最高，而且往往被国际几大巨头所控制，因此进入门槛和附加值也非常高。航空工业是技术密集的行业，同时关乎国防安全，对航空制造业发达的国家来说，如何保守技术秘密，尽量降低其他国家航空工业的发展速度，已经上升到国家安全的高度。现有的生产企业为保持垄断地位，千方百计阻挠新的公司进入市场。这种寡头竞争的压力和来自国外的种种阻力，使中国的航空工业受到封杀的可能性越来越大。

3. 国内外竞争加剧

创新型产业集群同样面临着国内外同行竞争的影响。从国外竞争者角度而言，由于中国市场广阔，加之相对便宜的劳动力成本、土地成本、资源成本和各种招商引资的政策吸引，跨国公司通过雇用相对廉价的中国高技术研究人员，迅速地在中国建立研发基地或是开办工厂。相对来说，中国的创新型企业本身就缺少核心技术，在研发方面的投入又十分薄弱，由于"瀑布效应"压力，中国的创新型企业不仅需要艰难地追赶那些巨型跨国企业，还需要追赶那些几乎控制了供应链各个部分的大公司。

以生物医药产业为例，世界上很多生物制药企业都已直接或间接进入我国市场，它们不仅将自己获得批准的药品迅速来中国注册，同时将生产线建在中国境内生产，有的还将新药开发的临床试验移到中国境内来完成，这将对国内相关企业造成威胁。它们依靠资金和技术的优势，对我国正在发展的生物制药业产生了巨大的冲击。

以技术含量相对较高的航空航天产业为例，国内各航空产业基地为吸纳航空产业及配套已经开展了激烈的争夺战。据不完全统计，西安、成都、天津、哈尔滨、贵州安顺、珠海、上海等地都在力推航空航天产业，苏州等新兴城市紧跟其后。为避免重复建设和警惕国外航空工业巨头利用国内各省、市、区之间的竞争获得"超额利润"，各个园区都试图避免产业同构，试图进行错位竞争。尽管如此，同构现象依然部分存在。

随着同质化发展，区域竞争越来越激烈。加上国外跨国公司的纷纷涌入，国内市场国际化、国际市场国内化，各创新型产业之间将面临越来越激烈的国内外市场竞争。

4. 集群内外环境尚不完善

一是一些产业集群的分工协作水平较低。创新型产业集群本是分工协作不断深化的一种重要表现形式，但由于受市场制度不完善和信用环境较差的影响，许多地方创新型产业集群的分工协作水平较低，不能适应发展的需要，表现在集群内企业外包意识差，产业链不完善。部分产业集群，都具有相当的经济规模，但多数产成品及其零部件在单一企业内部完成，配套企业吃不饱；集群内同类企业恶性竞争，相互压价，开展合作和联合较为困难，没有形成相互支撑、相互依存的专业化分工协作产业网络；一些创新型产业集群临近大学或研究机构，但由于缺乏良好的合作机制和合作氛围，除了少数高校区外，这些大学或科研机构并未较好地成为产业集群创新的重要源泉。

二是在制度环境方面，江西的创新型产业集群还存在许多不完善的地方，主要体现在：有关产业集聚区建设法律法规尚不健全；鼓励发展创新型产业集群政策还很缺乏；政府职能转变滞后，"缺位"与"越位"并存，公共服务不够；行业协会等非政府组织发育缓慢；知识产权保护乏力，产权信用环境较差；金融担保机构、教育机构和中介服务机构不足；现行税收优惠政策覆盖面窄，对产业集群的促进力度仍然不够等。

四、江西培育创新型产业集群的对策

（一）明确发展路径

一是以技术突破带动集群综合实力提升。要以关键核心技术研发和重大技术集成与应用示范为突破，在战略性新兴产业领域，着力提升自主创新能力，突破关键材料、核心器件、智能装备和节能减排等重点环节，加快形成若干条技术含量高、特色鲜明的产业链。二是在传统产业领域，重点通过高新技术嫁接，加快先进技术和创新产品研发，提升技术和装备水平，推动集群高端、高质、高效发展。三是要以协同创新为重要手段，以产业技术创新战略联盟为纽带，推动科技人才、重大技术创新平台、公共技术创新平台、科技服务中介机构等创新要素向集群集聚，提高集群企业研发能力，完善创新服务体系。

（二）完善协调发展机制

一是要在主导产业定位的基础上，要充分考虑与未来政治、经济、社会、文化与科技相关的决策性影响因素，做好市场需求预测，从中寻找集聚区的发展机会和市场空间。

二是结合江西实际情况，制定好并实施我省的产业集群发展战略规划，对国家重点支持的产业集群领域，在技术创新、金融信贷、土地、信息服务等方面给予重点支持。要把积累的资本、文化、经验等各种优势，整合为产业竞争力的提升和引领区域产业的创新发展。

三是积极争取国家重大科技基础设施和各类重大科技计划在创新型集群落地实施。通过厅市会商、部门协同、政企协同、企企协同加快产学研协同创新，推动创新资源向集群持续集聚，形成发展的合力。

四是改革行政区划体制和城乡分割体制，打破地区垄断，理顺扭曲的价格机制尤其是要素价格形成机制，建立统一市场，为创新型产业集群开辟更广阔的要素来源渠道；要完善产权特别是知识产权保护的法律体系，促进区域和企业自主创新。

（三）完善市场投入机制

一是充分利用财政资金和社会资本，建立覆盖创新研发、转化孵化、市场应用等多环节的资金支持体系。发挥资金的引导作用，加快技术创新成果产业化。科技成果转化先导资金要优先面向科技型小微企业发展创业投资机构，支持开展天使投资、创业投资，解决好企业发展的"最初一公里"问题。

二是通过扶持高成长企业，探索支持企业加速成长的专业化和市场化服务模式与运行机制，由专业化加速器管理服务公司为高成长企业提供管理咨询、专利代理、法律咨询、贷款担保等服务；针对高成长企业股权融资需求增强的特点，积极推动快速高成长企业在"主板"和"中小企业板"的上市融资。

（四）加强知识产权运用和保护

根据江西创新型企业资源优势和发展定位，通过技术、产品和人才的引进，以自主开发、委托开发和联合开发等方式，充分利用和整合国内外技术和管理资源，最终形成具有自主产权的企业创新能力。引导集群企业增强知识产权意识，建立和完善以专利、商标、版权、商业秘密等知识产权为主要内容的创造、运用、保护、管理工作机制，鼓励集群企业加强重大专利开发，争创名牌，将核心技术和专利技术向标准转化。同时，整合各类科技资源，促进创新创业，加强综合孵化器和专业孵化器建设，完善科技、金融、中介、物流等创新服务功能，培育完善自主创新生态环境，促进创业者更便利、更通畅地获得人才、技术、市场等有关信息，提高企业自主创新的积极性。建立与高校、科研院所的成果转化和企业育成机制，打造区域性的育成孵化高地，坚决查处和打击各种知识产权侵权行为，提高集群企业运用及保护知识产权能力。

（五）完善公共服务平台建设

建设一批服务于创新产业集群的公共技术服务平台和实施成果转化的中介服务平台。创新产业集群建设要依靠科技创新能力来提供持续健康的发展。

创新基础设施的整体水平与运行机制对于吸引、聚集创新资源具有基础性地位。要利用省内外科研院所，及具有一定自主研发实力的龙头企业，搭建由国家级或省级重点实验室、工程实验室和企业技术中心等组成的创新平台体系，以及与之配套的创新服务中心、生产力促进中心、技术转移中心、育成（孵化）中心等创新服务体系以及各类产业技术创新联盟等。

第二部分　光电产业集群

新余市光伏产业集群发展分析报告

从1958年研制出了首块硅单晶，到2005年，国内第一个300吨多晶硅生产项目建成投产，拉开了中国多晶硅大发展的序幕。到2014年，全国新增备案总规模1400万千瓦，其中分布式800万千瓦，占比约60%，光伏电站605万千瓦，占比约40%。中国已经成为了继日德美之后的第四大光伏组件制造国，研发能力、生产规模和应用水平均居世界前列。

随着全国多个省市的太阳能光伏产业的不断发展，作为世界太阳能之城的江西省新余市，其光伏产业也发生了翻天覆地的变化。新余市光伏产业集群主要位于新余高新技术开发区。2006年赛维LDK正式投产后，为了打造以赛维为龙头的光伏产业基地，新余高新技术开发区先后引进了太阳能其他相关企业，来共同促进新余光伏产业的发展。

一、新余光伏产业集群发展现状

新余光伏产业从2005年正式起步，至今新余市高新开发区内光伏投产企业21家，规模以上光伏企业达7家，具备了打造世界级光伏产业基地的比较优势。2006年赛维LDK公司投产，2007年6月在美国纽约证券交易所成功上市。赛维LDK公司是主要从事用于太阳能电池的多晶硅铸锭、多晶硅晶片的研发、生产和销售为一体的高新技术光伏企业，是江西省第一家，也是目前国内为数不多的技术含量很高的新能源生产企业。

近年来，新余市紧抓世界光伏技术日趋成熟、光伏产品市场增长的时机，大力实施光伏产业优先发展战略，做大做强光伏产业链。在经历了2012年的寒冬之后，光伏产业在2013年迎来了春天，全区光伏产值达225.18亿元，同比增长1.3%，2014年伴随全球光伏市场需求的持续增长，国内去产能化的继续，市场将进一步被拉动，即将出台的分布式光伏发电细则，将持续推动终端系统集成以级光伏电站建设，光伏有望迎来新一轮的较快发展。2014年光伏产业集群产值超过270亿元，同比增长17%以上。

新余高新技术开发区内光伏企业主要有江西赛维LDK太阳能高科技有限公司、江西赛维LDK太阳能硅科技有限公司、江西升阳光电科技有限公司、江西中材太阳能新材料有限公司等太阳能光伏技术和生产能力的骨干企业。

江西赛维LDK太阳能高科技有限公司自2006年投产以来，目前产能为硅片4200兆瓦，硅料15000吨，电池片500兆瓦。江西赛维LDK太阳能高科技有限公司入选"RED-HERRING亚洲百强企业"，2010年，成为江西省第一大民营企业。硅片产能达到3000兆瓦，成为全球最大晶体硅片供应商。赛维公司拥有国际最先进的多晶硅片生产设备和工艺，所产硅片品质居国内同行业领先水平。

江西中材公司是我国唯一掌握石英陶瓷坩埚生产技术的企业。晶科能源有限公司是江西省第二家在美国上市的光伏企业。江西瑞晶公司和江西升阳公司生产的太阳能电池片转换效率一直处于国内领先水平。2014年5月，江西中能电气科技有限公司与德国西门子公司签约，共同研发、生产系列光伏逆变器和SVG无功补偿装置，这将帮助新余光伏企业占领我国逆变器的高端市场。

赛维LDK公司以主导产品多晶硅产品，建立高纯石墨加工厂、高纯石英坩埚厂、单晶炉设备厂等配套产业集群，给新余发展带来广阔的空间。随着赛维公司生产规模的扩大，高新开发区依托硅片资源优势，加快培育太阳能光伏产业集群取得了突破性的进展，先后引进了从事太阳能电池制造的江西天能电力股份有限公司和生产电池组件的江西圣伯德太阳能电力有限公司，同时也聚集了生产石英陶瓷坩埚的江西中材太阳能新材料有限公司、生产光伏镀锡焊带的江西裕富太阳能科技有限公司等一批行业内领军的配套企业。目前已形成了"硅料—硅片—电池片—电池组件—光伏发电系统—配辅料—应用产品"较为完整的光伏产业链体系（见图1和图2）。

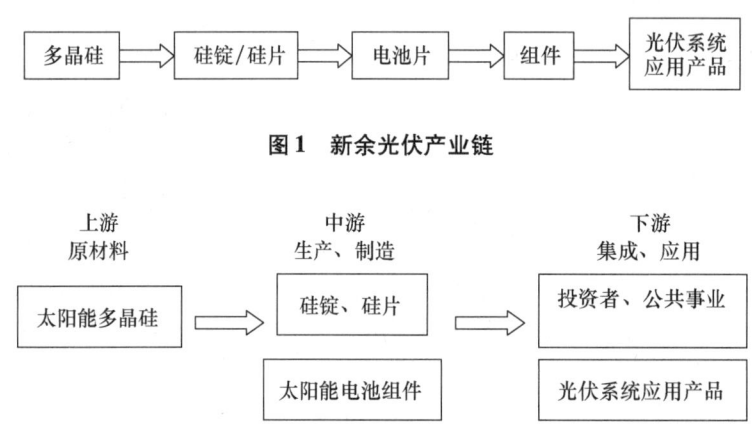

图1　新余光伏产业链

图2　新余光伏产业上下游企业产品结构

江西赛维LDK公司已和上海交大联合建立了"上海交大赛维LDK太阳能联合实验室"，和南昌大学合作成立了"南昌大学—LDK太阳能研究中心"。构建起多层次的产学研一体化基地。为培育一大批光伏产业实用型、技能型人才，经教育部批准在新余学院建立了全国第一个光伏专业，创办了世界首个光伏产业人才培养基地，组建了太阳能科学与工程系及江西太阳能职业技术学院。

新余市开发区在公园安装了太阳能景观灯项目，对主干道进行了太阳能路灯改造，一批城区主干道和公园太阳能照明改造项目也即将开工建设。赛维公司100千瓦并网光伏发电研究示范系统及太阳能车棚已建成并网发电。同时申报了国家光电建筑应用项目和金太阳示范工程项目。

二、新余光伏产业集群发展的主要特点

（一）以转型升级为主线，推动光伏产业集群化发展

新余市政府高度重视光伏产业的集聚发展，围绕着打造信誉高新区光伏产业集群的目标，借助于赛维公司硅料、硅片在光伏行业的规模、技术、资源和产品前端优势，一批太阳能企业加快集聚。赛维所从事的太阳能多晶硅片仅是产业链的一个中间环节，下游都还有一系列与之高度相关的产业集群。这些高度相关的产业集群，在国际国内光伏产业高速发展的带动下，同样也蕴藏着巨大的市场潜能，并将催生无数商机。近年来，开发区光伏产业项目计划投资总额485亿元，全部达产后可实现销售收入2000亿元以上。

（二）以企业创新为主体，提升光伏产业竞争力

开发区内目前拥有国家级光伏知识产权信息中心1个，国家级质检中心1个，博士后科研工作站1个，市级以上工程技术研究中心3个。赛维LDK公司在光伏研究领域已申请专利38项，获授权18项，获省部级奖1项，其硅片生产中的"铸锭炉二次加料装置的试剂"和"填装性能良好的原料硅块及其制备方法"两项科技创新成果被鉴定为国际领先水平；高纯多晶硅料项目单位产品的设计还原电耗创造了国际硅料行业的多个单项第一。瑞晶公司"光学掩膜高吸光多晶硅太阳能电池"被鉴定为国内领先水平，所产太阳能电池片平均转换效率达到16.35%，单片转换效率最高达17.03%。中材公司在高压陶瓷坩埚等配套领域拥有自主创新技术。国家光伏工程技术研究中心、国家光伏知识产权信息中心先后落户新余；新余高新技术产业园被授予"国家硅材料及光伏应用产业化基地"、"国家新能源科技兴贸创新基地"、"国家光伏产业基地"称号。

同时光伏企业也在不断积极探索多种形式的产学研合作，搭建院企合作的平台，形成以企业为主体、高校和科研院所广泛参与、利益共享、风险共担的产学研合作机制，强化智力支撑。开发区内光伏企业分别与中南大学、上海交通大学、南昌大学、新余学院组建了4个产学研合作平台，并正在积极筹建新能源产品集聚中心、新能源产品研发中心等10余个科研机构和公共服务平台。

（三）以政府服务为主导，完善服务体系，创造良好的发展环境

坚持集聚要素和完善平台相结合，提升产业发展的支撑力。在开发区内建立了国家首个国家级光伏质检中心，2013年投资7000万元启动国家光伏基础材料及应用产品质量监督检验中心建设，预计2016年6月试运行。充分利用土地、税收、信贷等杠杆的调节作用，科学规划利用土地，形成土地审批规范化制度，优先统筹安排5000万元以上投入的重大项目土地指标，完善税收监管政策，积极探索实践金融服务的新方法。把节能减排与环境优化相结合，打造优质的产业生态环境。投资2.6亿元高标准兴建2个污水处理中心，将全区200多家工业企业的污水集中处理，实现污水零排放；对4吨以下燃煤锅炉实行强制性改造，对排放标准不达标的企业督促停产；注重环保设施的硬件投入和日常运行，建成2座污水处理厂；重视绿化造林工作，全镇森林覆盖率达35%。

三、新余光伏产业集群发展存在的问题

（一）光伏产业集群模式发展不均衡，关联度不强

新余光伏产业集群属于政策引导型轴轮式产业集群。在中央支持、新余地方政府招商政策的引导下，通过市场化的运作，赛维公司快速成长做大。这吸引了一批光伏企业也落居新余，建立起以赛维为核心的具有一定等级层次的产业集群。龙头赛维公司具有重要地位，整个光伏产业集群依赖于赛维公司发展，整个集群绩效也依赖于它的绩效。赛维公司超常规发展，四处出击，全产业链扩张，速度太快，以至于其他光伏公司无法跟上其发展的步伐，因此没有起到带动相关中小企业发展的作用。本该成为联盟体的产业集群，却各自发展，彼此间关联度低，轴轮式光伏产业集群的发展没有完全按照正常模式进行，出现畸变。由于赛维公司的疯狂扩张，导致资金链的断裂，在整个行业进入寒冬之时，自身造血功能急剧下降，负债率高企，企业面临着破产的绝境，致使新余光伏的可持续发展面临巨大挑战。

（二）技术含量低，对外依存度高，缺少自主品牌

目前全球在用的光伏发电技术主要有三种：晶体硅太阳能电池、薄膜太阳能电池和聚光太阳能电池，其中晶体硅电池应用最为广泛，占80%以上；晶体硅太阳能电池，其主要原材料是多晶硅，多晶硅材料的奇缺成为了太阳能光伏产业发展的瓶颈。

新余市光伏企业大部分是以外资嵌入型为主，由于目前光伏产业"三头在外"——主要设备、原料及市场都在国外，导致集群内企业更倾向于与群外企业和机构联系，对外部资源严重依赖，削弱了集聚技术外溢性和扩散效应，导致集群内自主创新能力不强，尚未形成本地长期稳定的信任合作关系网络。而本地公众对光伏企业也存在片面认识，认为光伏企业能耗高、污染高。

虽然省光伏产业的总体经济规模目前位居全国第二，但有竞争力的骨干企业和规模以上企业数量不多，区域配套协作较少，产业合作深度还不够。新余光伏企业自2005年开始，仅形成了赛维LDK、江西中材等自主品牌。而且光伏企业及其竞争优势主要集中在产业链上中游的高纯硅料和硅片，在电池、组件、发电系统、应用产品等产业链中下游领域，企业规模较小，生产能力较为薄弱，核心竞争力尚未形成。在当前国际光伏发电市场增长乏力和贸易保护加剧的情况下，新余的光伏产业发展遇到了较大的困难。

（三）产能相对过剩，生产成本偏高

由于前几年光伏市场行情走高等因素的驱动，国内各地纷纷上马光伏项目，造成产能扩张速度过快。自2012年起欧美等主要光伏应用市场国家对我国光伏产品实行"双反"，导致光伏产品市场需求大幅度缩减，使得光伏产业陷入阶段性低估，2013年初国内大部分企业处于停产或半停产状态，行业全面亏损。2013年第二季度以来，受国家扶持政策的影响，国内光伏市场需求增加，大部分企业恢复生产，但产品价格过低，企业几乎无利可图。加之我国大部分晶体硅工艺性能仍有差距，生产成本明显偏高，市场竞争力不强。

（四）高层次专业技能型和复合管理型人才缺乏

虽然新余市不断利用职业教育优势，培育了一大批实干型技术人才，但是光伏技术的研究开发、产品的创新、经营管理及风险投资的运作等都需要优秀的高层次专业技能型和复合管理型人才。而目前新余市光伏产业集群发展还缺乏此类人才。

四、新余光伏产业集群发展的政策建议

（一）确定战略目标，明确发展思路

要以科学发展观为指导，积极引导光伏产业的发展，以科技创新为动力，实现过去以速度为导向、以生产为中心的数量型企业向以效益为导向、以品牌为中心的持续发展的创新型企业转变，实现新余市钢铁、光伏、新材料"三核"综合性基地协同发展，全面提升新余产业的"集群品牌"。

同时，要成立加快光伏产业发展领导小组，组建行业协会，成立新能源发展研究院，为光伏产业发展提供有力保障，为项目建设提供高效服务。

（二）培育行业龙头企业，加大产业招商力度

大力培育光伏产业龙头企业，重点培植新余中冶新材、永盛矿冶、赛维 LDK、中材高科、升阳光电等企业。重点扶持一批样板企业，如赛维 LDK、升阳光电、中材高科、银龙机电等。对新余中冶新材、永盛矿冶、赛维 LDK、中材高科、升阳光电等投产企业，在人力、物力、财力、政策上给予重点倾斜和支持。通过重点扶持，促使这些企业尽快做大做强，形成合力，力争在短时间内使其主营业务收入都做到百亿元以上，成为推动开发区内光伏产业发展的"脊梁"，打造成国际化的龙头企业（见表1）。

表1　新余高新开发区龙头光伏企业主营业务收入目标规划　　　单位：亿元

序号	企业（项目）名称	2020年目标规划	备注
1	江西赛维LDK太阳能高科技有限公司（集团）	500	硅料、硅片、电池片、组件生产及系统安装生产
2	江西升阳光电科技有限公司	50	
3	江西中材太阳能新材料有限公司	10	
4	江西圣伯德太阳能电力有限公司	10	
5	江西天能电力股份有限公司	5	
6	江西宇之源太阳能科技有限公司	5	
7	江西开昂新能源科技有限公司	5	
8	江西熠铭阳光科技有限公司	5	
9	江西风驰新能源有限公司	5	
10	江西裕富太阳能科技有限公司	1	

充分发挥光伏产业基础优势,抓住当前一大批资金、技术实力雄厚,创新力、市场开拓掌控能力强的国际传统行业巨头及国内大型央企纷纷进军光伏产业的有利时机,突出重点,创新招商方式,加大招商力度,深入推进产业招商及产业延伸配套招商,全力引进一大批产业下游或配套企业,形成技术和产品梯度,推动光伏产业链式化发展,形成集群,提高产业集聚水平,从而形成既完善又独具特色的光伏产业体系(见表2)。

表2　新余光伏产业重点招商项目规划　　　　　　　　　　　单位：亿元

序号	项目名称	建设内容	总投资	备注
1	硅料提纯项目	建设总产能4.4万吨高纯硅料提纯项目	300	含硅烷法、物理法硅料提纯项目
2	太阳能电池片生产项目	建设总产能9000兆瓦太阳能电池生产项目	300	以晶硅电池为主
3	电池组件生产项目	建设总产能9000兆瓦太电池组件生产项目	180	
4	薄膜电池生产项目	建设总产能1000兆瓦薄膜太阳能电池生产项目	100	含硅基薄膜、CIGS薄膜电池等
5	太阳能灯具系列产品项目	太阳能路灯、太阳能信号灯、草坪灯、LED灯具等	20	
6	光伏产业装备制造项目	建设多晶硅铸锭炉、单晶炉、剖方机、切片机、电池片生产线、组件生产线等光伏设备制造项目	100	
7	新型太阳能光伏水泵系统项目	建设年产4万套太阳能光伏水泵生产项目	4	该产品主要用于偏远农村和沙漠地区
8	氮化硅粉生产项目	建设规模年产5万吨氮化硅生产项目	0.5	陶瓷材料、耐火材料
9	太阳能发电并网控制逆变器项目	生产直流交流转换、低压升高压、光控开关、时控开关、过充电保护、过放电保护等装置,并组合成一体化产品	10	
10	磨料级碳化硅项目	建设产能规模应在5000吨以上碳化硅生产项目	0.2	硅片切割磨料
11	高纯度石英粉产业化项目	利用脉石英为原料生产高纯度石英粉,建设规模年产10万吨,二氧化硅纯度达到99.99%~99.999%	50	高纯度多晶硅配套项目
12	太阳能电池及组件配套项目	建设一批EVA胶膜、玻璃、铝合金边框、铝银浆及特种气体等加工生产项目	1	
13	带锯项目	产能规模应在3万条以上	0.3	硅片切割用

(三) 积极引进高层次人才,提升科技创新能力

通过政府科技创新基金扶持或政策倾斜,引导鼓励光伏企业加大科技投入,提升创新力。加快赛维国家光伏技术研究中心等企业科研机构的建设和完善,鼓励其他光伏企业建

设省级、国家级技术中心，支持企业与国内外名牌院校或科研机构开展产学研合作，开展光伏领域基础性、关键性技术攻关。努力开发新产品、新技术，占领行业制高点。虽然多晶硅太阳能电池应用广泛，但是制作多晶硅电池的高成本，副产品回收技术复杂，使得光伏企业应该认识到提升技术实力的关键是必须发展其他的太阳能电池技术。在这一领域我们和国外的企业在技术上并没有多大差距，国内一些企业近年来在这方面已经有所突破。例如汉能控股集团，近年来持续加大在薄膜技术研发上的投入，掌握了具有自主知识产权的薄膜电池核心技术，成为全球产能第一的硅基薄膜电池生产商。

同时，企业要大力实施引智工程。一流的光伏人才是发展光伏产业的第一战略资源。只有加速人才聚拢，才能更好地释放优质能量，担当好引领新型工业化、建设创新型新余的重要使命。赛维LDK通过与新余高专联合办学，创建了世界首个光伏产业专业人才培养基地——赛维班，采取"订单式"培养与定向培训两种模式。同时采取灵活务实的政策，鼓励企业引进高层次光伏产业技术人才和高级管理人才，重点引进国际光伏领域的高端技术人才，建立产业孵化园，鼓励企业员工自主创新，为科技成果转化提供平台。

（四）完善优惠政策，优化发展环境

2014年，受欧洲市场的补贴削减等政策影响，全球光伏市场大幅萎缩，利润大幅度下滑，银行银根紧缩，国内大部分光伏企业均出现较大的债务危机，企业处于亏损状态。赛维作为国内光伏产业的龙头企业也因受市场冲击影响加大而未能幸免，企业运转资金较紧张。

新余市政府可以根据国家有关法律和政策规定，在已出台的政策的基础上，不断完善税收、信贷、价格、补贴等方面扶持政策。积极实施"绿色电力"政策，推动绿色电力发展。在大力保障企业生产要素供给的同时，不断优化发展环境，营造良好的发展氛围，加大宣传力度，将新余光伏产业打造成具有国际影响力的产业。

南昌市光伏产业集群发展研究
——基于产业链的视角

光伏产业,是一种环保型能源产业,是利用太阳能电池直接把太阳光能转化为可被人们广泛、方便使用的清洁电能,具有初期投资少、建设周期短、适用场合广、设备维护低等优点,是人类历史上生产力的一次飞跃。太阳能光伏发电可用于大型电站、光伏建筑一体化、家庭及各类电子电机电器等众多场合,并基本免维护,使用寿命一般可达20年左右。全球光伏产业已完成初期开发和示范阶段,飞速进入规模化、产业化和普及化;随着成本的不断下降和应用技术的不断成熟,必将成为人类未来最主要的电能来源,也必将成为全球最有发展前景和未来最重要的产业之一。

一、南昌主要光伏企业在产业链中分布状况

(一)光伏产业链概述

目前在用的光伏发电技术主要有三种:晶体硅太阳能电池、薄膜太阳能电池和聚光太阳能电池,其中晶体硅电池应用最广泛,占80%以上,薄膜电池近年增长迅速,占10%以上,聚光太阳能电池有少量应用。在这三种光伏发电技术中,晶体硅电池的优点是转换效率较高、占地面积小,缺点是硅耗大、成本高,比较适于城市地区;薄膜太阳能电池的优点是硅耗小、成本低,缺点是转换效率低、投资大、衰减大、占地面积大,比较适于偏僻地区的并网电站和建筑光伏一体化;聚光电池的优点是转换效率高,缺点是不能使用分散的阳光、必须用跟踪器将系统调整到与太阳精确相对,目前主要用于航天航空。预计未来光伏发电将呈现多种技术并存,共同努力降低成本的局面。

对于目前应用较广的晶体硅光伏电池系统,产业链主要包括多晶硅—硅锭/硅片—电池片—组件—光伏系统设计安装等环节,对于薄膜光伏电池系统,则主要是电池组件—光伏系统设计安装(见图1)。

因此,从生产工艺的角度,通常把光伏产业链划分为多晶硅行业、硅片行业、电池片行业、电池片组件行业、薄膜电池行业等几个子产业。

(二)南昌主要光伏企业在各子产业中的地位

近年来,国内外一批光伏生产企业抢滩南昌,已形成了光伏产业集群。如江西赛维LDK太阳能高科技有限公司、江西赛维BEST太阳能高科技有限公司、浙江台州半导体有限公司、上海卡姆丹克、通用太阳能电力有限公司等相继落户南昌。

1. 多晶硅行业

2014年我国多晶硅在产企业为18家,有效产能约16万吨。其中规模较大的企业有:江苏中能(6.5万吨)、特变电工(1.7万吨)、洛阳中硅(1万吨)、四川瑞能(0.8万吨)。

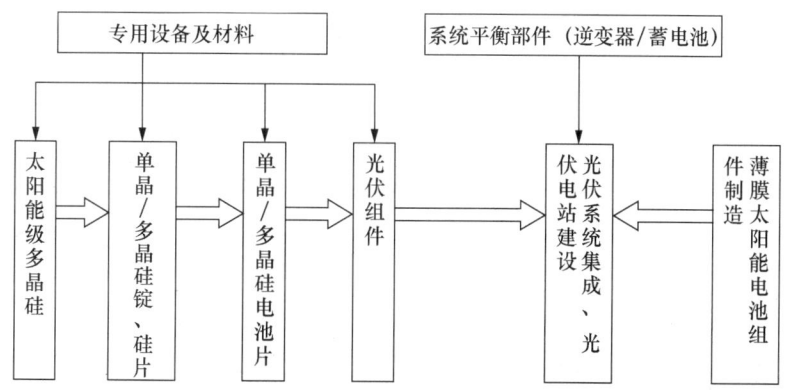

图1　光伏产业链情况

江西赛维LDK拥有3条5000吨多晶硅生产线,但受金融危机的影响于2012年停产。随着赛维LDK海外债务重组的有序进行,于2014年7月28日复产。

通用硅太阳能电力(南昌)有限公司是一家集生产、销售为一体的高新技术企业。成立于2009年,注册资本3000万美元。总投资8000万美元,占地面积500亩,其主要产品为太阳能电力硅棒、硅片产品。

江西晶大于2007年11月落户江西南昌桑海经济技术开发区,主要专精于从事多晶硅原生料、单晶硅,硅片等半导体材料研发、生产和销售工作。

2. 硅片行业

我国是世界硅片生产大国,在全球前十大厂商中占有九席。从产能来看行业前三名为:协鑫光伏(10GW)、江西赛维LDK(3.3GW)、英利(2.8GW)。2014年上半年,赛维LDK硅片业务营业收入近15亿元,同比增长90%。

赛维LDK除了产能在全球排名靠前之外还具有较强的研发实力。公司在2014国际太阳能产业及光伏工程展览会(SNEC)上发布了其新产品——高效多晶硅片M4及BBL组件。据悉,这种高效多晶硅片M4比普通硅片转换效率高出8%~10%,BBL组件输出功率可达280~335瓦,均处于世界最领先水平。

上海卡姆丹克太阳能系统集团有限公司于1999年创立,于2004年进军太阳能硅片行业,是一家全球领先的中国太阳能优质硅锭及单晶硅片生产商。公司亦是中国首批能够大规模生产拥有平均转换率高达23%的太阳能超级单晶硅片生产商。

3. 电池片行业

国内电池片行业产能领先的企业有:晶澳(2800兆瓦)、英利(2450兆瓦)、天合(2450兆瓦)、阿特斯(2400兆瓦)等。赛维LDK电池片产能不大,但技术含量较高,早在 2012 年 6 月就推出了高效电池片 M2。

江西豪安能源有限公司从事太阳能单晶硅棒，单晶硅片，电池片，电池组件，光伏发电系统及配套产品研究，拥有从日本引进的世界较先进的太阳能切片生产线技术和晶体自动化加工生产线，产品质量、性能处于国内领先地位，接近国际同类产品的先进水平。

4. 电池片组件行业

国内电池片组件行业产能领先的企业有：英利（2300 兆瓦）、天合（1700 兆瓦）、阿特斯（1600 兆瓦）、晶澳（1100 兆瓦）等。赛维 LDK 电池片和电池片组件产量总和为 300 兆瓦左右。

江西兆普新能源科技有限公司是专业从事太阳能光伏产品研发、生产、销售和服务为一体的高新技术企业。目前公司产品有太阳能电池组件、太阳能路灯、太阳能庭院灯、太阳能并网、独立发电系统、太阳能移动电源、太阳能充电器、太阳能电筒收音机等系列光伏应用产品。公司产品主要以出口为主，产品远销欧美、南美、中东、非洲、日本、韩国及东南亚等国家和地区。

南昌宇之源太阳能光电有限公司成立于 2009 年，隶属宇之源（集团）公司。主要产品有太阳能灯、多晶电池组件；太阳能路灯、庭院灯；太阳能并网、独立发电站；太阳能逆变器；太阳能控制器；LED 户外照明；LED 商业照明；太阳能物联传感；智能电站管理软件等。主要品牌为宇之源、天之源、日之源三大系列 1000 多个品种。

5. 薄膜电池行业

由于薄膜电池的市场占有率只有 10% 左右，所以国内涉足该行业的企业相对较少。从产能来看规模最大的是汉能，目前为 2GW，并打算扩产至 3GW。赛维 BEST 早在 2009 年就建成了当时全球规模最大、最先进的 8.5 代薄膜太阳能电池生产线，远景规划产能 1000 兆瓦。

联相光电由世界级半导体厂商联电及欣兴电子所转投资，成立于 2005 年，原进行硅晶圆式太阳能光电电池 Wafer、Cell、Module 的委外代工、销售及服务。目前致力于超大尺寸（≥1.1×1.4 平方米）及高发电效率（≥10%）的薄膜式太阳光电电池、模块及其系统与零组件的研发、生产、制造、销售与服务。

二、南昌光伏产业集群的特点

江西省抓住机遇，凭借粉石英（硅材料主要原料）储量全国第一的资源优势，出台多方面措施推动光伏产业发展，短短几年时间，积聚了一大批光伏产业上下游项目，形成了以新余和南昌为主产地、以赛维 LDK 为核心企业的较强生产能力，初步建立了从硅料、硅片到太阳能电池组件及配套产品的完整产业链，拥有了对外合作的有效途径和一批关键人才，成为了我国重要的光伏产业基地。

（一）产业集群基础好

南昌市光伏产业虽起步晚，但发展迅速、后来居上，现已成为全国乃至世界光伏产业知名的生产基地。

随着一批国内外知名光伏企业落户，南昌已构建了理想的光伏产业集群雏形。南昌市涉及太阳能光伏产业的企业主要集中在南昌高新开发区、南昌经开区、桑海开发区等地。2008年起，南昌把太阳能光伏等新能源产业作为工业转型升级的切入点，引进了赛维BEST薄膜太阳能电池等一批拥有国际一流技术的光伏企业，光伏产业呈现出后来居上、加速发展的态势。

（二）产业链较为完整

江西赛维LDK、通用太阳能电力、台州半导体等抢滩南昌的光伏项目已经涵盖了光伏产业链的硅料、硅片、电池片、电池模组、应用系统5个环节，上中下游产品齐全，产业链结构合理，建设规模均位于全国甚至全球前列。在太阳能单、多晶硅材料研发生产方面有晶大半导体、通用硅太阳能电力、江西豪安能源科技、卡姆丹克等企业；在太阳能电池和薄膜电池生产方面有赛维LDK、赛维BEST、一元数码、宝嘉国际等企业；在光伏发电系统组件与应用领域有江西兆普新能源、南昌宇之源光电、联相光电、方大工程等企业。

在此基础上，南昌光伏产业围绕薄膜太阳能电池特大项目，不断向上、下游延伸光伏产业链，最终形成具备研发高纯硅原材料提炼、硅片生产、太阳能光伏电池及组件、导电玻璃和光伏产业系统集成为一体的链条完整、相互分工、优势互补的光伏产业集群。

南昌、新余两地全面加强在光伏产业发展方面的合作，依托江西赛维LDK，通过错位发展，集成建设，延伸产业链，共同打造世界光伏产业基地（新余—南昌）。其中新余市重点发展硅料、多晶硅片及其他配套产品，全力打造光伏上游产品基地；南昌市重点发展薄膜电池、太阳能电池模组及其他配套产品，全力打造光伏中下游产品基地，共同做大做强江西光伏产业。

（三）龙头企业作用明显

江西赛维LDK有限公司，作为江西光伏企业的龙头企业，主要专注于太阳能多晶硅及化学品、硅片、电池、组件的研发、生产和销售，是世界规模最大的太阳能硅片生产企业。也是江西省第一家在美国上市的企业，是中国新能源领域最大的一次IPO。2008年赛维LDK实现了销售收入突破120亿元，成为最年轻的中国500强企业，也是江西唯一销售收入过百亿的民营高科技企业。

赛维LDK是江西省的重点光伏企业，已成功实现了产业链上下游垂直一体化生产，目前其多晶硅产能达到18000吨，2011年产量达到10543吨，硅片产能3.8GW，仅次于保利协鑫位列全球第二，组件产能超过1000兆瓦。

赛维BEST太阳能高科技有限公司是全球最大的太阳能薄膜电池产品解决方案提供商，是光伏产业龙头企业之一。该公司及相关配套企业投资建设的南昌光伏产业园落户南昌高新开发区，这是目前世界上在建科技水平最高、规模最大的薄膜太阳能项目。伴随着薄膜太阳能特大光伏产业项目的开工建设投产，围绕该项目的上下游企业会积聚到南昌光伏产业园，从而推动南昌做大做强光伏产业链。

（四）科研力量雄厚

南昌市在太阳能光伏产业研究方面具备较强的科研力量。南昌大学材料学院研究小组与赛维 LDK 密切合作，南昌大学、南昌航空大学等省内高校有若干个研究组开展有关光伏材料研究工作，大部分都分布在新型薄膜电池领域。南昌大学材料学院研究组与赛维 LDK 密切合作，于 2007 年 2 月成立了南昌大学—LDK 太阳能研究中心，在多晶硅材料与工艺方面开展了一系列研发和分析咨询服务工作，在国内产生了一定影响，成为产、学、研联合的一个成功范例。

南昌大学太阳能光伏学院是中国第一所在大学设立的光伏学院，学院承担了全省光伏技术创新团队建设重大项目。学院与著名的澳大利亚新南威尔士大学光伏与可再生能源工程学院建立了全面合作联系，承担了江西省光伏技术创新团队建设重大项目，与全国多家世界级光伏企业建立了密切的产学研合作联系。通用硅太阳能电力（南昌）公司的总裁袁建中博士精通多晶硅流化床制造工艺和多晶硅、单晶硅切割技术，获得过多项国内外发明专利技术。

在人才培养方面，南昌大学材料学院于 2007 年开始设立了"光伏材料与电池"硕士和博士培养方向并开始招收研究生。

三、南昌光伏产业集群发展中存在的问题

（一）缺少核心技术

光伏产业是一个技术密集型产业，尤其是提纯多晶硅技术要求非常高，未来的竞争优势肯定主要体现在技术方面。我们并没有完全掌握和消化吸收太阳能原材料多晶硅提炼的先进技术，缺乏核心技术，加工贸易更使得我们在出口贸易中只取得了很少的一部分利润，目前提纯多晶硅的核心技术主要掌握在美国、德国、日本等少数厂商（主要是 Wacker、Hemlock、Tokuyama、Rec 等七大制造商）手中，我国光伏产业缺乏核心技术支撑，竞争力仍体现在低廉的用工、能源、环境代价上，这些传统优势都将随着技术进步逐步淡化和消失，受制于人的状况难以改观。

另外，光伏产业技术大量固化在设备上，进入门槛较低，在前期高昂的多晶硅价格的暴利驱动下，我国近年在该领域进行了大量的投资，各地对新能源产业发展都极为关注，在光伏产业的招商引资优惠政策层出不穷，恶性竞争将在所难免。

（二）欧美的"双反"调查

2014 年 1 月 23 日，美国商务部发布公告，决定对进口自中国的光伏产品发起反倾销和反补贴合并调查，本次调查的涉案产品为晶体硅光伏电池，不论是否单独、部分或完全组装成为其他产品，包括但不限于电池、组件、层压板、面板和建筑一体化材料等。涵盖 2011 年"双反"调查没有包括的其他所有来自中国的光伏产品，对华光伏产品进行全面限制的意图十分明显。

同年 6 月 3 日，美国商务部初步裁定从中国进口的晶体硅光伏产品存在补贴行为，并要求对相关中国出口厂商征收保证金。美国商务部的初步裁定指出，中国出口到美国的晶体硅光伏产品获得超额政府补贴，补贴幅度为 18.56%～35.21%，远高于 2012 年裁定的 14.78%～15.97% 的补贴幅度。基于补贴幅度的初裁结果，美国商务部将通知海关对中国

出口的上述产品征收相应保证金。根据程序，美国商务部将于7月底对此案做出反倾销调查初裁，然后于8月中旬做出反倾销和反补贴调查终裁。

这是继2012年对中国光伏产品征收"双反"关税后，美国针对中国光伏企业的第二次"双反"调查。

这意味着外国政府对中国出口的光伏产品征收超过100%的关税，直接影响到产品的出口。这对赛维LDK等企业而言，处境艰难，容易出现产能过剩。

（三）市场不确定性较大

由于国内光伏市场尚处于起步阶段，而且完全依赖于政府项目，导致国内光伏产业各环节产品都以出口为主。在金融危机的冲击下以及欧美各国接二连三的"双反"调查下，国外市场受到了很大的冲击，直接影响了我国太阳能电池的出口。南昌的光伏产品主要出口到欧洲市场，但由于欧洲始终不能从债务危机的泥潭中摆脱出来，使得南昌光伏产品出口欧洲的贸易风险一直很大。

为应对欧洲债务危机，南昌的光伏企业为降低出口风险，将目光同时转移到国内市场。原来连续多年欧洲都是全世界最大的光伏市场，但是到了2013年，中国大陆的国内市场已经跃居世界第一大光伏市场。但由过去完全依赖欧洲演变成了仰仗国内市场，其实风险仍较大。但是中国市场面临的财政补贴压力越来越大，并网问题也非常突出。国家一面限制大型地面电站装机量，一面强力启动分布式光伏市场，分布式能否担负重任其实是未知数，需要时间来验证，市场不确定性仍很高。

（四）企业产能过剩

近年来，多晶硅产能扩张速度过快，而需求增长相对缓慢是导致价格下跌的主要因素。目前，国内高端多晶硅生产设备基本依靠国外进口，高额的技术转让费用和设备购置费用增加了我国多晶硅企业的生产成本。短期来看，国内在建多晶硅厂受到的冲击最大，这些庞大的投资可能尚未产生效益即成为投资商沉重的包袱。

2013年8月，在装机规划、上网电价和补贴资金等政策出台后，国内市场加快扩张，部分企业为了抢在年底前并网以获得1元/度的上网电价，对组件需求急剧扩大。在此驱动下，一方面，骨干企业都开足产能，同时也寻求中小企业代工；另一方面，地方政府也积极给予本地企业优惠政策，力促其复工。产能利用不足的企业开足马力，停产企业相继复产，满产企业通过技改等手段扩大产能，市场供应正在加速。但市场需求则不容乐观，国外主要市场如欧洲市场正在萎缩，且对我国光伏企业有"限价、限量"约束；日本市场则由于补贴过高政府负担较重，随时可能会刹车；美国能源丰富，页岩气发展火热，光伏市场潜力有限，且有"双反"副作用；新兴市场如印度、南非等则存在较大不确定性，而国内市场由于电站审批权下放而出现本地化保护，削弱国内市场规模化扩大的红利。因此从供需关系看，恐复现前两年供过于求大、大肆杀价的局面，产业有重现无序竞争的隐患。

在国外进口国不断施压的情况下，国内产业整合的脚步也在加快。工信部发布的符合《光伏制造业规范条件》（以下简称《条件》）的企业的最终名单也印证了这一点。根据工信部公布的信息，该名单经企业申报、省级工业和信息化主管部门核实推荐、专家复核、网上公示及现场抽检而决定,共 109 家企业获得了行业通行证,若未满足规范条件要求的企业,将根据产业转型升级的要求,在国家产业政策的指导下,通过兼并重组、技术改造等方式尽快达到规范条件的要求。相关数据显示,目前全国共有 500 多家光伏企业,这就意味着有八成左右的企业未能入围。

未能入围的企业不外乎是因为以下四种情况:一是未能通过环评验收;二是产能或者产能利用率不达标;三是不具有省级以上独立研发机构、技术中心或高新技术企业资质,研发及工艺改进费用不足;四是产品衰减率和水耗、能耗等指标未达要求。

《条件》提出的标准并不低,如在产量方面,多晶硅公司要达到每年 1500 吨,硅片公司则需要有 2500 万片的产出。另外,对企业也提出了一系列的技术要求,如多晶硅、单晶硅电池的转换效率要不低于 16%~17%,组件的光电转换效率也不能低于 14.5% 等。这些对于大企业来说不难做到,但对于很多中小企业来说要求是很高的。如果企业本身还有一定的债务危机,达到要求就更难了。

四、南昌光伏产业进一步发展的有利因素

(一) 市场需求快速增长

世界光伏产业在 2000 年前处于导入期,虽然增长比例很大,但是增长额度不大,然而在 2001 年以后光伏产业呈现井喷增长,进入成长期更是保持年均 40% 以上的高速增长态势。从 2000 年的 287.7 兆瓦增长到 2005 年的 1759 兆瓦。据世界能源组织(IEA)、欧洲联合研究中心、欧洲光伏工业协会预测,2020 年世界光伏发电将占总电力的 1%,到 2040 年光伏发电将占全球发电量的 20%。按此推算未来数十年,全球光伏产业的增长率将高达 25%~30%。

根据最新一期 NPD Solarbuzz Quarterly 报告,2014 年全球太阳能光伏需求呈爆炸性增长,从 2013 年的 36GW 需求上升至 2014 年的 49GW。

NPD Solarbuzz 副总裁 Finlay Colvilley 认为,"2011~2013 年度需求增长仅有 10%~20%,制造厂商产能过剩导致持续降价。NPD Solarbuzz 预测 2014 年以后增长率将回归到 30%,终端市场进一步全球化,而价格将趋于稳定。"

从国内需求来看,国内市场需求出现转强的迹象,国内组件价格维持稳定。组件需求的强劲带动电池片企业开工率大幅提升,从而也维持产品价格的稳定。新政策出台,将促进中国太阳能光伏发电产业的发展,使太阳能光伏发电量上升到一个新的水平。如此大规模的国内市场需求,势必为南昌光伏产业打破目前的危机坚冰带来火种。

尽管这几年,国内不少企业受到欧洲债务危机和欧美"双反"的影响,包括赛维在内,只是中国光伏产业的一个环节,即设备制造环节,不代表整个中国光伏产业。那么整个中国光伏产业是什么样的?应该说,是蓬勃发展的朝阳产业。在包括金太阳工程以及国家其他一系列支持政策的推动下,近年来我国光伏产业快速发展,装机规模不断扩大,尤其是从 2011 年开始,光伏装机规模每年几乎是以 100% 的速度在增长。仅 2012 年新增光伏发电装机就达到约 400 万千瓦,占世界光伏总装机的比例也越来越高。我国的光伏产业国内需求正处于历史最好发展时期。

（二）丰富的原材料

硅是光伏产业的主要生产资源。江西具有丰富的自然资源，尤其在稀土业形成了绝对的资源优势。作为硅料主要原料的粉石英，江西储量非常丰富，目前已探明的保有资源储量近2000万吨，居全国首位。江西的粉石英矿产资源主要分布在宜春—萍乡一带。原矿易于开采，品位高，原矿洗选后二氧化硅含量可达99.5%以上，因此南昌光伏产业在原材料供给方面具有很大优势。

（三）人才优势

南昌有45所大专院校和各类科研机构，拥有教师5万余人，科研人员1万余人，平均每年毕业生有10万余人。南昌市在太阳能光伏产业研究方面具备较强的科研力量。南昌大学、南昌航空大学等省内高校有若干个研究组开展有关光伏材料研究工作。

在人才培养方面，南昌大学材料学院于2007年设立了"光伏材料与电池"硕士和博士培养方向并开始招收研究生。省内多所高职专科院校，可以为企业提供定制的技术人员。

此外，南昌劳动力资源丰富，并且成本低廉，这是吸引发达地区汽车制造业转移南昌、投资发展的重要原因。南昌周边区域丰富的矿产资源也为承接资源依赖型产业提供了丰富的原材料，这为南昌发展光伏产业提供了较好的物质条件。

（四）国家政策的支持

国家主席习近平在谈及我国能源战略时，提出要推动能源消费、能源供给、能源技术和能源体制四方面的"革命"。这意味着我国能源战略将出现根本性的重大变化，在很大程度上有强化能源安全的意义。

光伏产业这种利用太阳能发电的新型发电系统，可以广泛应用于电源、通信、石油领域以及家庭电源等。与其他常规能源相比，光伏发电具有高度的清洁性，发电过程无污染、无噪声、无损耗，在环境问题日益严峻的今天，因其节能环保降低能耗减少浪费的特点而受到国际能源界的青睐。同时，它还具备安全、实用、资源充足等性能，符合社会长期发展的需要，有着广阔的市场发展前景。同时，国家发改委积极制订光伏产业发展规划，开展项目推广示范；财政部、住房和城乡建设部下发了《关于加快推进太阳能光电建筑应用实施意见》和《太阳能光电建筑应用财政补助资金管理暂行办法》，明确对建筑一体化（屋顶）光伏发电项目给予投资补贴等政策措施。这些为进一步提升南昌光伏企业竞争力，促进光伏产业又好又快发展提供了良好机遇。

2013年被业内称为我国光伏企业的"翻身之年"，随着国家一系列利好政策的出台，国内光伏装机态势又呈现出欣欣向荣之势。特别是在2013年8月底国家发展改革委正式发出通知，明确规定了光伏电站标杆上网电价政策以及分布式光伏发电项目的电价补贴标准后，大型地面光伏并网电站订单接踵而至。

在经历了前两年的寒冬之后，在政策倾斜、行业调整等因素影响下，江西的光伏产业逐渐回暖。江西统计局数据显示，2014年第一季度，江西省光伏产业增势持续向好，第一季度光伏产业实现增加值65.75亿元。江西努力实现以光伏为主体的新能源产业集聚化、规模化、跨越式发展，将其培育成为江西省具有竞争力的优势产业。为了支持光伏产业加快发展，江西省政府出台措施促进光伏产业健康发展，鼓励光伏企业赴境外建立生产基地或投资建设光伏电站，落实企业境外缴纳所得税税额抵免政策，促进江西光伏企业国际化发展。

2014年1~3月，江西省光伏产品累计出口2.47亿美元，同比增长36%，拉动全省外贸增长0.9个百分点。其中太阳能电池出口额达到2.02亿美元，同比增长36.8%，出口数量同比增长304%。光伏产业实现增加值65.75亿元，同比增长8.7%。

从市场来看，美国、南非、英国、中国台湾4地光伏产品出口额占到68%，成为第一季度江西省光伏产品出口主要市场。与2013年同期相比，对美国、南非、英国等国出口增幅分别达到37倍、6倍、12倍，对中国台湾、日本等地出口增幅达到70%，且出口额均超2000万美元；对比利时、德国、荷兰等欧盟国家锐减分别下降97%、98%、34%。

当无锡尚德已经进行破产重整并将资产卖给顺风光电的时候，同样拥有较高负债的赛维LDK太阳能高科技有限公司却奇迹般地活了下来，并迎来了新的发展机遇。

（五）地方政府的重视

江西省委、省政府高度重视光伏产业的发展。《江西省光伏产业"十二五"发展规划》和《南昌市光伏产业发展行动计划》、《江西省人民政府办公厅关于印发促进我省光伏产业健康发展若干政策措施的通知》，使光伏产业由重要的战略性新兴产业上升为重要的支柱产业。

南昌市制定了《南昌市光伏产业发展规划纲要》（以下简称《纲要》），力争把当地光伏产业打造成千亿产业，使南昌成为世界光都，从而促进南昌低碳经济发展。

2014年4月28日，江西省政府印发了《加快推进全省光伏发电应用工作方案》（以下简称《方案》），部署全面推进省光伏发电应用工作，2014年要光伏发电装机容量38万千瓦，力争2017年全省光伏发电装机容量达到180万千瓦。根据《方案》，江西继续鼓励居民建设家用微型光伏电站，2014年争取建成5000户，到2015年全省累计建成1万户。对列入全省年度建设计划的项目（万家屋顶项目除外），建成并通过验收后，在享受国家度电补贴的基础上，给予统一标准的省级度电补贴，即建成投产并通过验收的光伏发电项目按发电量每度电给予0.2元补贴，补贴期为20年。

金融机构对光伏企业实行扶优扶强限劣，对优质企业不减贷、不压贷、不抽贷，实施优惠利率；创新金融产品和服务，推行以光伏发电系统、订单、应收账款等进行融资抵押或质押；对用电量较大的光伏骨干企业，在符合国家政策规定及准入条件的情况下，优先开展大用户直供电和建设自备电厂试点；对用气量较大的光伏骨干企业实行分档折扣气价，降低企业生产成本。

五、南昌光伏产业集群发展的对策

（一）抓住国家政策机遇

2013年6月14日召开的国务院常务会议，重磅推出促进光伏产业健康发展的六大扶持措施（被业界称为"国六条"）。这些措施包括加强规划和产业政策引导，促进合理布局，重点拓展分布式光伏发电应用等。

同年 7 月 15 日，中国政府网发布《国务院关于促进光伏产业健康发展的若干意见》（被业界称为"国八条"）。"国八条"进一步细化了国务院提出的刺激国内光伏需求的"国六条"，将 2015 年国内光伏发电装机目标在 2000 万千瓦基础上再上调 75%，提出将推动光伏企业兼并重组，并首次明确电价和补贴机制以及光伏准入门槛。该政策将拉动上游硅片、辅料到下游电池、组件、电站的光伏全产业链，进一步促进市场回暖。政策包括了发展分布式光伏发电，鼓励单位社区家庭使用光伏发电装置，给光伏发电电量补贴、税收优惠，电网为光伏发电并网提供便利等多个关键性问题。

太阳能电池是构成光伏发电的基本部件，太阳能电池技术的关键是解决两个问题：如何提高光电转换效率和如何降低生产成本。"国八条"同时提出，光伏制造企业应拥有先进技术和较强的自主研发能力，新上光伏制造项目应满足单晶硅光伏电池转换效率不低于 20%、多晶硅光伏电池转换效率不低于 18%、薄膜光伏电池转换效率不低于 12%，多晶硅生产综合电耗不高于 100 千瓦时/千克。该标准门槛较高，接近一线厂商高效产品的标准，将有力推动加快淘汰落后产能。

对于光伏产业来说，行业兼并重组的时刻即将到来。淘汰落后，抑制产能对小型企业几乎是灭顶之灾，但同时也为一部分企业带来契机。加强对企业的技术要求，必然导致大批企业被迫停产，利用"市场倒逼"机制，鼓励企业兼并重组，成为今后发展的方向。

（二）延伸产业链

随着多晶硅暴利时代的终结，利润在各环节的分配逐渐理性化。为了最大程度地降低成本和风险，鼓励产业链某一环节的光伏企业向产业链上下游拓展，或处于产业链某一环节的企业组成联盟，形成从高纯多晶硅材料、硅锭及硅片、光伏电池、组件封装系统集成到光伏应用产品、相关设备（生产、检测等）制造、贸易等产业链各环节的垂直一体化。

此外，南昌的优势骨干企业要根据发展需求，在全球范围内，实施产业链上下游企业的战略重组，在更大范围和更深层次实现资源优化配置和低成本扩张，促进资源向优势企业集中，避免低水平重复建设。只有这样才能实现优势互补，放大生存空间，缩小市场风险。

要根据南昌光伏产业链的现状，充分利用各种优惠政策，有针对性地引进一批研发实力强、生产规模大的世界知名企业，壮大南昌光伏产业规模，提高产业集聚度和发展水平。要在引进产业资本的同时，加强核心、关键技术和高层次技术、管理人才的引进，发挥南昌在技术和人力成本方面的优势。

（三）培育龙头产业

扶持培育龙头企业，帮助完成龙头企业的跳跃式发展、裂变式发展，积极发挥带动效应和辐射作用。一方面，能够吸引更多投资者到南昌投资光伏产业项目，有利于延长产业链和配套项目，打造好南昌光伏产业园，并起到良好的示范带头作用；另一方面，发挥比较优势，实施错位竞争，大力加快南昌太阳能光伏产业发展，有利于调优产业结构、做大经济总量，有利于发展循环经济、提高可持续发展能力、有利于打造新的支柱产业。

（四）提升技术水平

不断开发前沿技术、运用主流技术、掌握一流技术、淘汰落后技术。同时与高校及研究机构联系起来，为新技术的研发提供丰富的资源和条件。对于南昌而言，短期内应该尽快完善材料的提纯工艺，提高设备可靠性与产品成品率，积极开发低成本生产技术等；长远来说，应大力支持自主创新的发展，不断提升南昌的光伏产业水平。只有具备自主创新、拥有核心技术等因素的企业才具有强大的竞争力，其低价质优可靠的产品才能较大程度地占有市场。

（五）强化人才支撑

鼓励企业通过委培、定向等方式与院校联合培养专业技术人才；加大产业发展紧缺人才引进与利用的力度，特别是光伏专业技术带头人和高级管理人才，要营造环境，大力吸引海外优秀留学归来人员来南昌工作或聘为技术顾问。加大校企合作育人工作力度，引导一些有条件的技工学校调整专业，加大投入，完善校企共育机制，为产业培养更多所需要的技术工人，确实缓解企业长期存在的用工困境。

（六）加强光伏发电技术的研发

光伏发电技术包括光伏电池材料、光电转化效率、光伏电池生产装备、光伏系统集成和建设以及以光伏发电系统为主的电力系统的运行管理等。这些技术仍都处于发展的初期，全球的差距虽然并不大，但南昌光伏发电技术及其应用水平相对落后，特别是对大型逆变技术、智能控制技术、经济储能技术等还不能掌握，不适应光伏发电大规模发展需要，缺乏自主创新和发展能力。要使南昌的光伏产业在未来的发展中立于不败之地，必须把光伏发电技术的研发放在更加突出的位置。

如何加大光伏产业技术创新力度？一方面要建立国家级的技术创新和研发中心，解决产业发展的关键和共性技术问题，促进科技成果转化，解决光伏产业从材料到系统全产业链的技术提升和创新，实现高端制造设备的国产化以及应用技术的突破；另一方面要加强企业的技术创新能力，重点推动高端装备制造、关键零部件、主要辅助材料领域的技术引进、吸收和消化能力，巩固和发展核心竞争力还要支持优势企业并购重组，淘汰技术落后企业，建成几家具有国际竞争力的大型企业。

（七）加快电力体制改革

要继续开放用户端电力市场，培育分布式光伏发电市场，为光伏产业发展提供体制保障。

太阳能资源的主要特点是分布广泛，太阳能光伏发电的优势是分布式应用，应由用户自行建设或与相关投资者合作，利用建筑物顶或附近空闲土地安装小型光伏系统，低电压接入配电网，实现就近开发就近利用。所发电量主要满足用户自身用电需要，多余电量上网，并与电网进行电力交换，由电网提供备用服务。用户侧建设分布式光伏发电系统，营造千家万户安装和使用光伏发电系统的市场环境，并最终形成社会用电量增加，而由电网供电的量减少的情形。

我国目前的电力管理体制以电网全部收购各类电站的发电量，并为所有用户提供供电服务的单一购买者和单一服务者为特征，电网企业集购电、输电、配电、售电为一体，以扩大售电市场、增加售电收入为主要目标，对于任何影响其售电量和收益的行为都会有天然的抵触情绪。受目前电力管理体制制约，分布式光伏发电很难得到规模化应用。

要促进分布式光伏发电的发展，就要改革现行电力管理体制，建立公开透明、竞争有序的电力市场机制，实现输电和供电的分离，开放用户端电力市场，把电网企业变为提供输电服务的专门公司，以输送的电量多少作为盈利的基础，为提高能源利用效率、促进新能源的发展提供重要的体制保障。

南昌市与深圳 LED 产业集群比较研究

LED 产业是 21 世纪最具发展潜力的战略性新兴产业之一。目前，我国 LED 产业主要分布在珠三角、长三角、福建江西地区、北方地区这四大片区。其中，珠三角占据我国 LED 产业的半壁江山，而深圳又是珠三角的"领头羊"。将南昌 LED 产业集群与深圳这一标杆进行对比有利于发现差距，更好地促进南昌 LED 产业的发展。

一、南昌光电产业集群发展现状

南昌是我国最早从事 LED 研发和生产的地区，LED 产业集群主要分布在南昌国家高新区和南昌经济技术开发区。2004 年 5 月南昌国家高新区被科技部批准为"国家半导体照明工程产业化基地"。2013 年 7 月，江西省工信委下发批复文件，授予南昌经济技术开发区"江西省光电产业基地"称号。

南昌国家高新区已初步形成了以晶能光电、欣磊光电等公司的外延片芯片为上游产业；欣磊光电、联创光电等公司的器件封装为中游产业；联创光电、联创博雅、晶和照明、江西中业景观照明的光源、灯具、LED 显示屏，联创致光科技的手机背光源为下游产业的，包含 LED 荧光粉、LED 支架等配套产品在内的一个较为完整的产业链（见图1）。

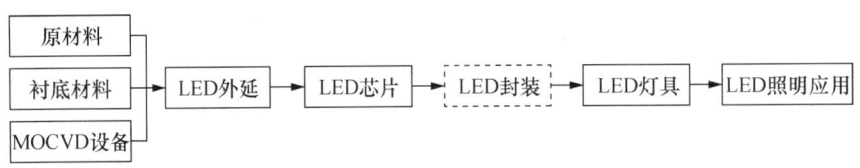

图1　LED 产业链

产业链分布特征是：上游掌控核心专利技术、中游占据优势成熟产能、下游呈现集群发展态势。

（一）LED 衬底材料、外延片生长产业

作为 LED 最上游产业，衬底材料和外延片生长产业是整个产业链的基础。晶能光电（江西）有限公司（以下简称晶能光电）以南昌大学发光材料与器件教育部工程研究中心为技术依托，从事硅衬底氮化镓基 LED 外延材料与芯片生产。

江西联创光电科技股份有限公司（以下简称联创光电）作为国家火炬计划的重点高

新技术企业,是国家"863计划"成果产业化基地和国家"铟镓氮LED外延片、芯片产业化"示范工程企业,其子公司南昌欣磊光电科技有限公司,拥有国际先进水平的MOCVD外延炉及液相外延炉。

(二) LED 芯片产业

南昌欣磊光电科技有限公司(以下简称欣磊光电)是国内最大的LED芯片生产企业。该企业通过投资,加快技术改造,产品品种日益丰富,形成了高、中、低档多系列的产品结构,产品品种涵盖了除紫光外的红外、红、橙、黄、绿、蓝等全色系LED芯片。晶能光电利用南昌大学在硅衬底外延材料科研上所取得的重大突破,生产基于自主创新技术的新型硅衬底氮化镓功率型LED芯片,已获得或者公开国际国内发明专利47项。

(三) LED 封装产业

中游的封装技术在整个LED产业中占据非常重要地位。联创光电依托上游产能优势,在南昌封装产业中占据重要地位。由于传统引线型LED封装技术已相对成熟,设备投资强度适中,所以也吸引了一批民营科技企业的进入,但规模都比较小。

(四) LED 应用产业

在LED应用上可以划分为四大应用产品集群:LED器件、LED显示屏、LED液晶背光源和LED照明。目前已知涉足下游的企业数量最多,发展最快,并在生产应用中衍生出一大类相关产品。这些企业主要以江西联创博雅科技有限公司、联创致光科技有限公司,及生产LED点阵块的南昌宇欣科技有限公司为代表。

(五) LED 配套产业

南昌市LED产业配套能力较为薄弱,原材料配套只有LED支架,其他的配套材料不能完全在本地得到供应。

(六) LED 关联产业

大力发展关联产业是扩展产业链的重要方法。目前与LED关联最紧密的产业有LCM模块、太阳能电池光伏产业。其中LCM模块生产业有刚成立的联创电子和台资企业联志电子。

LED是个大产业,要求企业相互配合,均衡发展。南昌市LED产业门类虽然齐全,但是产业链中,上中下游之间发展并不平衡。就产业创新能力看,对外延芯片的研制重视度大大高于灯具的生产和研制。如政府对硅衬底的1.2亿元的专项经费支持,体现了政府对南昌特色的自主创新项目的高度重视。但是,这种支持主要反映在上游的芯片的生产上,而硅衬底当前的重大意义却是在硅衬底芯片的应用上。据了解,当地最大的芯片生产企业晶能光电,根据市场需求硅衬底与蓝宝石芯片的生产比例分别是40%与60%。硅衬底芯片生产的开工不足,产能结构性过剩,症结在硅衬底的下游应用没形成气候,硅衬底LED产品市场占有率太低,反映出对硅衬底的下游产品研发和市场开拓重视程度远远不够。此外,LED产业中辅材生产占了产业链的70%,但连一家像样的LED辅材生产企业都没有。电源与驱动、高性能荧光粉、塑胶模具、铝极板、支架等产品,基本上都从外地进货,受制于人,质量也得不到保证。

二、南昌与深圳的 LED 产业集群比较

(一) 产业规模比较

深圳规模以上 LED 及配套企业约有 1800 家,2014 年实现产值约 1200 亿元,占到全国的近 50%(见表 1)。

表 1 深圳 LED 产品及主要企业分布

重点企业名称	产业分布特点	主要产品	代表企业
宝安区	产业链最完整、配套最齐全、企业数量最多最集中、产业规模最大	衬底材料、外延芯片、封装、应用	奥伦德、晶台光电、日上光电,通普科技、联建光电、晶蓝德灯饰、深圳伟志电子等
南山区	企业规模大、上市企业最多、产品档次最高、创新能力最强	封装、应用	瑞丰光电、雷曼光电、奥拓电子、长运通光电、凯信光电、茂硕电源、海洋王照明、三升高科等
龙岗区	大功率照明光源封装和应用产品为主	照明灯具、显示	艾比森光电、珈伟股份、富士新华电子、泓亚光电、裕富照明等
福田区	集中了一批大型企业运营管理总部	封装、应用	聚作光电、华烨照明、兆驰节能照明、斯派克光电等
坪山新区	新兴 LED 聚集区,企业潜力大	封装、应用	洲明科技,长方照明等
龙华新区	新兴 LED 聚集区,封装应用为主	封装、应用	聚飞光电、深圳利亚德、思坎普、邦贝尔等
光明新区	集中了一批起步较早、规模较大的封装应用一体化企业	封装、应用	九洲光电、万润科技、莱福德、创显光电等
盐田区	装备制造	装备	ASM

资料来源:深圳 LED 产业发展分析研究报告(2013)。

南昌现有 LED 企业 60 余家,其中,上规模的企业只有 20 几家,配套企业近百家,2014 年完成产值约 130 亿元。

从产值、企业数量方面来看南昌与深圳的差距巨大,这与深圳是国内最早开展 LED 研发和生产的地区有关。

(二) 产业分布比较

从图 2 和图 3 可以看到,深圳 LED 企业主要分布于产业链的下游和中游,上游企业数量少。

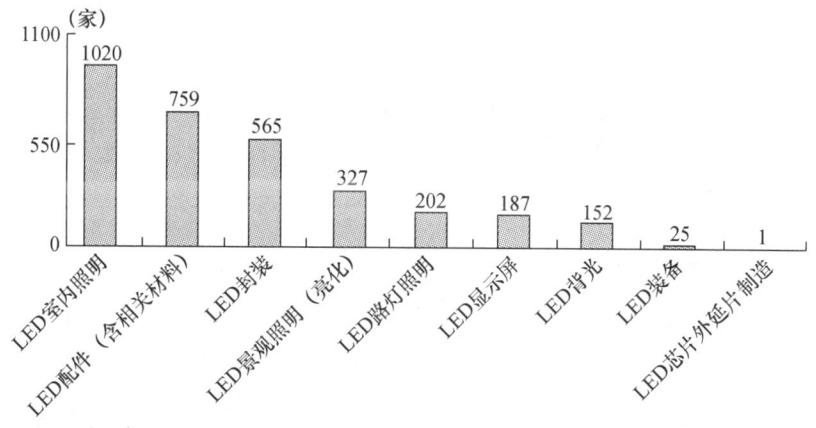

图 2 深圳 LED 企业产业分布

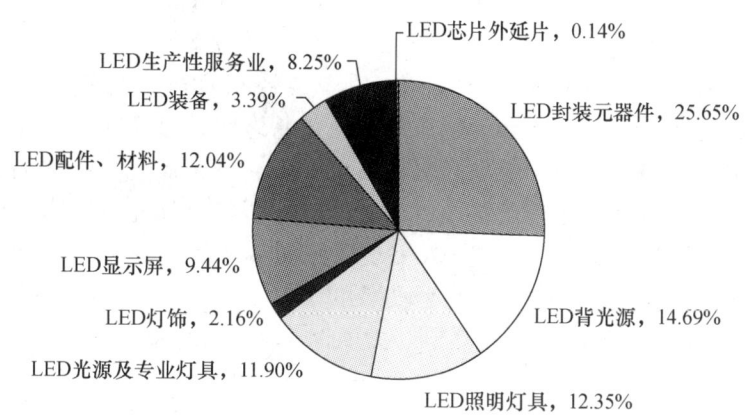

图 3 2013 年深圳市 LED 总产值构成

资料来源：深圳 LED 产业发展分析研究报告（2013）.

南昌也面临同样的问题，据统计，南昌外延芯片等上游产品产值只占不到 10%，中游封装占 20%，下游应用产品占 70%。

（三）研发能力对比

从专利数量来看，截至 2013 年第三季度，深圳 LED 专利申请量为 18524 件，约占全国 LED 专利申请量的 10%。其中发明专利申请 5995 件，实用新型专利申请 10057 件，外观设计专利申请 2472 件。

南昌也具有较强的研发实力。2011 年 1 月，科技部批准的硅基半导体照明国家工程中心正式落户南昌；11 月，国家发改委又批准依托晶和照明在南昌组建了全国第一个国家地方固态光源联合工程中心。同时，南昌拥有教育部批准设立的全国高校第一个发光材料工程研究中心——南昌大学教育部发光材料与器件工程研究中心。此外，还有 5 家省级工程技术研究中心，4 家省级重点实验室，4 家企业技术中心。截至 2014 年末，南昌市拥有授权的 LED 专利近 700 件，其中 1/3 是发明专利。

尽管在专利数量方面南昌与深圳差距巨大，但南昌在部分领域仍掌握了核心技术。如晶能光电（江西）有限公司，靠自主核心技术专利，打破了日本日亚公司垄断蓝宝石衬底和美国 Cree 公司垄断碳化硅衬底半导体照明技术的局面，形成了蓝宝石、碳化硅、硅衬底半导体照明技术方案三足鼎立的局面。

（四）产业政策对比

自 2009 年开始，深圳出台了一系列支持 LED 产业发展的政策：《深圳市 LED 产业发展规划（2009～2015 年）》（2013 年废止）、《深圳市推广高效节能 LED 照明产品示范工程实施方案》、《深圳市 LED 产业公共技术服务平台建设方案》、《关于促进半导体照明产业发展的若干措施》、《关于光明 LED 产业聚集园区规划研究及相关实施建议》、《LED 国际交易采购中心筹建工作方案》、《深圳新一代信息技术产业振兴发展规划（2011～2015 年）》、《深圳新一代信息技术产业振兴发展政策》、《深圳市推广应用 LED 照明产品实施方案》、《深圳市公共机构"十二五"节能工作三年行动方案》，从科技研发、技术进步、知识产权、标准战略、拓展国内外等方面集中力量支持 LED 产业发展。

2009 年成立南昌市国家半导体照明工程产业化基地建设协调领导小组。编制《江西省六大支柱产业"十二五"专项规划》、《南昌市 LED 产业发展规划》、《关于加快半导体照明产业发展的若干政策措施》、《江西省十大战略性新兴产业（半导体照明）发展规划（2009～2015 年）》、《南昌市 LED 产业发展规划》和《南昌市支持 LED 产业的若干政策措施》等一系列扶持光电产业发展的优惠政策和措施。

从政策内容上看，南昌在支持的范围、力度上还有较大差距。

三、南昌 LED 产业 SWOT 分析

尽管南昌 LED 产业与深圳相比存在诸多差距，但要更深刻地了解南昌 LED 产业还需要站在全国的高度，从优势、劣势、机会、挑战等方面来进一步分析。

（一）优势

1. 区位优势明显

作为中部省份，江西同时衔接着长江三角洲、珠江三角洲和海西经济区，地处上述三个经济活跃地区的腹地，区位优势明显，发展潜力巨大。具有承东启西、沟通南北的独特区位优势，是国际和东部沿海发达地区产业梯度转移的理想地区。区域承接能力强，成本低廉，它与周边城市相比，在水、电、劳动力等基本生产要素方面具有明显的价格优势。

打造先进制造业基地，超常规发展战略新兴产业的发展目标，使得南昌市逐渐成为沿海经济发达地区光电产业梯度转移的最佳承载地。外来企业与本土企业逐渐融合，加快了南昌光电产业的集聚发展。

2. 产业链完整

南昌是我国最早从事 LED 研发和生产的区域，产业基础雄厚。同时，南昌也是目前国内 LED 产业中为数不多的完整产业链之一，LED 企业分布在产业链的各个环节，上游

LED 外延片和芯片制造、中游器件封装到下游应用产品及 LED 用荧光粉、LED 支架等配套产品都有生产。南昌不仅是第一批成为国家正式批复的 4 个国家级光电子产业基地和国家重要的软件产业基地之一，同时还是国内具有 LED 全工序生产技术和实现 LED 芯片规模化生产的城市。在南昌生产的光电信息产品中，有 17 种产品的销售量位居全国前 10 位。

3. 研发能力较强

（1）（南昌大学）教育部发光材料与器件工程研究中心是经国家教育部批准于 2001 年 4 月成立的工程中心，是江西省目前层次最高的半导体照明技术研究机构，在国内颇有影响。该中心也是南昌大学材料物理与化学国家重点学科、材料科学与工程一级学科博士点以及博士后科研流动站、半导体照明技术教育部创新团队的依托单位。该中心承担了多项国家科技部"863 计划"、电子发展基金等重大科技项目。中心一开始就定位走学研产结合之路，建成以半导体发光材料和器件研发与人才培养为特色的国内一流的工程研究中心。

晶能光电公司依托南昌大学开发的硅衬底蓝光 LED 外延片、芯片技术是南昌乃至中国 LED 产业一大技术亮点，拥有完全自主技术产权。

（2）江西联创光电科技股份有限公司技术中心是联创光电内一个拥有 70 余名工程技术人员的技术研发机构，其中具有高中级职称的科技人员占 50%。中心主要承担公司新产品、新技术、新工艺的研发，为公司提供技术支持与决策咨询，并开展对外合作交流。技术中心下设多个研发部，分别从事外延材料、光电器件、背光源、功率型器件封装及应用等方面的研究开发工作。近几年来，"片式发光二极管"、"液晶显示器用高亮度 LED 背光源"、各种片式 LED 等多项产品分别获得江西省科技进步奖、江西省优秀新产品奖，以及国家重点新产品、江西省优秀重点新产品等荣誉称号。

（3）江西联创欣磊光电科技有限公司是联创光电的子公司，是目前国内最大的 LED 芯片生产企业。欣磊公司成立于 1993 年，其前身国营 746 厂是我国最早的 LED 芯片制造厂。该公司首先在国内成功开发研究出了 LED 芯片规模化生产的工艺技术。在 20 世纪 90 年代，几乎是国内 LED 封装企业唯一可选择的国产芯片供应商。是二元、三元、红外等 LED 芯片国内最大供应商，也是唯一拥有 GaP 液相外延和芯片生产的厂家。

（4）晶和照明运用自主创新的"非对称蝙蝠翼形配光透镜"技术研制出"百变系列"LED 路灯产品，填补了国内空白。

（二）劣势

1. 产业规模太小

南昌市 LED 产业中，上规模的企业（全年累计销售收入 2000 万元以上的工业企业）只有 20 余家，2014 年每家平均产值仅有 4 亿多元，这与我们提出的千亿目标相差甚远。

产业规模小，经济总量偏低，形成不了产业合力，酿就不了"南昌制造"的市场效应，市场的关联度和整体影响力不足，量变达不到质变的要求，反过来阻碍了更大规模的发展。产业规模小，不能产生"大生产"协作的氛围，加工配套、配套服务跟不上，开模具要去深圳，原辅材料要从广东邮寄，生产成本增加，又贻误生产时机。产业规模太小，经费不足，用于技术开发的能力有限，由于缺乏不断开发的技术支撑，又牵制了企业的生产发展。

2. 综合技术实力有待加强

南昌拥有完全自主知识产权的硅衬底蓝光 LED 芯片与器件，已经成功产业化，但还存在亮度不够等困难。除晶能光电、联创光电等龙头企业外，其他企业普遍缺乏核心技术，总体上看产品档次和附加值较低，还是以中低端产品为主，高端产品少，与发达省份相比还有相当差距，与欧美和台湾地区的大公司相比，技术力量就更显不足。有待各方合作继续加强技术创新，形成拉动产业集群发展的综合技术实力，以应对产品竞争压力。

在软件业、信息技术服务业和电子信息产品制造业方面，虽然南昌的某些技术水平在江西或中西部地区有一定的竞争力，但与国内沿海电子信息产业发达城市相比，南昌尚缺乏具有强大实力的龙头企业，企业自主创新能力弱，没有自己的知识品牌。企业总体实力弱、核心技术缺乏。

3. 受国际专利壁垒的制约

大陆及台湾 LED 企业很容易遭遇专利挑战，尤其是出口受专利诉讼危险更大。世界上已有很多 LED 企业遭受"337 调查"，国内 LED 生产企业的发展也受到严重制约。从专利诉讼看，围绕基础专利爆发的纠纷已经很少。因此，原始创新产生的专利已经不能独当一面。制造企业，包括下游封装、组装企业围绕二次创新和集成创新部署的专利可望成为影响市场竞争格局的主要知识产权筹码。LED 照明技术的核心专利基本都由日本、美国、德国的大公司控制，而这些公司利用各自核心专利，采取横向（同时进入多个国家）和纵向（不断完善设计，进行后续申请）扩展方式，在全世界范围内布置了严密的专利网。南昌 LED 企业也应尽早构建自己的专利防御体系。

4. 检测体系滞后

随着 LED 产业的迅猛发展，LED 标准制定和检测技术开发必将引起高度重视。虽然目前南昌市在 LED 应用产品方面有比较明显的技术、产业优势和独特的区位优势，在 LED 应用产品的检测能力方面也有一定的基础，但是和国内的其他半导体照明产业基地一样，它还缺少至关重要的 LED 应用产品统一的行业标准、国家标准和性能检测，以及分析的权威机构，这些造成了 LED 应用产品良莠不齐，阻碍了全市乃至全省 LED 产业的发展。南昌市 LED 企业众多，产业链完整，产品高端前沿且种类多，有良好服务基础。加之，国家大力发展 LED 新兴产业，南昌市政府也出台了相关政策招商引进外省优秀企业进驻南昌，所以迫切需求一个检测平台为 LED 产业服务，解决企业各方面难题。南昌虽然是全国 LED 产业的聚集地区之一，是国家半导体照明（LED）工程产业化基地，但却没有一家权威的检测专业机构，更缺乏有经验的专业检测技术人员，产品检测、数据分析都得依赖外地，对于南昌市 LED 产业自主创新和加大发展极为不利。

（三）机会

1. 市场需求的快速增长

2009 年、2010 年和 2012 年，欧盟就已开始分别禁售 100 瓦、75 瓦和 60 瓦以下白炽灯，日本于 2012 年全面实施了白炽灯禁令，2014 年 1 月 1 日，美国政府宣布全面"禁白"，2014 年第三季度全球"禁白"计划深入实施。全球"禁白"带来 LED 市场需求的大幅增长。

仅美国市场，2013年LED照明仅占约10%，2014年约25%，2015年则将达到50%。由此，2014~2015年美国LED照明市场的复合增速将保持在268%的水平，相关年交易金额也将高达117亿美元。

在LED新兴市场如巴西、印度、越南、俄罗斯等国，这些对于LED照明产品需求明显上升的市场正在呈现快速增长势头。

市场需求的快速增长是南昌市LED产业快速发展的重要机遇。

2. 国家对战略性新兴产业的支持

作为战略性新兴产业的重要组成部分，国家关于发展战略新兴产业的《国务院关于加快培育发展战略性新兴产业的决定》，无疑成为光电产业发展上的政策强心针。全球正处于新一轮科技革命的孕育期，无论是发达国家还是新兴国家，都在积极发展战略新兴产业。近年来，随着我国节能减排、宽带中国、重大装备等工程的不断深入，光电产业对国内电子信息产业发展的战略意义不断凸显，中央到地方的各级政府高度重视光电产业的发展。

光电产业是以光电子技术为核心的高新技术产业，是世界公认的战略型产业之一。作为21世纪全球最具活力与潜力的产业，光电产业涵盖光通信、精密光学、光电显示、LED照明、激光红外、光伏等各个领域。其中光纤通信、LED、激光加工、新型显示器件等细分产业都在我国国家战略性新兴产业规划中明确提到。这些新兴技术与上述战略性新兴产业密切相关、协同发展，产业之间的深度融合为光电产业发展创造了"新蓝海"。

在大力发展战略性新兴产业的历史机遇下，光电产业也必将迎来快速的发展时期，产业规模持续壮大，产业层次不断提高。目前，南昌已初步建立了比较完整的光电产业链，产业基础雄厚，产业结构逐步升级，内需市场逐渐壮大，产业投资充盈，政府政策扶持力度不断增强。

3. 地方政府的高度重视

江西省委、省政府高度重视光电产业的发展。把其列入"十百千亿工程"中的"千亿产业"之一来培育，并把LED产业纳入《江西省六大支柱产业"十二五"专项规划》。在鄱阳湖生态经济区发展战略中明确提出，要以南昌为中心，重点建设硅衬底发光二极管芯片及器件项目、LED照明光源项目、高亮度LED显示屏项目、LED背光源项目、有机发光器件（OLED）项目、计算机等终端电子产品项目、第三代移动通信产品研发及产业化项目。省市政府先后出台《江西省十大战略性新兴产业（半导体照明）发展规划（2009~2015年）》和《南昌市LED产业发展规划》、《南昌市支持LED产业的若干政策措施》，对光电产业发展予以指导和支持。

南昌市政府设立了半导体照明专项资金，从2009年起，每年安排不低于2000万元资金扶持LED科技项目的研发，联创光电的《片式蓝白光LED器件》、黄绿公司《MOCVD设备研发》等30多个项目顺利完成，为LED产业创新发展增添了后劲。2013年7月，南昌市政府在《南昌市支持LED产业的若干政策措施》中，提出成为南昌市成为江西省节能改造的主动力，打造LED研发、设计、生产和销售集聚中心，LED产品主要出口基地和做大LED产业成为南昌新兴产业的标杆，以及2015年产值超500亿元的新目标。在政策、项目、资金、人才、市场、配套、招商引资等方面加大了支持力度。

南昌把电子信息产业作为推动全市经济发展的先导产业、支柱产业和增强南昌产业核心竞争力的关键性产业之一，在鼓励投资、土地及建设规费减免、技术创新、进出口等多方面推出系列扶持政策，支持电子信息产业发展。同时，对电子信息产业项目优先安排制造业专项基金、高新技术产业化专项基金、光电子产业化专项资金三项财政专项资金。

（四）挑战

1. 国际市场竞争日益加剧

近年来，中国 LED 庞大的应用市场，加速了外资企业入驻国内，瓜分国内巨大的市场。现阶段是 LED 产业成长期，也是各 LED 大厂国内布局期，外资投资在国内享受税收优惠，国内企业在竞争中处于不平等地位，竞争加剧。面对这一环境，南昌 LED 产业内部正在积极整合，发挥自身的特点，努力扩大所占的市场份额。

2. 其他地区的竞争

国外马来西亚、越南等地，国内其他光电产业基地提供相对的优惠政策，也不断分流了南昌的机会，使得原本想在南昌地区投资的企业被别国或其他地区吸引走。此外，南昌也同时面对着国内外各地的产业竞争。

北京：北京市政府对于 LCD 产业高度重视。早在 2003 年，北京市就开始启动对 LCD 企业的扶持，并成为京东方 LCD 生产线资金融资的最大支持方。经过短短 5 年左右的时间，京东方已经发展成为目前国内综合实力最强的液晶面板生产企业，在北京拥有 5 代以及 8 代两条高世代液晶面板生产线。另外，在 LED 领域，北京拥有全国领先的科研资源，一些高校及科研院所林立，如中科院半导体所、清华大学等，但是在产业方面，以 LED 应用企业为主，如北京利亚德、巴可等优秀 LED 显示屏生产企业。目前北京光电显示产业主要分布在北京亦庄经济技术开发区，并建有数字电视产业园。

大连：2004 年 4 月大连市被科技部批准为首批"国家半导体照明工程产业化基地"，现已初步构建起以七贤岭高新区为基地研发区、经济技术开发区为产业化基地核心区、瓦房店市光电园为基地拓展区的产业布局；形成了基础研究与应用开发相适应、上中下游产业链互相衔接的良好产业发展态势；建立起集衬底原材料、外延片制造、芯片生产、器件封装到高端应用较为完整的产业链。市政府和大连理工大学还共同投资组建了大连光电技术研发中心，为光电子产业发展提供坚实的技术支撑和人才保障。

上海：上海是国内最早布局平板显示产业的地区之一，上海莘庄工业区为国家级的平板显示器件产业园；同时，上海也拥有国家级的半导体照明工程产业化基地，在 LED 产业的上中游，即外延材料和芯片研发领域具有国内领先的实力，拥有一批如上海蓝光、上海宇体光电等具有自主知识产权的企业。从产业分布上看，平板显示企业大部分分布在莘庄的平板显示产业园区内；而 50% 以上的 LED 企业分布在浦东的张江高科技园区。

武汉：武汉是中国的光谷，光纤光缆、光通信器件、激光产品等领域在国内遥遥领先。近年，武汉开始在平板显示、LED 等领域加快产业布局。在平板显示领域，武汉目前拥有上海天马投资的 4.5 代 TFT-LCD 面板生产线，拥有下游整机生产企业冠捷，同时还拥有一批诸如武汉全真、光谷高清的激光显示企业；在 LED 领域，武汉大力布局上游芯片产业，拥有国内知名的武汉迪源、武汉华灿等企业，同时武汉通过引进飞利浦等大企业进行 LED 产业链下游的布局。2010 年，武汉的光电产业成为继汽车产业之后的千亿级产业。

厦门：自 2003 年起，厦门市就将光电产业作为最有发展前景的新兴产业加以扶持，厦门还编制了《厦门市光电子产业发展规划》和《厦门半导体照明产业化基地发展规划》，2004年4月，厦门成为最早四个"国家半导体照明工程产业化基地"之一，2007年又批准厦门成为唯一的"国家光电显示产业集群试点"。经过多年的发展，厦门已成为闽三角地区重要的平板显示和LED产业发展基地。从产业结构上看，目前，厦门已形成友达、中华映管等生产液晶模组，厦华、冠捷等生产液晶显示器、液晶电视，光莆、京东方等生产LED背光模组的产业集群，同时厦门是国家半导体照明工程产业化基地，已经形成从上游外延片、芯片到中游封装以及下游应用的完整LED产业链。

深圳：深圳LED产业基本是依托电子信息产业的发展自发形成的，在各区形成了一定的产业集聚，呈现出在宝安区和南山区相对集中的特点。而从企业集聚看，深圳LED企业分布在上游衬底材料、外延片，中游芯片、封装，到下游应用及配套材料、加工及检测设备等各个环节，已形成了国内相对完整的产业链，并在产业链中下游形成了一定的产业集聚。在LCD领域，除了拥有深超光电的5代线以外，TCL投资的8.5代线使得深圳在平板显示产业布局取得重大突破。

3. 人才的流失

南昌市是我国最早从事LED研发和生产的地区之一，原国营746厂从1973年开始就进行LED生产和研究，拥有一批熟练的技术队伍和产业工人。可是随着LED产业的发展，很多人才都流失到了其他地区，这一点无疑给南昌LED产业的发展带来了巨大的损失。南昌需要尽快改善人才环境、提高人才待遇，重新吸引优秀产业人才进入和有效控制技术人才外流。

（五）SWOT分析表

表2　南昌LED产业SWOT分析

内部因素＼外部因素		优势（S）①技术研发优势②产业链优势③区域优势④软件及信息服务业集群效应不断增强⑤政府扶持优势⑥市场竞争优势	劣势（W）①集群发展不完善②龙头企业效应尚未完全形成③产业化人才少④技术有待创新⑤技术研发投入不足⑥市场开拓不够
机遇	①节能环保符合世界潮流②应用产品市场潜力巨大③政府出台优惠政策④投资主体多元化⑤国家标准化将不断规范产业⑥沿海地区产业转移加快⑦电子信息产品需求不断增加⑧电子信息产品更新换代速度加快	SO战略（依靠内部优势，利用外部机遇）基于自身优势充分利用机会大力发展南昌光电产业，使其起到杠杆作用，以产业优势和自主知识产权技术等有利条件打造南昌光电产业集群	WO战略（利用外部机会，克服内部劣势）充分利用外部机会，改善南昌光电产业发展的社会大环境，整合南昌光电产业资源，树立品牌，提高产业的核心竞争力，降低内部劣势的抑制性作用，完善产业链

续表

		ST战略（依靠内部优势，回避外部威胁）	WT战略（克服自身劣势，抵御外部威胁）
挑战	①国内外竞争加剧 ②知识产权技术产业化待加强 ③受国际大厂专利壁垒制约 ④中西部地区开始承接沿海产业转移 ⑤电子信息技术产业进步不断加快 ⑥与其他国家或地区的竞争 ⑦检测体系滞后 ⑧人才的流失	①在南昌光电产业发展的优势基础之上，克服或避开威胁，充分发挥南昌光电产业专利技术优势，走高技术产品开发之路，制定以"扩大应用产品领域"取胜的战略，巩固优势，克服外部威胁给内部优势带来的脆弱性 ②加快成果转化和产业化发展步伐，重视专利申请和知识产权保护，加快技术进步抵御威胁	①面对内部的劣势和外部环境威胁时，通过政府相关措施，改善外部环境，减少威胁 ②推进产业基础建设，培育龙头企业，大力引进相关人才，加快相关企业聚集，同时进一步拓宽研究和开发新领域

四、南昌LED等光电产业集群发展的对策

（一）培育龙头企业

培育龙头企业，以龙头企业带动南昌光电产业的发展。相关部门在政策、资金等方面向龙头企业倾斜，支持企业做大做强。鼓励优势骨干企业根据发展需求，实施产业链上下游企业的资源优化一体化配置，促进资源向优势企业集中，避免低水平重复建设，将资源优化整合。培育具有自主知识产权、核心竞争力强的企业，使其在技术创新、市场开拓和经营管理上紧跟国际先进水平，增强龙头企业对光电产业的发展支撑和带动作用，加快提升产业水平。

优化产业结构，在重点发展与培育龙头企业的同时，积极引进优良外资外企，建成一个以南昌为中心，辐射全省的光电产业集群。在实施大公司、大集团战略的同时，围绕产业链和产业集群的建设，鼓励和引导全民创业，扶持中小企业的发展，形成大、中、小企业并存，多种所有制经济共同发展的繁荣局面。

（二）支持科技研发

对于尚没有成立技术研发部门的企业，要帮助它们建立健全技术研发机构；对于已有技术研发部门的企业，要协助它们加强产学研紧密联合，使企业真正成为技术创新的主体。要着力抓好光电产业的核心技术这个关键环节，以欧菲光、晶能光电、联创光电等龙头企业为依托，鼓励企业加大研究开发力度，推动重点企业建立健全技术开发机构，加强产学研紧密联合。依托高校、科研院所，建立国家工程技术研发中心。以一批完全拥有自主知识产权的核心技术为依托，为产业和产品结构的优化升级提供有效的技术支撑。

要鼓励和支持利用现有的研发和检测平台，以晶能光电和联创光电为支点，建设开放式的LED技术研发中心、LED分析测试认证中心、LED系统设计中心，加强与港台地区

及国际合作，以信息网络形式，形成资源共享的、具有国际水平的 LED 公共技术平台，发挥其对 LED 产业发展的支撑作用。

支持企业成立 LED 产业技术标准联盟，建立并完善 LED 技术标准体系，研究制定联盟标准，支持其上升为行业标准和国家标准。推动重点企业开展研发与标准化同步试点工作，探索技术、专利与标准相结合的机制。鼓励 LED 龙头企业参与国际国内标准化活动。

（三）推动金融支持

由政府牵头，各级金融机构把改进服务方式和手段、强化配套服务，作为为光电企业提供优质金融服务的切入点。各级金融机构应在确保符合风险控制要求的前提下，完善各级授权授信制度，优化信贷流程，简化贷款审批手续，对符合条件且在授信额度内的光电企业贷款建立了"贷款绿色通道"，提高贷款效率。

此外，还要加大政府投入。市财政在规划期内每年安排一定的资金用于扶持半导体照明产品的研发与产业化、公共服务平台建设与维护、示范应用的补助等。各开发区、各县（区）都应安排一定资金用于半导体照明产业发展和推广应用。

（四）强化人才支撑

1. 不断引进光电专业人才

通过完善现有的人才引进政策，使企业引进具有光电产业的高层次人才，可以在住房、职称评定、子女就学等方面给予优先解决。要抓好企业经营管理人才队伍建设，以提高战略开拓能力和现代化经营管理水平为核心，依托高校、结合企业自身培养一批熟悉国内外光电产业市场、懂经营、会管理的企业管理人才。

2. 不断地培养光电专业人才

有计划、有步骤地培养和造就一批高素质人才梯队：设立由高校科研人员和企业科技人员构成的光电科学研究院，造就光电高端研发人才；在已有南昌大学教育部发光材料与器件工程研究中心的基础上，建立南昌大学光电学院，着力培养光电研发和管理人才；大力支持南昌航空大学等高等院校开设光电专业和专业技能课程，着力培养具有光电本科及专科层次的工程技术人才；依托各级中高职院校，着力培养光电高级技工人员。探索建立高技能人才培养机制，创新高技能人才的评价考核方式，建立健全技师晋升、技术工人继续教育和优秀工人表彰制度，推行工人技术等级评聘分开。同时，进一步建立良好的用人机制和环境，为江西省 LED 产业发展提供强有力的人才支撑。

武宁县节能灯（绿色照明灯饰）产业集群发展对策研究

武宁节能灯产业的发展从2003年第一家节能灯毛管生产企业落户县工业园以来，经过了十几年的发展历程，产业经历了从无到有，企业经历了从少到多，产能经历了从小到大，基地经历了从弱到强的过程。节能灯产业已成为当地县的主导产业，并产生了良好的经济效益和社会效益。

一、武宁灯饰产业集群发展现状

（一）产业规模迅速壮大

2008年，县委、县政府首次将节能灯产业定位于当地重点产业进行打造，出台了《关于大力发展节能灯产业的实施意见》，节能灯产业开始跨越式发展，几年来企业数量由当时的18家猛增至现在的142家，节能灯项目签约资金共计93.6亿元，其中实际到位资金72.8亿元，2013年实现主营业务收入108亿元，同比增长28.6%，利税总额15亿元，同比增长36.2%。产业产能快速提升，其中毛管年生产能力达到10亿只，整灯年生产能力达5亿只，芯柱年生产能力达5亿只，玻管年生产能力达2万吨，其中毛管年产能预计约占全国份额的15%左右，与广东古镇、江苏建湖、浙江临安等地并称为全国节能灯生产基地。特别是近两年，产业规模快速扩张，从单一的节能灯毛管生产发展到生产玻管、毛管、整灯等，形成了较为完整的产业链，产品以紧凑型荧光灯（CFL灯）为主，包括U形灯、螺旋灯、莲花灯等，部分企业已涉足绿色光电最前沿的LED灯。节能灯产业基地吸纳了大批外来客商，培育了一批返乡创业企业家，推动了县域经济快速发展。

（二）产业链条不断完整

武宁节能灯产业现有142家，其中毛管生产企业51家，整灯生产企业32家，玻管及明管生产企业8家，芯柱、灯头和钨丝生产企业15家，LED企业4家，其他配套企业31家。投产企业达到100户，从业人数12478人。产业的配套率逐年提高，形成了从玻管、钨丝、芯柱、毛管、电子配件、整灯、包装到物流一整套产业链。

（三）产业布局逐步完善

武宁县按照"三区一化"（特色园区、生态园区、新型社区和管理信息化）的要求，立足县工业园区发展规划，着力推进县工业园区节能灯产业平台建设，切实解决园区企业的生产、生活、生根问题，提升园区发展水平；着力完善产业布局，形成主导产业明显、产业链完备、支撑作用显著的工业园区，规划项目建设用地300亩，搞好综合物流园和仓储等规划建设，搞好产业物流集散和展示中心规划、工业和旅游产品展示交易园规划；积极发展现代物流业、科技服务业、职业培训业，加大园区公租房建设力度，不断完善园区生产生活配套设施。2013年11月开始，"以产业建产品大市场、以市场促产业大发展"作为工业发展思路，推进节能灯产业向绿色照明灯饰产业转型升级发展，在县工业园区规划建设灯饰园区面积15000亩，灯饰市场面积3000亩，用3~5年的时间，分期建设总面积300万平方米的山水武宁灯饰城项目，2014年招引灯饰生产经销客商300户入驻灯饰园区生产灯饰、入驻灯饰城经销灯饰，灯饰城项目第一期建设30万平方米，于2014年9月底交付使用10万平方米，12月底交付使用20万平方米，灯饰城正式营业。

（四）产业持续创新能力不断增强

武宁节能灯产业的企业产品从无牌、贴牌到创牌，企业品牌意识日益增强，由过去的以追求企业的数量为主转变到以追求产品档次、科技创新、品牌建设为主的方向发展，高品质三基色产品比重由两年前的不到10%增长到现在的35%，通过ISO9000质量管理体系或ISO14000环境管理体系认证的企业已达到26户，企业产品获省级著名商标产品3个、省级名牌产品1个、国家驰名商标1个。

二、武宁灯饰产业集群的优势分析

（一）区位条件优越

武宁是江西、安徽、湖南、湖北四省省会的中心，距武汉230公里、长沙280公里、合肥350公里、南昌120公里，是四大省会城市的"生态后花园"。福银高速、杭瑞高速、京九铁路卧邻而过，大广高速纵穿南北，永武高速横贯东西，离昌北机场、庐山机场仅70分钟车程，驱车到九江国际港口只需90分钟，横贯东西的九岳常铁路在规划设计中，海、陆、空交通便利。

（二）区域市场优势

中部四省湖北、湖南、江西、安徽有2.3亿多人口，再加上河南和山西两省，中部六省有3.7亿人口，比美国的人口还要多。随着今后10年中国中部城镇化的崛起，势必会拉动中部照明和灯饰产业的巨大市场需求。现在照明灯饰产品的生产基地和交易市场主要集中在沿海地区，未来照明灯饰生产基地和交易市场面向全国覆盖区域性布局的趋向越来越明显，中国未来会形成若干个区域大市场，需要若干个大基地进行配套，中部也必定会形成一个大基地、大市场。武宁照明灯饰产业基地对中部四省乃至六省可以产生便捷的覆盖影响。武宁灯饰销售目前主要放在江西、安徽、湖南、湖北四省，分别确定四个团队指导该四个省建立武宁灯饰销售网络，在省会城市和每个地级市把武宁人的装饰公司团结起来，成立武宁灯饰商会，联合它们共同办好灯饰销售店。未来武宁不仅是中部热点的生态旅游目的地，而且会成为中国照明灯饰生产交易采购中心。

（三）家装公司渠道优势

武宁县是中国知名的"中国装饰之乡"，有 10 万人在外从事家庭装饰行业，经营着 4000 多家家装公司，遍布西藏以外的全国各大中小城市。武宁县政府已经与星艺装饰、华浔装饰、名匠装饰、三星四装饰等大牌公司签订了战略合作协议，充分利用 4000 多家装饰公司的经营网络推销、代销武宁照明灯饰产品。据统计，仅星艺装饰公司 2013 年灯具采购额就超过 20 亿元。

（四）产业转移机遇

现阶段沿海企业的生产成本急剧上升，许多企业难以承受，有强烈向中部转移的愿望。以古镇为例，许多企业都是租工厂、租铺面生产经营的，但工厂和铺面的租金年年涨，越来越高。经过多年打拼，积累了一定的财富，却没有自己的资产的"有钱无产者"转移照明灯饰产业的愿望极其强烈。同时，沿海地区劳动力回流速度越来越快，招工非常难，很多工人因缺工人导致开工率严重不足。国家和江西省对建立现代产业体系空前重视，承接沿海发达地区产业转移的条件成熟。

（五）平台条件成效显著

1. 配套政策完备

这些政策涉及财税扶持、外贸出口奖励、信贷支持、规费减免和自主创新扶持政策等多方面，包括《关于加快推进绿色光电产业发展的实施意见》、《关于决战工业 500 亿的实施意见》、《关于建设中国"山水武宁"灯饰城工作方案》、《武宁县小微企业"助保贷"业务实施细则》等。此外，为吸引更多企业进驻武宁工业园区，不断优化投资环境，制定了收费、税收等多方面优惠政策，成立了武宁县助保贷工作领导小组、武宁县财企惠贷通工作领导小组、武宁县财园信贷通工作领导小组，积极有效为绿色照明灯饰（即节能灯）产业的企业解决融资问题。

武宁县政府于 2000 年设立行政服务中心，中心为正科级设置，服务大厅 1100 平方米，收费部门在中心设立窗口，提供全天候审批办证服务。

2. 技术共享平台成效显著

武宁县依托"江西省节能灯质量检测中心"为节能灯企业提供产业共性技术服务平台。聘请国家和省内相关专家，组建专家组，以开放的服务模式，面向中小企业，重点在绿色照明灯饰（即节能灯）产业共性技术创新、灯饰产品设计加工方面开展技术服务。

三、武宁灯饰产业集群面临的问题

近年来，在产能过剩和买方市场的影响下，武宁县节能灯企业生产经营困难，企业利润很低，经营非常艰难，一些节能灯企业面临半停产、停产和破产。打造新优势、降低新成本，是武宁节能灯产业的企业面临转型升级的必然抉择。而武宁县节能灯产业规模以上企业比例不高，只有规模以上绿色光电企业 13 家，占绿色光电企业总数的 10%，其他大部分是"家族式"、"朋友式"企业，这类企业实力不强、产能不高、用工不多，总体规模偏小；生产的产品多以低档次为主。以毛管生产为例，从企业数量划分，不到50%的企业有生产纯三基色毛管，从毛管总量划分，纯三基色毛管比例不到30%，主要以生产混合粉毛管为主，还有很大一部分停留在卤粉生产基础上，甚至有一部分企业全年90%以上在生产卤粉管，导致毛管生产企业产品品质总体停留在中下游水平。从销售市场来看，园区绿色光电企业生产的产品大多数最终是销往东南亚、中东、非洲等经济欠发达地区，只有名派等极少数企业的产品能打入欧美等高端市场，但销售量所占市场份额微乎其微。因此，武宁县产业结构调整任重道远。

四、武宁灯饰产业集群发展的对策

（一）完善产业规划

完善绿色照明灯饰产业规划，根据《九江市产业发展导向目录与空间布局指引》，编制县工业园区绿色照明灯饰产业发展规划，拓展园区5平方公里，使园区总面积达到20平方公里。围绕武宁节能灯产业加快向绿色照明灯饰产业转型升级，建设江西省绿色照明灯饰产业基地，进一步调整和完善产业发展规划。规划要围绕五年"决战工业500亿"（即全县规模以上工业主营业务收入500亿元）目标和建设国家新型工业化产业示范基地的目标要求，明确灯饰产品发展技术路线和目标体系，明确下一步发展方向和重点，避免无序和盲目发展。

（二）优化产业布局

坚持一体化、基地化、集约化的发展模式。立足绿色照明灯饰产业实际，合理布局，引导产业集聚发展。重点发展绿色照明灯饰包括LED灯、无极灯、节能灯等产业。严格控制绿色照明灯饰项目的无序布点。新建绿色照明灯饰企业和项目原则上一律进入绿色照明灯饰产业基地，以实现资源的有效配置，不断提升产业基地发展水平，增强产业核心竞争力，把县工业园区打造成一个交通便捷、功能齐全、产业集聚的科技型、生态型绿色照明灯饰产业基地。

（三）强化产业招商

武宁节能灯（绿色照明灯饰）产业要制定产业战略性招商政策，进一步发挥省市工信委等上级部门、省市绿色光电协会等行业协会的桥梁和纽带作用。要转变招商理念，创新招商方式，增强招商工作的针对性、实效性，提升招商引资水平和质量。要突出大项目招商，要走集团招商、行业协会招商、产销一体化招商的路子；要突出高规格招商，实施招商"一把手"工程，县委书记、县长每年招商工作时间不少于1/3，各产业推进组要安排主要力量全力以赴开展招商，各乡镇、县直各单位主要领导要把主要精力用于招商，各乡镇还需安排专人专职招商，要动员全县干群及社会力量积极参与招商；要突出大体系招商，要拉网式招商，建立招商平台，建立安商责任制，提高招商效率，建立集中审批、限时办结、超时默认机制；要突出大配套招商，建设灯饰大市场，完善综合物流、劳动力培训、融资帮扶、公租房等配套工作；要突出大生态招商，利用武宁县生态优势招商。围绕产业链延伸，采取产业招商，积极推进绿色照明灯饰产业与国内外绿色照明灯饰龙头企业及跨国公司对接与合作。

（四）推进项目建设

对绿色照明灯饰产业项目，优先纳入产业振兴与结构调整项目专项、省战略性新兴产业绿色通道予以重点支持。主攻重大项目，每年滚动实施亿元以上工业重大项目30个、重点新兴产业项目10个、重点技改扩能项目20个，其中5亿元以上项目5个。对亿元以上的工业项目，实行县领导挂点推进。对投资亿元以上的工业项目，要明确帮办部门和责任人，在项目建设、生产经营、政策争取、申报规模企业等方面实行全程服务，县工信委将及时协调和帮助落实生产条件，促使其尽早开工生产，产生效益。对尚未完工的项目，将及时了解掌握建设过程中存在的困难和问题，及时帮助协调解决。对计划开工的项目，要创造条件，促使项目能按计划开工。

（五）强化创新驱动

一要提升企业家创新意识，实施"企业创新金梧桐"工程，县财政安排资金给予扶持，用于组织优秀企业家、领军人才到国内外知名学府培训学习、参加高层论坛等。邀请国内知名专家、学者来武宁为企业家开展专题讲学、研讨活动，进一步激发广大企业家创新意识，拓宽视野，提升素质。开展优秀企业家评选活动，每年选出10位优秀企业家，予以表彰奖励并享受县级劳模待遇。二要推进国内外科研院所与绿色照明灯饰产业龙头企业的强强联合。采取建立研究生企业工作站等方式，促进绿色照明灯饰产业产业协同创新体系和产业技术联盟建设。鼓励和支持江西名派光电、九江世明玻璃等企业建设国家级和省级企业技术中心、工程技术研究中心、重点实验室，提升企业创新能力。三要支持企业进行工艺、节能、减排、资源综合利用技术改造和创新，突破一批产业化关键技术。

（六）强化要素保障

一是强化用地保障。积极争取用地指标，充分利用国家重点项目、省重大项目、省战略性新兴产业、小微企业创业园、信息产业园五大平台，积极争取国家和省预留计划指标。集约利用土地，合理确定工业项目用地规模，严格执行投资强度控制性指标要求，积极鼓励工业园区建设多层厂房。抓好土地清理，制定园区闲置土地及厂房处理操作方法，切实盘活存量土地资源。二是强化用工保障。建立政府、园区、职校、企业四位一体的用工保障推进机制，加强人力资源部门与企业的对接，实行"订单式"用工培训。强化各类职校与企业的对接，探索新的校企合作用工培训模式。多渠道推进园区住房建设。制定吸引劳动用工的政策措施，逐步提高务工人员的各种福利待遇。三是强化用电保障。加快电网建设步伐，积极落实支持电网发展各项政策，加快实施2013~2020年电网规划。稳步开展大用户直供电试点，有效降低重点用电大户用电成本。启动园区双回路电网建设，确保园区不停电。四是强化融资保障。完善金融机构支持地方发展考核奖励办法，每年对中小微企业贷款增速、增量在全市排前三名的金融机构，县财政给予专项奖励。积极推进"财企惠贷通"、"助保贷"等融资模式，逐年提高国有融资担保机构资本金规模。开展中小企业集合票据、应收账款质押融资、融资租赁等融资业务。五是加快人才引进。实施引进计划，结合重大科技、产业项目的引进和建设，通过市场手段，采取载体引进、团队集体引进、核心人才带动引进、高新技术项目开发引进等多种方式,着力引进或柔性流动来武宁工作的高层次创新人才,五年内引进50名左右创新人才。对工业企业和重大项目引进的有突出贡献的人才,给予重奖。凡是园区企业引进的全日制硕士研究生(含)以上学历管理人才和技术人才,免费入住新市民公寓。六是优化政务环境。开展涉企收费清理,进一步减轻企业负担,国家赋予企业的各种税收优惠政策,要坚决落实到位。出台承诺的各项招商引资优惠政策要及时兑现到位。严厉查处涉企乱评比、乱检查、乱摊派行为。要加强对行政执法的监督和指导,对涉企的重大行政处罚实行备案审查制度;要加强治安环境整治,及时查处扰乱企业生产经营秩序的各类案件;对企业诉讼的经济纠纷案件要及时公正处理;要加大对假冒伪劣产品的打击力度,保护企业合法利益。继续开展"部门挂点帮扶工业企业"活动,由县决战工业领导小组成员单位和工业企业结对帮扶,每年年终开展考评,表彰和奖励先进。

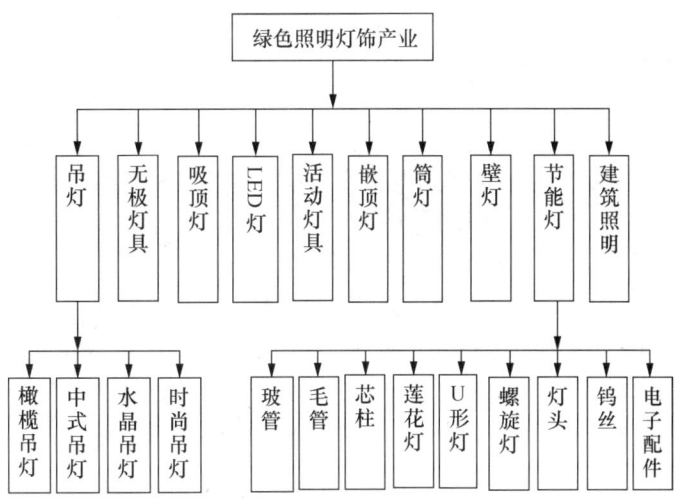

图1 武宁县绿色照明灯饰产业基地发展路径

◆武宁县➤

节能灯:主要有莲花灯、U形灯、螺旋灯等。

LED灯:LED系列灯饰灯具种类多式多样,从客厅、餐厅、卧室、厨卫到走道、阳台、吧台,从室内到室外,风格多样化,有古典、现代、时尚、美式、清爽、豪华,美不胜收。

吊灯:适用于客厅、卧室、餐厅、走廊、酒店等大堂,花样最多,有欧式烛台吊灯、中式吊灯、水晶吊灯、羊皮纸吊灯、时尚吊灯、锥形罩花灯、尖扁罩花灯、束腰罩花灯、五叉圆球吊灯、玉兰罩花灯、橄榄吊灯等。

吸顶:直接安装在天花板上的灯具,包括有下向投射灯、散光及全面照明等。

嵌顶灯:泛指嵌装在天花板内部的隐式灯具,灯口与天花板衔接,通常属于向下抽射的直接光灯型。

筒灯:一般是一个螺口灯头,可以直接装上白炽灯或节能灯的灯具。

壁灯:是安装在墙壁上的灯具,是室内装饰及补充型照明灯具。

活动灯具:是可以随需要自由放置的灯具,一般桌面上的台灯,地板上的落地灯都属于这种灯具,是一种最具有弹性的灯型。

建筑照明:也称结构式照明装置,是指固定在天花板或墙壁上的线形或面形照明。通常有顶篷式、檐板式、窗帘遮板式以及光墙等多种。

图2 绿色照明灯饰产业发展方向和重点

信丰县电子信息产业集群发展研究

一、信丰电子信息产业集群发展特点

近年来，信丰县积极承接沿海发达地区产业转移，电子信息产业发展迅速，规模不断扩大，产业集群发展成效显著，逐渐成为了信丰县特色产业集群。2011年6月，信丰县工业园区被省工信委授予"江西省电子信息产业基地"称号，是江西唯一的省级电子器件产业基地。2013年，信丰县提出了把信丰县打造成全省电子信息产业集群发展先行区，力争在三年内把电子信息产业超百亿产业的工作目标。同年4月，国家工信部出台的《关于支持赣南等原中央苏区工业和信息化发展的意见》，明确提出将支持信丰电子信息产业基地积极创建新型工业化产业示范基地。

信丰县按照"体现特色、错位发展"的思路，加速与深圳、东莞、广州、惠州"电子信息业走廊"的无缝对接，力促电子信息产业提档升级，努力将电子信息产业打造成产值超百亿元产业，并力争把信丰打造成全省电子信息产业集群发展先行区。目前，信丰县有电子信息项目73个，其中规模以上企业13家。2014年，该县电子信息产业实现主营业务收入34.99亿元，增长20.36%，占园区总量的27.1%。

信丰县电子信息产业集群的主要特点：

（一）产业布局逐步完善

一是对园区东区电子信息产业布局进行了微调，围绕电子信息产业龙头企业在其周边划出了2000亩土地重点发展电子信息产业，该区域目前已有25家电子信息投产企业，形成了电子信息产业集聚区。

二是科学规划了江西信丰电子器件产业基地。该基地于2009年6月经省发改委批准设立，基地规划总面积8039亩，规划了电子元器件产业区、印刷线路板产业区、家电产业区、光电产业区四大产业区。其中电子元器件产业重点发展片式元器件、敏感元器件及传感器、磁性材料及终端应用产品、连接器等产品；印刷线路板产业重点发展环保型高密度多层互联印制电路板（HDI）、多层柔性线路板（FPC）及表面帖装组件；光电产业重点发展LED液晶显示器、LED绿色照明产业链的中下游芯片封装以及绿色照明系统产业；家电产业重点发展平板电视、多媒体音箱等视听产品及其他家电产品。

同时，还规划了电子信息配套产业电源动力产业和新能源装备制造产业。电源动力产业主要规划发展铅酸、镍氢、聚合物、燃料、动力、锂、硅胶等新能源蓄电池产业；新能源动力产业现已引进海志电池等5个项目，争取3到5年把电源动力产业打造成产值超50亿元的产业集群。

新能源装备制造产业主要规划发展新能源汽车上游、中游产业链,包括动力电池、电机、电控、变速器、储能系统及汽车零部件产业;争取引进 3~5 家新能源装备制造龙头型企业,培育产值超 20 亿元企业 2 家以上,发挥大企业、大项目的带动作用,力争把新能源装备制造产业园区培育成产值超 50 亿元的产业集群。

(二) 产业集聚度高

在工业园区东区电子信息区现有投产企业 45 家,龙头企业有信丰福昌发电子有限公司和信丰可立克科技有限公司,已初步形成电子元器件、印刷线路板、光电、家电等主导产业。

1. 电子元器件产业

电子元器件是电子信息产业的基础支撑产业,无论是日常的消费电子产品还是工业用电子设备,都是由基本的电子元器件所构成。电子元器件属于电子信息产业链的中游产品,介于下游整机行业和上游原材料行业之间。信丰电子信息产业基地的电子元器件产业主要有朝阳聚声泰(信丰)科技有限公司、瑞德电子(信丰)有限公司等 22 家。

2. 印刷线路板产业

印刷电路板(PCB)作为电子工业中最基础和最活跃的产业之一,已成为电子元件制造业的最大支柱产业。目前,沿海城市线路板产业逐步向内地转移,过渡时期线路板产业链具有较大发展空间,多层、高密度线路板 HDI PCB 产业市场需求量仍然较大。信丰电子信息产业基地的印刷线路板及其配套产业主要有信丰福昌发电子有限公司、信丰一造电子有限公司等 7 家。

3. 光电产业

光电产业主要发展 LED 显示器、绿色照明产业链。LED 绿色照明具有节能、寿命长、环保、免维护、易控制等特点,已成为各国积极发展的方向。随着能源日益短缺,人们节能意识的逐步提高,各国政府和地区都加大了投入力度,使得 LED 半导体产业发展迅速,发展空间较大。信丰电子信息产业基地目前光电产业仅有 1 家企业即江西兴邦光电有限公司,其他电子信息企业 6 家。

4. 家电产业

家电产业主要发展平板电视、多媒体音箱产业。据 Display Search 最新发表的中国电视市场专题研究报告统计,2009~2014 年中国平板电视年复合成长率为 14%,平板电视成长较快,但市场需求量仍然较大。多媒体音箱作为一种必不可少的音频设备已经越来越被广大电脑用户所接受,发展前景看好。信丰电子信息产业基地的家电产业主要有信丰金利达电子有限公司、江西捷威科技有限公司等 9 家。

此外,西区电子器件产业基地现已引进科之光集团有限公司、恒升电子有限公司、迅捷兴电路科技有限公司等 28 个项目签约落户,项目总投资达 58.5 亿元,其中开工在建项目 13 个,项目建成后将成为全省电子信息产业发展集聚区。

巨大的磁场效应,吸引了八方客商。投资 1.5 亿元的年产 3 亿条朝阳聚声泰耳机项目,实现了当年签约当年投产;投资 9 亿元的国家高新技术企业科之光集团蓝光高清光学头项目,从意向洽谈到签约入户仅用 31 天时间,演绎了项目落户的"深圳速度"。目前,科之光光电子信息产业园项目一期主体厂房的建设基本完工,预计 2015 年 6 月可投入生产。到 8 月，随着科之光等大型电子信息项目的投产，园区电子信息投产企业将达到 57 家。

可立克公司是信丰县 2008 年招商入园的一家具有高增长性的高新技术企业，是亚太地区及国际市场有影响力的磁性元件和电源厂商之一。随着市场潜力增大及信丰良好的服务环境等优势，2013 年该企业投资规模已突破 3 亿元，其总部还计划下一步将在其他地方的数条生产线移师信丰，加大在信丰的投资规模，加快实现企业升级目标。

（三）产业链较完善

信丰县电子信息产业基地已初步形成了从覆铜板到线路板，从磁性材料到电子变压器，从电子元器件到光电、家电终端产品，从家电到电子包装等较为完整的产业链条，产业集群效应已初显。

目前，信丰县正着力把握沿海发达地区产业转移的机遇，根据现有产业基础，围绕电子信息产业中的龙头企业引进了一批上下游配套企业，拉长了产业链条，促进了产业集聚发展。如信丰天科电子有限公司、信丰弘业电子为信丰可立克科技有限公司提供磁性材料，信丰可立克科技有限公司为家电产业配套生产电子变压器，信丰正天伟电子有限公司、信丰普源电子有限公司、信丰超淦科技有限公司为线路板企业提供配套产品，信丰福昌发电子有限公司为家电产业配套生产线路板，信丰富运彩印有限公司、信丰康盛包装有限公司为家电产业配套生产电子包装。

目前，信丰县已形成如图 1 所示的电子信息产业链。

（四）产业创新能力不断增强

信丰县电子信息产业现有生产新型手机喇叭、前极振膜式麦克风的江西聚声泰科技有限公司，生产高密度线路板的信丰福昌发电子有限公司和生产线路板系列化学品的信丰正天伟科技有限公司三家国家高新技术企业。其中聚声泰公司是为三星、苹果、HTC 等世界大品牌手机专业研发和生产手机喇叭、受话器、麦克风、耳机等产品的厂家。为此，信丰在此基础上，正谋划努力争取三星、苹果等全球品牌手机生产企业落户该县，为生产手机配套企业的上游"补链"，更好地发挥产业集群效应。

2013 年 4 月，信丰县还引进了国家高新技术企业——科之光集团（香港）有限公司，该项目总投资 9 亿元，主要生产经营蓝光高清光学头、笔记本电脑、平板电脑、智能手机等电子产品，目前已开工建设。同时，信丰县在电子器件产业基地内规划建设公共技术研发平台及检测中心，为本县电子信息企业提供技术服务。

二、信丰电子信息产业集群面临的问题

（一）产业结构需进一步调整

信丰县电子信息产业现有投产企业大多属加工类企业，产业结构不合理，低端企业多，企业与企业之间、上下游产品之间关联度不高，虽然部分企业有一定的产业关联度，但由于本地原产品低端、价格不适等原因，大部分企业外购材料多、本地采购少。

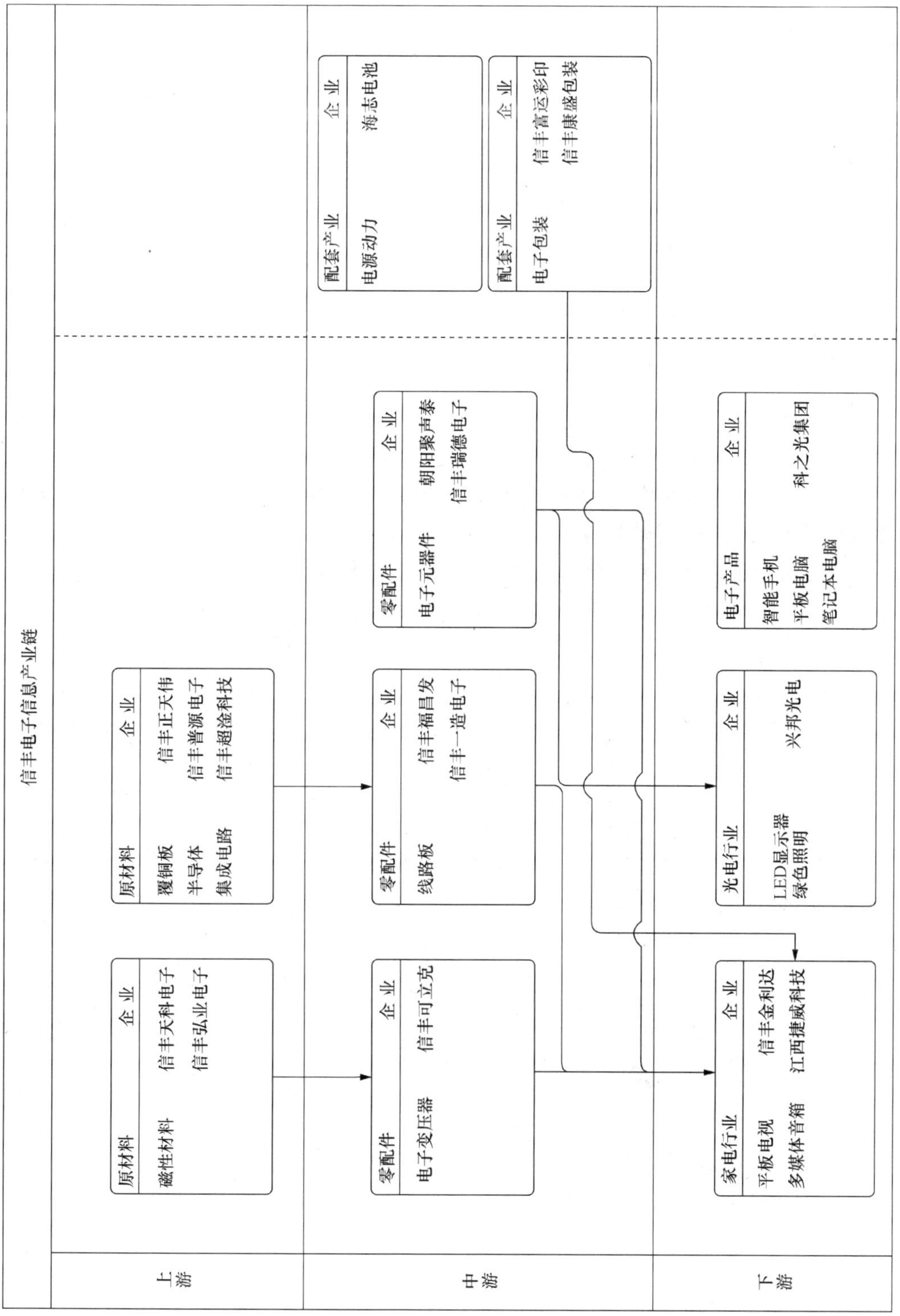

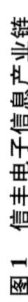

图1 信丰电子信息产业链

（二）缺乏综合型龙头带动企业

工业园区小企业较多，45 家投产企业仅有 13 家规模以上企业，年产值超亿元仅有信丰福昌发电子有限公司等 3 家企业，尚无一家企业年产值超 10 亿元，缺乏科技含量高、产业附加值高、产业带动力强的综合性大项目，高飞数码科技倒闭后尚无一家综合型的大企业。

（三）缺乏自主创新的能力

工业园区大多企业属产品加工类企业，尚未建立自身的研发结构，企业高端科技人才缺乏，核心技术、新产品研发投入较少，科研资源分散，原创性研发滞后，自主创新能力不够，导致企业市场竞争力不足。

（四）产业配套需要完善

产业配套是产业集群发展的重要内容，是产业链中各环节之间配合协作形成的生产技术联系，不仅包括产业内生产技术环节的联系，还涵盖为本产业发展提供服务和支撑的各类要素的供给，完善的配套体系是产业集群成熟的标志之一，也是竞争优势的重要来源。从信丰县电子信息产业链图谱可以看出，信丰县电子信息产业还存在链条不健壮、不完整的情况，部分企业断链；研发中心、物流园区、公共服务平台建设跟不上，研发水平低、物流成本高、公共服务滞后等问题，这些都将制约着产业的发展。

（五）国际竞争力有待提升

由于掌握并垄断着核心软件和关键基础元器件的设计和生产，美、日等发达国家在电子信息产品制造业占据主导地位。在软件、集成电路、新型元器件、电子材料和专用设备仪器等核心技术上，我国企业与跨国公司还有较大差距，导致产品的国际竞争力不强。而信丰县电子信息产业除原高飞数码科技拥有自主品牌 COBY 外，尚未有一家自主品牌的企业，企业国际竞争力差，尚需加强品牌创建。

三、信丰电子信息产业集群发展的对策

（一）建优平台，增强产业转移"承载力"

通过加大财政投入、增强工业园开发建设有限公司、运营存量土地等方式加大平台建设资金投入，进一步完善平台建设。重点是加快电子器件产业基地的基础设施建设进程，用 3~5 年的时间全面完成电子器件产业基地道路等基础设施建设，把电子器件产业基地打造成集生产、科研、商贸、物流、休闲、居住为一体的工业新城，提升园区承载大项目的能力，力争每年落户 20 个电子信息产业项目，争取 3~5 年电子器件产业基地投产企业达 60 家以上（其中规模以上企业 30 家），产值达 100 亿元，打造超百亿元集聚区。

(二) 招大引优，提升产业发展"带动力"

1. 围绕大项目招商

基地虽然规划了元器件、家电、线路板、家电为四大产业，但除捷威科技、永兴电子等少数几家企业生产终端产品外，大部分企业仅能生产扬声器、连接线、线路板、变压器等低端电子元器件，而且行业爆发式增长使得产品同质化现象较为严重。为改变这一现状，信丰县要实打实招商，亮出电子产业配套优势，着力引进一批绿色照明、电子元器件、家电生产等固定资产投产超5亿元综合型的大项目，避免企业按照相似的技术路线开发产品，推进产业集聚，引领产业发展。

2. 培育名牌产品，实现产业升级

电子信息产业科技含量高、资源消耗低、环境污染小、经济效益好、对传统产业拉动作用大，特有的优势迎合了信丰县的发展定位。就当前存在的缺"龙头"企业，且产业链条不长、关联度不强等问题，信丰县对外争"龙头"，对内树"中国名牌"；以培育该县电子器件产品名牌为目标，大力推进电子信息产业创名牌工程，打破目前仅有新型手机喇叭和前极振膜式麦克风等省内著名商标的局面，积极引导企业争创中国名牌，每年培育2个以上商标，并争创中国驰名商标。

(三) 加快建设，注入产业发展"新动力"

以《国务院关于支持赣南等原中央苏区振兴发展的若干意见》出台为契机，抢抓苏区振兴发展和国家部委对口支援千载难逢的机遇，全力推进现有项目落地建设。加强与上级有关部门的沟通协调。制定税收优惠政策、项目奖励政策、土地管理政策、金融扶持政策、项目管理服务、企业用工扶持政策、企业创新扶持等政策，全方位鼓励企业到信丰投资兴业。开通项目审批绿色通道，简化相关程序，进入绿色通道项目可直接审批、同时审批，提升审批效率，促进签约项目早日落地、开工建设、竣工投产，注入产业发展"新动力"。

(四) 完善产业链，提升产业"吸引力"

上述产业链图中的断链，需要补链；链条不够强壮的，需要壮链。借助《国务院关于支持赣南等原中央苏区振兴发展的若干意见》等政策的利好，围绕电子产业的配套和产业链延伸，瞄准国际国内科技前沿和市场需求，积极引进相关的配套企业；突出招引产业上下游配套的"增链"、"壮链"、"补链"项目，不断壮大产业链条，形成产业集聚。

(五) 强化服务，展现产业发展"鲜活力"

全力抓好现有企业跟踪服务，促进企业做大做强。

1. 加强人才队伍建设

培养引进高端人才，建立健全人才培养各项机制，努力创造必要的条件和良好环境；特别要注重培养一线创新人才，造就一流领军人才，为企业输送一批项目管理人才、技术开发带头人、熟练技工，切实为企业提供人才保障。

2. 提供技术支持

加快西区公共技术研发平台及检测中心建设,为企业搭建技术集成开发平台;同时,积极引导增加科研开发投入,加强与研究院所、大专院校、行业组织的交流合作,多方引进先进技术,形成产学研相结合的技术创新体系,建立完善科研机构,推进产学研一体化发展,促进科技成果向现实生产力的快速转化。

3. 积极开辟多种融资渠道

按照国家有关政策和深化投融资体制改革的要求,创造条件,积极申报国家技术改造专项、高技术产业示范项目专项、节能减排和循环经济专项、重大科技开发专项等,争取国家专项资金支持。优化项目融资环境,用好"财园信贷通"、"小微信贷通"等融资平台,积极协助解决融资难题,促进企业发展。

4. 制定项目落实制度

为使项目资金尽快落地生根,转化为振兴发展的强劲动力,坚持落实项目推进机制和协调调度机制,推行"一线工作法",协调解决项目立项环评、征地拆迁、土地出让、招投标等节点难点,形成攻坚合力,抓好项目落地,促进工业经济体量壮大、结构优化。

余江县微型元件产业集群发展研究

近年来,在江西省各地竞相加快县域经济发展的大潮中,余江县坚持把解放思想、更新观念、明晰思路作为推动县域经济发展的首要任务,以产业为龙头,以项目为抓手,全力推进"工业强县"战略,微型元件产业集群得到了长足发展。

一、微型元件产业集群发展现状

(一)产业规模不断壮大

微型元件产业是余江县四大特色产业之一,经过30多年发展,微型元件产业已经从单一的钟表元件开发出钟表元件、仪器仪表元件、精密冲压件、电子通信接插件、精密光学镜片五大系列几千种产品,形成"百家企业、四千设备、五千工人、万种产品、千万税收、亿元产值"的集群效应。余江县锦江镇微型元件基地是全国三大微型元件生产基地之一,已建成面积450亩,被江西省经贸委认定为"江西最大的微型元件生产基地"。2013年余江县微型元件产业基地企业实现产值4.97亿元,实现税收1700余万元,出口创汇240万美元。

(二)产业链不断完善

一是加速推进微型元件工业园区建设。抓好园区规划,整合园区资源,形成各具特色、产业链配套互动的特色园区。2014年,为使微型元件产业实现跨越式发展,新规划1200亩议事岭微型元件产业基地。二是引导微型元件企业技术创新。积极推荐龙头企业鹰潭市瑞源微型元件有限公司和鹰潭市东方钟表元件有限公司申请国家高新技术企业。2013年与鹰潭市瑞源微型元件有限公司合作,成立鹰潭市瑞锦微型元件技术有限公司,提供专业化的检验、检测设备,以保本微利的经营形式帮助微型元件中小企业进行产品的检验检测,降低企业产品检测成本,解决产品生产过程中的问题。与鹰潭市东方钟表元件有限公司合作,成立研发平台,利用其先进的研发设备及优秀人才,走自主创新道路。积极与科研院所合作,共建产业创新平台。鼓励和引导企业在科技上"靠大、联强、攀高",与相关科研院所合作,提高企业创新的潜力,增强产业技术创新能力和核心竞争力,重点研制开发仿真加工中心软件和二次加工自动化设备。三是搭建多个合作平台,促企业发展。成立微型元件行业商会,积极与同行业商会联络,及时了解市场行情和动态,帮扶弱小,使整个行业拧成一股绳。筹备余江县微型(精密)元件有限公司,引导余江从事微型元件产业的各企业整合优势资源,促进企业抱团发展,带动产业快速发展。帮助企业建立电子商务平台,充分利用网络的优势,寻找商机,开拓国内外市场。创建微型元件产业窗口服务平台,提供技术咨询、政务服务、人才培训等各项服务,随时解决企业的难题。

(三) 产业布局逐步完善

锦江镇微型元件加工产业目前主要分布在 206 国道两侧和居住区周边,用地供应严重不足,生产规模不集中,工业集约化效应没有得到充分利用,且对镇区内部环境卫生影响较大,不利于镇区的可持续发展。

县委县政府着力打造锦江微型元件产业,使锦江微型元件产业实现跨越式发展,有效缓解锦江镇工业用地不足,规划在 206 国道北侧建设一处微型元件产业园,占地面积 1200 亩,解决企业用地问题;规划建设 15 栋 10 万平方米标准化厂房,将镇区内各类小型微型元件加工厂统一安置到产业园;规划 100 亩土地建设余江县微型元件小微企业创业园,导入 30~50 家小微型微型元件企业生产孵化,鼓励和支持小型、微型微型元件企业创业发展;完善园区基础设施,积极引进返乡创业企业及微型元件上下游配套企业入驻园区,进一步扩大企业集聚,优化资源配置,形成产业链发展;建设微型元件公共技术服务平台,整合园区优势企业资源,强强联合,攻克产业难题,更新行业技术,促进行业发展。

(四) 产业创新能力不断增强

一是立足当地丰富的人才、技术资源,引进国际先进电接插件元件生产工艺和设备,加快消化、吸收先进工艺技术,特别是掌握电镀以及全过程自动化控制等关键技术,实现甲基磺酸镀锡铝合金项目;引进国内外先进技术,探索电接插件元件生产的新技术、新工艺,加快成果转化,形成国际竞争力。二是依托现有航空传感器生产能力和技术装备优势,抓紧废料回收、处理、利用工艺技术研发和应用,稳步扩大产能规模,进一步提升品质、降低消耗、减少排放、提高综合效率。三是紧紧依托现有的 3G 通信元件生产技术,引进国内外先进的生产技术,加快消化、吸收先进工艺技术,稳步扩大生产规模,进一步提升产品质量,做到节能减排,提高资源的利用率。四是在现有零部件加工的基础上,整合力量,升级改造,扩大规模,向上下游延伸产业链,重点引进原材料供应企业、整机生产企业,逐步建立要素交易市场,形成基础设施配套、企业协作良好的产业协作体系,使每个企业产生关联效应。五是围绕着江西省十大战略性新兴产业中新能源汽车及动力电池的发展规划,积极做好这个产业零配件的产生,引进国内外先进的生产技术,逐渐形成一定的产能规模。在此基础上,提高产品质量,做到资源节约、保护环境,实现产业的良性发展。六是加大与半导体照明这一战略性新兴产业的衔接力度,逐渐形成"衬底材料—外延片—芯片—封装—应用"相对完整的产业链,为产业发展奠定了良好的基础。未来 5~10 年,是现代 LED 技术产业化应用大规模展开、分工格局快速形成的重要阶段。如果能在这个阶段形成推动 LED 配件产业快速发展的有利条件,LED 配件产业就有可能在现有的基础上进一步做大做强,抢占国内乃至国际 LED 配件产业发展的制高点。

二、微型元件产业集群的优势分析

(一) 区域位置优势

锦江镇位于余江县西北部、信江中下游北岸,东邻贵溪市,西接余干县,北靠万年县,南与中童、潢溪隔信江相望,是余干、波阳等赣东北地区出赣入闽必经之地,为鹰潭市的北大门。锦江镇南距余江县城 30 千米,东距鹰潭市 20 千米,距 311 高速公路鹰西入口处 10 千米。镇区内信江水道、206 国道、锦万公路纵横交错而过,且处于 320 国道、311 高速公路、浙赣铁路、皖赣铁路稠密的交通网络中心地带,距上海、福州、温州等发达地区均在 8 小时经济圈内,离江西省省会南昌市及昌北机场只要 2 小时,5~6 小时即可到上海;江西五大水系之一的信江,向西流入鄱阳湖与长江水系贯通,通过信江航运可直达长江。

(二) 人力资源优势

余江全县人口 40 万人,与周边 4 个人口大县毗邻,常年外出务工 8 万人,电力供应充足,人力资源丰富,劳动力成本低,有利于劳动力密集型产业发展。

(三) 产品需求优势

手机、家电、汽车、通信、工业等领域中人们熟知的和不熟知的产品,几乎离不开微型电子元件的支撑"幕后英雄"。在推动我国信息化和工业化建设的进程中起着不可忽视的作用。2013 年,中国电子元件行业整体保持着良好的运行态势。根据中咨网统计的数据,2013 年全年中国电子元件行业的销售产值达 15979 亿元,增速接近 8%。中国电子元件行业虽然发展稳中有升,但仍面临产能不足、结构亟须调整等严峻挑战。从 2013 年中国电子元件行业运行情况来看,行业各领域发展步伐不一,微型元件和光纤产品呈现良好发展态势,而磁性材料与器件行业持续下滑。微型元件保持强劲增长的原因主要是在平板电脑、智能手机等新型消费类电子的发展。

(四) 承接沿海地区产业转移机遇优势

中国发达的东部地区众多企业和项目由于产业结构调整升级和节能减排的要求,以及面临土地、原材料、人力成本的上升压力,将向内陆中西部地区转移。这对中西部地区是一次产业调整的大机遇,一次招商引资的大机遇,一次经济提升的大机遇。抓住沿海地区产业转移的机遇,促进余江县微型元件产业的发展是关键。

(五) 政府支持优势

为更好地推动微型元件产业发展,县委县政府于 2010 年成立余江县微型元件产业建设指挥部,由县委领导任指挥长,其他成员共 16 人,分别从县发改委、县经信委、县国土规划局等机关职能部门抽调业务领导充实。指挥部要分工明确,责任到人,工作目标、时间节点清晰。指挥部成员要挂点骨干企业,为企业排忧解难。支持微型元件产业及组件项目向国家申报相关项目，争取国家财政资金支持。对微型元件企业的行政事业服务性收费，包括环保监测专业服务费、压力容器管道安装检验费、土地交易服务费、房产登记测量费、建设部门上级管理费等21项，统一按不超过最低收费标准的20%收取。

（六）产业扶持政策优势

一是税收支持。为支持产业基地内企业的做大做强，制定一系列税收优惠政策：对年缴纳增值税50~100万元的，超过50万部分的地方财政实得，由收益财政奖励50%，连续奖励5年。对年缴纳增值税100~200万元的，由收益财政奖励地方财政实得部分的60%，连续奖励5年。自企业获利年度起，企业所得税地方财政实得部分，前5年由收益财政全额奖励，后5年奖励50%。企业所有上缴税金中，如地方财政实得部分比上年度增长10%以上的，将增长部分的10%奖励给企业法人代表。二是融资扶持。积极拓宽融资渠道，积极鼓励和引导民间资本投入，争取信贷资金的倾斜，条件成熟时，引导实力较强的企业强强联合，上市融资，做大产业总量。三是出口扶持政策。用足、用好、用活相关外贸部门出台的一系列外贸出口扶持政策，鼓励和支持企业拓展国际市场，主动跟进企业服务，组团去发达国家参展与考察，指导企业开展电子商务，积极开拓国际市场，做好产品配件业务对接工作。四是土地政策。基地内符合规划的工业项目，工业用地出让价为6.4万元/亩，土地使用权依法采用招拍挂方式出让。五是技术支持政策。微型元件产业基地内重大关键共性研究开发，可申请专项经费支持。

三、微型元件产业集群面临的问题

（一）产业集群总体上不属于创新型的产业集群，行业出现过度竞争

企业大多缺乏自主创新能力，技术创新、管理创新和营销创新（包含品牌创新）不够，产品质量档次低、技术含量低、附加值低。特别是产业技术简单、产品易于模仿，跟风投资和盲目生产频现。行业生产能力过剩，缺乏差异化竞争的优势和集体行动的规则，呈现"千军万马过独木桥"的状况。据调查表明，认为"行业过度竞争"是影响发展的主要问题的占被调查企业的76.5%。过度竞争导致的直接后果是企业生产经营困难和行业持续处于低利润率状态，严重影响企业的后续发展能力。如2000年，企业所生产的LC金属件1元/个，而今只要0.06元/个，这都是企业相互竞争、相互溢价的结果。

（二）产业处于较不利的产业链地位

产业集群将国内市场作为产品的主要市场。然而企业产品基本上处于制造业产品的底端；产业产品质量虽然具有较强的市场竞争力，但主要以"跑量"为主，过多依靠低价竞争。长期的低价竞争，既影响对上游的谈判力，又屡遭上游企业的资金回笼压制，致使企业发展受到较大限制。

（三）发展产业集群的公共政策支持体系尚不完备

目前，余江县对提升发展产业集群非常重视，研究采取了一些支持性的政策措施。但

对如何促进产业集群发展的研究还不够深,公共政策框架还不够清晰,扶持措施还不够到位。迄今尚未有发展产业集群的专项规划,尚未形成可操作性强的法规保障和扶持政策体系,亟须取得实质性突破,以形成更完善的制度环境。

(四) 产业集群发展受限于土地资源和人力资源短缺

随着市场经济的发展,城市化步伐的加快,可以用于工业发展的土地越来越少。2013年,收到企业申请返乡创业、退城入园的企业多达20余家,申请工业用地560余亩,但由于土地指标少,对中小企业尤其是小企业来说,想获得一块土地,非常困难。此外,余江县微型元件企业都是通过在家庭作坊、家庭工厂基础上发展起来的,企业老板的观念和管理水平跟不上经济发展要求,相当多的企业机制落后,引不进人才,留不住人才,招工难,"技工荒"成为许多企业的一大病痛。

四、微型元件产业集群发展的对策

(一) 培育创新型产业为促进产业结构转型升级

着力改变目前产业集群以传统产业为主,中小企业居多,产品低技术、低附加值的现状。如近年来县委、县政府将招商引资重点放在引进国内500强企业,引进高新技术、高级人才和先进管理理念,促进微型元件产业集群向以高附加值产业和以品牌为主要内容的创新型产业集群升级,进一步增强产业集群的实力和创新能力,提高余江县经济的竞争力。

(二) 强化自主创新能力

以"特色产业化、产业特色化、特色产业规模化"为突破口,大力发展产业经济,着力培育具有竞争优势的微型元件产业群,推动产业科学化、集约化和可持续发展。

(三) 全力走出"品牌经济"之路

要将打造品牌作为提升产业发展竞争力的重中之重,使微型元件产业集群在区域竞争中抢占制高点。加强与民营企业的合作,打造锦江微型元件产业品牌,提高锦江微型元件产业的知名度。如与汇信集团(中国)有限公司合作,组建锦江微型元件贸易有限公司。

(四) 大力引进和加快培育创新型企业人才

积极实施产学研合作联姻,在科技成果最大程度、最快时速转化为生产力的基础上,培育创新型企业人才。着力保障企业员工的合法权益,提高最低工资标准,解决企业面临的"技工荒"、招工难问题。

第三部分　家具建材产业集群

南康区家具产业集群发展研究

南康地处江西南部赣南苏区，面积1722平方公里，人口83万，人多地少，资源贫乏，是原中央苏区县和罗霄山片区扶贫开发重点县（市）。南康被称为"江西的温州"，商贸非常活跃，著名社会学家费孝通曾把南康经济现象概括为"无中生有，有中生特，特在其人，人联四方"，家具产业就是最有代表性的产业。

一、南康家具产业集群发展现状

南康家具产业集群起步于20世纪90年代初，历经20多年发展，产业从无到有、规模从小到大、加工由粗到精、结构从单一到多元，初步形成了集加工制造、销售流通、专业配套、家具基地等为一体的产业集群，是南康最重要的支柱产业、民生产业和富民产业。南康家具产业发展主要有以下几个特点：

（一）产业规模迅速扩大

近五年增速保持在30%以上，2013年南康家具行业实现总产值243亿元，2014年家具产业产值预计超过450亿元，并将作为江西赣州千亿元产业集群来打造。家具产业的快速发展给南康经济社会发展提供了强有力的支撑，南康区（市）国民生产总值、财政总收入、地方财政收入、固定资产投资、社会消费品零售总额等经济数据近五年都以35%的增速保持高位增长，基本实现了3~4年翻番。南康现有家具企业5000多家，配套物流企业263家，线路630多条，基本覆盖所有县级城市，在各地设有6000余家销售网点，在全国二、三线城市占有较大市场份额，并从2013年开始走出国门，出口到东南亚10余个国家，年出口额已突破1亿美元。被中国家具协会授予"中国中部家具产业基地"称号。已连续三年被中国家具协会评为"全国优秀家具产业集群"。

（二）发展平台不断完善

市场平台建设加快，现已建成家具专业市场面积1000亩、建筑面积120万平方米、拥有店铺8000多间、经营企业6000多户，营业面积和年交易额在全国位居前列；园区平台不断完善，现已建成1500亩、在建3500亩，5000亩泓泰家具产业园已由政府回收投资开发，现有入园企业12家，在此基础上，应着力完善产业公共服务平台建设，目前正在推进国家级家具检测中心（家具研发院）、喷涂中心、烘干中心、家具原材料中心、会展中心、赣州进境木材检验检疫监管区等项目建设。

(三) 产品质量显著提高

近年来，南康以转型升级为导向，积极实施"质量兴区"战略，积极推进南康家具标准化建设，引导企业选用高档进口木材，提高了南康家具的品质和档次，改善了南康家具产品的形象。加强科技协同创新，全面加强与中国家具协会、南京林业大学、深圳家具协会等专业院校、协会的合作，提升研发设计水平，产品原创性不断增强。2013 年，南康专利申请 741 件，授权 631 件，其中 90% 以上是家具企业，申请与授权量都居全省各县（市）首位。

(四) 品牌影响日益提升

近年来，南康以实木家具为重点，着力打造本地自主品牌。截至目前，南康家具行业获得中国家具驰名商标 3 个、省著名商标 47 个、省名牌产品 10 个、赣州市知名商标 97 个，136 家企业通过了各类管理体系认证。2013 年被国家质检总局授予"全国实木家具产业知名品牌示范区"称号，这是我国家具行业首个国家级知名品牌创建示范区，也是江西省首个知名品牌创建示范区。同时建立家博会平台，创造品牌效应，家具产业博览会至今已经连续举办了 8 届。2014 年，南康家博会升格为国家级展会——中国（赣州）家具产业博览会，由国家林业局主办，在国家林业局主办的 6 个林产品展会中，中国（赣州）家具产业博览会是唯一的以家具产业命名的展会，特色鲜明。在中国（赣州）第一届家具产业博览会上，参展企业达 4000 余家，12 万余人次观展，签约金额超过 10 亿元。

(五) 政策优势明显增强

南康家具作为《国务院关于支持赣南等原中央苏区振兴发展的若干意见》所明确支持的重点产业之一，获得了国家部委和省、市的大力支持。2013 年，国家质检总局批准南康建设国家级家具产品检测中心。以南康为主体的赣州家具基地成功列入第三批国家外贸转型升级专业示范基地。

(六) 综合效益相继拉动

家具产业作为南康主导产业之一，是拉动南康经济发展的重要力量，是南康民营经济活跃的最生动体现。它直接带动了油漆化工、五金配件、木工机械、包装印刷等相关配套行业的发展，促进了物流运输、广告宣传、餐饮、娱乐、休闲旅游、房地产等三产业的繁荣和发展，同时解决了大量农村剩余劳动力的就业问题。目前，南康家具产业直接从业人员达 26 万，加上间接拉动就业人员总数超过 30 万，带动了大量人口脱贫致富。大量农村人口和外来人口就业，有力地推进了南康的城镇化。可以说，家具产业对南康经济发展、民生改善和社会稳定等方面都做出了极大的贡献。

二、南康家具产业集群发展 SWOT 分析

（一）发展优势分析（S）

1. 交通区位优势

南康交通区位优势明显，城区距赣州中心城区 26 公里，距机场 15 公里，是赣州市 1 小时经济圈的重要辅翼。南康距广州 434 公里，距深圳 450 公里，距厦门 520 公里，距南昌 400 公里，是沿海产业转移的重要辐射地。境内有京九铁路、105 国道、323 国道、大广高速、厦蓉高速、赣韶高速和建设中的赣韶铁路。南康已形成由两条铁路、两条国道、三条高速、一个机场组成的"四纵四横一空"的立体交通网络。

2. 产业集群优势

经过 20 多年的发展，南康家具已初步形成了家具产业集群。南康家具企业的数量、规模、生产产能等在中国中部地区位列前茅，已经形成较为成熟的产业集聚规模。随着 5000 亩家具产业园和 11 个返乡农民家具创业园的建设，产业集群优势将进一步显现。家具配套企业 600 家，配套产业产值超过 30 亿元。木工机械、油漆化工、五金配件、物流运输、包装印刷等家具行业都已成熟。家具企业从原材料采购到生产加工、包装、销售、物流都有完善的配套服务，家具生产所需的各个环节和工序已经形成完整的产业链，降低了企业生产成本，增强了产品竞争力。

3. 专业市场优势

南康从 2000 年就开始建设功能齐全的家具市场，是全国最早建设专业家具市场的城市之一。主要专业市场有国际家具城、国际家居博览中心、江西省名优家具汇展中心、光明家具市场、床具中心、国际家居配套市场、亚琦家具市场及建设中的鸿泰家具市场等，集中连片面积达 800 多亩，建筑面积 75 万平方米。完成了家具市场修建性详规，市场规划面积达 6 平方公里。预计在 2015 年将建成专业家具市场 11 个，建筑面积 170 万平方米，位居江西省专业市场第一，全国家具市场前列。

4. 生产基地优势

家具企业主要分布在龙岭、东山、蓉江、龙回、镜坝、唐江等乡（镇、街道）家具产业生产基地，面积达到 2000 亩，占全市家具企业的 80% 以上。为了促进家具产业发展，区委、区政府从 2009 年开始规划 5000 亩家具产业园，一期工程 1300 多亩已建设完工并引企入园。同时，还在东山、蓉江、镜坝等 7 个乡（镇、街道）建设 11 个返乡农民工家具创业园，开发建设面积达到 2000 亩。

5. 产业人才优势

南康自古以来就是"木匠之乡"，木工技术源远流长，据考证，宋代赣州七里镇造船中心、明代北京故宫和江南客家屋的木工建造师中南康人很多，技术的传承使南康拥有一大批市级木工。改革开放后，广东家具企业的木工师傅和生产、加工、技术管理人员多为南康人。企业管理人员和技术工人从广东等地回乡创办家具企业，逐渐成长为懂技术、善管理的企业家。南康家具产业与广东家具产业交流非常紧密，通过各种方式培训家具业主和中层管理人员 2000 多人次，为南康家具产业的发展提供了人才保障。

（二）发展劣势分析（W）

目前，南康家具产业集群中家具企业小、散、乱特征明显，产业整体水平偏低，突出体现在以下几个方面。

1. 规模小，缺乏龙头企业带动

家具企业小而全，大企业少，尤其缺乏大型龙头企业，全市6000多家企业中，产值超过2000万元的企业有480多家，其中规模以上企业仅有65家；大部分企业投资规模在200万元左右，最少的仅有几万元，没有1家在全国知名的大型企业，对整个产业带动能力不足。

2. 分布散，缺乏整体统一的产业布局

南康20个乡（镇、街道）都有家具厂，90%以上的企业散乱分布于市中心城区周边、乡镇的沿街或公路两旁，可谓"有路的地方就有家具厂"，入园区的家具企业不多。

3. 现状乱，不利于统一规划

大部分家具企业办厂用地是租赁农村集体土地，生产厂房基本属于小棚，只有少部分企业在近年改为钢架棚。家具企业乱搭乱建、乱堆乱放，存在重大的消防安全隐患。

4. 管理粗放，现代企业管理制度尚未建立

管理意识淡薄和水平落后，作坊式生产、家族式管理较普遍，生产效率偏低；家具协会的作用有限，加入家具协会的企业还达不到家具企业总数的5%，绝大部分家具企业游离在协会之外，协会的凝聚力、号召力、影响力微弱，作用难以得到充分发挥。

5. 档次低、品牌少、同质化低价竞争现象比较突出

一是产品档次不高。南康家具整体上还是低端的加工制造，产品定位较低，大部分为中低档产品，相当一部分为代加工或生产家具半成品，导致产品质量不高、科技储量、设计原创性不强，特别是在外界认为南康家具属于"低档货"观念根深蒂固，彻底消除有待时日。二是家具企业知名品牌较少，还没有能在全国叫得响的家具品牌。大部分企业没有自主品牌，家具产品缺乏原创性，基本是简单抄袭、模仿广东等地家具产品，产品附加值低，很多企业"就是赚个加工费"，有的企业生产的产品甚至不敢标注南康产地。同类产品价格无序竞争严重，影响南康家具的区域形象。

6. 配套体系不够完善

虽然南康家具生产所需的各个环节和工序已经形成链条，从原材料采购到生产加工、包装、市场、物流都全面配套，但检测、喷涂、烘干等公共服务平台尚处于建设起步阶段，高层次的产业配套体系尚未形成。

（三）面临的机遇分析（O）

1. 政策环境更优

一是苏区振兴发展的机遇。《国务院关于支持赣南等原中央苏区振兴发展的若干意见》明确将南康家具产业列为支持发展的特色产业之一，特别是西部大开发政策对家具产业的招大联强具有很强的吸引力。二是国家全面深化改革的机遇。中共十八届三中全会《关于全面深化改革若干重大问题的决定》，对深化经济体制改革和转变政府职能等方面进行了顶层设计，随着改革的深入推进，南康家具产业必将继续从中受益。三是南康撤市

设区的机遇。赣州市委、市政府给予南康撤市设区后"五年过渡期，六个基本不变"的扶持政策，将有利于赣州市委、市政府在更高的层面配置资源，助推把赣州家具基地成功打造成国家外贸型转型升级专业示范基地。

2. 支持力度更大

一是各级党政更加关心。省委、省政府和赣州市委、市政府长期以来一直关心支持南康家具产业发展。二是各级部门倾力支持。在用地、林政、金融等政策和项目方面给予了大量扶持。特别是省工信委将南康家具产业列为重点扶持的产业发展集群之一。三是家具业更加关注。从中国家协到省家协及其他省市家协，对南康家具越来越关注，并正在积极与南康开展合作，这将有力地提升南康家具的影响力和知名度，创造更大的发展空间。

3. 市场环境更好

一是城镇化发展的机遇。我国的城镇化建设仍在快速发展，城镇化过程中将为家具产品创造大量的刚性和柔性需求。国家统计局公布的我国2013年城镇化率为53.73%，按照发达国家城镇化率65%的平均水平，以我国近30年来年均城市化率1%的速度来计算，我国家具产业发展至少还有15年的黄金发展期。二是沿海产业转移带来的机遇。近年来，随着沿海地区产业的转型升级，受用地等方面的制约，越来越多的家具企业已经开始向内地转移。这对于南康而言，将是一次承载沿海家具产业转移、促进家具产业发展的极好机遇。三是自身转型发展的机遇。经过多年的努力，南康家具产业自身积累了一定基础，拥有一大批懂技术、善管理、敢闯敢干的优秀企业家和大量熟练技术工人，区委、区政府推动转型发展方向也更明确、思路更清晰、措施更扎实，只要坚定不移地走下去，必定能实现新的更大的发展。

（四）发展面临的挑战（T）

1. 要素制约面临挑战

一是用地问题突出。由于南康家具产业属"草根产业"，大部分企业靠租赁土地经营，也缺乏科学的布局和规划，"村村点火，户户冒烟"，乱搭乱建现象突出。虽然南康规划建设了5000亩家具产业园和龙回、镜坝等多个乡镇返乡农民工创业园，但与产为需求相比，仍难满足企业用地需求。二是用材环节多。南康用材年消耗量400万立方米左右，其中75%从国外进口，到达港口后，由"二、三级贩子"销售至南康，中间环节多，用材成本高。三是融资难度大。大部分家具企业是租赁用地，缺少抵押物，融资能力不足。四是用工成本高。工人工资随着行业发展"水涨船高"，增加了企业负担，特别是市级熟练工人，一直较为紧缺。目前，南康家具从业人员月平均工资普通工人3000元以上，熟练技术工5000元以上，明显要高于其他行业。

2. 提升效益面临挑战

一是产品附加值低。由于企业准入门槛低，有的还是贴牌生产，加之企业自主知识产权的意识较为薄弱，导致小企业间相互模仿甚至抄袭现象普遍，同质同构现象严重，导致产品低质、低价、低利润。二是财政贡献小。南康长期坚持"放水养鱼"的税收扶持政策，至2013年家具产业税收统计口径仅6000万元左右，对财政的直接贡献小。三是治理压力大。家具企业环保设施投入普遍较为欠缺，废气特别是粉尘治理不到位，对环境有一定的影响；不少厂房不符合消防安全要求，存在较大安全隐患。这些方面的整改治理，需要政府大量的精力、财力投入。

表1 南康家具产业发展的SWOT分析

优势分析（S）	劣势分析（W）
①交通区位优势：位于赣州市1小时经济圈内，形成"四纵四横一空"的立体交通网络 ②产业集群优势：家具生产所需的各个环节和工序已经形成完整的产业链，提高了竞争力 ③专业市场优势：形成了若干个家具专业市场 ④生产基地优势：形成了若干个家具生产基地 ⑤产业人才优势：被称为"木匠之乡"	①规模小，缺乏龙头企业带动：规模以上企业仅有65家，大部分企业投资规模在200万元左右 ②分布散，缺乏整体统一的产业布局：90%以上的企业散乱分布于市中心城区周边、乡镇的沿街或公路两旁，入园区的家具企业不多 ③管理粗放，现代企业管理制度尚未建立：家族式管理较普遍 ④档次低品牌少，同质化低价竞争现象比较突出：大部分为中低档产品，在全国没有叫得响的家具品牌，同类产品价格无序竞争严重 ⑤配套体系不够完善：检测、喷涂、烘干等公共服务平台尚处于建设起步阶段，高层次的产业配套体系尚未形成
机遇分析（O）	挑战分析（T）
①政策环境更优：一是苏区振兴发展的机遇；二是国家全面深化改革的机遇；三是南康撤市设区的机遇 ②支持力度更大：一是各级政府长期以来一直关心支持南康家具产业发展；二是各级部门在用地、林政、金融等政策和项目方面给予了大量扶持；三是家具业更加关注 ③市场环境更好：城镇化发展的机遇使我国家具产业发展至少还有15年的黄金发展期	①要素制约面临挑战：一是用地问题突出，大部分企业靠租赁土地经营；二是用材环节多，用材成本高；三是融资难度大；四是用工成本高 ②提升效益面临挑战：一是产品附加值低，企业准入门槛低；二是财政贡献小；三是环境治理压力大

三、南康家具产业集群加快发展的对策措施

基于南康家具的产业基础和发展机遇，南康区委、区政府提出，到2016年将南康家具打造成为产值超千亿元的产业集群。以目前的实际产值450亿元、保持30%以上增速计算，通过努力这一目标完全能够实现。围绕这一目标要求，我们重点要在提高认识、科学定位、延伸产业链、提升产业附加值上加倍努力，全力以赴推动家具产业转型升级。重点抓好以下几方面工作：

（一）提高认识，增强加快发展家具产业集群的信心和决心

1. 提高对整个家具产业的认识

家具产业是一个综合性产业，也是拉动内需的重要产业。家具是人们不可或缺的生活消费品。家具产业是拉动经济发展的重要引擎，直接带动了油漆化工、五金配件、木工机械、包装印刷等相关行业发展，促进了物流运输、广告宣传、餐饮娱乐、休闲旅游、房地

产等第三产业的发展。家具产业是可持续发展的循环生态产业。目前，家具原材料的利用正在向多元化方向发展，家具产品实木类原料以进口为主，板式类原料以废料利用为主，可以促进林业的良性发展。随着工艺技术的不断改进，家具生产污染环境的情况也不复存在。家具产业还具有支撑城市发展、拉动就业、带动物流和旅游等相关上下游产业发展的龙头产业功能。在未来30年内，家具产业仍处于高速发展的机遇期，仍有较大的发展空间。今后5~10年，家具产业处在一个大调整期。一方面，产业布局正在面临大调整，随着交通运输条件的改善和生产方式的转变，产业半径逐步缩小，物流成本和劳动力成本减少，家具产业就地产业化趋势日益明显。另一方面，产业体系也在面临转型升级的大调整，产业正在朝一体化、规模化、园区化、品牌化、专业化、标准化、个性化和全产业链方向发展。

2. 提高对南康家具产业的认识

南康家具产业作用巨大，它解决了几十万人的就业问题，是群众的一条主要致富门路，是南康乃至全省不可多得的一个典型草根产业和民生产业。南康家具产业已初步形成了较为完整的产业配套体系，产业已初具规模，市场和品牌在全国均有一定影响力，且还有很大的发展潜力和较强的竞争力。目前正处于是通过转型升级进一步发展壮大，还是任其自生自灭、逐步消亡的关键期。南康服装产业发展的前车之鉴，时刻警示着南康家具产业必须做大做优，走转型升级的发展路子。

3. 抓住优势和机遇，增强加快发展家具产业的信心和决心

赣州在发展家具产业方面具有独特的优势和条件。一是家具产业基础优势，已经形成较为成熟的产业聚集规模。二是政策优势。赣州是中部地区唯一享受西部大开发政策的地级市。三是领导重视。上级多部门领导多次亲临南康视察家具产业，给南康家具产业在政策、土地上给予重点扶持和帮助。四是资源优势。赣州是林业大市和人口大市，可以为家具产业发展提供丰富的林业资源和劳动力资源支撑。五是区位优势。赣州位于赣粤闽湘四省交界处，承接产业转移有优势。

把握机遇，加快南康家具产业发展转型升级。一是把握赣南苏区振兴发展的重大历史机遇，《国务院关于支持赣南等原中央苏区振兴发展的若干意见》将南康家具产业列入赣南等苏区振兴发展规划，这是南康家具产业发展新的战略机遇。二是把握赣州市建设特大城市的机遇。赣州市委、市政府提出了建设200万~300万人口特大城市的发展目标，并正在着手编制赣州特大城市城乡总体规划。随着城市人口的不断扩张，新增城市居民就业压力将越来越大。而家具产业作为劳动密集型产业，正好可以为城市化发展提供就业保障。三是把握东部沿海家具产业向内地转移的机遇。赣州是华东地区唯一执行西部大开发政策的设市区，有便利的交通条件和劳动力资源优势，有一批创业的企业家和一批熟练的技术工人，要紧紧抓住这一有利时机，主动做好沿海产业转移承接工作，规划建设沿海家具产业转移承接园区，通过引进国内外知名家具品牌企业，示范带动和引领南康家具企业转型升级和加快发展。

（二）科学定位，明确家具产业集群发展目标和布局

1. 重新确定南康家具产业发展定位

一是把赣州建设成为中国中部地区最大的家具产业基地，建成全国一流家具专业市

场,成为全国重要的、有影响的家具生产基地之一。二是把家具产业作为赣州市重要的工业主导产业来抓。三是把家具产业作为赣州市建设特大城市的重要支撑产业来抓。四是把家具产业作为一项旅游产业和赣州市品牌形象产业来抓。

2. 明确家具产业发展目标

2014年5月,南康聘请深圳研发院制定《南康家具转型升级规划》,以实现2016年把南康家具打造成为千亿产业集群和2020年打造成中高端实木家具生产基地的目标。为了实现家具产业转型升级,南康规划了5000亩的家具产业园,总投资15亿元,建成后可容纳约200家家具企业,解决就业人数10万多人,每年实现税收1.5亿元,建成后园区将涵盖"家具生产加工、配套材料生产加工、家居饰品生产加工、物流仓储、品牌集中管理"五大主题功能,成为全国首家研发、生产、展销一体化家具产业基地。

3. 重新调整产业发展区域布局

依据家具产业发展现状,按照"一城带四区"的发展格局对家具产业进行区域布局和规划。"一城"就是在章康新区规划一个40平方公里的中国中部地区家具产业城。在保持家具生产制造企业一定发展规模的基础上,利用家具产业城的区位优势,着力发展企业总部、公共研发平台、家具成品及原辅材料市场等,努力将其打造成集家具生产、商贸、物流、园区社会、旅游于一体的南康家具产业集群的城市综合体。家具产业城的建设要纳入赣州市特大城市建设规划和统筹城乡发展规划,将其列为统筹城乡发展示范区,予以重点扶持。家具产业城可以分多个功能区域进行规划:一是核心区(10平方公里)。主要包括总部办公、会展、酒店、科研教育、产品研发、法律咨询、信息化平台等生产性服务配套和居住、体育、文娱、餐饮、农民工住宅小区等生活性服务配套。二是承接转移产业园区(15平方公里)。以引进东部沿海品牌企业为主。三是本地企业产业园区(15平方公里)。以引导南康中小企业培育壮大为主。"四区"包括南康太窝乡、镜坝镇以灯饰为主的泛家居产业园区,龙南县以汇森家具为龙头的板式家具出口加工园区,信丰县总投资50亿元的中国民族贸易促进会家具家居产业园区,崇义县竹家具加工园区等特色家具产业园区。

(三)加强组织领导,建立家具产业集群发展机构

1. 成立领导机构

赣州市委、市政府成立赣州市家具产业发展指导协调工作领导小组,由市长任组长,市委、市政府分管领导任副组长,相关县(市、区)党政主要领导和市直有关单位主要负责人为成员,负责对全市家具产业发展的统一部署和组织协调,研究制定相关行动方案和措施,指导和监督各地家具产业发展进展情况。

2. 市政协成立家具产业发展促进会

由市政协分管副主席牵头,经科委具体负责,相关委员共同参与,每年有针对性地组织开展专题调研和视察,及时发现问题,研究解决办法,推进家具产业健康发展。

3. 设立赣州市家具产业专家委员会

聘请全国家具理论界有权威的专家,以及全国家协的领导,赣州本土的专家组建。从全国的范围、高度来推动赣州家具产业的发展。

4. 加强家具行业协会建设

成立赣州市家具产业协会（可以将南康家具产业协会升级为赣州市家具产业协会），对协会予以必要的资金扶持，帮助选好协会班子，制定、完善和落实协会章程，加强行业自律。进一步发挥家具、物流等行业协会的作用，协调解决行业共性问题，规范从业行业。政府职能部门在管理过程中，要加强与协会的沟通，多让协会参与各项活动，充分发挥行业协会的能动作用。

（四）完善家具产业扶持政策

1. 完善资金扶持政策

成立家具产业发展专项资金，为家具产业园区建设、品牌推广、市场营销网络建设等提供资金补助。建立家具企业贷款担保中心，为家具企业融资提供快捷有效的担保服务。支持南康成立非盈利家具产业贷款担保公司，为会员企业提供贷款担保。积极鼓励金融企业、担保机构、其他金融资本为南康家具企业提供家具企业应收账款、存货、订单、提单质押以及股权质押等业务，切实解决南康家具企业难以提供相应抵押物融资难问题。

2. 完善土地扶持政策

对南康家具产业建设用地给予大力扶持。积极争取省级预留指标，整体包装家具产业项目，把更多的家具企业用地项目列入省级调度，使用省级用地指标；对南康市已启动的家具产业项目建设用地，协助报批，尽早安排用地指标。

3. 完善税收扶持政策

争取将南康家具产业列入西部政策重点扶持产业范围，享受税收减免等优惠政策。税务部门要针对家具产业研究出台专门的扶持政策，用足用好现有税收政策，为企业做好服务。

（五）加大林业扶持力度

1. 争取列为全省现代林业示范区

由省林业厅安排专项扶持资金，给予重点支持，着力打造木材加工产业集群。

2. 解决家具原材料和产品流通问题

积极向省里争取家具原材料入境、家具成品流通"绿色通道"。向省政府申请，参照广东顺德等地的做法。对国外、省外家具原材料进入南康，建议省际木材检查站按照管住源头、搞活流通的原则，给予宽松入境。对南康家具产品外销出省，建议效仿广东乐从等地家具运输办证模式，除以江西主要树种杉、松、阔为原材料生产的家具产品及半成品外，成品家具外运只需提供购买家具的发票或产品销售单即可办理木材运输证，凡用国外、省外原材料生产的成品家具，省际木材检查站应给予宽松放行。

3. 逐步解决家具企业木材加工经营许可证问题

适当放宽木材经营加工审批标准，对南康已审批的3916户尚未发放木材加工许可证的家具企业，予以补发木材加工许可证。

4. 抓好配套产业原材料基地建设

由林业部门牵头，规划建设配套的林业产业用材林基地，利用赣南的荒山荒地大力种植中、高档家具生产用材，解决家具产业可持续发展的问题。鼓励家具企业整合山林资源，通过租赁承包、并购的方式拥有山林资源推动家具产业的可持续发展。

（六）加快产业内部结构调整和升级

1. 采取引进一批、扶持一批、淘汰一批的办法，调整南康家具企业结构布局

引进一批就是在家具产业城规划一个专门的承接团长产业园区，加大力度引进一批品牌好、质量高、技术强的大型家具企业（一般要求年产值5亿元以上的大品牌企业），发挥品牌企业的标杆作用，示范带动南康家具企业走出困境、转型升级。争取以省委、省政府名义下发《关于推进赣州市承接家具产业转移示范区建设的若干意见》，针对承接沿海产业转移制定专门的配套政策，组建专门的招商队伍，提供完善的配套服务。要积极主动与各地家协合作，建立共赢的招商机制，在更大范围内，吸引高端聚集，以促进赣州乃至中部地区的家具产业升级。

扶持一批就是选择若干家有发展潜力的本地家具企业，给予重点扶持，帮助其做大做强。要采取"一企一策"的办法，出台专门的扶持政策，帮助其解决用地、融资、人才等方面的实际问题，支持其做大做强。集中扶持若干上市企业和年产值1亿元以上的重点企业。引导中小企业通过开展股份制改革等方式联合做大做强，支持和鼓励南康家具产业进行资源整合、资本整合、形象推广和发展模式开拓。

淘汰一批就是在规范服务，继续为小企业搞好服务的同时，通过市场调节，让一些低质、低效的企业自然淘汰。

2. 明确家具产品结构布局

在家具产品档次上，以中档家具为主，高、低档家具为辅；在家具产品类型上，以实木家具为主，板式家具为辅。

3. 提高家具产业专业化分工水平

家具行业专业生产、市场营销的专业化分工将是一个必然趋势。要明确、细化企业分工，引导家具企业根据自己的技术条件，确定自己的行业地位与角色，形成以重点品牌企业为主营渠道，一部分企业承担新产品设计与开发、半成品加工、装配成品等配套职能，一部分企业转型从事区域家具推广营销、物流配送的总代理、总经销及市场推广、销售服务等工作。在家具制造方面，也可以按卧室家具、厨房家具、儿童家具、办公家具、酒店家具等类别进行细化分工。

4. 加快家具产业技术升级

鼓励企业引进转型升级所需要的新技术、新设备、新工艺、新材料，尤其是自动化、数字化程度较高的家具生产设备，提升设备自动化水平，提高全员劳动生产率，提高产品质量。对确定重点扶持的家具生产企业，由赣州市和南康市政府有关部门提供技术改造扶持基金，支持企业引进先进技术，购买先进生产设备，为家具产业转型升级提供技术、设备支撑。

5. 大力推进南康家具品牌升级

加大南康家具品牌培育力度。鼓励实施品牌升级战略，树立南康家具品牌形象，支持南康家具全面升级。建设一批"南康家具品牌馆"。按照统一形象、统一品牌、统一运营、统一服务、统一宣传"五统一"的要求，分别在南康家具城中心市场和全国主要大中城市高标准建造50个"南康家具品牌馆"。进一步引导家具企业树立质量意识、品牌意识，鼓励企业自主创新，自创品牌，对获市级以上商标和名牌的家具企业分档次给予重奖。加大南康家具品牌宣传力度。推广"南康家具"区域品牌，积极参与全国性竞争。由政府、协会和企业组建南康家具品牌推广中心（品牌联盟），共同推广"南康家具"区域品牌，形成"南康家具"区域品牌与企业品牌相互协调发展的格局。借鉴赣南脐橙品牌运作模式，多角度全方位加大南康家具产品宣传，政府和企业共同出资推广"南康家具"品牌形象，在国家和省市级电视、报纸、网站等媒体做广告，以及在高速公路、火车站、机场的主要路口等处设立宣传牌，同时开办"中国中部家具网"，大力宣传推介"南康家具"品牌。办好"南康家具博览会"，提升举办层次，以省林业厅和赣州市政府的名义举办"南康家具博览会"。鼓励南康家具企业参加国内外举办的知名家具展，提高南康家具的知名度和影响力，对家具企业参加其他地方举行的大型家具展销会予以一定的补助。

6. 注重家具品牌的文化建设

加大家具产业文化建设的力度，强化家具产业文化的研究，建设家具产业文化的平台包括媒体建设以及在已有的媒体中设立栏目。支持中国家具产业题材第一部文化专著《客家文化，南康木匠》以及第一部电影《木匠王子》的编辑出版、拍摄发行。促使南康家具文化建设已有基础优势再走向全国的前列，用文化支撑品牌，推动产业的持续发展。

7. 加强南康家具质量体系建设

强化家具企业质量主体意识。做好产品质量标准的研究制定工作，完善产品出厂检验制度，推行先进的企业管理模式，建立严格的质量管理体系，切实提升家具产品质量；开展家具产品质量信用等级评比和争创名牌活动，表彰一批质量守信企业。加快南康家具产品质量检测中心建设，加大对南康家具产品的质量检测，通过报纸、网站等向社会公布检测结果，促进企业加强管理，提高产品质量。

（七）提高家具产业配套服务能力

1. 提高物流服务能力

加大南康物流产业资源整合和治理力度，促进物流企业逐步走向规范化。加快建设专业物流园区，建设与生产和商贸配套的南康家具物流集散和配送中心，发挥采购物流、配送物流和分销物流作用，为南康产业布局全国提供支持。支持企业建立自己的营销网络，设立针对局域市场的物流仓库，在局域市场选择核心经销商，培养省级代理等。

2. 抓好产业配套项目建设

加快南康国际家居板材市场建设力度，积极发展原辅材料配套市场，提高原辅材料供应能力。加快油漆化工、五金配件、包装印刷、皮革布艺等配套产业建设。逐步建立起从上游的家具研发、设计，到中游的家具生产、加工，再到下游的家具物流、配套展示、市场营销的家具产业链。

3. 提高家具产品设计研发能力

南康市政府要学习广东省的做法，为家具企业产品研发打造平台（广东省家具创新设计联盟、广东省家具行业创新中心、广州家具展、创新设计沙龙等），引进国内高水平家具研发设计人才，加强与科研院所的联系和合作，采取以政府为主导、企业为主体的方式，在南康建立一个高档次的家具产业技术服务中心和家具研发中心，为企业搭建一个技术和研发平台；鼓励和支持家具企业建立企业研发中心，加大研发投入，大力开展产品研发和原创设计，提高家具产品的科技附加值和艺术附加值。每年举行一次中国中部家具产业设计大赛，激励人才脱颖而出。

4. 完善人才培养和使用机制

建立企业主、企业中层、产业工人和终端从业人员的全方位培训体系。强化家具人才培养、职业技能培训、职业资格鉴定工作。加大家具市级人才的培养力度。加大家具企业家的培养力度，鼓励企业家进行进修深造。建立企业家考察、培训的制度，引导企业家创大业、创品牌。创办专业技术人才培训学校，如中国木工机械应用技术学院。加大校企合作力度，充分发挥江西环境工程职业学院、中国家具产业教育学院、南康市农民学院的作用，采取财政补贴方式，加大各类专业技术人才培训支持力度，尽快培养出企业所需的各类人才。积极引进家具行业市级人才。科学合理配置家具行业人力资源。整合资源，成立家具产业技术服务中心和家具研发中心（家具设计院），建立家具设计、研发人员资料库，搭建南康家具行业人才次序服务平台，通过人才招聘会、人才交流网站等形式，促进人才的合理流动和科学配置。

5. 建立完善市场营销服务体系

统筹规划和合理布局家具零售市场、批发市场及原料综合市场或专业市场，积极促进家具原材料市场和面向全国以批发为主的家具大卖场的建设，提高以零售为主的家具零售市场的服务水平和档次。加强市场综合体建设。建好展示馆、精品馆等，做好旅游购家具的基础设施和配套服务体系建设工作，规划建设一个拥有家具产业链各节点产品的大型展示和批发中心，提升南康家具的整体形象。利用"中国中部家具产业基地"这一资源，结合赣州"四省通衢"区域性中心城市建设，由赣州政府、企业、协会共同建设"中国中部国际会展中心"。加大市场开拓力度，着力巩固和提高南康家具在二、三线城市及农村家具市场的占有率，积极开拓一线城市及国外高端市场。创新家具营销模式，促进家具销售方式多元化，巩固、改进、完善现有的以出租场地为特色的家具商场营销模式，鼓励独立店、专卖店、仓储式销售店、社区店的尝试和探索，引导网上家具销售，建立多种流通渠道，提高家具售后服务质量和水平。

宁都县门业产业集群发展的对策建议

宁都县位于江西省东南部，赣州市东北部，面积4053平方公里，居江西省第二，赣州市第一。辖24个乡镇，总人口80万人，人口数居赣州市第三。宁都是原中央苏区核心县、国家扶贫开发工作重点县、西部大开发政策延伸县、罗霄山片区区域发展与扶贫攻坚规划片区县。近年来，宁都县委县政府积极探索经济发展之路，按照"主攻项目、决战两区、壮大两区、集聚发展"的思路，坚持以产业建设为核心，大力推进工业化进程，门业产业呈现出强劲的发展态势。

一、宁都县门业产业集群的优势

（一）地理位置与交通条件便利

宁都县位于江西省东南部，赣州市东北部，东与石城、广昌县交界，南与瑞金市、于都县为邻，西与兴国、永丰县相连，北与安乐、宜黄、南丰3县接壤。交通条件逐步改善，赣龙铁路扩能及赣韶铁路等两纵一横铁路网加速构建，鹰瑞梅铁路、吉建铁路、吉永泉铁路项目建设也成功衔接，高速公路网正在形成，赣州黄金机场成为赣粤闽湘四省交界地区最大的民用机场，航班可通达国内50多个城市，初步形成了立体化、网络化、快速化的综合交通运输体系。

江西宁都门产业基地位于宁都县新中胜产业基地南部，该基地处于县城南4公里处，东靠昌厦一级公路，西有梅江大桥与319国道相接，济南至广州、泉州至南宁两条高速公路和目前正在争取的向汕铁路将傍园区而过，交通比较便利，地理位置合适。

（二）劳动力资源丰富

充足的人力资源和廉价的商务成本为江西宁都工业发展提供了雄厚的人力资本，宁都在外务工人员众多，且掌握了一定的技术，为宁都工业的发展提供劳动力和技能性人才"双支撑"。

从表1工业生产要素成本来看，宁都成本优势十分明显，这些都为江西宁都门业产业基地发展提供了有力保障。

（三）林木资源丰富

宁都林地面积居江西省第二，森林覆盖率达71.3%，绿化率72%，活立木蓄积量1098万立方米，商品林312万亩，发展门业产业的上游林木资源非常丰富。

表 1　宁都县工业生产要素成本

成本名称	项目	成本参考价
用地成本	三通一平土地	6.40 万/亩
	厂房租金	3.00 元/平方米
用电成本	生活照明用地	0.60 元/度
	普通工业用地	0.75 元/度
	大工业用地	0.66 元/度
用水成本	工业园生产、生活用水	1.00 元/吨
	工业园外生产、生活用水	1.35 元/吨
人工成本	作业员平均工资	500~900 元/月
	中级管理人员	800~1500 元/月
	高级管理人员	1000~1800 元/月

（四）产业集群初步形成

宁都县按照"4+3"产业发展布局，大力发展门业产业，致力打造中国门都，目前门业产业集聚效应不断凸显。

宁都县委、县政府根据宁都工业发展实际，于2011年开始在宁都县工业园规划布局了门业产业园，设立"宁都门业产业基地"，2012年启动建设。到2014年止，门业产业园规划面积达到5000亩，其中，新中胜产业基地2000亩、长胜真君堂3000亩。已经完成征地约2000亩、已经引入门产业及配套企业23家，依托赣州龙树实业有限公司、广峰门业有限公司等为龙头，将形成以生产防火门、钢木门、防盗门为主和以五金、胶水、锁业、玻璃、铝业、板材等配套产品为辅的门业产业链，促进产业集聚发展。

（五）门业产业集群的市场潜力巨大

作为门业的下游用户，房地产市场的未来走向将对门业产业链产生重大影响。

到2020年，中国城镇人口将达到8.5亿以上。目前城市中至少有1/4以上人群是完全没房子住的，他们是农民工，除此之外还有2亿人未来10年要住到城里来，这些都是需要建房子的。此外，中国老百姓从基本需求向改善和舒适型转变，仅仅户均住宅面积从60平方米增加到90平方米，就需要在现有住宅总量上加盖50%。同时廉租房、保障房和公租房的政策执行，也要建房，这对门和木门的需求就更大了。

（六）政府对门业产业集群的扶持力度很大

1. **用地**

工业用地按挂牌出让，新入园企业用地由工业园区实施"三通一平"。对达到入园标准的企业，在企业主体厂房建设完成一层后，由企业向工业园建设指挥部申请，经验收合格后给予3.6万元/亩基础设施建设奖励。

2. **税费**

对工业园区内新办工业企业（高耗能、资源消耗型项目除外）给予财政奖励。奖励办法为：在企业投产之日 7 年期限内，企业缴纳的增值税、营业税和企业所得税三税在总额达到 100 万元年度起，第一至第二年企业上缴的增值税、营业税和企业所得税县财政实得部分由县财政全部奖励给纳税企业，每年结算一次；第三年至第五年企业上缴的增值税、营业税和企业所得税县财政实得部分由县财政按 50% 标准奖励给纳税企业，每年结算一次。

3. 用电

企业（高耗能企业除外）新增用电免收勘察设计费；企业可按照国家颁布的质量标准自行购买电力设备材料，供电部门负责安装和计量检测，只收取安装工时费，免收检测费。

4. 用水

企业新增用水开户，只收开户工本费（125 元/户），免收管网配套费。园内基准水价额定为 1 元/吨。企业自建污水处理设施并达标排放的免收污水处理费。

5. 用工

连续两年以上按《劳动合同法》规定签订劳动合同的务工人员，准予迁入城区户口。园区务工人员子女如需转到县城中小学或工业园附近学校就读，享受当地居民子女就读中小学的同等待遇，学校不得收取借读费和规定之外的任何费用。

降低企业用工成本，企业可以按上年度市职工月平均工资的 60% 为基数缴纳基本养老保险。

二、宁都县门业产业集群发展过程面临的问题

宁都县门业产业集群的未来发展空间是巨大的，但目前却还是遇到很多挑战。

（一）门业产业的"品牌创造"不强，机械化程度不高

宁都门业产业生产主要是以量的扩张为主；过去一直走的是"中国制造"的老路子，整个行业存在一个共同软肋就是原创性少、品牌乏力，缺乏竞争力。宁都门业的发展，必须由"中国制造"到"中国创造"的蜕变，木门企业必须要有自己的品牌，只有这样，才能形成真正的辉煌。

宁都门业以资源型、粗放型、家族型为主，产品单一、技术含量低、流动资金短缺、抗击市场风险能力比较差。属于劳动力密集型行业，我国是人口大国，劳动力相对有剩余，普通劳动力的价格非常低廉。导致一直没有动力进行中国创造。

同时这些产业目前的生产自动化水平还不高，科技生产能力极其有限，相当数量产品的生产和装配，还没有成熟的自动化设备和技术，基本都是依靠手工制作。

（二）招商引资的力度有限

宁都县在商务成本政策、用工政策和优化发展环境政策等方面都提出了细则，但政策的推动很缓慢，很多政策没有很好地利用，所以工业园区必须要在方式上进行改变，在政策倾斜上增加一系列的激励措施，将招商引资的政策用活、用好。

（三）国家标准要求比较分散

就现行国家和行业相关标准而言，标准种类较多，钢质门、自动门标准较全，钢木门、木质门标准较少，国家强制性标准较严，推荐性标准执行力度不够。消防、安防、节能、环保和使用部门要求不够统一，还没有形成统一的标准体系。"裁缝量体裁衣式"定制化的非标准生产营销方式，都需要工厂非标生产和安装，生产效率低，难以形成规模效益。

（四）环保问题重视不够

一些企业宣称产品采用的原材料为一级板材，但实际上，其产品使用的板材并没有达到其宣称的材质级别，产品的甲醛含量也不像经销商宣传的那样全部达标。一旦消费者发现上当受骗，必然会质疑门窗行业的诚信度，质疑门窗产品的环保水平，从而影响整个门窗行业的发展。

生产工艺没保证。精湛的生产工艺是生产环保门窗产品的保证。然而，虽然有不少厂家都称自己拥有行业领先的先进生产线，能够生产出更加环保的产品，但实际上生产出来的产品却未必是一流产品，也未必环保。要对生产出来的产品进行严格的质量把关，杜绝有质量问题的产品流入市场。

五金配件性能较差。由于一些低端门企对五金配件的优劣缺乏判断能力，也缺乏足够的认识，甚至忽视其重要性，所以搭配生产出来的门窗产品常常达不到理想的效果。其实，五金配件在整套门窗材料中占有重要地位，决定着门窗产品的综合质量，也影响着门窗的正常使用及使用的"寿命"。

三、宁都县门业产业集群企业发展对策

（一）门业由"产品制造"向"品牌创造"转变

随着产业的发展和竞争的升级，消费者对于品牌的消费能力的快速提高，品牌建设将成为门业企业尤其是领军企业赢得市场的制高点，各个门类品牌将面临整合，品牌数量将有所减少，产业资源会进一步向知名品牌企业集中。

一项统计数据显示，当前我国从事门业生产的企业预计在4000~5000家，以年产几千至上万套门规模的企业居多。另据2009~2014年中国门业市场调查和投资分析报告显示，目前50%左右的市场份额仍然处在现场做门或小规模做门的"手工者"或"小作坊"手中。宁都县门业产业集群实现了成本优势、政策优势，但还是没形成大规模的机械化生产、标准化生产，没形成品牌优势。

（二）进一步优化环境，加大招商引资力度

招商引资成功与否直接关系到江西宁都门业产业基地的发展，要举全县之力，形成全面、全方位开发的新格局，以大招商促进大发展。

1. 在招商方式上，坚持灵活多样

注重实效，实行干部带头，全民动员，建立人人参与招商、层层落实任务的机制。分析、把握资本流向，适时调整招商策略。要根据基地工业发展的规律，实施"敲门"战术，有的放矢招商，提高招商引资的针对性和实效性，从本地实际出发，以"资源换技术、产权换资金、市场换项目、存量换增量"。

2. 在招商重点上，要坚持外商、内商一起招的原则

争国资、引外资、融民资三管齐下。对重大投资外来项目，组织攻关小组，一个项目一个项目去争。

3. 在激励措施上，坚持责任明确，赏罚分明

把招商引资作为"县长工程"，对招商引资实行一票否决制，干部提拔重用和向上级推荐，招商引资成果是重要条件之一。在招商经费上，设立招商专用基金，用于大型招商活动的开展和有功人员的特殊奖励。加大投资软环境建设力度，着力营造对外开放的新优势。树立人人、事事、时时、处处都是引资环境的共识。成立外商投资协调小组，统筹协调外商投资从立项、审批、建设到投产等全过程的重大事务，并建立了一条龙服务体系。

（三）建立完善畅通信息平台

按照信息化带动工业化的要求，根据江西宁都门业产业基地的发展状况，构筑既覆盖全江西宁都门业产业基地又沟通国内外的高速信息交流系统。第一，加大网络基础设施建设的投入，大力发展基础网络平台，加快建成高速度、大容量的多媒体信息传送网络，建立以数字化、综合化、宽带化、个人化为特征的满足未来信息社会发展需要的现代信息网络，为基地企业提供基本电话服务、ISDN、INTERNET、会议电视、多媒体视频点播等服务。第二，大力发展电子商务，构建宁都电子商务系统，同时建立包含江西宁都门业产业基地资源分布、产品种类、企业状况、科研机构、客户信息、人力资源、科技项目和科技企业的江西宁都门业产业基地网站和基础数据库，为江西宁都门业产业基地企业提供一个高效的信息平台，确保信息快递、准确、及时地传递。第三，江西宁都门业产业基地企业逐步引进推行企业信息主管（CIO）制度，积极引导企业建成与生产经营、科研开发、现代管理紧密结合的信息系统，推广企业管理信息系统（MIS）、计算机辅助设计（CAD）、计算机辅助制造（CAM）、企业资源计划（ERP）等应用技术。第四，成立专门的市场信息收集机构，通过该机构将市场信息反馈给企业，使基地的企业可以迅速地掌握变化，从而保证企业对市场的细微变化做出反应，从而在竞争中处于先机。

（四）打通下游产品房地产市场的门窗的标准化

大部分门窗企业的个性化定制销售是无法确定门洞尺寸的。国内门窗行业近十年来大都采用"裁缝量体裁衣式"定制化的非标准生产营销方式，门窗生产只能量身定做。无论是新买的毛坯房还是需要再次装修的二手房，都需要工厂非标生产和安装，生产效率低，难以形成规模效益。企业一旦实行固定的门洞尺寸将会失去很多原有客户。门洞尺寸规格一旦有固定标准之后，将会对该行业产生颠覆性的影响。如若房地产的建筑室内门洞尺寸与钢制入户门一样达到标准化，严格按照规定门洞尺寸来做，那么室内木门窗的生产瓶颈基本上被打破了，就可以标准化、批量生产，形成备货库存，这也会大大减少定制标准化木门的生产时间。所以产业链的各协会和政府可以朝这一目标发展。门洞标准化在国内至少需要5~10年时间，需要出现更多"圣象雅合"，实现统一的几种门窗规格。

（五）加强技术创新，实现工业机械化生产

随着科技创新和劳动生产率提高需求的加大，提升产品的价值，寻求更大、更好的发展空间，企业会加大在技术提升、精细化设计、规模化、自动化生产方面的投入，加速由传统人工生产向工业机械化生产的转变，使科技含量提升趋势转化成企业发展质量提升趋势。

（六）加强门业产业集群中各环节的环保工作

随着消费者对门类产品要求的提高，要求门业生产商不能仅满足于传统意义上的市场要求。门类产品除应具有隔离、屏蔽、安全、开启等基本功能外，还应满足循环经济和低碳经济的要求，这也是门业发展和振兴的潜力所在。

1. 要加强生态保护与建设，进一步改善环境质量

坚持防护与治理并举，切实处理好生态保护与工业关系，采取有效措施保护好土地资源和水资源，建立健全自然资源有偿使用制度。

2. 要坚持资源的保护与开发并重，科学合理利用资源

认真执行国家产业发展政策。针对江西宁都门业产业基地资源、能源、土地等的分部情况，做好资源开发规划，推广资源综合利用和清洁生产技术，加强废弃物的回收利用，发展循环经济，切实提高资源的利用率。

3. 加强环保教育与宣传

要重视对企业员工的环保思想的教育，提高他们的环保意识。

4. 注重门业产业链中各环节的环保

追求真正的产品过硬，尽量达到环保标准。原材料保证货真价实，对板材的选用要达到材质级别，甲醛含量不能超标，不能以次充好，否则让消费者质疑门窗行业的诚信度，质疑门窗产品的环保水平，就一定会影响整个门窗行业的发展。

生产工艺要保证。门业若想在竞争激烈的市场环境中生存下来，除了要拥有先进的生产线，还要对生产出来的产品进行严格的质量把关，杜绝有质量问题的产品流入市场。

高安市建筑陶瓷产业集群
发展经验总结

江西省高安市有着悠久的建陶产业史，建筑陶瓷一直是高安的支柱产业之一。早在20世纪70年代，高安就有了自己的釉面砖，曾一度享誉全国，有着"釉面砖王国"、"新兴瓷城"的美称。

2007年3月，经江西省发改委、省经贸委批准，"江西省建筑陶瓷产业基地"正式落户高安。2008年7月，中国建材联合会授予其"中国建筑陶瓷产业基地"称号，成为全国建陶行业唯一获此殊荣的产区。目前，高安市委市政府正按照"环保优先、品牌引领、转型升级、科学发展"的方针，高起点规划、高标准建设，按照现代陶瓷超前发展的理念，创建全国建陶产业集群最具标杆的示范园区。

一、高安建陶产业集群发展现状

高安市瓷土资源极为丰富，瓷土储量在5亿立方米以上，大部分可露天开采。大多分布在新街、黄沙、八景、村前、华林、五桥、兰坊等14个乡镇，加上周边县市的瓷土资源，可供400条陶瓷生产线生产上百年。

江西省建筑陶瓷产业基地地处素有高安"金三角"之称的八景、新街、独城三镇交界处，远期规划面积30平方公里，分生产区、展贸区、物流区、培训区等相关链区。毗邻经济发达最前沿——长三角、闽三角、珠三角，紧靠中部腹地，辐射湖南、湖北、安徽，是长三角与珠三角物流的必经之地，是三个发达区域与内地经济互动交融的必经之所，也是承接南陶北移、东陶西进的理想之地。

（一）产业规模迅速壮大

2007年开始，全国陶瓷行业掀起了一股投资扩张潮，以广东佛山新中源、新明珠为代表的一批陶瓷业巨头纷纷实行产业扩充。高安市抓住这一转瞬即逝的历史机遇，打破常规招商引资、发展建陶产业，取得了长足进步。基地实现了年内申报、年内规划、年内开发、年内建设、年内成型，被全国行业内誉为"高安现象"、"高安速度"。

2014年1月，江西瑞源陶瓷建成投产江西产区最大产能抛光砖生产线，日产能3.5万平方米；2014年4月8日，太阳陶瓷集团瑞新公司第三条生产线顺利投产，该生产线主要生产800×800毫米规格的全抛釉系列产品，日产能2万平方米。截至2014年底，全市已有218条陶瓷生产线投产（含腰线）；现有陶瓷及配套企业178家，其中基地内有119条生产线投产。

2014年1~6月，高安建陶完成工业总产值107.8亿元，同比去年增长18%；实现利税 11.7 亿元，同比增长 37.7%。高安市提出，力争到 2015 年，全市建筑陶瓷产业实现主营业务收入 300 亿元，实现利税 33 亿元，拉动相关产业实现产值 300 亿元，带动就业 20 万人。江西省新建建陶产区的核心和龙头已经在高安形成，高安已毫无争议地成为我国第三大建陶产区，引领江西乃至全国建陶产业的发展。

（二）产业链不断完整

近年来，高安始终坚持"招大引强"方针，主动承接沿海地区产能内移的战略机遇，充分发挥龙头企业辐射面广、带动力强的作用，重点引进国内知名品牌和行业龙头企业，通过引进新中源、新明珠等全国建陶行业知名品牌企业进驻高安，带动本地建陶企业和上下游配套产业迅猛发展。特别是新中源、新明珠、欧雅等企业，既是全国建陶行业和知名品牌企业，又是建筑卫生陶瓷行业标准的倡导者和发起者，这些龙头企业的进驻带来了能源、原料、化工、机械、包装等 300 多家企业陆续进驻落户高安，逐步形成日趋完善的产业链条。

（三）产业布局逐步完善

高安市始终坚持"可持续、做产业、成系统"的发展理念，致力于把江西省建陶产业基地打造成一个功能齐全的产业园区、辐射全国的展销中心、创新发展的建陶研发中心、繁荣活跃的三产服务中心、全国知名品牌企业的聚集中心。

"可持续"，就是始终坚持环保优先战略，通过认真吸取老产业园区的经验教训，创新清洁生产、清洁能源、清洁运输、集中供应的环保模式，创新厂在林区、园中有水的园林模式，做大做强建陶产业的可持续发展能力。

"做产业"，就是工作的着力点不是局限在引进几条生产线上，而是致力提高基地配套服务能力，注重对建陶高端品牌企业及配套企业进行整体性引进、整体性发展，增强企业之间的关联度，延伸和优化产业链条，形成相互协作、相互配套、互促发展的产业集群。

"成系统"，就是把基地作为一个新型工业城市系统来规划和建设，通过中国建陶实训中心、国检中心、陶瓷展销中心、铁路专用线、沙湖水厂、天然气集中供应、口岸作业区、污水处理厂、仓储展贸区等工程的建设，促使项目引进、劳动力培训、产品展贸、现代物流、科技研发等服务体系日益完善，提升基础设施建设、生产设施建设、生活设施建设及管理体系建设的整体水平，逐步形成完整的、系统的产业布局。

（四）产业持续创新能力不断增强

按照"环保优先、品牌引领、转型升级、科学发展"的发展思路，高安建陶产业已形成"以陶瓷产业为支柱，以五金、机械、化工、现代物流及口岸加工等其他相关配套产业为副轴"的多元化综合性现代工业园区发展格局。

1. 搭建公共科研平台，加大陶瓷产业科研体系建设，推进产学研工程

建立高安建陶产区与景德镇陶院、武汉理工和华南理工等学院长期合作关系。2015 年底前创建高安陶瓷研究所，使内科研成果在高安率先孵化；完成国家级建筑卫生陶瓷检验检测中心项目建设，引进了中国建材产品质量认证中心在高安设立工作站，确立

"高安陶瓷"在全国的质量地位。

2. 不断提高科技装备水平

近年来,大吨位压机、宽体积窑炉、自动打包机、3D高仿真高清晰喷墨印刷等新技术新设备在建陶基地得到推广,薄板、透水砖、微晶石、彩雕砖等高端陶瓷产品在基地不断涌现,基地企业共获得各项专利23个,正在申报各类专利40多个。

3. 加大产品品牌培育力度

采取多项措施扶持和鼓励企业申报高新技术企业和中国品牌、驰名商标、国家免检产品和全省著名商标。目前高安陶瓷企业共有品牌136件,获中国驰名商标5件,获省著名商标22件,江西名牌4家,获宜春知名商标10件、获行业知名品牌18件、著名品牌34件。短短几年的发展,已成为我国第三大建陶产区。

(五)政府支持力度持续加大

1. 扶持政策支撑

高安发展陶瓷产业之初,省政府主要领导批示高安建陶要与景德镇日用陶瓷、萍乡工业陶瓷错位发展;2013年省委书记强卫做出批示,要促进高安建陶健康发展。为此,高安市委、市政府提出了"环保优先、品牌引领、转型升级、科学发展"的16字发展思路,出台了包括《关于建陶产业优化升级的实施意见》、《关于科学发展建陶产业的实施意见》等系列规划政策,保障高安建陶产业的科学、可持续发展。

2. 财政金融支撑

为加快推进高安建陶产业集群发展,建陶产业基地在今后5年将拿出财政收入的25%用于扶持区内企业打造知名品牌。支持金融机构在基地设立分支机构,鼓励和支持银企对接,增强省级银行高层对陶瓷产业的了解和支持力度,扩大陶瓷产业融资信贷规模,支持埠外金融机构在高安设立分支机构,力争年度新增2家埠外金融机构入驻高安,加大担保中心的扶持力度,规范企业信用行为,促进企业信用上等级。政府从2007年逐年加大对陶瓷产业集群发展的资金投入,这些年在财政较为紧张的情况下,共投入资金26亿元完善发展相关产业的设施;多次开展银企合作,引导农业银行、工商银行、农村信用社、建设银行等多家金融机构入驻基地,为企业提供资金支持,总贷款金额达到28亿元,并采取政府担保的形式多方位为企业筹措资金,解决企业发展融资难的问题。

二、高安建陶产业集群发展存在的问题

(一)导致产能过剩的问题

前几年,房地产开发投资持续增长,我国建陶市场需求巨大,据不完全统计,近年我国城镇房地产开发投资超过3000亿元,住房竣工面积1.5亿平方米,同时随着广大农村地区生活条件的逐渐改善,对陶瓷的需求也将保持在很高的水平。大量的需求导致高安市建陶产业产能扩张速度呈几何增长,市场一旦低迷,产业将受到一定影响。

高安建陶产业面临严峻的考验具体体现在:在陶瓷产业链的"研究开发→采购→生产→销售→服务"中,目前处于产业链价值高端的是研发、设计和销售(出口),这恰恰是高安建陶产业的弱项。高安建陶缺少具有自主知识产权的名牌产品，影响高安建陶在中国建陶业界的地位；同时，大部分高安建陶企业在生产中，环境问题、管理体制问题等导致企业生产成本偏高，也严重影响了企业的经济效益。

2014年以来，湖北天冠陶瓷、佛山金多利陶瓷、河南中福陶瓷、湖南华雄陶瓷等国内陶瓷企业接连陷入倒闭风波。6月，高安产区主营西瓦产品的伟鹏陶瓷倒闭；7月，江西高安新澳陶瓷老板卷款逃跑，公司陷入倒闭状态。这些事件都引起了全国建陶产区的广泛关注。

（二）体制创新面临挑战

高安产区成立时间很短，但发展速度却非常迅猛。在这种形势下，一些内部管理混乱、资金链紧张、产品附加值不高的企业，难免在市场竞争中落在下风。高安建陶产业集群在以下方面需做出更大的努力：进一步深化企业改革，引导各类企业建立现代企业制度，在更高层次上形成多种所有制经济共同发展的体制优势；积极实施大企业带动战略，以国际先进企业为标杆，促进其经营管理与国际接轨；通过上市、联合、重组、兼并等方式形成一批国内乃至国际的龙头企业，成为产业集聚和辐射的中心，带动产业加快发展；围绕培育龙头企业，促进中小企业向专、精、尖方向发展，形成以大企业为龙头，中小企业专业化分工、产业化发展的健康产业生态群落。

（三）产业结构调整任重道远

高安建陶产业结构不合理的局面尚未有效改善，产业结构过于单一，绝大多数企业原材料、燃料、生产工艺、产品结构、营销模式、对人才的需求等都大同小异，导致企业在原材料、燃料的采购及人才配置、产品销售上容易形成恶性竞争，企业与企业之间、上下游产品之间关联度不高，尤其是下游终端建陶消费企业集聚度不够，产业仍需延长。

（四）科技创新能力亟待提高

高安产业园区还是一个新兴产区，产区配套项目技术含量较低，大部分企业主要以生产一些中低档的产品为主。目前一些化工原材料供应基本能够满足，然而随着产品同质化竞争激烈加上周边湖南、湖北产区的兴起，市场份额缩小，势必促使一些企业向高端产品发展。

而高安市高端科技人才缺乏，核心技术、新产品研发投入较少，科研资源分散，原创性研发滞后，制约了高新项目建设、结构调整和经济增长方式的根本转变。急需加大陶瓷实训中心功能完善和培训的力度，争取陶瓷技术培训考核以及职称评审发证在高安办理；协调相关高等教育资源开办陶瓷关联专业；鼓励企业引进高端人才，重点是陶瓷创意、品牌营销、研发人才。

（五）环保压力依旧存在

尽管不断加强了环保执法力度，引进了先进环保技术，环保水平得到了较大提高，但是，在污染物的处理上还存在技术的限制，有些企业对环保还存在认识上的差距，环境保护还任重道远，环保压力还将在相当长的时间内存在。

（六）生产成本上行压力仍然较大

由于全球经济复苏乏力，受美国为刺激经济发展而采取量化宽松货币政策的影响，在未来一段时间内世界各国央行还将进一步推出量化宽松货币政策，进而势必推高物价，导致企业生产成本进一步上升，企业必须做好长期谋划以应对不断攀升的生产成本。新的环保法出台以后，整个建陶行业的运营成本将会提高，很多企业将承受非常大的成本上升的代价。

（七）品牌效应还有待进一步提升

近年来，高安建陶在品牌建设上取得了一定成就，但与佛山相比还有相当大的差距。由于高安建陶产业基地是一个新兴园区，企业大多还处在初级起步阶段，大多数企业目前的主要目标是想办法生存下来尚无暇顾及品牌建设，只能是生产中低端产品，在低端市场进行同质化的恶性竞争。同时由于市场偏见，高端市场不认同高安品牌，建陶品牌建设任重道远。

三、高安破解建陶产业集群发展难题的经验

（一）立足优势选择项目，做最现代的产业集群

高安位于华东、华南、华中的9省中心位置，8小时经济圈覆盖了全国65%的人口、60%的经济总量和70%的建陶消费市场，是承接南陶北移、东陶西进的理想之地；基地选址临近赣粤、沪昆高速公路胡家坊互通口，周边有浙赣铁路张支线4个火车站，汽车运输吨位列全国县级首位，区位和交通条件十分优越。陶瓷资源方面，高安及周边瓷土资源品位高、种类全、储量大，可供400条以上生产线使用百年。人力资源方面，高安劳动力丰富，陶瓷从业人员和中高级技术管理人才众多。实践证明，高安选择发展建陶产业集群是正确的。

2006年底，为加快市域经济发展，高安市领导干部和高安在外人士中开展了"高安最适合发展什么产业"的研讨。讨论认为高安最具优势和最为擅长的还是建筑陶瓷，但不能走污染、分散、低档的旧陶瓷产业老路，必须提升环保、集群、科技和品牌含量，走现代建陶产业之路。为此，高安市委、市政府果断决策，建设江西省建陶产业基地。

（二）系统配套规划项目，做最具拉动力的产业集群

目前，中西部地区的项目建设是以工业化、城市化为任务和以促进经济社会同步发展为目标的。在发展目标上，基地必须充分发挥建陶产业规模大、分工细、链条长、拉动力强的优势，肩负起既强市又富民，既促进工业化又促进城市化的重任，把做项目与做产业、做工业与做城市结合起来，把基地建设成为全国新建陶产区中规模最大、档次最高、配套能力和集群效应最强的基地。

在发展理念上，在高度重视"可持续"的同时，致力于"做产业、成系统"。"做产业"，就是工作的着力点不局限在引进几条生产线上，而是致力提高基地配套服务能力，

注重对建陶高端品牌企业及配套企业进行整体性引进、整体性发展,增强企业之间的关联度,延伸和优化产业链条,形成相互协作、相互配套、互促发展的产业集群;"成系统",就是把基地作为一个新型工业城市系统来规划和建设,促使基地项目引进、劳动力培训、产品展贸、现代物流、科技研发和基础设施建设、生产设施建设、生活设施建设及管理等整体推进,建设一个建陶生产中心、一个产业配套中心、一个产品研发中心、一个三产服务中心、一个全国知名品牌集聚展示中心,整体提升基地的综合竞争实力。

目前,基地建成了投资12亿元的基地铁路专线,开通了客运式货运班列,一期规划年到发量2000万吨,建设江西省最大的出口和外销顺畅的铁路物流编组站和无水港,并在此基础上探索铁海联运模式,使得高安建陶在本地就能报关出口;兴建2座220千伏变电站和3座110千伏变电站,满足大容量用电需要;加大中国水务投资集团投资力度,兴建日供水量8万吨的地表水厂;为实现基地企业清洁生产,省投资燃气有限公司投资8000万元人民币兴建高安市天然气有限公司,专业负责基地企业的天然气供应,目前日供气量近20万立方米。

在此基础上,还与国企中节能公司合作建设集中供气项目,2014年3月中节能公司正式签约投资30亿元,建设基地集中供气项目,目前进入建设阶段,一期工程预计2015年底投入使用。投资3800万元的中国建陶实训中心已经投入使用,年培训能力达3000人。国家级建筑卫生陶瓷检验检测中心于2012年3月正式获得国家质检总局的批复,2013年底建成运营。基地规划由全国唯一的陶瓷高校景德镇陶瓷学院负责做出,规划及其实施集中体现了"大集群、强拉动"的显著特点。

(三) 面向未来引进项目,做最环保的产业集群

陶瓷产业是污染大的产业,但却是可控可治不可怕的,政府要借鉴意大利、西班牙经验,在大街上无污染地生产陶瓷。各地产区污染严重的根源,在于发展之初政府采取了放任的态度,走上了先污染、后无力治理的道路。为坚决防止重蹈老陶瓷基地"先污染后治理"的覆辙,高安市探索新型陶瓷园区运作模式,建设清洁生产、节能环保、建设绿色示范基地,设立环保机构,制定和实施比国家标准还严格的环保标准,着力在项目引进和落户上做文章。

一方面,只引进有环保意识和能力、不需要政府为其环保埋单的企业。坚持招引全国建陶企业前30强的标准,招大引强。实践证明,引进的新中源、新明珠、欧雅、英皇、普京等大企业,环保工作十分出色。另一方面,积极引进集中供气项目和开通天然气管道,彻底解决空气污染这个建陶产业最大的污染问题。项目建成后,基地所有企业将不再各自制气,气的质量将达到或接近天然气的标准,污染物将化废为宝,基地上空将仍是蓝天白云。此外,通过推广淘汰炼排炉、进行窑炉尾气脱硫、雾化喷淋除尘、循环用水、清洁运输、打造循环经济、保护水体山体和全面绿化,创建园中有水、厂在林中的生态建瓷园。"科学发展促赶超"。

(四) 打破常规实施项目,做最快发展的产业集群

基地建设被社会誉为"发展最快的工业园",其初步成功归结到一点就是"快",它既适应了建陶产业转移扩张机遇转瞬即逝的特点,也适应了建陶项目投资大、投产快的要

求。为了快速抓住沿海建陶产业转移扩张的历史性机遇，高安市委市政府解放思想、打破常规开展工作。

1. 集中力量办大事，高强度推进

市委、市政府把建陶业作为高安第一产业来发展，把领导精力、干部人力、全市财力向基地倾斜；全市上下把建陶产业当成"全民产业、希望工程，四套班子齐上阵，条条块块一个调，共同演绎大合唱"；克服财政困难，把节约的每一分钱都投入到基地建设。

2. 精选干部打硬仗，高速度建设

从部门和乡镇选拔领导与干部组建能吃苦、肯钻研、懂业务的基地管委会。

3. 实行并行式操作，高效率工作

环评、立项、办证、征地、平地、基建、招商等各项工作几乎同时展开，环评和立项促进征地、基础设施建设和客商考察，招商引资、项目签约强化建设信心并迫使基础设施建设加快进度，从而形成了良性互动。

4. 搞好统分结合，高效能服务

在发挥基地管委会和职能部门统筹服务功能的同时，按照一个大型项目、一套专门班子、一笔专项资金、一批专业人员的模式，为各企业提供项目申报、证照办理、事务处理等一系列"保姆式"的跟踪服务，有效加快项目的建设和投产速度。

5. 积极争取上级的大力支持

"年内申报、年内规划、年内建设、年内成型"的高安速度、克难制胜的高安精神，得到了上级领导的高度关注。

（五）注重品牌提升项目，做最具影响力的高端产业集群

重视基地本身品牌的打造，致力于建设最具影响力的高端产区。

1. 争取较高的基地级别

2007年2月，在宜春市政府转呈的兴办基地请示上，原省长吴新雄做出了大力支持的批示；省发改委和经贸委授牌高安为全省唯一的省级建陶产业基地；2008年7月，得到中国建材协会的批准，授牌为首个中国建陶产业基地，实现了基地的升级，为在更高的层次、更大的范围更好更快发展赢得了广阔的空间。

2. 举办全国性陶瓷论坛

自2006年底起，基地先后通过各种途径和方式，参与或单独举办全国性陶瓷论坛和评比活动四次，在中国陶瓷协会主办的新锐榜年度产区评选中，高安连续四年名列榜首，并获得最具成长性的建陶产区称号，使基地迅速成为业界和全社会关注的焦点，成为全国建陶新产区的一面旗帜。高安正在酝酿举办全国性建陶博览会，并在中央级的电视媒体推出"高品高质，高安陶瓷"的广告。

3. 加大产品品牌培育力度

采取多项措施扶持和鼓励企业申报高新技术企业和中国名牌、驰名商标、国家免检产品和全省著名商标，基地正在申报全国知名品牌创建示范区，并在南昌西郊的大城镇规划建设占地3000亩的精品陶瓷展示区，建设全国乃至全球陶瓷采购中心、展示中心、行业信息中心和建陶品牌集聚中心。

第四部分　新材料产业集群

永修县有机硅产业集群发展研究

有机硅行业是国家政策重点支持的行业之一,国家有关部门先后将有机硅产业列入《鼓励外商投资高新技术产业目录》、《产业结构调整指导目录》,作为重点发展的高新技术领域之一。江西省先后出台了《江西省科技创新"六个一"工程实施意见》及《江西省十大战略性新兴产业(非金属新材料)发展规划》,有机硅及其系列深加工产品被列为江西省未来五年产业发展十大主攻方向,按照省委提出的"发展升级、小康提速、绿色崛起、实干兴赣"方针,打造江西有机硅产业集群发展升级版已迫在眉睫。

一、国内外有机硅产业发展格局

(一)世界有机硅产业发展格局

1. 有机硅单体生产高度集中

美国道康宁、迈图,德国瓦克,日本信越,蓝星国际五大有机硅生产企业生产能力均超过20万吨,单套装置规模都在10万吨以上,最大装置达20万吨,总的单体生产能力约184万吨,占全球总生产能力的90%以上,并在行业内形成了技术垄断。

2. 有机硅品种日益增多

国外大公司技术开发力度不断加大,新产品储备多,拥有有机硅产品的品种牌号已接近万余种,常用的约有4000多种,下游应用领域越来越广(见表1)。

表1 世界有机硅下游深加工产品构成　　　　　　　　　　　　　单位:%

产品种类	美国	日本	欧洲	中国
硅橡胶	25~30	50	40	62
硅油	60~70	40	50	19
硅树脂	7	10	10	2
硅烷偶联剂				7

3. 有机硅技术封锁格局逐步改变

发达国家有机硅行业已经渡过了高速发展时期,随着近年中国等亚太地区经济的快速发展,世界五大有机硅公司开始改变过去"封锁技术,输出产品"的做法,纷纷通过独资、联合或兼并等方法,在其他国家和地区尤其是中国建设有机硅生产工厂和技术应用中心。

(二) 我国有机硅产业发展格局

1. 深加工企业日渐集聚

我国现有有机硅深加工企业 2000 余家，国内 80% 以上的有机硅深加工企业集中在江苏、浙江以及广东等沿海发达地区。

2. 深加工产品日显不足

我国有机硅工业经过近 60 年的快速发展，目前已初具规模，但生产技术水平不高，深加工品种牌号仅有 500 种左右，难以满足市场对有机硅深加工产品品种和质量的需求。

3. 产品市场竞争日趋激烈

"十二五"期间，国内有机硅单体需求量仍以每年 20% 的速度递增，到 2015 年需求量将达到 120 万吨以上。目前国内有机硅单体生产企业纷纷扩大自己的单体产能，中国蓝星公司 2006 年收购法国罗地亚 100% 有机硅业务后，其产能将达 40 万吨/年以上，跻身世界前三强，新的有机硅单体生产企业不断增多，道康宁、迈图、瓦克等外国公司先后在天津、江苏等国内地区投资建厂或建立技术服务中心，进一步加剧我国有机硅产业的市场竞争。

(三) 江西有机硅产业发展格局

中国有机硅产业的发展始于永修，自 20 世纪 80 年代国家化工部在江西永修星火化工厂（现为江西星火有机硅厂）建设国内首套万吨有机硅单体装置以来，就在永修掀开了打破国外封锁，发展民族有机硅工业新的一幕。永修有机硅产业的发展重心在星火工业园，星火工业园创建于 2000 年 6 月，以有机硅单体及其下游产品生产、研究和开发为主导产业，园区龙头企业——江西星火有机硅厂现有有机硅单体生产规模为 30 万吨/年，为亚洲最大、世界第四的有机硅生产企业，中美合资的卡博特公司已形成了年产 1.5 万吨气相二氧化硅规模，成为全球最大的气相二氧化硅生产基地。经过 10 多年的发展，星火工业园区内已经形成了较为完善的有机硅产业链，确定了以星火有机硅厂生产的有机硅单体为"树干"，以硅橡胶、硅油、硅树脂等为"树枝"，绘出了产业招商路径图。同时，该县围绕星火有机硅厂有机硅上游单体巨大的产能，以延伸有机硅产业链、做大做强循环工业为着力点，致力于"资源—产品—废弃物—再生资源"循环经济模式的积极探索和运用，"吃干榨尽"有机硅附产物，产生了良好的经济和环境效益。实现企业之间微循环，工业园区大循环。有机硅单体生产过程中产生一甲、高沸物、浆渣等副产物和废物，基本实现了园区内部的再消化、再利用。

目前，永修星火工业园内的有机硅上下游高新技术企业共有 65 家，已开发有机硅下游产品 100 余种。星火有机硅厂投资 80 亿元，新上马 40 万吨的有机硅单体及下游项目，项目竣工投产后星火工业园将以年产 70 万吨有机硅单体规模成为世界最大的有机硅生产基地（见图 1 和图 2）。

有机硅产业作为省政府重点支持发展的十大战略性新兴产业，是永修县域经济发展的重要增长极。集"全国循环经济试点园区"、"国家火炬计划有机硅材料产业基地"等一系列称号于一身的星火工业园是永修乃至全省有机硅产业发展的重要阵地，在永修国民经济和社会发展中具有举足轻重的地位。永修有机硅产业的迅速崛起必然在"九江决战工业 10000 亿"及"永修决战工业 500 亿"的战略中发挥更为举足轻重的作用。

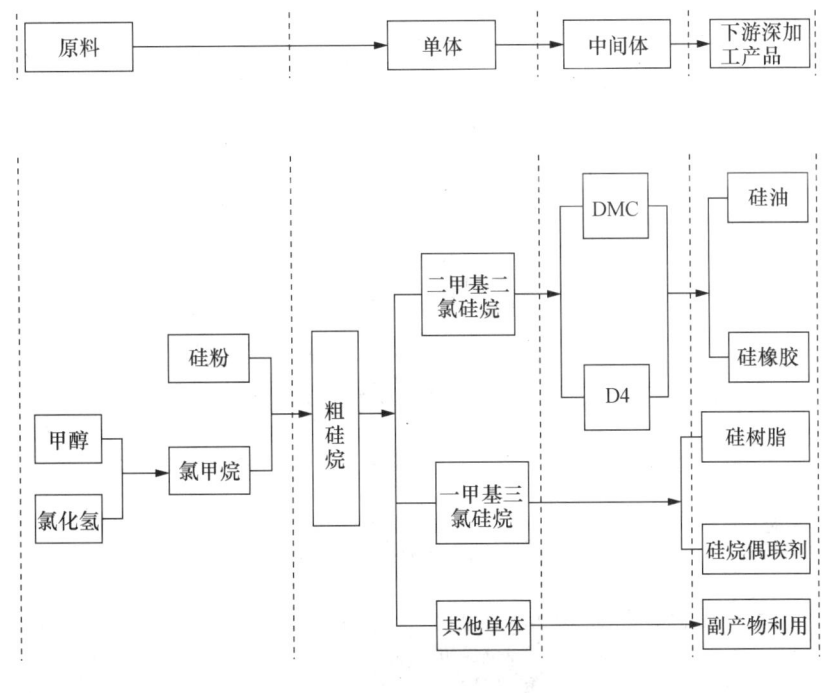

图1 有机硅产业链构成

二、制约江西有机硅产业发展的主要瓶颈

(一) 国内有机硅单体生产规模的迅猛扩张对江西省有机硅产业带来巨大冲击

虽然,星火工业园在一定时期内仍将保持国内的龙头地位,但近年来,道康宁、瓦克、迈图等国际有机硅巨头在国内纷纷投资建设有机硅单体项目,国内投资者也将眼光紧盯有机硅产业,全国各地10万吨以上规模的有机硅单体项目如雨后春笋般涌现出来。据统计,目前在建和拟建的国内有机硅单体项目近20个,设计总产能达250万吨,国内有机硅单体市场将呈现供大于求的趋势。有机硅单体总量的无序扩张将给有机硅市场造成巨大冲击和激烈的竞争。

(二) 激烈的价格竞争成为江西省有机硅产业发展的极大挑战

有机硅单体规模的迅猛扩张给有机硅企业带来巨大的竞争压力,国内小规模有机硅单体生产企业在技术上无法占据优势,想要占领市场,打价格战仍然是它们的主要竞争方式。目前,国内大多数企业有机硅产品的销售价格基本参照星火有机硅厂的产品销售价格,要扩大市场份额只有通过降低市场价格、压缩利润来取得。永修县有机硅产业发展"两头在外",一方面,上游原材料大部分集中于四川、新疆等地,原材料运输成本无法下降;另一方面,有机硅下游产品市场需求品种多,批量少,国内有机硅的客户大部分聚集在长三角和珠三角,永修县有机硅产品运输成本高。长期的价格战,对永修县有机硅企业的生存和发展是一种巨大压力。

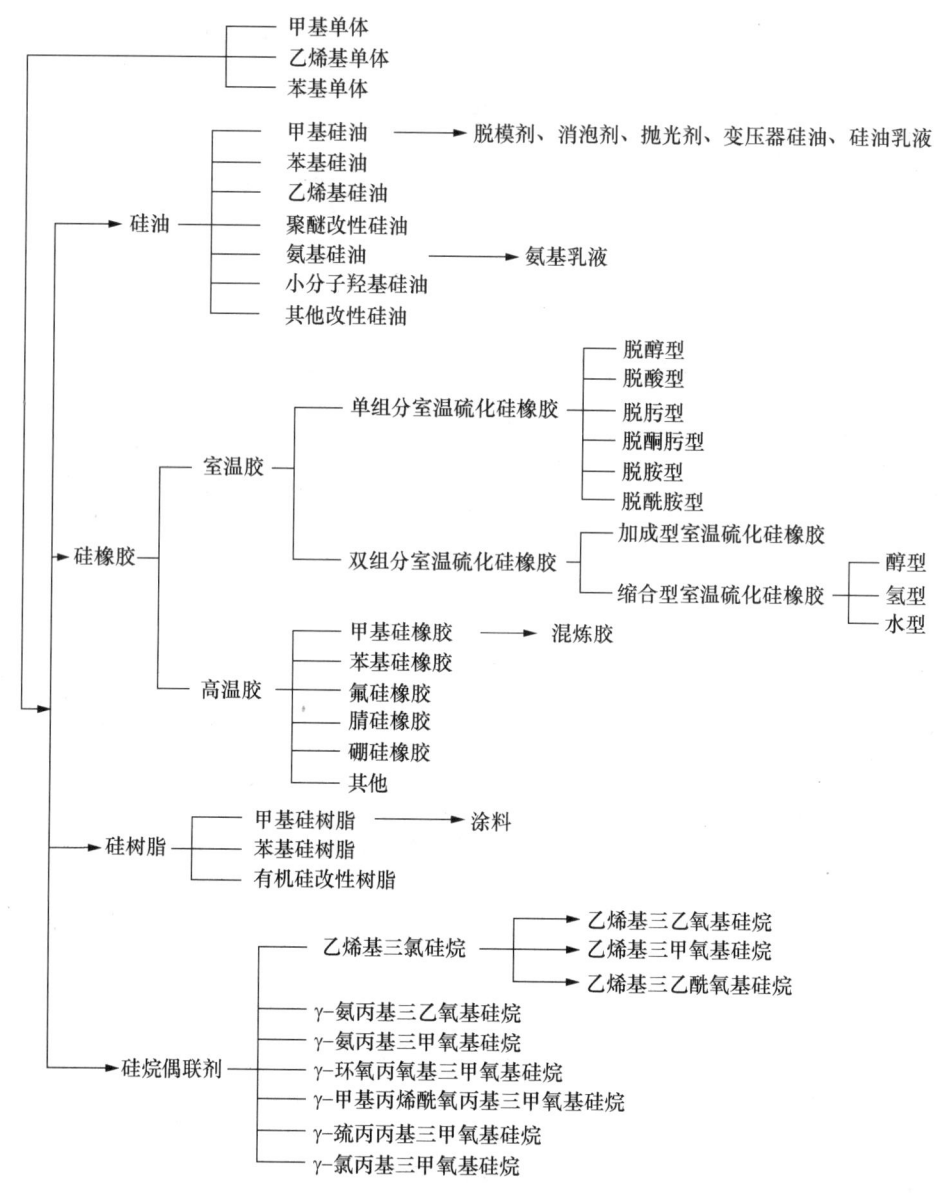

图 2　有机硅产业集群构成

(三) 有机硅行业技术水平突飞猛进给江西省有机硅产业发展带来空前的压力

星火有机硅厂以前一直致力于有机硅单体规模的扩大,其母公司中国蓝星(集团)总公司收购法国罗地亚有机硅业务后,开始在星火工业园内进行专利技术包的释放,企业的发展战略从单一扩大规模向上下游联动转移,有机硅单体及下游产品生产水平在国内企业中尚属先进。但是,与道康宁、瓦克等正在抢滩中国的国外公司相比,在二甲选择性、下游产品研发速度、工艺水平上仍然有很大差距,加上山东、浙江等地也都在加快有机硅研发机构建设,研发水平也在逐步提升。永修县有机硅产业发展仍然面临着研发和生产技术水平竞争的巨大挑战。

（四）有机硅产业发展两头在外的形势仍无法改变

一方面，上游原材料大部分在外省，另一方面，下游产业基本属于订单经济，园区远离终端市场，有机硅下游产品具有品种多，批量少，与应用厂家关系密切的特点。由于国内有机硅产品的客户大部分都聚集在长三角和珠三角，为了更靠近市场，及时准确地了解客户的需求，在原料地与市场地的投资选择上，很多企业倾向于将发展重心放在了市场地，这也影响了有机硅产业集聚效应的发挥。

三、江西有机硅产业集群发展思路及对策建议

（一）江西有机硅产业集群发展思路

江西有机硅产业集群发展思路应该是：适应新常态，发展新思路。以核心企业为龙头，以工业园区为基地，以重大项目为抓手，以招商引资为手段，以政策措施为动力，以行政协调为保障，以技术进步和创新为先导，以产业集群发展为着力点，进一步提高单体生产规模，提高单体合成技术水平和产品质量指标。加大投入力度，重点发展有机硅深加工产品硅油、硅橡胶、硅树脂、硅烷偶联剂及二次加工产品。提高资源综合利用和副产物的延伸，实现氟硅结合，增强核心竞争力。通过上级部门支持，市、县两级政府联动，加快星火工业园区建设，引入大规模深加工企业，积极寻求跨国公司合作建成大型有机硅项目，充分发挥产业集聚效应。

（二）江西有机硅产业集群发展的对策建议

1. 构建和落实科技进步与创新机制

（1）建立有机硅产品研发中心。有机硅上下游产品多达上万种，国外一些有机硅企业研发的产品也有几千种，而目前星火工业园内企业研究开发出来的产品不超过200种，没有新产品研发和技术更新的能力，也就没有更强的市场竞争力。因此，建议省科技厅、省教育厅等部门参考浙江省鼓励新安江有机硅产业加大产品研发力度的做法，指定省内重点大学（南昌大学或江西师大），建立有机硅产品研发中心，每年拨付一定专项经费用于有机硅新产品的研发和生产工艺的更新改造研究，并优先在星火工业园实行研究成果的产业化，同时加大对星火工业园有机硅企业的技术指导，改变永修有机硅产业部分技术长期依赖外地科研机构的面貌。

（2）建立国家级有机硅标准化技术委员会和有机硅产品检测中心。目前，国内尚无有机硅产品检测中心，各有机硅生产企业的产品主要通过自己的实验室进行质量检测。由于缺少一个国家级的规范性质量技术标准和检测机构，导致各企业技术水平良莠不齐，造成有机硅单体市场混乱。江西星火有机硅厂有机硅单体产能和技术水平国内领先，若在星火工业园内建立国家级有机硅标准化技术委员会和有机硅产品检测中心，对于完善我国有机硅技术标准、统一有机硅产品质量考核标准，进一步提高江西有机硅产业知名度、真正意义上确立星火有机硅技术的龙头地位、引导国内有机硅企业向园区集中都具有巨大推动

作用。建议由省质监局牵头，组建申报机构，省政府予以建设资金和设备购置费用补助，永修县政府划拨土地，三级联动，推动国家级有机硅标准化技术委员会和有机硅产品检测中心在星火工业园建立。

（3）设立有机硅博士后工作站和有机硅职业教育机构。随着星火有机硅一体化项目的落户，国内外有机硅高技术人才将会加速向星火工业园集中。江西星火有机硅厂目前正在申请建立博士后工作站，该站的建立将大大推动国际国内从事有机硅技术研发的高水平人才向园区集中，在星火工业园形成全国的有机硅技术人才培养基地，提升园区的技术水平。同时，园区将成为工作站引进的博士后研发技术和产品产业化生产的首选地，这对于园区产业招商和做大有机硅产业规模有着深远的意义。建议省人力资源和社会保障厅对星火有机硅厂关于建立博士后工作的申请尽快予以批复。另外，为培养和储备有机硅专业技术人才，建议在星火工业园设立一所有机硅高等职业学校，专门培养有机硅产业管理和专业技术人才，为有机硅产业提供技术和人才上的支撑。

（4）强化有机硅单体技术攻关。星火有机硅厂要依托研发中心，加强对单体生产装置的技术攻关，积极进行技术创新和改造，提高装置的技术水平和单体的产品质量，力争达到国际先进水平。争取发改委、工信委、科技厅等部门对星火有机硅厂单体技改和创新项目给予资金支持，并帮助企业取得国家发展专项或国债贴息的支持。

（5）支持企业自主创新体系建设。争取省发改委、省工信委、省科技厅、省中小企业局等有关部门的项目和资金扶持，重点支持企业自主创新体系建设。对有机硅企业技术创新项目、新产品开发项目和成果转化项目，争取列入江西省重大科技专项，争取省科技厅优先安排科技专项经费予以支持。

2. 构建和落实人才保障机制

（1）创新人力资源管理。在星火工业园建立新型的人力资源管理和岗位激励制度，做到以待遇留人、以事业留人。留住现有人才，引入外来技术人才，强化企业技术力量。

（2）加强人才储备。争取省内外相关高等院校适应有机硅产业发展的要求，合理调整和设置相关专业、学科，有针对性地培养有机硅产业所需人才，建立全省有机硅产业发展专家库，随时为企业提供相关咨询和论证服务。

（3）加大引进人才力度。有关部门要制定引进有机硅专业人才的相关政策，吸引和集聚各种层次的专业人才加入到有机硅研发中心和企业，提升产品研发和生产技术水平。永修县政府和星火工业园要妥善安排入园企业职工的生活保障等问题。星火有机硅厂及园区内其他企业的职工，尤其是科技人员，享受永修县新市民公寓政策，其子女的入托就学，根据就近、方便原则保证安排，切实解决企业员工后顾之忧，稳定企业发展，增加园区活力。

3. 促进氟硅产业协调发展

氟硅结合是综合利用资源的有效途径，因为氟化工产生的副产物盐酸，可以作为有机硅单体生产的原料，能大大降低单体的生产成本，减少星火厂有机硅原料来源劣势，同时又能为园区企业提供大量的氢资源，为其他企业扩能改造提供原料保障。另外，盐酸又可以用来生产三氯氢硅，三氯氢硅又可以作为多晶硅的生产原料。要充分利用江西省丰富的萤石资源，大力发展氟化工的同时又促进有机硅产业的发展，真正实现氟硅结合、联动，促进氟硅产业的协调发展。

4. 构建和落实产业招商激励机制

（1）加大有机硅产业招商力度。围绕产业发展规划，将有机硅产业作为招商选资的重点，在各种招商引资会上重点宣传、重点推介。注重引进资金、技术、人才相结合，积极开展产业招商、以商招商、中介招商、网络招商等各种灵活多样的方式，依托星火有机硅厂的有机硅单体资源优势，以星火工业园为载体，引进有机硅深加工企业。

（2）积极培育大型企业集团。大力引进大企业集团投资永修县有机硅产业。鼓励企业间以资产为纽带，实行多种方式兼并和联合，本着优势互补、效益最大化原则，相互取长补短，合理配置资源，组建跨行业、跨地区、跨国界的大型氟硅化学品生产集团，增强国际竞争能力。

（3）打响星火有机硅品牌。质监部门要积极支持和帮助星火有机硅厂有机硅单体及其深加工产品创江西名牌和中国名牌；制定以星火有机硅厂产品质量为标准的有机硅系列产品的国家标准。宣传部门要加大对星火工业园的宣传力度，扩大星火有机硅品牌的影响，以吸引国内外知名企业投资星火工业园，建设有机硅产业项目。

5. 构建和落实生产保障机制

（1）煤电油气运保障。将有机硅生产企业列为煤电油运重点保障单位。发改、工信、电力等有关部门要积极协调，建设好星火有机硅厂第Ⅱ回输电线路，保障企业不断扩大的供电需求。交通、铁路等部门要确保星火工业园区内企业原料、产品及其他设施进出运输畅通，要保障星火工业园企业充足供应天然气、煤炭、成油品等能源物资。电费支出是有机硅生产企业的一大主要成本，约占整个生产成本的8%，如能减少电费支出，将会大大降低企业的生产成本，明显提升企业的市场竞争能力。为此，建议省发改委、省电力公司予以有机硅上下游产品生产企业以用电上的扶持。一是若星火有机硅厂在修水和铜鼓的硅块基地建成，考虑到此二县小水电丰富，实行水库联网直供，享受与新余光伏产业一样的用电政策；二是对于星火工业园内的有机硅产品加工企业电费中 28 元/月·千伏安的基本电费部分予以减免。

（2）用地保障。对有机硅新入园企业用地，原有企业扩能改造用地等，国土部门要积极协调，高效、便利、及时为企业解决用地问题。近年来，尤其是星火有机硅一体化项目开工建设及国内外经济逐步复苏后，签约落户星火工业园的有机硅产品深加工及配套的企业络绎不绝，很多项目都在等待供地，而因受用地指标及耕地指标等的限制，一些项目用地未能得到及时审批，导致星火工业园每年都有一批签约的项目不能及时开工建设。随着一体化项目一期工程的建成投产和二期工程的开工建设，有机硅产业新项目将会与日俱增，按照现有的用地指标来安排项目用地，项目等地的现象将会愈演愈烈，将会严重影响项目的推进及产业的发展壮大。为此，建议省重点办、省国土资源厅将新入星火工业园的有机硅项目列入全省调控用地指标，予以优先安排，增加用地指标，并在企业办公楼、高管住房及员工宿舍等生活配套设施上使用省级计划用地指标。

（3）市场保障。积极开拓国内国外两个市场，充分发挥市场的资源配置作用，缩短有机硅产品与市场的链接，改变永修县有机硅产业"两头在外"的不利局面。要进一步拓宽原料来源渠道，增强硅粉、甲醇等主要原料的供应。大力培育有机硅产品市场，争取市内外汽车、纺织、建筑、航空航天等行业逐步应用星火有机硅产品。要进一步开拓国外终端客户市场，提高星火工业园有机硅产业的国际市场占有率。

（4）下游企业原材料保障。星火有机硅厂单体产品附产物及下游产品要优先供应星火工业园区内其他企业，用于下游产品的精深加工，使星火有机硅产业集群越做越大。

（5）金融政策保障。融资渠道畅通是企业生存发展及做大做强的先决条件。目前，永修县星火工业园内的星火有机硅厂等大型企业融资渠道十分畅通，各银行争相向其放贷，大都靠贷款完成扩大生产规模导致的高额利息使企业的管理成本不断攀升，而其他小企业因抵押物少等原因面临银行融资难的问题。为此，建议在金融政策上对星火工业园内的企业予以扶持。一是建议省财政厅出台政策对新上有机硅产品生产及产业配套的企业予以一定年限的贷款贴息；二是请省人民银行和省金融办协调各大商业银行加大对有机硅企业资金扶持力度，增加信用贷款的比例和金额；三是对投资大、建设周期长的基础设施项目延长贷款期限并建议省财政厅予以一定的贴息。

新余市钢铁及钢材深加工产业集群发展分析报告

工业是新余的立市之本，新余市1960年因钢设市以来，积极推进产业结构调整和优化升级，为江西省经济建设做出了突出的贡献。近年来，新余钢铁产业规模不断扩张，产品结构不断优化，产业链条不断延伸。新余钢铁及钢材深加工产业集群已成为新余市重点支持发展的产业集群，该产业集群以新余市渝水区为核心，以新钢公司为龙头，其中规模以上企业150家（见表1）。

表1 新余钢铁及钢材深加工产业集群重点企业情况

序号	企业名称	主要产品	现有产能	2013年主营业务收入（万元）
1	新余钢铁集团有限公司	钢材	1000万吨	4056783
2	新余市新钢板材加工有限公司	板材加工	160万吨	352998
3	中冶南方（新余）冷轧新材料技术有限公司	硅钢	40万吨	269908
4	江西永盛矿冶股份有限公司	铁合金	13万吨	137100
5	新余市山龙带钢有限公司	优质带钢	10万吨	105605
6	新余市久隆带钢有限公司	优质带钢	5万吨	64604
7	新余市下坊铁矿	铁精粉	25万吨	54742
8	新余市泰利矿产品有限公司	球团矿	30万吨	52569
9	新余市中创矿业有限公司	开采加工铁矿石	80万吨	49157
10	新余市新澳矿业有限公司	铁精粉	10万吨	49134
11	新余市高寅工贸有限公司	铁精粉	15万吨	48129
12	新余市鸿联矿产品加工有限公司	铁精粉	15万吨	47284
13	新余市喻盛工贸有限公司	冷轧钢筋	12万吨	46216
14	新余市瑞盈工贸有限公司	优质带钢	3万吨	44208
15	新余市金珠矿业有限公司	球团	50万吨	43165
16	新余市瑞新工贸有限公司	优质带钢	3万吨	37212
17	新余市良欣物资有限公司	矽钢片	1.5万吨	36574
18	新余市本通特锻有限公司	锻材	10万吨	35782

续表

序号	企业名称	主要产品	现有产能	2013年主营业务收入（万元）
19	新余市新苗耐火材料有限公司	炼钢镁质砖、尖晶石砖等耐材	10万立方米	35429
20	新余市中邦工业气体有限公司	管氧	5万立方米/小时	30251
21	新余市新钢气体有限公司	工业气体	4.8万立方米/小时	26517
22	江西弘屹实业有限公司	带钢	6万吨	23060
23	新余市石源矿业有限公司	生产、加工白云石灰粉	45万吨	23010
24	新余市永利带钢有限公司	优质带钢	5万吨	22740
25	新余中冶环保资源开发有限公司	转炉钢渣处理	116万吨	21000
26	新余市博凯再生资源有限公司	钢铁工业"三废"资源利用	80万吨	19660
27	新余市鸿利物资有限公司	废钢加工	21万吨	17764
28	新余齐奥矿品有限公司	生产、加工白云石灰粉	75万吨	11451
29	新余市恒茂矿业发展有限公司	铁精粉	7.5万吨	10991
30	新余市广瑞五金制品有限公司	板材加工	0.6万吨	10911
31	新余市青龙工贸发展有限公司	铁矿开采，废渣加工	15万吨	10562

一、新余钢铁及钢材深加工产业集群发展现状

新余是全省传统工艺化程度较高的城市。从工业结构来看，钢铁产业是新余工业的主体，经过多年的优化发展，基本形成了铁矿采选、炼铁、炼钢、轧钢、金属制品及相关配套产业的较完整的钢铁产业链（见图1），具备年产各种类型钢材产品1000余万吨的生产能力，新余市积极启动民资和引进外资。充分依托新钢公司产品和技术，钢铁深加工产业得到了高速发展并迅速壮大，产业优势凸显。

（一）经济总量不断增强

2013年新余钢铁及钢材深加工产业集群实现主营业务收入189.72亿元（不包含新钢公司405.68亿元），同比增长14%，实现利税15.1亿元，同比增长15%，工业增加值26.86亿元，同比增长14.8%，利润8.5亿元。2014年，新余钢铁全年完成生铁908.72万吨，钢882.25万吨，钢材坯811.9万吨，同比分别增长4.9%、3.38%、3.95%，实现主营业务收入420.57亿元，实现利润1.6亿元，同比增利1.4亿元，上缴税收12亿元，同比增长33%。2015年新余钢铁的生产经营主要目标是完成生铁898万吨、钢871.5万吨、钢材坯846.6万吨；实现营业收入410亿元，实现利税13亿元，其中利润2亿元。目前，钢铁及钢材深加工产业已成为新余市经济的主要经济增长点，较好地带动了新余经济社会的发展（见图1）。

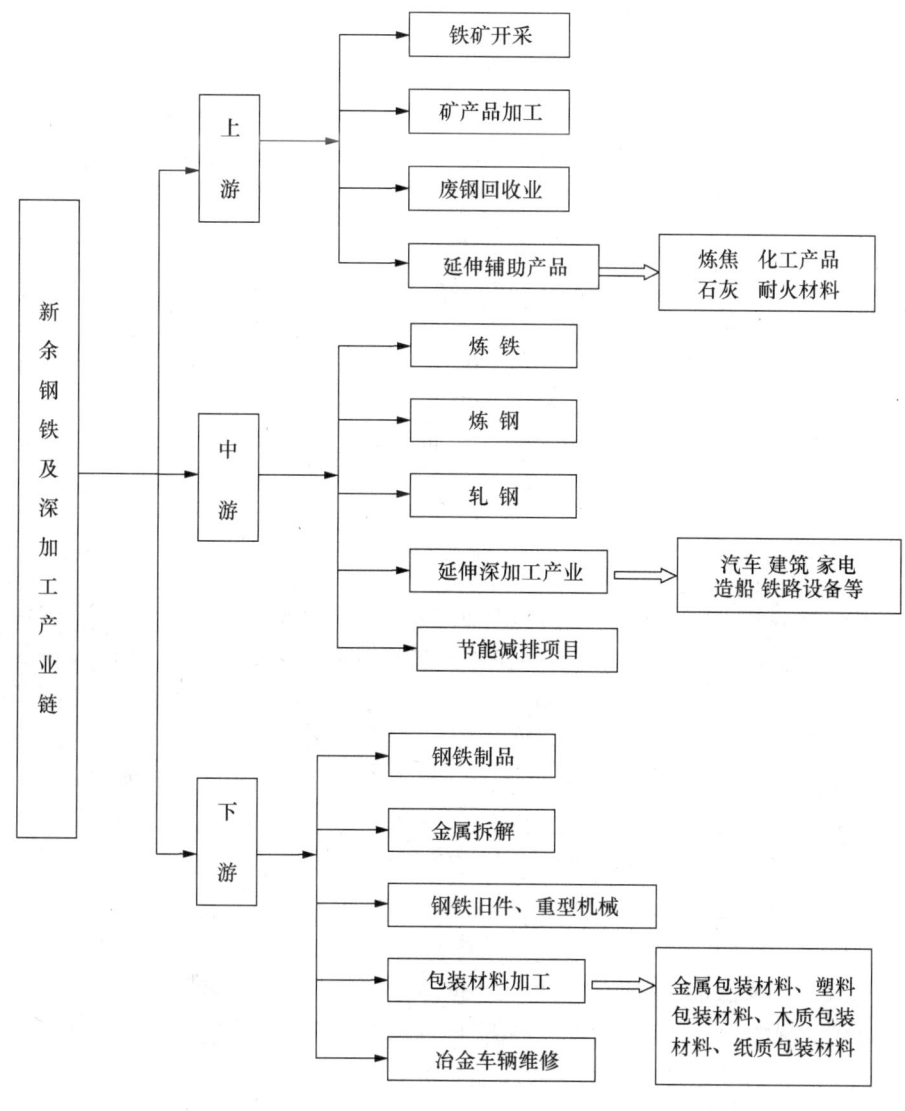

图 1　新余钢铁及钢材深加工产业链

（二）骨干企业实力剧增

新钢集团公司作为行业龙头企业，2009年三期技改投产后，整体实力进一步增强，新钢公司已经迈上了千万吨级钢企的新平台，发展潜力大大提升。依托新钢公司资源优势，一批钢铁加工企业已迅速成长为行业骨干企业：其中，新钢公司控股子公司新华公司是我国最大的钢绞线生产企业；永盛矿业公司是我国最大的钒铁合金生产企业之一，中冶新材公司是江西省唯一的冷轧硅钢生产企业，填补了江西省在高端钢材品种领域生产的空白。目前集群内已有上市公司1家（新钢股份），拟上市公司2家（永盛矿冶、弘屹实业）。一批外资企业也纷纷落户投产，为新余钢铁及钢材深加工产业发展积蓄了新的能量。

(三) 产业基地建设初具规模

袁河经济开发区 2010 年 11 月被省工信委批准为江西省特钢产业基地，2012 年 1 月被省发改委批准为新材料省级战略性新兴产业基地，2014 年 2 月被省科技厅批准为江西省民营科技园。园区内现有企业 135 家，已投产 110 家，其中规模以上企业 26 家。基本形成了"铁矿石采选—炼铁—炼钢—轧材"完整的钢铁产业链和以"粉（铁精粉）、管（钢管）、带（带钢）、丝（钢丝）、材（铸、锻造材）"为主，耐火材料、机械加工和现代装备制造产业等为辅的工业生产格局和产业集群。具备年产铁精粉 150 万吨、球团 120 万吨、铁水 50 万吨、炼钢 120 万吨、钢管 60 万吨、带钢 40 万吨、铸锻材 28 万吨、型钢 40 万吨、薄板 20 万吨的生产能力，特钢产业初具规模；开发区同时还引进了 23 家小型机械加工企业，如中普起重机、瀚德科技等一批项目，极大提高了园区钢铁及机械加工制造产业的市场竞争力和综合配套能力。

(四) 发展环境不断优化

2012 年，新余市科学制定了《钢铁产业"十二五"规划》，其中明确了钢铁产业主要产品发展目标规划。2014 年 5 月，新余市钢铁产业联盟正式成立。江西省铸造协会已落户袁河经济开发区。园区内全面实行行政代理审批，缩短了办证时间，提高了办事效率，营造了良好的服务氛围。

渝工学院、冶金技师学院、市职教中心、中山学院、赣西学院等几所职业院校在近年里，紧紧抓住国家大力发展职业教育的契机，积极申报职业教育实习实训基地建设项目，争取到了教育部、财政部的大力支持。短短几年间，累计有价值近亿元的相关实习实训设备进入了这些院校的实习实训基地。这些设备中，有相当一部分属于钢铁深加工产业的中高档设备。

随着钢铁及钢材深加工行业研发投入力度不断加大，开发区拥有国家级企业技术中心 1 个，国家级检测中心 1 个，博士后工作站 1 个，院士工作站 1 个，省级企业技术中心或研发机构 3 个，全行业已拥有中国名牌产品 2 个，江西省著名商标 2 个，江西省名牌商标 8 个，专业证书 243 件。同时，新钢公司也在不断地探索企业改革发展新模式，完成了特钢公司冷带厂试点改革，系统推进经济炼铁和铁水分级管理，着力破解了炼钢工序瓶颈，保证了生产系统均衡稳定地运行。并且新钢公司不断推进新产品的开发，2014 年上半年就获国家授权专利 20 项，其中发明专利 5 项。

(五) 配套体系不断完善

开发区内已落户大型物流企业 16 家，金融机构 8 家，培训机构 7 家，信息咨询公司 3 家，小额贷款公司 4 家，餐饮、娱乐、休闲服务设施完善，基本形成了制造业与服务业共同发展、工业化与城镇化相互促进的配套体系。

(六) 技术型人才队伍不断壮大

新余钢铁产业在发展壮大中培养出了一大批高级技术人才。钢铁产业从业人员近 4

万人,为产业的进一步发展壮大提供了有力的人才和技术支撑。新钢公司现有在岗员工 28000 余人,良山工业基地已有职工近万人;一些伴随钢铁产业发展起来的冶金类技术学院及其他职业技术学院的冶金或机械加工专业,每年可为钢铁行业输送近万名技工。

二、新余钢铁及钢材深加工产业集群的主要特点

新余市紧紧抓住新钢公司大发展的机遇,以现有的钢铁产业为基础,保障上游产业,做精中游产业,开拓下游产业,做精钢铁产业链,以此带动钢铁及钢材深加工产业的发展(见图2)。

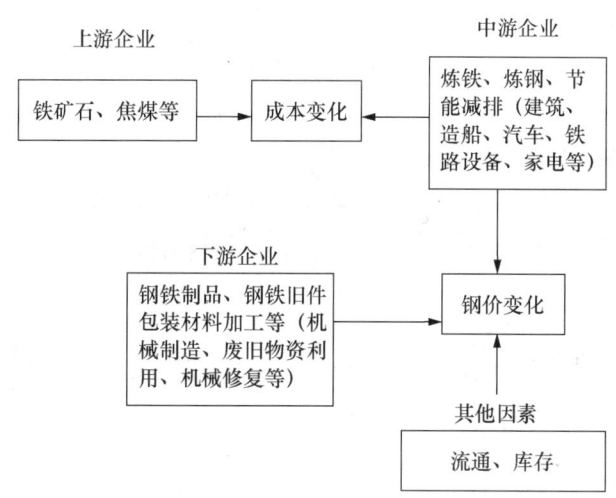

图2 影响钢铁及钢材深加工产业链因素分析

(一)保障上游产业,实现规模化经营

积极整合上游铁矿石开采业,整合和扩建铁矿企业,提高铁矿企业开采能力和开采质量,提高采矿企业的集中度;加强与外地铁矿企业的合作,保障铁矿资源的有效供给。做优矿产品加工业,积极采用先进的选矿和加工工艺,提高矿产原材料的利用效率,推进矿产的高质量、高效率加工。大力发展废钢回收业,提高废钢筛选和加工工艺,有效提高资源回收率。延伸上游相关辅助产业,做好炼焦、化工产品、石灰和耐火材料项目,为新余钢铁产业发展做好原材料和能源保障。

(二)做精中游产业,凸显优势产品价值

不断提高炼铁系统工艺水平,积极利用高炉煤气回收利用技术等先进冶炼工艺和技术,降低燃料消耗和原材料消耗,增加产量。推进炼钢新技术和新工艺,降低物耗等技术和生产成本,提高生产效率。进行轧钢技术改进,重点加强和改进轧钢生产的绝热保温材料和预热送风技术;型钢生产的高刚度轧机、轧机滚动轴承化技术等生产工艺技术。延伸

中游钢铁深加工产业，重点发展建筑、家电、造船、汽车、石油化工、发电设备、铁路设备、模具、石油钻井、锅炉、太阳能、风能、核能用的优质、高端钢材产品，做优精钢产业链。在做精中游产业的同时，积极推广钢铁生产节能减排项目，发展高炉余压余热发电项目、钢渣综合处理利用项目、钢铁生产水循环利用项目等钢铁生产节能改造项目，降低成本，节约能源，减少污染物排放。

（三）开拓下游产业，延长产业链

延伸钢铁制品产业，积极开拓钢结构生产项目、小五金项目、模具加工项目、汽车板簧及配件项目、机械装备制造项目。紧密依托钢铁产品，做精钢铁制品业。开拓钢铁旧件和重型机械修复产业，为适应新余钢铁企业技改带来的机械设备迅速增多的趋势，建设全厂性的旧件修复厂，以满足机械设备易损件等的修复需求，维持其生产的连续性。现代装备制造业是钢铁企业的下游企业，与钢铁企业唇齿相依。作为国有大型钢铁联合企业，新余钢铁有限责任公司为新余市各机械装备制造企业的生产、加工直接提供原材料；同时依托钢铁产业的发展基础，延长钢铁产业链条，为新余市现代装备制造业的发展拓展了空间，为新余市现代装备制造业的发展提供了有利条件。据不完全统计，新余市具有一定规模的机械装备制造类企业有百余家。装备制造业是为国民经济各行业提供技术装备的战略性产业，产业关联度高、吸纳就业能力强、技术资金密集，是各行业产业升级、技术进步的重要保障和一个国家或地区综合实力的集中体现。

三、新余钢铁及钢材深加工产业集群存在的问题

（一）企业竞争力不强，创新意识差

随着新余钢铁及钢材深加工产业的快速发展，新余市引进了一批中下游企业，虽然产品结构不断丰富，但是绝大多数企业没有创新能力，大部分企业以引进国外先进的、成熟的技术为主，对新产品开发力度不大，目前大部分产品仍以生产中厚板卷、冷热轧带钢、钢筋、线材小型材等原材料为主，产业产品层次低，附加值低，产业增资能力严重不足，只能获取产业最底层的利益。

同时，能够起到支撑和带动经济结构优化升级作业的大型骨干企业屈指可数，尤其缺乏拥有自主知识产权、主业突出、核心竞争力强的企业。不少企业自主创新能力不强，在新技术、新产品的研发能力上仍显不足，具有自主知识产权的产品不多，引进与消化、吸收、创新的关系处理得不是很好。部分企业因缺乏技术创新的资金和优秀的人才，尚未真正成为技术创新的主体，核心技术开发能力不强。绝大部分企业都是按照别人提供的图纸加工一些技术含量不高的协作件，使得企业利润大幅度下滑，在申报项目贷款时，因达不到银行贷款的要求，不符合国家产业发展的方向，极易造成资金链断裂，企业运转资金紧张，不敢投入资金，也不敢扩大生产规模。另外，虽然职业院校实习实训基地购买了很多先进的设备，但主要是为教学服务，利用率不高，没有充分发挥先进设备的作用。

(二) 企业产能过剩严重，资源供应不足

新钢公司钢铁产能已达千万吨，而机械制造、五金加工、现代装备制造等钢材深加工产品总产能不到 200 万吨，与新钢对接程度远远不够，大部分企业还停留在粗加工上。由于新余处于工业化中期阶段，产业发展以资源密集型和资本密集型为主，2013 年新余工业用电 59.49 亿度，占江西省工业用电量的 9.27%，但全市 GDP 只占江西省的 5.8%。而钢铁行业作为一个耗能大户，在日益重视环境保护及国家节能减排调控的双重政策压力下，企业更加举步维艰。

新余钢铁产业还面临资源供应不足的窘境。由于新钢的铁矿石大部分依赖于外购，导致企业产品成本高于其他钢企。加上新余处于内陆地区，除了公路和铁路运输外，没有其他运输方式，公路和铁路运输成本相对偏高，无形中又增加了企业产品的成本，降低了企业产品的竞争力。

(三) 技能型研究人才和高层次管理研究人才短缺

技术的研究开发、产品的创新、经营管理及风险投资的运作等都需要优秀的高级人才。随着改革开放的进一步深入，国有制造企业改制重组，企业中的很多技术设计人员、研发人员和技术操作工人，特别是年富力强的中青年技术人员纷纷辞职下海，到珠三角和长三角地区务工，造成技能型研究人才和高层次管理研究人才缺失。即使是职业院校的毕业生，也有 80% 以上离开新余，到外地就业。

四、新余钢铁及钢材深加工产业集群的发展对策和建议

(一) 加强规划和引导，形成产业聚集

要全面结合新余市钢铁及钢材深加工产业发展现状，制定发展战略和中长期发展规划，加强对产业集群发展的协调和组织领导。要充分依托新钢公司，重点突出发展袁河经济开发区和良山钢铁产业带，形成聚集作用。利用有限资源，结合区域发展规划，做大做强钢铁深加工产业集群，形成从上游原料到下游产品的完整产业链，加快传统钢铁产业的转型升级，促进低端市场向高端市场的拓展。

(二) 调整产品结构，提升发展层次

各区域要坚定不移地实施精品战略，科学规划产业发展项目用地，积极推进企业兼并重组，增强企业竞争力。一方面，随着钢铁及钢材深加工产业的发展，项目建设用地问题日益紧迫，因此要努力盘活闲置资产，通过重组、嫁接改造等方式，开发利用原有资源，提高集约用地水平，并重新规划出一定规模的产业建设用地，发挥土地的最大效能。另一方面，要重点依托新钢公司进行上下游产业的延伸和配套，通过吸纳一批投资规模大，技术实力雄厚，科技创新力强，附加值高的大项目，突出重点，积极发挥行业协会和产业联盟的作用，创新招商举措和合作方式，深入推进产业链招商，推动产业集群快速发展（见表 2）。

表2 新余市"十二五"钢铁产业重点技改项目建设目标规划　　单位：亿元

序号	建设单位	总投资	项目建设内容	起止时间	"十二五"期间投资	备注
1	新钢公司	64.98	"十一五"续建项目	2009~2011年	2.33	
2	新钢公司	22	矿山资源整合	2010~2015年	21.65	
3	新钢公司	20	冷轧薄板厂二期生产线	2012~2013年	20	
4	新钢公司	5.4	热轧薄板深加工Φ406毫米ERW焊管生产线	2012~2013年	5.4	
5	新钢公司	4.2	8#高炉易地大修改造	2010~2011年	2.94	
6	新钢公司	3.8	原三型生产线改造为110米/秒高速线材生产线	2011~2012年	3.8	
7	新钢公司	3.5	新建一台360平方米烧结机	2010~2011年	2.275	
8	新钢公司	2.3	二钢厂新增3#脱碳转炉	2011~2012年	2.3	
9	新钢公司	1.8	烧结机烟气脱硫	2010~2012年	1.45	
10	新钢公司	1.6	综合原料场配套改造	2010~2011年	1.52	
11	新钢公司	1.43	烧结环冷机烟气余热发电	2010~2011年	0.858	招商引资
12	新钢公司	1.25	螺杆膨胀动力机回收低品质余热发电项目	2010~2013年	1.25	招商引资
13	新钢公司	0.8	1580毫米热连轧新增3#加热炉3#卷取机	2011~2011年	0.8	
14	新钢公司	0.8	老生产区污水治理及回用	2011~2012年	0.8	招商引资
15	新钢公司	12.18	7000万元以下项目（含循环经济、零星技措、零固）合计	2010~2015年	8.59	
16	新华金属制品股份有限公司	5	50万吨钢绞线生产线	2009~2015年	4	
17	新余贝佳金属制品股份有限公司	5	10万吨铝包钢及钢丝生产线	2009~2015年	4	
18	新余钢城实业公司	5	年产30万吨钢丝、钢绞线、OPGW特殊铝包钢生产线	2009~2015年	4	
19	江西新余钢铁再生资源产业基地	22.96	共计12个项目，其中基础平台项目8个，回收拆解项目2个，精深加工项目2个，建设成为华东地区最大钢铁再生资源产业基地	2008~2015年	21.96	
20	新余银利物资有限公司	2	建设年处理20万吨废钢加工生产线	2010~2015年	1.8	
21	新余市福盈钢材加工有限公司	2	废次薄板生产包装材料项目	2009~2015年	1.5	
22	江西华通电工城投资发展有限公司	5	电线电缆生产项目	2007~2015年	4	

续表

序号	建设单位	总投资	项目建设内容	起止时间	"十二五"期间投资	备注
23	新余市恒通物资有限公司	2	废钢基地建设	2008~2015年	1.5	
24	新余市召鑫不锈钢厂	1.5	冷轧不锈钢带生产项目	2010~2015年	1.5	
25	中冶南方（新余）冷轧新材料技术有限公司	30	新增45万吨冷轧无取向和高品质取向硅钢	2012~2015年	30	
26	江西永盛矿冶股份有限公司	25	建设年产10万吨钒系、锰系铁合金生产线项目	2010~2012年	20	
27	新余新钢板材加工有限公司	30	新增200万吨钢板材深加工项目	2010~2015年	27	
28	江西普田特钢有限公司	2.2	10万吨特种铸钢件生产线	2010~2015年	2.2	招商引资
29	新余新良不锈钢有限公司	8	建设年产35万吨不锈钢热轧带钢生产线	2012~2015年	8	招商引资
30	袁河工业基地	8	华澄（江西）现代金属物流园项目	2011~2015年	8	招商引资
31	新余市良山钢管有限公司	5	新增40万吨大口径、高品质热轧无缝钢管生产线项目	2012~2015年	5	招商引资
32	新余市合金钢热轧带钢有限公司	4.8	建设年产40万吨合金钢热轧带钢生产线	2012~2015年	4.8	招商引资
33	江西弘屹实业有限公司	3	新增年产15万吨优质中宽带冷轧带钢生产线	2014~2017年	2	
34	新余市山龙带钢有限公司	2.5	年产15万吨高品质中宽带冷轧带钢技术改造项目	2010~2015年	2	
35	新余市新良钢管有限公司	1	新增10万吨热轧无缝钢管技术改造项目	2012~2015年	1	
36	良山基地焦化公司	4.45	年产焦炭60万吨	2011~2015年	4.45	招商引资
37	新余新天实业公司	0.65	建设年产8000吨耐火材料生产线	2011~2011年	0.65	
38	良山基地冷弯型钢公司	0.25	年产冷弯型钢5万吨	2011~2015年	0.25	招商引资
39	良山基地焊管公司	2.24	年产普通焊管1万吨、不锈钢焊管5万吨	2011~2015年	2.24	招商引资
40	良山基地制氧公司	1.13	年供1.99万立方米氧气、76万立方米氩气、4647万立方米氮气	2011~2015年	1.13	招商引资
41	良山基地小五金公司	0.31	年产2万吨小五金	2011~2015年	0.31	招商引资
42	良山基地刀具、量具、刃具公司	0.33	年产2万吨刀具、量具、刃具	2011~2015年	0.33	招商引资
43	良山基地不锈钢餐具器皿公司	0.4	年产1万吨不锈钢餐具器皿	2011~2015年	0.4	招商引资

续表

序号	建设单位	总投资	项目建设内容	起止时间	"十二五"期间投资	备注
44	良山基地优质耐火原料公司	0.53	年产1.2万吨优质合成耐火原料	2011～2015年	0.53	招商引资
45	良山基地不定型耐火材料公司	0.25	年产2万吨不定型耐火材料	2011～2015年	0.25	招商引资
46	良山基地优质耐火材料公司	0.51	年产1.5万吨优质耐火材料	2011～2015年	0.51	招商引资
47	良山基地活性石灰公司	0.61	年产26万吨活性石灰	2011～2015年	0.61	招商引资
48	新余华峰特钢有限公司	0.8	新上特钢锻造、冷轧电工钢生产线	2011～2013年	0.8	招商引资
49	杭州恒基集团	10	新建年产80万吨镀锌板、30万吨彩钢板生产线	2011～2012年	10	招商引资
50	江西新特汽车板簧有限公司	1.6	新建年产20万吨扁钢、板簧项目	2011～2012年	1.6	招商引资
	合计	340.06			254.283	

通过促进新钢公司靠大联强、转变机制，进一步推动新钢公司发展壮大，增加新余钢铁及钢材深加工产业集群的发展后劲，优化产业集群的产品结构，进一步增强企业竞争力。通过不断提升产品质量，大力发展海洋用钢、高强度螺纹钢及机械、船舶、汽车、军工等行业急需的特殊钢材，以及高速重载铁工用钢、油气长距离输送用管及板材等（见图3）。

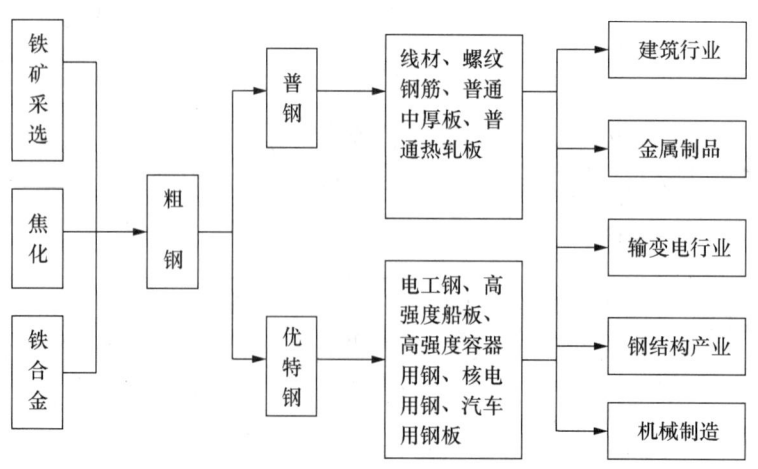

图3　新余钢铁及钢材深加工产业集群发展方向

（三）培育龙头骨干企业，做大集群总量

要大力培育钢铁产业龙头企业，引导关联企业和社会资源向龙头企业集聚，延长产业链，推动核心企业加快技术改造，增强龙头企业的凝聚力和辐射力。重点培植新余中冶新材、永盛矿冶等一批科技含量高、市场潜力大的企业做大做强，扶持新余市宝城型材有限公司、江西新特汽车板簧有限公司等企业转型升级。对产值亿元以上钢铁产业企业在融资、财政补贴、设备引进、项目用地、人才引进等各方面给予扶持，对特别重大的企业实施"一企一策"，支持企业上市融资，做大企业规模，增强企业核心力。

（四）延伸产业链发展，提升物流运输能力

通过不断提升产品质量，抢占市场制高点；依托钢铁主业，拓展上下游产业链，力争形成资源开发、金属制品、工程建设、中小企业和金融证券五大非钢业务板块。积极开发钢铁深加工新产品，重点发展特钢、电工钢、钢板材等加工，形成完整的产业链，实现产业聚集和扩张。同时随着冶金钢铁产业的快速发展，对货运需求快速增加，因此要想办法解决运力不足这一难题，要想方设法提高铁路和公路的运力，积极争取开发水运渠道，完善现代工业物流体系，建立一批具有保税库、金属交割库等功能的大型钢铁工业物流基地。

（五）提高企业创新能力，完善高级人才引进机制

一方面，可以通过政府科技创新基金扶持或政策倾斜，引导企业加大科技投入，提升企业创新能力。加快各项企业科研机构的建设和完善；另一方面，加强与高校联络，加强专业技术人才、科技创新人才和管理人才的引进，完善企业与高校合作培养人才的共建机制，加快建立"钢铁加工技能人才培训基地"，依托新余学院和江西冶金职业技术学院加强对企业员工的职业技能培训，全面提升企业生产管理队伍的素质。企业要不断探索产学研合作之路，共建技术研发中心，努力开发新技术、新工艺、新产品。如以江西华电、江西赛维和信达长林等企业和新余学院、江西太阳能职业技术学院为基础，研制开发大型清洁高效发电装备；以新钢一机修、信达长林、新钢和冶金技师学院为基础，研制大型薄板冷热连轧成套设备及涂镀层加工成套设备；以分宜电机厂为基础，开展大型煤炭井下综合采掘设备电动机的研制与加工；以凯通机器、分宜驱动桥厂和市职教中心为基础，发展新型、大马力农业装备（大马力拖拉机、半喂入水稻联合收割机）。

（六）完善政府服务机制，加强招商力度

建立健全协调服务工作机制，做好产业集群窗口服务平台建设，坚决兑现落实相关优惠政策，大力争取各级政策支持，努力破解资金瓶颈制约，创新融资方式，拓宽融资渠道，加大信贷支持，增强中小企业担保中心信用担保能力，建设企业信用与金融服务一体化平台，解决企业在融资需求中的困难。保障企业发展所需的用地、用电、人才等生产要素的供给。政府要提高行政效能，帮助企业解决实际困难，加大宣传力度，鼓励企业家积极创新，为产业发展营造良好的发展氛围。充分发挥行业协会的作用，推动产业协作，促进产业集群的协调有序发展。同时还要加强招商力度，通过多种手段拓宽产业发展资金投

入渠道，既要积极引进战略投资者，又要引进优强企业。重点依托新钢公司进行上下游产业的延伸和配套，通过兼并重组等方式，改造本地企业；通过吸纳一批投资规模大、科技含量高、经济效益好的企业，带资金和项目直接投入钢铁及钢材深加工产业。全面提升钢铁产业集群的发展层次，完善集群产业链。

（七）加强行业管理，推进节能减排

要充分发挥新余市钢铁产业协会和金属制品行业协会的作用，引导行业内良性互动和协调发展。要切实按照相关政策法规要求，大力发展国家鼓励项目，逐步淘汰落后的工艺技术。强化对重点用能企业的节能监察，建立一系列节能目标管理责任制和评价考核体系，加大节能减排行政执法和处罚力度，保护生态环境，实现经济效益和社会效益的统一。

南昌市有色冶金新材料产业集群发展研究

有色金属新材料涉及范围十分广泛，品种数以万计，例如硬质合金及超硬材料、精密陶瓷材料、稀土功能材料、新型复合材料、新能源材料（重点是动力电池材料）、高性能合金材料、氟精细化工品、锑精细化工品、高纯金属、超细粉体有色金属氧化物以及它们的深加工产品；高性能磁性材料、超细粉体材料、高性能有色金属材料生产的新技术和装备的研制和开发，高精尖铜铝板带箔加工技术等。

目前，南昌市正在积极致力于打造成为全国重要的有色金属及稀有金属加工基地。

一、南昌有色冶金新材料产业集群发展现状

（一）产业较为领先

南昌的冶金、有色及稀有金属加工产业是南昌的传统支柱产业之一。当前已基本形成了以优质建筑用钢材、汽车用优质钢材和电力能源工业用优质无缝钢管为特色的钢铁产业；面向电子信息、电力等高技术产业的铜精深加工产业；以钨、稀土、锆、铪金属及合金新材料为代表的稀有金属材料产业。钨、稀土、锆、铪金属及合金材料、电子信息与电力铜材加工业、汽车用弹簧扁钢等新材料无论在规模、质量和市场占有率上均位列全国前茅，其中弹簧扁钢产销量全国第一、占全国市场的半壁江山。

（二）有色金属工业体系完整

经过几十年的发展，南昌有色冶金新材料产业集群已形成采选、分离、冶炼、加工和地质勘查、工程广场、科学研究等比较完整的有色工业体系。其中铜产业形成了以铜杆、线、管、棒、板带、箔、异型材为主的完整产业链；钨形成了以APT、氧化钨、钨粉、碳化钨粉、钨条、钨铁、钨丝、硬质合金以及硬质合金工具为主的完整产业链；稀土形成了以稀土氧化物、稀土金属、稀土永磁材料、稀土发光材料、稀土储氢材料为主的完整产业链，特别是纳米晶掺稀土硬合金粉末、电气化铁路接触电网高强高导电铜合金产品、稀土铜集成电路引线框架铜带产品填补了国内空白。

（三）资源优势及技术优势明显

江西发展金属新材料具有突出的资源优势。钽、铷、铀、钍的储量居全国第一，铜、钨、银、锂、锆、铯、碲的储量居全国第二，铋、金、铌、铊、铪的储量居全国第三，享有"世界钨都"、"稀土王国"的称誉，铜、钨、铀、钽、稀土被誉为"五朵金花"。

此外，南昌拥有较为完整的以高新技术企业为龙头的一体化"产、学、研"技术创

新体系，构建了以高新区、经开区为主体的产业化基础，为冶金新材料产业的发展提供了强有力的技术支撑。拥有南昌大学、华东交通大学、南昌航空大学、东华理工大学、南昌工程学院、江西理工大学等多所高等院校；省内拥有江西省发光材料重点实验室、江西省精细化工重点实验室、江西省矿业工程重点实验室、江西省分子医学重点实验室、江西省光电子与通信重点实验室等多家研究院所；建有江西省理化测试中心、江西省机械工程技术研究中心、江西省信息网络工程研究中心、江西省稀土材料工程技术研究中心、江西省材料科学与工程研究中心、江西省有机硅工程技术研究中心、江西省有色冶金工程技术研究中心、江西省有色金属加工工程技术研究中心等多家工程技术研究中心，集中了一大批具有开拓创新精神、勤耕耘的科技人才，在新材料研究、开发、推广、应用等环节都具有较雄厚的实力。

依托资源和产业基础，江西冶金行业已经建设了一批一流的科研院所和专业院校，培养了一批一流的专业人才，取得了一批一流的科研成果，为发展金属新材料产业创造了比较好的技术创新基础。江西拥有国家铜冶炼及加工工程技术研究中心，江西理工大学，江西省地调研究院建设了博士后科研工作站，还拥有像中国瑞林工程科技有限公司（原南昌有色冶金设计研究院）这样的技术研发机构。

（四）重点企业实力增加

目前，南昌拥有方大特钢科技股份有限公司、江西洪都钢厂有限公司、江西远成汽车技术股份有限公司、江铜工业园、南昌硬质合金有限责任公司、江西雄鹰铝业有限公司、江西永高铝业有限公司、江西泓泰企业集团有限公司等一批新材料产业重点骨干企业，企业实力雄厚。

南昌经开区着力打造超300亿元的汽车及硬质合金新材料制造基地。新投资20亿元的南昌格特拉克55万台双离合器自动变速器（DCT）项目，到2015年可达产，年总产值达50亿元，税收4亿元。该项目将极大带动上下游产业链的发展，尤其将与江钨金世纪、南昌齿轮厂等新材料产业形成特色鲜明的硬质合金新材料制造基地。

南昌高新区依托江钨集团和南昌硬质合金有限公司等企业，已形成从仲钨酸铵、钨粉、钨棒到硬质合金、精密刀具等产品的一条完整钨产品深加工链，已成为江西钨工业重要的深加工基地。江铜集团的铜箔、漆包线、铜板带、铜管、铜线等项目，也推动了产业的发展，增添了企业的实力。

中国瑞林工程科技有限公司完成的"常温闪速炼铜"项目，在江西省首次荣获国家科技进步一等奖，该公司的闪速炉炼铜、铜电解、闪速炉计算机在线控制、圆盘定量浇铸、铜电解联动作业机组等技术均处于国内领先地位。

二、南昌有色冶金新材料发展中的问题分析

（一）南昌有色冶金新材料产业结构分析

南昌有色冶金新材料产业集群以铜、铝、钨等几种有色金属较为典型和具有优势。其产业链结构大体如图1所示。

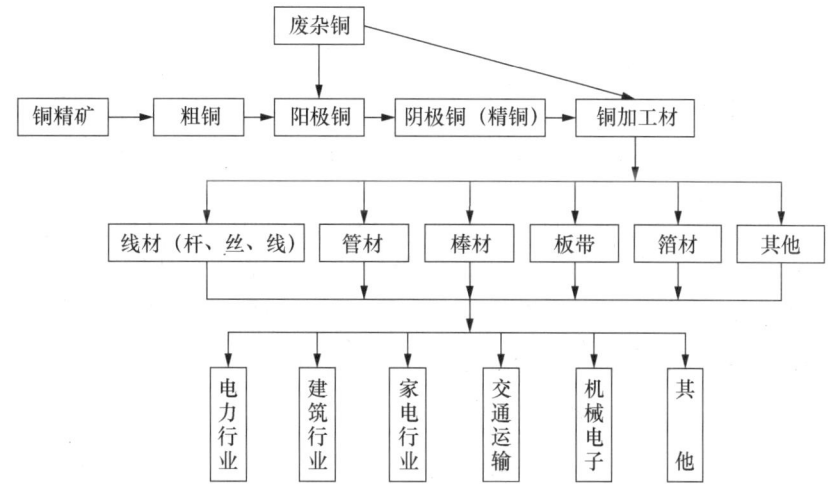

图 1　铜产业链

铜产业是江西的优势产业，产业集聚效应明显。南昌的铜产业，以江铜集团为龙头，走"专精特"之路，已形成从采矿、选矿、冶炼到铜材加工的产业链。下一步，应该继续坚持新产品开发为主导，以铜基合金、稀散金属加工为基础，继续围绕铜精深加工及新材料基地的建设目标而努力。

从全产业链的角度来看，南昌的铜产业要继续往下游延伸，围绕电子行业用铜、家用电器用铜、电力电气行业用铜、交通运输行业用铜、建筑行业用铜等行业开发产品，包括各种专用铜材、电子元器件、铜管、线材、板材等。

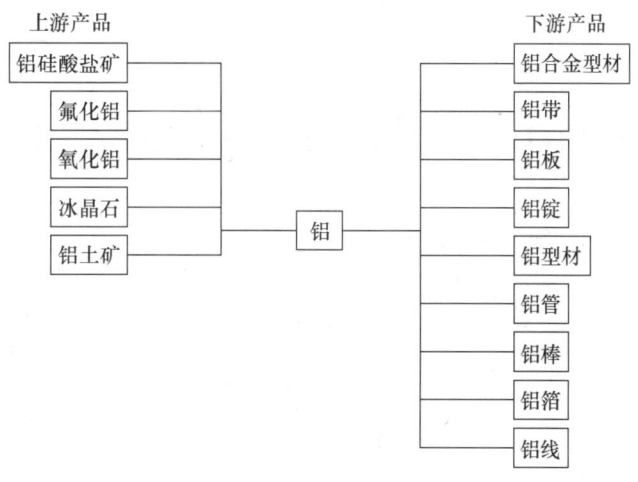

图 2　铝产业链

南昌的铝产业（见图2）主要是以大连实德、雄鹰铝业等企业为龙头的安义百亿新型建材产业集群。产能位居华东第2、全国第3。安义通过不断调整产业结构，重点推动铝合金、塑料型材产业升级，实现建材产业由初级产品向下游终端产品转变，由民用型材向工业型材转变。

围绕铝合金型材、塑料型材、不锈钢、玻璃、智能整体门窗系统和装饰板材六大主导产品,已形成了密封件、包装件、锁扣、原材料配送及模具维修直供五大类,形成了较为完善的产业链条。被中国建筑材料流通协会、江西省工信委、江西省发改委授予"中国塑钢门窗型材示范基地"、"江西铝合金塑料型材及制品产业基地"、"江西(安义)铝合金塑钢型材产业基地"等荣誉称号。此外,通过与南昌大学、南昌职业学院等高校进行校企合作进一步加大了高新科技对传统建材产品进行改造提升,先后有实德牌型材、雄鹰牌铝材、荣凯牌不锈钢、鑫隆泰牌铝单板、雅丽泰牌铝塑板、中泰来牌管桩等10多个品牌成为国家级、省级品牌产品。

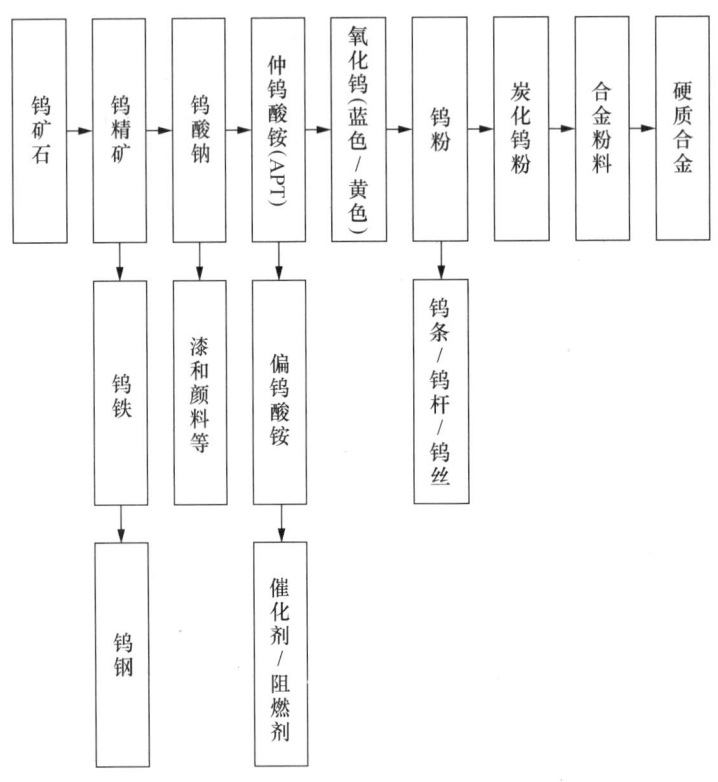

图3 钨产业链

南昌正在打造国内一流的稀土及有色金属深加工基地。主要有南昌经开区汽车及硬质合金新材料制造基地(见图3),以及与江钨金世纪、南昌齿轮厂等新材料产业形成特色鲜明的硬质合金新材料制造基地。

安义县由中国铝业公司和江西稀有金属钨业控股集团有限公司共同投资成立的江西江钨镍钴新材料有限公司项目正在推进中。该公司年产10万吨镍钴新材料项目是以国外红土矿粗炼的氢氧化镍钴富集物为生产原料,主要采用依托自主研究开发的,具有国内首创、国际领先的先进工艺技术,生产以金属电解镍、精制硫酸镍盐、高纯金属镍粉末及精制氯化钴盐等为主要产品的一项较大工程。整个项目建成后,可实现年产10万吨金属镍,钴金属约 5000 吨的规模能力。

(二) 南昌有色冶金新材料产业集群存在的主要问题

1. 不合理竞争提高了产品生产成本

虽然江西矿产资源丰富，但是优势矿种的经营状况并不尽如人意。如钨矿作为国内外具有绝对优势的矿产品，由于不合理竞争，导致钨矿原材料流失，市场价格经常暴跌。各企业之间，为争夺有限的矿产资源，对原材料相互竞价收购，也降低了生产效率，提高了生产成本。

2. 产业集中度低

有色金属产业集中度低，规模小，同业竞争、低水平重复建设现象比较突出，长期处于"大而不强"的尴尬境地。同时，大多数有色金属企业科技研发投入不高，很多低于销售收入的1%，不利于技术含量高、附加值大的有色金属产品的开发。

3. 产业层次较低

南昌有色冶金新材料产业总体技术层次不高。高新技术产业的核心关键材料依赖进口，核心技术受制于人。新产品产值率是标志企业自主创新能力的一项重要指标，而南昌部分新材料产品技术含量和附加值仍然不高。在前沿新材料领域，南昌的企业在一些新兴的产业领域，还缺乏战略眼光和超前研究，进入晚，投入少，发展慢，缺乏高层次领军人才支撑，缺乏重大技术突破，只能采取跟随战略，未形成产业优势，缺乏全国领军企业，与国内领先企业有较大差距，没有占领产业制高点，成为相关产业发展的瓶颈。

4. 资源及能源消耗大，环境问题突出

新材料产业能源消耗和污染排放占全部工业比重偏高。废弃资源的回收技术和水平较低，单位 GDP 所消耗的矿物原料比发达国家高 2~4 倍，二次资源利用率只相当于世界发达水平的 1/4~1/3。南昌以有色金属材料和非金属材料为主的新材料产业结构还不适应建设资源节约型社会的要求，迫切需要优化升级。以铜产业为例，再生铜企业的冶炼综合能耗标煤普遍高于 900 千克/吨、电耗 310 千瓦时/吨的国家标准，通过环评审批的企业不多。有色金属企业在生产过程中消耗大量的矿产资源、能源和水资源，产生大量固体废弃物、废水和废气，成为制约产业发展的瓶颈。

三、南昌有色冶金新材料产业集群发展的对策

(一) 转换制度创新方式

政府需要转换制度创新的方式，采取"服务市场"的方式，努力创建非扭曲性的经济政策环境，防止出现"政府失灵"的现象。政策、制度供给从微观经济主体的需要出发，提供优良的公共产品、有利的制度保障，创建安全、法制、公平、诚信的本地创业环境、就业环境和市场竞争环境，提高交易效率，降低交易费用，使分工沿着生产率提高和企业家创新积极性不断得到发挥的路径同时发展。

(二) 注重前端布局

面对该产业广阔的市场前景和优越的政策环境，在现有发展基础上，南昌应瞄准前沿

领域,注重前端布局,在新一轮竞争中抢占发展先机。具体来讲,应瞄准结构功能复合化、功能材料智能化、材料器件集成化、装备使用绿色化的方向,加强对产业的引导和指导,强化对重点新材料项目的扶持,开发综合性能高、资源消耗少、环境负荷低的新材料、新工艺和新技术,重点突破电子信息材料、新能源与节能新材料、新型金属材料、先进复合材料、纳米材料、化工新材料六大类战略产业急需、高技术含量、高附加值的前沿领域新材料,努力实现新材料产业由低端向高端发展,由小规模分散型向大规模集约型发展。

(三) 推进企业创新体系建设

提升研究机构的科研实力,加大人才引进力度,促进产学研进一步紧密合作,布局更多科技基础设施,促进自主创新。要依托现有高校重点实验室、有关研究院所等研究机构,建立新材料分子设计与性能预估、产业培训、产品测试等公共服务平台,加强技术跟踪,开展核心技术研究,推动新材料技术工程化,促进产业形成。在高技术含量、高成长性,具有一定产业基础的领域,加强企业技术中心和工程技术研究中心建设,设立共性技术开发平台,推动产业技术升级和促进中小企业技术创新。

加强企业创新能力建设,提升信息化水平,提高企业自主创新能力,集中扶持一批重点技术创新项目、重点技术改造项目和节能减排项目,推动新材料产业技术创新和科技成果产业化。也可鼓励企业通过采用自愿组合、合同连接、共建实体等产学研合作创新方式,加快创新成果转化。

(四) 积极培育行业龙头企业

充分发挥龙头企业对有色冶金新材料行业发展、产业集聚、区域经济的带动作用,把做强做大产业与做强做大企业结合起来。要从产业特点和比较优势出发,重点在电子信息材料、新型有色金属材料、建筑新材料等集约化、规模化生产的新材料领域推动龙头企业、优势企业跨地区、跨行业、跨所有制的资产重组,推动强强联合,加快规模扩张,加快培育和发展主业突出、拥有自主知识产权、有知名品牌、具有国际竞争力的大企业大集团。重点培育江铜、江钨、南昌硬质合金等一批在全国同行业名列前茅的企业成为全国同行业龙头。

坚持把培育大企业与扶持具有产业核心技术的中小企业结合起来,围绕"专精特新",扶持一批掌握核心技术、创新能力强、成长性高的新兴中小企业,推动新兴企业茁壮成长,积极引导中小企业提高对大企业、大项目的配套能力,延长产业链。夯实产业基础。以大企业为龙头,联合产业链上下游核心企业构建新材料产业联盟,加强新材料产品的研发和应用。依托优势资源,壮大深加工、精加工企业,不断延伸产品附加值和产业链条。在优势产业中求其特、求其专、求其精,形成特色产业集群。

(五) 加大产业结构调整力度

鼓励企业技术改造,运用新技术、新工艺、新设备改造传统工艺,着力帮助现有企业淘汰落后产能,提高企业自动化水平,打造著名品牌。以质量品种、节能减排、环境保护、两化融合为重点,主动对接引进世界500强、全国100强企业,充分发挥高校、科研院所、重点实验室的作用，搭建信息互通、资源共享的公共基础设施和服务平台，减少企业运营成本。大力发展精深加工，延伸产业链条，形成以新材料为主体，与上游原材料和下游元器件一体化，与资源、环境相协调的产业体系，提高新材料企业与应用行业的配套能力。

（六）发展循环经济

积极推行清洁生产、实行标准化管理，大力推广安全高效、能耗低、环保达标的生产工艺，推进资源利用从粗放型向集约型转变，促进产业与资源、环境的协调发展。做好尾矿、废渣及废金属等再生资源分拣、拆解、分离、无害化处理等再生技术研发和应用，大力推动废铜、废铝等金属回收及再生，率先发展再生铜、铝金属产品及其高附加值的下游制品，挖掘有色金属的最大潜力，切实把有色金属新材料精深加工产业，打造成资源节约型、环境友好型优势产业。

（七）加快资源整合

以高新区、经开区和安义县为重点，发挥基地龙头企业带动作用，依托基地内研究院所、工程技术研究中心、检测中心和中小企业服务平台，加快资源整合，促进企业向园区集中，增强产业集聚，创新园区功能，把工业园区打造成专业化、特色化产业的新材料园区，促进园区错位发展。通过专业性、特色化基地建设，有效地整合资本、人才、技术等要素，发挥基地的集聚、孵化和辐射作用，建立完整的垂直分工、合理布局的集群化产业基地。

萍乡市粉末冶金产业集群发展分析

一、萍乡市粉末冶金产业集群基本情况

粉末冶金在我国已有近 10 年的高速发展历史，粉末冶金技术已被广泛应用于交通、机械、电子、航空航天、兵器、生物、新能源、信息和核工业等领域。江西萍乡的冶金材料、磁性材料、陶瓷材料资源十分丰富，钢铁年产量 500 万吨，有色金属加工废料年产量 100 万吨，陶瓷材料年产量 200 万吨，龙头企业包括萍钢、安钢、永安、永特等企业，为发展粉末冶金产业提供了较好的产业基础。

2013 年 8 月，江西粉末冶金产业基地在萍乡上栗县工业园开建。同时，萍乡全力实施"院企联姻"战略，先后与中南大学、合肥理工大学、广州有色金属研究院、北京科大、北京理工大学、中国钢研科技集团等十余所高校及科研院所建立长期战略合作伙伴关系。目前已有 4 名院士，60 名教授博士，300 余名专业人员提供技术服务。2013 年萍乡市粉末冶金、装备制造产业企业已达 526 户，实现全年主营业务收入 449 亿元，占全市工业主营业务收入的 29.7%。2014 年 11 月，江西粉末冶金产业基地已落户企业 35 家，其中 9 家已经开始生产，11 家正在动工，另有 30 家还在洽谈。20 家企业投产后基地将实现年产值 100 亿元。萍乡粉末冶金产业集群重点是发展四大产业链：一是依托萍钢集团、科鹏金属材料为上游材料产业龙头发展好超纯粉、海绵铁、还原粉、磁性粉等材料产业链。二是依托九州压机、中钢精密为配套服务产业龙头发展好工装模具产业链。三是以慧成精密、恒磁电子为成型产业龙头发展好制件制品和先进装备制造产业链；重点扶持慧成精密机电、伟谱科技、恒磁电子、同凯科技、一互电气等骨干企业，形成汽车装配、陶瓷及工程机械、花炮机械、电力设备、光电信息、数控机床功能部件和关键部件七大类产品。四是依托永安合金、宏科特种合金为龙头发展好有色金属合金产业链。重点发展有色、黑色冶金材料、陶瓷材料、磁性材料及其他硬质材料五大类粉末材料，加大研发投入，依托重点工程和重点领域，加快研发水雾化和还原法钢铁粉末及扩散型合金钢粉和纯铁粉等 15 个牌号的还原铁粉，努力形成萍乡市高端冶金粉末材料生产能力。

二、萍乡市粉末冶金产业发展优势

（一）具有独特的综合发展优势

粉末冶金属于绿色、高效、低碳、可持续性发展的产业。萍乡矿产资源丰富，主要有煤、铁、铜等 36 种，为粉末冶金生产提供了主要原材料，是粉末冶金先进装备制造产业

的强力支撑；萍乡市有大批熟练的产业工人，为粉末冶金生产提供了丰富的劳动力资源；与中南大学、东北大学、北京理工大学、北京科技大学、广州有色金属研究院和北京钢研总院等建立紧密的战略合作关系，形成科技创新与产业聚集的比较优势。萍乡紧邻长株潭地区，乘坐高铁到长沙市区只需20多分钟，是长株潭地区的后花园，具有地域优势，目前长株潭城市群汽车产业发展迅猛，是国内重要的汽车整车制造及零部件生产基地，萍乡发展粉末冶金先进装备制造产业可以与长株潭地区实现产业互补和配套对接。

（二）具备完善的产业体系

萍乡粉末冶金的产业配套体系完善，为粉末冶金先进装备制造产业拓展了广阔空间。萍乡市依托产业、科技招商理念，重点打造粉末冶金先进装备制造产业，形成从原材料到成套产品比较完善的产业配套体系。萍乡市粉末冶金、装备制造产业包括9个行业，分别为冶炼铸造、粉末冶金制造、工程机械、电力电瓷电器、汽车装配、环保装备、电子信息、专用设备、工装模具及零部件，共有企业526户。

（三）拥有良好的科研创新平台

粉末冶金先进装备制造产业是萍乡市重点培育和发展的战略性新兴产业，逐步推进市科技创新创业中心（粉末冶金研发中心）、市综合性技术检测中心、粉末冶金先进制造产业孵化中心、粉末冶金先进制造产业规划展示中心和粉末冶金先进制造产业基地"四中心一基地"建设，打造功能完备的公共服务平台。萍乡与中南大学签订了共建"粉末冶金产业科技园"（中南大学科技园）协议，中南大学粉末冶金研究院研发的"钢铁冶金用的添加剂"已在萍乡成功转化。

（四）得到全面政策支持

江西省推进新型工业化领导小组下发的《关于支持萍乡市粉末冶金、工业陶瓷和电瓷产业发展的若干措施的通知》，将萍乡粉末冶金产业集群列入60个省级重点产业集群和20个省级工业示范产业集群予以重点支持。萍乡市出台了《萍乡市支持粉末冶金产业发展的若干优惠政策》，从土地、财税、资金等方面予以支持，特别是设立了2000万元粉末冶金产业科技创业孵化专项资金，给予萍乡市粉末冶金产业全力的政策支持。

三、萍乡市粉末冶金产业集群存在的主要问题

（一）生产技术存在差距

虽然粉末冶金在我国发展较快，但与发达国家相比仍有不小的差距。资料显示，发达国家汽车制造业粉末冶金制品的用量占其粉末冶金制品总产量的绝大多数，如美国占70%，欧洲为80%，而我国目前尚不足40%。这需要粉末冶金的生产不仅在数量上有待提高，在品种和质量上也需要改进。特别是要提高生产效率、降低制造成本。在当前产品生命周期日益缩短、产品更新换代日益加快、产品质量不断提高、资源与能源消耗不断减小、对环境污染控制日益强化的背景下，粉末冶金零件生产要能够长期快速健康发展，关

键就在于"创新"。

（二）成本压力增加，企业利润减少

粉末冶金的市场需求不断扩大，粉末冶金零件行业和企业也发展很快。粉末冶金制造行业基本属于完全竞争行业，整个行业的利润水平基本稳定在一个工业产品合理的范围内，不存在暴利的情况。粉末冶金行业的原辅材料成本较高，从2006年初开始，其材料开始大幅度涨价，铁粉上涨80%，铜粉上涨100%，镍粉上涨200%，钼粉上涨300%，使原本十分脆弱的企业利润雪上加霜，企业长期处于"上挤下压"的环境中，使企业的利润空间受到巨大冲击，行业利润大幅度减少。

（三）专业人才难以获取

人才需要时间的积累，短期内无法突变。人才决定一切，但目前全国范围内的粉末冶金专业人才都欠缺，只有中南大学、东北大学、北京科技大学和合肥工业大学等几所院校设有粉末冶金专业，这对于推动和促进一门新兴产业的人才储备是远远不够的。由于原来条块分离的教育体制的影响，原机械行业院校均没有粉末冶金专业，导致机械行业大部分技术骨干不了解粉末冶金技术，影响了粉末冶金制品在机械行业的推广应用。

四、萍乡粉末冶金产业集群发展建议

（一）制定有效扶持政策

发展粉末冶金产业要强化政府引导，制定积极有效的产业扶持政策，科学合理地制定产业集群发展规划和工作推进方案。

结合萍乡粉末冶金产业实际情况，制定和完善促进粉末冶金产业发展的科技、财政税收、金融、人才、进出口等具体政策，加快建立系统完备、统一开放、操作性强的政策体系。加大现行政策执行和落实力度，建立政策落实责任制，切实将相关政策落实到位，充分发挥政策效应。以扶持重点项目为突破口，加快粉末冶金产业发展，重点扶持科鹏、倍特、安科、新泰兴等具有增长潜力的大项目、好项目，最终形成产业链、产业集群和产业规模。同时，通过申报省重点项目，向上争取土地指标。加快推进粉末冶金产业基地建设，尽快完善水、电、路、气等基础设施，凝聚政策、技术、人才、资金等优势，发挥集聚效应和辐射功能。

加强产业发展现状调研，对产业区域分布、价值链形成路径、配套企业的分工协作程度以及硬件环境和软件环境对产业集群发展的适应程度进行系统的分析研究，完善集群发展的产业导向目录。将产业集群作为中小企业促进发展的重要载体，在区域范围内以产业集群政策替代产业政策。以促进集群市场竞争力和可持续发展能力的提高为目标，以集群内的企业为对象，以鼓励企业向集群中集聚和规范企业分工协作为内容，制定系统的鼓励和限制政策，以此替代简单的产业布局。

加大对促进产业联系的三大公共要素投入，即基础设施、有技能的劳动力群体和信息服务平台的投入。积极培育和完善促进产业集群发展的社会化服务体系，包括服务于产业集群的中介服务机构、科研服务机构、检测服务机构、教育培训机构等。

(二) 统筹基地建设规划

在产业集群过程中，应统筹规划，把培育产业集群作为基地建设规划的一项重要内容。打破区域界限，共享资源要素，促进大项目集聚，加强基础设施建设，构建企业之间产业协作关系链，注重基地之间产业差别化错位，以获得基地和产业集群的和谐发展。

在规划中突出规模企业作用。截至 2013 年，萍乡市规模以上企业 680 户，其中，陶瓷、电瓷、粉末冶金三个重点产业集群为 110 户，占 16%，这些企业基本已经完成资本的原始积累，具备了战略扩张跨越的基础。充分发挥规模企业带头作用，使这些企业的每一次规模扩张，都形成新的价值链环节，也为培育为其配套的中小企业提供了条件。对产业集群的发展发挥了强有力的支撑和带动作用。

(三) 提高生产开发技术

开发和掌握核心技术。提升成型产品的技术水平和可靠性水平，加快开发动力转向机阀套、机油泵转子和电力设备、光电信息、高档数控机床和机床数控系统功能部件及关键部件等一批代表性结构件。

提高产业集中度。打造覆盖汽车和成套装备控制系统功能部件和关键功能部件的较为完整的产业链，培育一批国际先进、国内领先的高端制品企业，推动萍乡市粉末冶金产业迈上一个新台阶。以中钢精密模具为龙头，重点扶持一批粉末冶金加工和成型工装配套企业，鼓励研发激光快速成型技术、无模多点成型技术，提升工装配套产业集群化发展水平。

开发和拓展工装模具信息驱动，制造柔性、敏捷化制造及系统化集成等领域的应用。以安源客车、德博科技为龙头，重点发展汽车装配、陶瓷及工程机械、花炮机械、电力设备、光电信息、数控机床功能部件及关键部件等领域的应用企业，大力发展关键总成零部件。

支持工程机械、环保成套装备、花炮机械、数控机床、电力设备集群化发展，依托骨干企业，加速规模扩张和结构升级，完善产品系列，继续保持和扩大萍乡市工程机械、环保成套装备、花炮机械、数控机床、光电信息、电力设备产业的竞争优势。

调整产品结构，提升产品档次。做强做大萍钢、安钢、永特、永安、倍特实业、科鹏实业、安科新材料等企业，加快研发新产品，继续保持萍乡市粉末冶金材料在全省的优势地位，提高产品占全省粉末冶金的比重，逐步提升萍乡市粉末冶金材料产品的市场竞争能力，加快提升粉末冶金材料系列多品种多用途的研发生产能力，加快提升粉末冶金材料生产的配套能力。

组织粉末冶金材料企业、科研院校建立行业技术中心和产业技术创新联盟，加快共性技术和关键核心技术攻关，建立和完善产学研用的技术创新体系。

(四) 吸引专业人才聚集

粉末冶金行业既缺少现代企业管理的企业家，又缺乏技术的领军人。加快粉末冶金高科技人才与市场紧缺人才的培养步伐，支持企业与高校、科研院所联合定向培养人才；对外招聘专业人才，以优惠政策吸引专业人才；对企业内部员工进行培训，将企业逐步建设成学习型企业，在生产—经营的实践中，通过学习，聚集和提高企业的人才队伍；引进高学历的粉末冶金领域杰出人才，担任行业顾问；重视行业高端人才的引进，吸引国内外科技人才来粉末冶金产业园区创新、创业。

萍乡市芦溪县电瓷产业集群案例分析

一、萍乡电瓷产业集群现状

萍乡市是江西电瓷产业集群核心地区，而萍乡的电瓷产业集群主要集中在芦溪县。电瓷作为芦溪县的传统主导产业。电瓷主要应用于电力系统中各种电压等级的输电线路、变电站、电器设备以及其他的一些特殊行业如轨道交通的电力系统中，它将不同电位的导体或部件连接并起绝缘和支持作用，作为输变电工程的关键配套产品，首先应满足我国超高压特高压输变电工程建设的需求，大力发展500千伏及以上线路和电站用各种电瓷产品是电瓷产业发展的重要内容。

芦溪县的电瓷产业有着百年的辉煌历史。1905年创办的萍乡电瓷厂，生产电瓷产品300余种，标志着萍乡电瓷迈上近代工业发展道路。20世纪70年代，萍乡电瓷出口欧美等40多个国家和地区，是当时全国电瓷产品出口的主要基地之一。自1993年全县第一家民营企业高强电瓷兴办以来，芦溪电瓷工业依托资源、技术和基础传统优势，发展迅速，创造了良好的经济效益和社会效益。

截至2013年底，芦溪县共有电瓷及相关企业178家，涵盖上下游企业及为产业配套服务的相关企业，其中规模以上企业52家，从业人员43000人，核心地区面积27300亩，20世纪90年代以来，萍乡电瓷发展到40多个系列、600多个品种，中低档电瓷、线路瓷占同类产品70%以上国内市场份额、40%以上出口份额。2013年，主营业务收入达33.7亿元，占全省比重96%以上，实现利税5.4亿元，新增固定资产投入5.3亿元。

电瓷产业改造提升凸显成效，电瓷产业正朝着环保型、科技型、效益型的目标阔步迈进。先后被认定为江西省电瓷产业基地、江西省电瓷高新技术产业基地、中国产学研合作创新示范基地的试点单位。

二、萍乡电瓷产业集群发展特点

（一）有较好的资源和产业基础

萍乡县有良好的资源优势，萍乡及周边地区拥有丰富的高岭土、石英、长石等矿产资源，烧成高档次电瓷所需的基础能源——天然气也已引入，为该行业的清洁生产奠定了良好的基础；从20世纪初，芦溪就开始了电瓷的生产和销售。位于上埠镇的萍乡电瓷厂曾是全国的第六大电瓷厂。至90年代后期，形成了以芦溪镇、上埠镇和南坑镇为核心的电瓷生产密集区。芦溪县电瓷产业的区域优势明显，经济效益显著，已成为芦溪县的特色产业和支柱产业之一。

（二）有一定的技术和技艺优势

在近百年的电瓷生产历史中，萍乡的电瓷生产工艺在不断进步，装备水平和人员素质不断提高，积累了丰富的电瓷生产经验，培育了一大批富有实践经验的工程技术人员和操作人员队伍，形成了一定的技术优势。现已能批量生产160千牛及以下强度等级的悬式瓷绝缘子，中档支柱瓷绝缘子和空心瓷绝缘子等电瓷产品，部分产品已出口到东南亚和欧美国家。新近投产的江西强联电瓷有限公司，采用干法等静压技术生产的高强度棒形支柱产品，工艺技术水平和产品质量均已达到国内同类产品的先进水平。更为重要的是，电瓷制造业手工操作比重大，员工的操作技能对产品质量影响重大，而萍乡众多的熟练操作员工资源可谓得天独厚。

（三）有较强的自主创新能力

电瓷行业与西安电瓷研究所、湖南大学、武汉理工大学等科研院所已建立长期合作关系。2010年9月经市科技局批准成立了"萍乡电瓷生产力促进中心"，2010年12月获省科技厅批准成立江西省电瓷产业技术创新战略联盟，2011年3月成功申报江西省电瓷高新技术产业基地，2011年7月强联公司技术中心成功申报江西省中小企业公共服务示范平台。截至目前，共有33项电瓷新产品通过省级鉴定，23项知识产权获得专利，2项被评为省自主创新产品。华为公司生产的70KN、100KN电瓷产品顺利通过荷兰电工材料协会（KEMA）试验检测，达到欧洲市场的准入条件，成为国内第二家通过此项世界权威检测的企业，有12项产品成功进入国家电网采购招标名录。

（四）有较好的产业配套能力

2013年，全市电瓷行业基本形成了特高压交直流系统用绝缘子避雷器产品（包括圆柱头盘形悬式瓷绝缘子、长棒形瓷绝缘子，高机械强度等级和可靠性棒形支柱瓷等产品）、高速铁路网络和城市轨道交通用绝缘子避雷器产品（包括各类接触网用绝缘子和机车用绝缘子以及过电压保护装置）、绝缘子避雷器产品（紧凑型线路用绝缘子、避雷器、圆柱头绝缘子及小型化GIS避雷器等）和电站用空心绝缘子避雷器、断路器（开关）、电容器、互感器等产品，其中，线路绝缘子产能43万吨、电站电器用绝缘子产能34万吨、轨道交通用绝缘子产能27万吨、电瓷附件产能12000万件，电力成套装备专业化生产能力基本形成。

（五）形成了集群的竞争优势

迈克尔·波特的"钻石"模型理论认为，影响一个国家某一个行业国际竞争优势有生产要素、需求状况、相关产业、企业策略、结构或竞争对手、政府行为以及机会等几大方面：

在生产要素方面，芦溪县电瓷产业集群有较好的产业基础、有一定的技术和工艺优势、自主创新能力和产业配套能力较好且不断提高；需求条件方面，电力工业的持续发展，不仅延伸了电瓷产品的产业链，更可大幅提高电瓷产品的附加值和利润水平；企业战略、结构和同业竞争方面,由于国外资本和技术向国内转移,我国技术装备和产业基础还相对落后,与国外技术相比竞争优势不足,因此应加快技术进步,提升自主研发能力;从相关支持产业方面看,芦溪县有多家上下游支持企业和产业配套服务的相关企业,为芦溪电瓷产业提供产业配套服务;政府扶持重点企业做大做强,加大平台搭建力度,建立完备的产业政策体系和质量监管体系等,通过"产、学、研"的紧密合作,显著提升电瓷新产品、新技术、新工艺等方面的自主研发能力,促进科技成果的工程化应用和产业化;在机会方面,国家电网投资、国际国内合作以及集聚效益增强。

三、萍乡电瓷产业集群面临挑战与发展经验

(一)萍乡电瓷产业集群面临的挑战

1. 产品技术的挑战

萍乡电瓷行业通过技术改造,加强了对超高压和特高压电瓷产品特别是依赖进口的高技术难度产品的研究开发,用等静压技术干法成型棒型支柱瓷绝缘子和空心绝缘子、整体注射成型技术生产棒型悬式复合绝缘子等技术难度较大的产品均实现了规模化生产,较好地满足了我国电力工业高速发展的需求。电瓷产业在过去10年中虽然取得了长足发展,但与国外先进水平比,在产品的档次和制备工艺技术上还有一定的差距。生产能力不足、能源消耗较高等问题普遍存在。

2. 产品创新的挑战

萍乡现有电瓷企业大多产品雷同,主要为220千伏以下线路用瓷绝缘子和一部分支柱、小瓷套等技术含量不高的中低档产品。电瓷的下游产品——高附加值的电器产品还是空白,因而产值规模和利润水平也相对较低。各企业间分工不明晰,存在无序竞争,没有知名品牌和自主知识产权,现有产品的国际竞争力不强。

3. 国际竞争的挑战

由于国外资本和技术向国内转移,如日本碍子(NGK)公司、意大利塞维斯(SEVES)集团公司、欧洲PPC电瓷公司等,都先后在我国上海、天津、苏州、唐山、无锡、自贡等地设厂生产瓷绝缘子或钢化玻璃绝缘子,美国的拉普公司也与大连电瓷有限公司达成了瓷绝缘子的合作协议,将我国技术装备和产业基础还相对落后的电瓷产业推到了与世界500强企业同台竞争的位置,这无疑是对我国电瓷产业的严峻考验。面对国际强手的挑战,我们唯有加快技术进步和提升自主创新的能力,不断提高产品的档次和性价比,才能在激烈的国际竞争中求生存谋发展,将我国电瓷产业做大做强。

(二)芦溪县电瓷产业集群的发展经验

1. 加快载体建设,强化对接合作

芦溪县电瓷产业集群一是规划建设了3000亩的江西省电瓷产业基地南区和总面积10000亩的北区,引导企业向园区集中,实现产业集聚。二是致力走产、学、研相结合发展路子,与湖南大学、西安电瓷研究所等国内权威科研机构建立了良好的合作关系,先后成立了萍乡电瓷生产力促进中心、江西省电瓷产业技术创新战略联盟,与湖南大学联合组

建了"江西省电瓷工程技术研究中心"。三是强化要素保障，引进香港中华煤气公司设立萍乡港华燃气有限公司，日供天然气能力达10万立方米以上，实现全县范围内工业用气的全覆盖，为产业的发展提供了充足的能源保障。加强瓷土资源管理，实行统一规划、统一管理、统一销售，规范瓷土产销秩序。四是积极靠大联强，强联公司成功对接浙江金利华电气，中国宝安集团收购三元蜂窝陶瓷，怡源绝缘子与中材高新、海克拉斯与大连电瓷、华通电瓷与广州白云电器合作有序推进，集聚效益明显增强。

近年来，萍乡市电瓷产业总产值、工业增加值、利税总额等主要经济指标的年均增幅均在15%以上，经济总量占全市工业10%以上，经济效益和社会效益显著，已成为萍乡特色产业。同时，随着产品结构的不断优化，档次不断提高，产业转型升级凸显成效，电瓷产业正朝着环保型、科技型、效益型目标迈进。

2. **突出科技创新，推进产业升级**

萍乡充分利用高新技术和先进适用技术引领电瓷产业转型升级，提升传统优势产业发展质效，倾力打造全国电瓷产业基地。走产学研结合发展路子，着力提高产业发展水平和产品档次，与西安电瓷研究所、湖南大学、武汉理工大学等科研院所建立长期合作关系。2008年12月被省政府批准为江西省电瓷产业基地，2010年9月经市科技局批准成立了"萍乡电瓷生产力促进中心"，2010年12月获省科技厅批准成立江西省电瓷产业技术创新战略联盟，2011年3月成功申报江西省电瓷高新技术产业基地，强联公司技术中心于2011年7月成功申报江西省中小企业公共服务示范平台。截至目前，共有33项电瓷新产品通过省级鉴定，23项知识产权获得专利，2项被评为省自主创新产品。华为公司生产的70KN、100KN电瓷产品顺利通过荷兰电工材料协会（KEMA）试验检测，达到欧洲市场的准入条件，成为国内第二家通过此项世界权威检测的企业，有12项产品成功进入国家电网采购招标名录。

3. **加速产业集群，彰显活力效益**

芦溪县电瓷企业涵盖了上下游企业及为产业配套服务的相关企业，从企业构成情况来看，除电瓷产品制造企业外，既有生产钢脚、钢帽，从事胶装的上游企业，又有生产电器产品的下游企业，同时还有为产业配套服务的如瓷泥开采加工，提供清洁燃料的天然气煤气公司等相关企业。萍乡电瓷产业的区域优势明显，电瓷产品品种发展到40多个系列、600多个品种，先后出口到欧美、东南亚等40多个国家和地区，其中中低档电瓷、线路瓷占同类产品70%以上国内市场份额、40%以上出口份额，产业集聚发展的规模效应和品牌效应显现。近年来电瓷产业总产值、工业增加值、利税总额等主要经济指标的年均增幅均在15%以上，经济总量占全芦溪县工业40%以上，经济效益和社会效益显著，已成为萍乡的特色产业和支柱产业。目前，电瓷产品结构优化，档次提高，产业转型升级凸显成效，电瓷产业正朝着环保型、科技型、效益型目标阔步迈进。

4. **建立长期合作，促进自主创新能力**

电瓷行业与西安电瓷研究所、湖南大学、武汉理工大学等科研院所已建立长期合作关系。

随着国际上能源价格大幅上扬，生产电瓷的矿产资源越来越少，劳动力成本增加，发达国家的电瓷企业正在向中国和东南亚国家转移，国际合作机会增加，也为我国发展电瓷，抢占国际市场提供了很好的机遇。与此同时，随着国内央企、上市公司、科企、民企与萍乡电瓷的接触日益频繁，对接和合作的可能性大大增加。如强联公司已成功对接浙江金利华电气，怡源绝缘子与中材高新、海克拉斯与大连电瓷、华通电瓷与广州白云电器合作正有序推进。萍乡电瓷企业与国内同行业的交流与合作日趋紧密。

萍乡市工业陶瓷产业集群发展对策研究

工业陶瓷是指工业生产用及工业产品用陶瓷。江西省的工业陶瓷产业主要集中在萍乡市。2006年9月陶瓷产业基地经江西省发改委批准立项，2007年列入江西省重点调度项目，是江西省唯一工业陶瓷产业基地，生产化工陶瓷，研磨、耐磨陶瓷，辊棒托辊，建筑陶瓷，特种陶瓷，陶瓷色釉料，陶瓷机械，石油化工塔设备及配件等。萍乡市的工业陶瓷占全国同类产品市场占有率的70%以上。

基地2012年完成工业总产值60亿元，利税总额2.9亿元。计划到2015年，吸纳规模以上陶瓷企业及相关企业100家，实现销售收入120亿元以上，依托其资源优势，努力打造一个产品升级，产业转型的新兴产业配套基地。江西萍乡陶瓷产业基地紧邻320国道、沪昆高速和浙赣铁路，总规划面积29.78平方公里（不含周边五个工业小区）。2006年8月破土动工，2007年6月正式被江西省政府列为"江西萍乡陶瓷产业基地"。

一、萍乡工业陶瓷产业集群发展情况

（一）国内外工业陶瓷产业现状

工业陶瓷出现于19世纪末，在20世纪中后期，随着科学技术快速发展，对新型陶瓷材料的应用需求不断扩大，工业陶瓷产业获得了非常迅速的发展。

工业陶瓷首先是为适应电力、冶金（钢铁）、化工等基础产业的发展而开发的，如制造高压输变电用的绝缘子、炼钢炉中的高级耐火材料和化学工业的耐腐蚀材料等，然后逐步向新兴科学领域如电子信息、航天航空、新能源、生物医学等发展，用于制造电子元器件、光导纤维、航天航空材料、先进电池材料、生物医学材料等。目前工业陶瓷的应用不仅已渗透到工业技术的各领域，而且也进入到人们的日常生活中，如陶瓷表壳和表链、陶瓷餐刀、陶瓷首饰、装有陶瓷滚珠的圆珠笔等（见表1）。

表1　日、美、中三国外工业陶瓷产业对比

国家	地位	特点
日本	全球工业陶瓷的第一生产大国	从事陶瓷研发和生产的公司有500多家，在电子陶瓷、光导纤维、高韧性陶瓷等精细陶瓷材料方面，日本均处于领先地位
美国	世界工业陶瓷的第二生产大国	从事工业陶瓷生产的公司有300多家，从事高技术陶瓷的研发机构有40多家
中国	历史悠久，市场占有率占80%以上	我国目前工业陶瓷已形成了一个具有相当规模的新材料产业。江西萍乡已成为我国工业陶瓷特别是化工陶瓷、耐磨陶瓷和电瓷的重要生产基地

(二) 萍乡工业陶瓷产业集群发展现状

工业陶瓷产业集群核心地区为湘东区,湘东地处赣湘边境,西南与湖南省醴陵市、攸县交界,是江西的西大门。核心地区面积 44670 亩,共有企业 305 家,其中,规模以上 55 家,从业人员 35449 人,产能 300 万吨以上,主要产品有耐腐蚀瓷球、瓷砖、瓷板、瓷环、瓷拱、耐磨陶瓷、泡沫陶瓷、蜂窝陶瓷等上千个品种。有 100 多家陶瓷企业与上海硅酸盐研究所、湖南大学、清华大学等建立长期合作关系,分布在国内外的营销人员达 4000 多人,产品销售占国内市场份额 70% 以上,并且远销欧美等国家和地区。2013 年,实现主营业务收入 156 亿元,同比增长 22.1%,利税总额 34.6 亿元,同比增长 18%。

1. 企业结构日趋合理

随着国有大中型企业改制、破产重组基本结束,资产存量进一步盘活,企业组织结构不断优化,一大批民营企业迅速发展,成为陶瓷产业的骨干力量。在 305 家工业陶瓷生产企业中,民营企业占 91.8%,股份制企业占 6%,集体所有制企业占 2%,已经形成了民营企业为主、多种组织形式并存的结构体系。

2. 高标准打造招商平台

2012 年下半年基地启动了东区开发建设,引进科技含量高、税收贡献大的项目,可吸纳企业约 15 家。基地从 2010 年起重点建设博士创业园、工业陶瓷高新技术区和高新技术孵化中心,从而推动产业转型。如今,博士创业园已落户由博士领衔创办的中京科林、普天高科等 7 家企业。为进一步加快科技创新步伐,湘东区还设立了年预算 500 万元创建科技创新基金,建设了工业陶瓷配套服务体系"五个中心一超市"(技术服务中心、研发中心、检测中心、技术培训中心、产品展示中心和行业人才超市),与全国 83 所科研院校联姻。通过加强产学研合作,科技含量得到提升,企业经济效益呈几何级倍数上升。

3. 产品结构全面优化

随着技术的不断创新,工业陶瓷生产已由原来的单一的耐磨陶瓷发展为如今的微晶中高铝研磨球、分子筛、催化剂、瓷衬、瓷砖等上千个耐酸、耐碱、耐高温、防腐蚀品种的新型陶瓷。采用世界领先水平的纳米陶瓷超滤膜及其成套装置,以生产技术含量高、拥有自主知识产权的高强度耐酸工程陶瓷、节能用蓄热陶瓷、化工用新型规整填料等为主。特别是湘东区陶瓷行业产品创新成果尤为显著。该区拥有 138 项陶瓷行业专利、12 项国家品牌、18 项省级品牌、51 个产品质量认定。

4. 产业领域不断拓展

已由传统的工业填料逐步向化工陶瓷、环保陶瓷、耐磨陶瓷、电子陶瓷、生物陶瓷等领域拓展。截至 2013 年,萍乡市化工陶瓷产能 210 万吨,环保陶瓷产能 60 万吨,耐磨陶瓷产能 20 万吨,电子陶瓷产能 5 万吨,生物陶瓷产能 5 万吨(见表 2)。

表2 2010~2015年湘东工业陶瓷产品结构分析　　　　　　　单位：万元

序号	产品类别	2010年	2013年	2015年
1	耐酸陶瓷（砖、梁、填料等）	85000	120000	150000
2	环保陶瓷（多孔陶瓷、陶瓷膜等）	45000	115000	180000
3	耐磨陶瓷（球、微珠、阀门、托辊等）	60000	95000	140000
4	高温结构陶瓷（窑具、高级耐火材料等）	15000	45000	55000
5	氧化锆增韧陶瓷（PSZ，ZTA等）	12000	42000	70000
6	蓄热陶瓷（蜂窝、球形、相变等）	25000	75000	100000
7	陶瓷原料（开采、加工）	12000	55000	70000
8	陶瓷设备（硫酸设备、过滤器等）	20000	65000	100000
9	其他陶瓷（建筑卫生陶瓷、电瓷等）	20000	60000	90000
10	物流、技术服务等	8000	28000	45000
	合计	302000	700000	1000000

二、萍乡工业陶瓷产业集群发展的优势和困难

我国正成为世界上最大的制造业基地和出口贸易大国，工业陶瓷可以广泛应用于石油化工、煤化工、电力、冶炼、建材、环保、医药等产业，市场前景十分广阔。萍乡市工业陶瓷市场主体从无到有，由弱至强，形成了以湘东区为中心，辐射全市三县三区的陶瓷产业集群。工业陶瓷产品在全国市场占有率达70%，生产规模排第一位。

（一）优势

1. 知名度高

湘东区是闻名全国的"工业陶瓷之都"，是全国星火技术产业密集区，工业陶瓷在全国知名度高，影响力大。湘东区工业陶瓷起步于20世纪60年代，经过近半个世纪的发展，已形成拥有陶瓷企业176家，年生产能力达200万吨，工业陶瓷市场份额占全国70%的产业规模。产品远销欧美等40多个国家和地区。2009年初，被授予"中国工业陶瓷之都"称号。

2. 设施完备

基地内实现了"四通一平"，即通路、通水、通电、通煤气、平整土地，目前园内工业大道已全面完成硬化；采取集中供气模式，焦化厂日供焦炉煤气100万立方米，商业气站日供冷煤气200万立方米，日供气量100万立方米的天然气储备站正在筹建；由江西赣西供电公司直接供电，属国家一级供电，享受省级工业园用电标准，基地内有110千伏变电站三座，可以形成三个供电回路，确保园区不间断供电，满足陶瓷企业连续生产要求；采用专用管道供水，日供水能力达5万吨；基地内有多家陶瓷机械制造修理厂和窑具厂、

球石厂，并有萍乡市机械工业的雄厚基础为后盾，配套服务一流。

3. 原料充足

全区工业陶瓷产品的主要原材料瓷石、高岭土、滑石黏土、天然风化粉石英、高硅土、透闪石等矿产储量近3亿吨，且品位高、品种全，性能成分稳定，分布范围广，开采、运输极其便利；有专门的原料供应公司，确保原料及时供应。

4. 区位优势明显

萍乡市湘东区地处萍宜新、长株潭两大城市带的结合部。浙赣铁路、沪昆高速、320国道、319国道纵横全境，交通运输十分便利。陶瓷产业基地内有专用铁路货运站。基地距沪昆高速公路3公里，距中心城区3公里，距萍乡市中心城区18公里，距黄花国际机场110公里，距九江码头400公里，距岳阳码头330公里。国内市场可通过两个铁路货运站和公路运输。出口海外市场，可经长沙湘江水运至上海港，也可用铁港连运的方式运至各出口港口。

5. 产业集群基本形成

基地具有一支高素质的研发、生产、管理专业技术人才队伍和大批熟练工人；有通达海外、遍布全国的强大营销网络，湘东区陶瓷企业从业人员达13000人，营销人员达3000多人，并在国内外设有营销办事机构；2007年，该区还成立了全市首家陶瓷科研、设计、检测、服务、培训机构——萍乡陶瓷科学技术研究中心，可为基地提供良好的技术和人才支撑。

6. 政府政策扶持

经国务院和省政府批准，入驻萍乡陶瓷产业基地的企业均可以享受相应的优惠政策。

7. 配套服务全面

基地建设成为集商务、会展、安保、餐饮、住宿、购物、娱乐、休闲于一体的多功能综合服务中心，为入驻企业提供全方位综合服务；将成立专门服务机构，提供涉政事务代理、法律金融咨询、保安家政等方面的服务。

8. 外部市场需求量大

据国家有关资料显示，随着发达国家资源型、污染型产业向发展中国家转移，国外工业陶瓷市场容量越来越大。这样，国外市场就为国内陶瓷产业发展提供了广阔的市场空间。从国内市场来看，由于经济的快速发展，陶瓷产业链迅速向制药、环保、建材、包装等领域延伸，其用途十分广泛。据调查，目前国内工业陶瓷市场容量约为18亿元，今后一段时期，可望保持10%~15%的增长幅度，即在未来5年内，工业陶瓷市场容量可望达到30亿元以上。我国的陶瓷产业属于劳动密集型产业，产品成本较低，在国际市场上具有较强的竞争优势。

9. 市场占有率高

全国工业陶瓷主要供给地有江西萍乡、湖南、河北、福建等地，形成了四家竞争的格局。萍乡市2014年工业陶瓷产值近12亿元，销售收入达11亿余元，产销率达95%以上，已占据全国市场的70%，其中工业瓷占50%，化工填料占80%，可以说，在市场竞争中已占主导地位。

（二）困难

萍乡市陶瓷产业虽然基础比较好，但离产业集群所带来的区域效应还有很大的差距，

面临的困难和挑战不少,主要表现在:

1. 产业结构层次低

一是规模以上企业少,对区域经济发展的拉动作用和辐射能力不强。据统计,湘东区年销售收入在1000万元以上的陶瓷企业仅16家,只占陶瓷企业总数的10%左右,年销售收入在5000万元以上的只有6家,上亿元的还没有。二是产品结构以中低档为主,缺少有影响力的品牌,缺乏市场效应。陶瓷产业主要集中于对资源的粗加工上,主要产品为工业瓷砂、瓷球、瓷环等,科技含量较低、附加值低,个性化的产品也较为缺乏。据调查,目前市场上较为有竞争力的产品为高铝瓷球,但萍乡市还处于试产阶段。三是企业"小而全"、"大而全",分工不明显,缺少内部动力。萍乡市陶瓷产业跟风仿效现象严重,造成大量的低水平重复建设,专业化分工和社会化协作水平很低,产品结构严重趋同。据调查,85%以上的企业生产同一类型的产品,相似度在90%以上,没有一家企业生产"人无我有"的个性化产品。四是无序竞争激烈。据调查,企业认为存在过度(不正当或恶性)竞争的占97%,认为在产品销售环节存在过度竞争的占90%,为了获取市场份额,企业之间互相压价销售甚至低于成本价销售。如中铝球由2500元/吨,降至1500元/吨,有的甚至更低,企业几乎没有利润。根据统计,由于相互压价,陶瓷产品的销售价格平均下降了500~3000元/吨,年利润损失达4000万元以上。

2. 产业链条短

萍乡市陶瓷产品以终端产品为主,基本上没有产业链条,因而无法采取分包、委托、转让、订购等方式对其生产过程进行分拆。在产业的上游,近一半的原材料靠从贵州、河南等地购买,2012年全市购进高岭土达18万吨,购进煤炭达16万吨,占燃原料总需求量的50%以上,陶瓷机械设备主要从湖南株洲、湘潭购进。同时,市场建设与产业建设联系不紧密,市场功能不齐全,市场反应不灵敏,对产业结构调整的导向作用不强,外部市场开拓主要依赖销售公司,靠销售人员找市场。

3. 管理和经营手段单一

大多数陶瓷企业源于原来的乡镇企业,由私人买断后,对企业实行家庭式管理。据统计,采用股份合作制的企业仅25家,占企业总数的15.6%。在这些股份制企业中,也没有严格按股份制的形式来运作,实现的形式单一,管理和经营手段简单粗放,企业难以发展壮大,有的企业最后不得不拆股。如五星陶瓷厂开始是由5位股东出资创建的,但由于管理方式和方法落后,企业矛盾重重,难以继续维持下去,最后由1位股东出资买断其余股份,企业才存活下来。

4. 服务支撑体系不完善

一是缺乏企业经营管理人员和职工培训机构,对经营管理者和职工缺乏培训和引导。二是缺乏技术研发机构。企业基本上没有建立完善的技术研发机构,与科研院校的合作研发也在减弱。据调查,近三年来,从科研院校得到的新技术、新产品仅为10项,能提高企业核心竞争力的几乎没有。三是缺乏市场信息服务机构。企业对整个市场行情缺乏了解,信息闭塞。尤其是对国外市场知之甚少,市场开拓能力差,还没有一家企业拥有自营出口权。

三、萍乡工业陶瓷产业集群的发展对策

（一）转变政府职能，提供政策支持

1. 鼓励投资陶瓷工业固定资产项目

建立固定资产投资项目库，实行工业项目前期费用补助制度。凡符合萍乡市陶瓷产业发展政策、投资额达到一定规模以上项目，落户开工后，市财政给予一定的补贴。

2. 鼓励企业进行技术创新

鼓励企业研发机构对陶瓷产业共性技术和关键性技术的研究，对企业研发实用性强、推广价值高、经济效益好的创新项目，市财政给予相应的资金扶持。

3. 鼓励企业争创名牌，实施品牌战略

对荣获省以上著名商标或品牌的企业要给予奖励，对获得中国名牌、中国驰名商标或国家出口名牌的企业要给予重奖。同时政府要引导陶瓷商会申请注册证明商标品牌，对入会企业施行品牌战略，打好"中国工业陶瓷之都"这张牌。

（二）强化服务措施，缓解瓶颈制约

1. 提供产业发展导向信息，引导产业合理布局

定期发布国际陶瓷市场变化信息：每半年召开一次产业导向信息发布会，并利用全市各类媒介向企业介绍最新的国家产业政策以及陶瓷产业的发展动态，以此为契机，推动企业加快信息化建设。

2. 加强政银企协作，帮助企业缓解融资困难

积极实施投融资体制改革，建立和完善鼓励投资和融资的政策和措施，加快建立和完善信用担保体系，实施股权出资等融资渠道，缓解企业贷款难问题，进一步完善资产评估体系，尽快帮助企业落实土地、房产等权属问题，有效解决企业抵押物不足问题。

3. 积极支持龙头企业加快改革改制，加速企业的体制创新

省、市、区三级政府应进一步加快改制步伐，拿出部分国家改制资金，积极推进实施现代企业管理制度，增强发展活力，加速机制和体制创新，促进产业升级，增强产业经济可持续发展能力。

4. 加强企业人才管理工作，提高劳动者素质

以萍乡学院为基础设立工业陶瓷专业学科，建立工业陶瓷人才培训中心，加强企业经营管理人才的培训、引进和交流。积极推广职业经理人制度，提高企业经营管理人才整体水平；加强紧缺科技人才的培养和引进，重视实用的职业技能人才，特别是高级技能人才的培养；妥善解决劳动力结构矛盾和劳动力资源不足的问题。

5. 加强对生产资源的调度，科学调配资源

适当提高陶瓷行业的准入门槛，对规模不大、技术含量低、污染环境的项目和企业实行关停。政府要正确引导对本地瓷泥的开采，合理调控燃气、电力、石油、运输等资源，保证产业发展的正常需求。

（三）支持重点企业，强化产业龙头

1. 鼓励企业间的联合，推动企业做大做强

引导企业与企业之间开展各种形式的联合，组建较大规模的企业集团，提高企业的抗风险能力，增强企业的市场竞争力。鼓励小规模企业为龙头企业提供配套，支持龙头企业带动小规模企业，对带动作用强的龙头企业要给予奖励。

2. 支持企业科技创新，提高企业创新能力

鼓励企业创立研发机构，对共性技术和关键技术有重大突破的研发机构要给予重奖。鼓励企业实施技术改造，不断提高企业的创新能力和市场竞争力。

3. 加快园区建设进度，实现产业聚集

按照"高起点规划、高标准建设、高水平管理、高效益经营、高强度投入"的要求和"投资多元化、建设业主化、经营企业化、品位现代化"的思路，完善园区设施和服务配套体系，完善园区规划。加快企业的入园进度，提高园区投资密度，实现园区的产业聚集，使江西省萍乡陶瓷产业集聚区成为名副其实的"中国工业陶瓷之都"。

4. 积极招商引资，加快重点项目建设

实施"走出去、请进来"的战略，拿出湘东最好的企业、最好的项目包括园区等一些重点项目来招商引资，引进战略投资者，寻求战略合作伙伴。加强区域协作，实现资金、科技、管理、人才与发达地区、优势企业的嫁接。创造良好的建设环境，加快企业新扩改建项目建设进度，早日发挥项目的经济效益和社会效益。

5. 创新经营思路，拓展市场空间

加快湘东陶瓷市场基础建设，建立仓储、销售、流通、服务体系，为发展陶瓷产业搭建良好平台。培育和建立资金市场、人才和劳动力市场、信息市场。大力发展外向型陶瓷企业，实施"走出去"战略，积极参与国际竞争。开辟陶瓷产业发展论坛，提高地方知名度、美誉度。实施品牌战略，积极保护行业知名品牌。倡导质量立市，引导企业注重产品质量，注重诚信经营，保护品牌形象，提升品牌地位。

上犹县玻纤及复合材料产业集群发展研究

一、上犹县玻纤及复合材料产业集群发展现状

上犹县玻纤及复合材料产业集群始于20世纪80年代初,经过30多年的发展,产业发展从无到有,从弱到强,从小规模、小产品向产业集群、全产业链蜕变,玻纤及新型复合材料产业成为该县工业经济转型发展的一大亮点,2013年12月,上犹被评为"江西省玻纤及新型复合材料产业基地"。

(一)玻纤产业初具规模

到2014年底,上犹县玻纤及新型复合材料和精密模具及数控机床产业投产企业已达67家,规模以上企业6家,形成了以赣州广建玻纤有限公司、赣州南河玻纤有限公司、赣州犹发玻纤有限公司为代表的玻纤原丝生产、加工企业;以江西省金城复合材料有限公司、鑫盛玻璃钢厂为代表的玻纤深加工、生产企业;以赣州穗联工程塑料有限公司、上犹县龙泰塑料制品有限公司为代表的玻纤高分子复合材料加工企业,并通过与京禾纳米科技园、南京玻纤研究设计院建立长期合作关系,建立了江西上犹玻纤及新型复合材料技术服务中心,为全县玻纤产业的发展提供智力支撑。2014年1~9月,县内6家规模以上玻纤复材企业完成主营业务收入4.63亿元,同比增长234%,实现税收569万元,同比增长20.9%。

(二)政策扶植力度加大

当地政府制定了《关于扶持玻纤及新型复合材料和数控机床两大产业发展的若干政策》等六个配套文件,明确贷款贴息、产业集聚、项目技改升级、人才员工引进等方面的措施,对重大技改项目贷款贴息50%;给予高端产品研发费用补助;补贴企业物流费用;对产业工人培训费用全额补助;政府安居工程优先保障员工住房需求等。该县财政特地建立1000万元产业发展基金,用于支持两大产业企业扩大生产规模技改贷款贴息,新产品开发研制,产业发展奖励等。

(三)开通了网络信息平台

开通上犹玻纤网络信息平台,实现与中国玻纤情报信息网数据共享,并借助中国玻璃纤维网、中国玻纤网、中国玻纤情报信息网等专业网站,阿里巴巴、慧聪网等网站开展了电子商务活动。使上犹成长为长三角、珠三角玻纤消费市场的优势集中供应地。

(四) 产业进入转型升级阶段

科技创新带动企业转型升级。目前，上犹县 6 家规模以上玻纤企业均配备科技研发人员，并采取从国内引进和与国内院所合作等方式，实现了从玻纤拉丝加工向玻纤复合材料产业的转变。2014 年，该县共引进亿鑫自动化、集赢无纺布等总投资达 16.25 亿元的玻纤、数控机床产业项目 18 个，为重点产业集群式发展注入了新活力。沿湖玻纤有限公司正积极申报省级企业技术中心，该公司研发的大卷装变频拉丝机、特种玻纤浸润剂、废丝回炉利用系统、冷却水循环利用及热能回收系统均处于行业前列。通过与中国复合材料协会的战略合作，筹建了"上犹县玻纤复材企业技术服务中心"。

二、上犹县玻纤及复合材料产业集群发展面临的困难与问题

（一）市场供求情况难以准确获取

玻纤市场供求状况的变动及经济形势不断变化，使市场供求信息难以准确获取。经济增长带来不同领域对玻纤制品需求的不同幅度的增长，而玻纤行业产能相对集中，无法平衡来自各个领域的不同需求；经济衰退使得部分领域对玻纤制品需求不同程度的减少，而产能集中使得玻纤行业企业无法甄别出各个领域不同需求的变化情况，导致玻纤市场出现暂时供过于求的状况。对市场调查不深入，对各领域的需求出现了不同程度的变化的状况未能完全掌握，同时缺乏有效的行业引导与协调管理。

（二）产业集群初步形成，集群化效应不明显

工业园区是发展产业集群的重要平台，是招商引资和推进产业集群的主要载体。上犹县玻纤产业主要集中于上犹县工业园区和东山镇工业园区，但该县玻纤产业集群目前尚处于初级阶段，尚未形成集群化发展态势，集群内企业竞争不够规范，产业支撑体系、服务支撑体系尚不完善。

（三）产业链不完整

上犹扶持和引导企业正向技术含量高、附加值高、销路好的玻纤下游产业推进，但数量还是不多，产业主要分布在行业产业链的第二、三级（玻纤及复合材料的产业链图如图 1 所示）。上犹县玻纤企业总体规模偏小，仍然以中小企业为主，玻纤加工产品大部分为初加工产品，处于低层次开发阶段，使上犹玻纤经济效益和社会效益没有得到充分发挥。由于坩埚法拉丝企业盲目扩大产量，低水平重复建设，造成了目前中低档玻纤产品产量过剩，库存产品增加，市场销售形势严峻（见图 2）。

（四）国际经济下行压力加大

受国际经济下行压力加大的影响。国外订单锐减导致池窑企业库存压力剧增，企业生产粗纱由出口转为内销，严重影响了玻璃球、坩埚法企业的生产经营。小型中碱球、坩埚法中碱纤维生产企业，生存空间紧缩。同时，受企业融资难度加大，资金成本提高，运营

成本持续走高的影响,部分企业的流动资金趋于紧张。

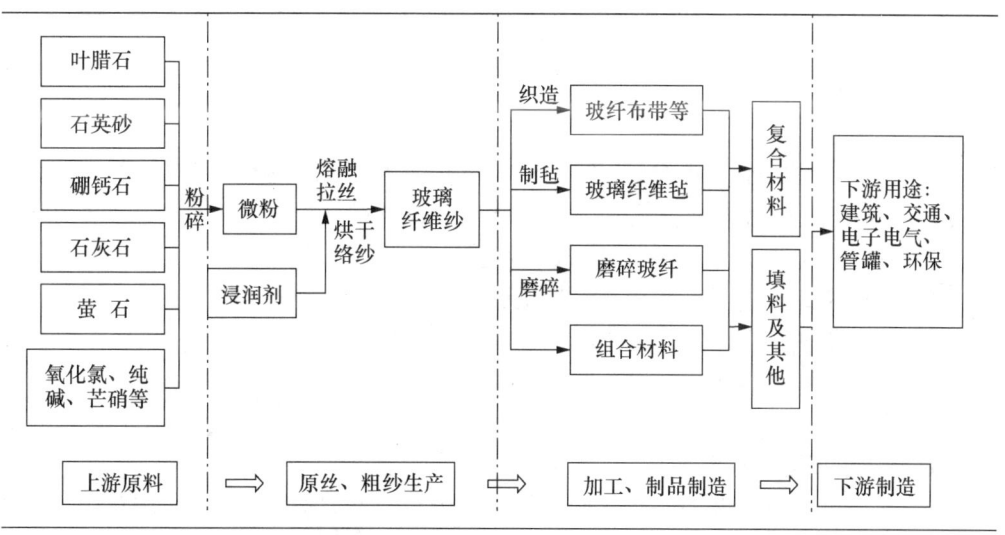

图1　玻纤及复合材料的产业链

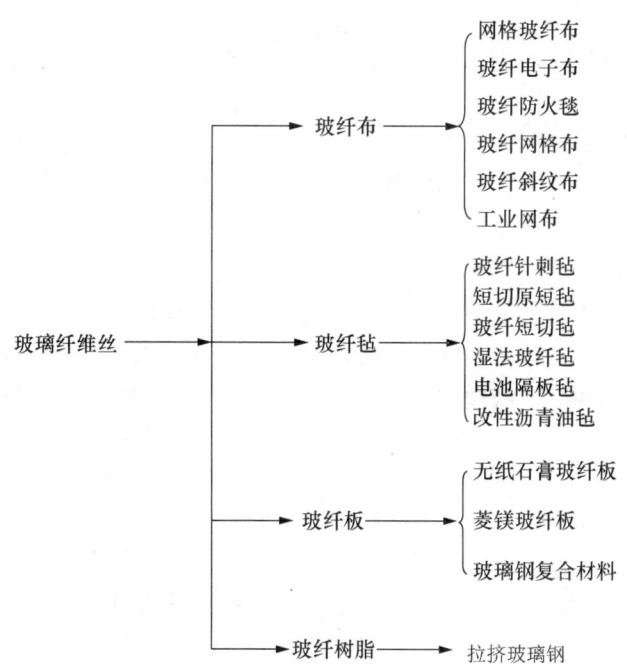

图2　上犹县玻纤和复合材料产业链

(五) 人才外流严重,企业无序竞争

受地域性经济利益的驱动,上犹县的玻纤技术人员和产业员工流动性很大,企业之间的不正当竞争,导致近年玻纤企业效益下降,发展停滞不前。

三、上犹县玻纤及复合材料产业集群发展的对策

（一）差异化发展战略

差异化发展战略是企业提供的产品或服务有别于竞争者而具有鲜明的个性或特色，以创造和提升企业竞争优势的发展思路。上犹县玻纤及新型复合材料产业基地以发展玻纤复合材料下游深加工产品、电子线路板、SMC 电气件、玻璃钢市场终端制品等复合材料产品，与九江市玻纤拉丝产业、宜春市奉新地区玻纤织布产业形成互补，在全省玻纤行业中形成"三足鼎立"的差异化竞争格局。

（二）延伸玻纤和复合材料的产业链，开拓终端应用领域

1. 延伸玻纤下游产业链

在省内，做玻纤拉丝很难超越九江，做玻纤织布则不如奉新，但全球玻纤下游应用产品规格有 6 万多种，这是一个非常广阔的市场。上犹玻纤产业发展定位应放在玻纤终端产品应用上。玻纤下游产品市场具有个性化强、批量小、品质多、投资少、技术要求各异、形态需求多样等特点。鉴于这些特点，并结合上犹县的实际情况，上犹应重视扶持生产玻纤下游产品的中小微企业发展。从单纯的拉丝织布向云母绝缘材料、电气绝缘制品、玻璃钢复合管材等下游深加工产品发展。并与塑料和树脂产业有机合，引进热塑性、热固性塑料，开发 SMC/BMC/FRTP 料粒，以配合玻纤深加工。同时发展适应建筑、交通、电子电气、工艺设备、管罐、造船、医疗以及海洋开发、航空航天、风力发电等高新科技产业发展需要的下游产业链的玻纤复材制品。

2. 改进提升生产工艺

近期利用现有的拉丝、池窑拉丝生产工艺发展单丝直径小于 4 微米的细纱、薄布，远期采用池窑拉丝工艺逐步替代目前所使用的普通代铂拉丝工艺，新建玻璃纤维池窑法拉丝生产线规模必须达到年 5 万吨级以上；同时，ECD450 电子级玻纤纱规模至少达到年产 3 万吨以上；新建的 ECD450 电子级玻纤布至少达到年产 4000 万米以上，并争取国家相关政策的支持。

3. 调整产品结构

大力发展玻纤纱应用，发展新型增强基材、防腐用材等新型专用基材产品；发展成品油储油管罐、电绝缘玻纤材料；发展气瓶、电子等特种用玻纤纱产品；发展电子布、高性能增强热塑性短切纤维等高要求玻纤及各种玻纤涂覆产品，发展长纤维料粒，发展玻璃钢制品、汽车覆盖件。

（三）完善扶植政策

一是明确职责，指定专人专职落实产业规划、协调项目实施、对外交流信息等具体工作。二是加大人才引进力度，引进国内外行业专家、学者等各类玻纤技术人才，优先解决企业产品研发人才的待遇、子女教育等问题，国家级有突出贡献专家及学术带头人（包括博士生导师、博士后、硕士生导师、博士）到上犹县玻纤企业专职引领高新技术项目。

玻纤企业购买大专院校、科研院所科技成果并实现产业化的，根据企业科研技术成果实际购买费用给予一定比例的专项补贴。优先安排企业产品研发人才入住人才楼，吸引产业相关科研人才落户。三是完善培训，大力支持和鼓励在上犹县建设专业生产培训机构，培养专业技术人才，满足产业发展需要。四是建立健全玻纤及新型复合材料项目库，每年从中选择部分项目优先立项，重点向上级申报战略新兴产业、中小企业技改资金等工程。

（四）大力开展产业招商

通过规划完整产业链、采取"填空式"招商、行业专家指导的方式，有效开展招商引资，引进一批对产业有巨大推动作用的重点项目，入驻一批上规模、技术先进的龙头企业。引进龙头型产业重点项目，不断提升产业层次水平，实现引进一个龙头项目，带来一连串相关项目，最终聚成一片产业的效应。

横峰县有色金属产业集群竞争力研究

2014年7月,横峰县有色金属综合回收利用产业集群被列入"全省工业重点产业集群名单",标志着横峰县有色金属产业被纳入全省产业集群战略发展重点,为横峰县深入实施"工业强县"战略、加速推进生态工业新城奠定扎实基础。

一、横峰县有色金属产业集群发展概况

经过几年来持续的发展和积淀,有色金属加工产业已成为横峰工业经济发展的重要动力,形成了以铜冶炼和精深加工为主、其他有色金属加工为辅的有色金属产业集群。2013年实现主营业务收入176亿元,2014年1~5月实现主营业务收入85亿元,占全县规模以上工业的90%以上。至2014年上半年,横峰经开区有色金属企业为34家,主营业务收入过亿元的企业有22家,其中10亿元以上的有4家,20亿元以上的企业有2家,50亿元以上的企业有1家。其中上饶和丰铜业有限公司、横峰南方有色金属有限公司、横峰县中旺铜业有限公司、横峰县永兴铜业有限公司企业已成为横峰县有色金属加工企业的生力军,主营业务收入位居全市规模以上企业前列。

二、横峰县有色金属产业集群竞争力分析

利用波特的钻石模型理论,对横峰经开区有色金属产业集群发展的竞争力分析如下:

(一)生产要素

1. 基础设施

横峰经开区位于县城西南方、沪瑞高速公路以北,沿320国道展开。沪瑞高速公路和浙赣电气化铁路、峰福铁路穿境而过,杭长高速铁路穿园区而过。县城距南昌机场200公里,距武夷山机场120公里,距在建的上饶赣东机场30公里。随着杭南长、京福高铁的建成通车,横峰经开区将迎来高铁时代,将为园区企业的销售、运输提供方便、快捷的物流平台。经开区日处理污水2万吨的污水处理厂正在建设中,区内实现了道路交通、供水、排水、供电等"七通一平"和环境的绿化美化。经开区方便快捷的交通区位和日趋完善的基础配套设施有利于产业集群的形成和发展。

2. 自然资源

横峰县隶属上饶市,市内拥有丰富的矿产资源,目前已发现金、银、铜、铅、锌、煤等各类矿产107种,查明有资源储量的80种。探明储量占省总储量50%以上的矿种有铜、钼、金、银、镍、铌、隔、萤石等20余种。各类矿床或矿点1000余处,查明资源储

量的成型矿产地有 382 处,其中大型矿床 43 处,中型矿床 64 处,小型矿床 285 处,矿种包括黑色金属、有色金属、贵金属、稀有金属、放射性矿产、燃料矿产、冶金辅助原料、化工原料、建筑材料等非金属矿产。现已能回收利用的有铜矿中的金、银、硫和铅锌矿中的银等。具有区位优势的矿产主要有水泥用灰岩、煤、铅、锌、萤石、伴生硫、磷、蛇纹岩、膨润土等。具有潜在经济优势的矿产有钽、铌、冶金用白云岩、饰面用花岗岩、大理岩等矿产。

3. 人力资源

2013 年横峰县常住人口总数为 18.6 万人,全县普通高中招生 858 人,在校生 2392 人,毕业生 675 人。全县初中招生 2192 人,在校生 6059 人,毕业生 2715 人。2013 年度全县共列入省级以上科技计划项目 9 项,其中国家 3 项,省级 6 项,省级重点新产品计划 5 项;列入市级科技计划项目 3 项。全年专利申请 10 项,授权 7 项。2013 年末全县共有各类专业技术人员 6576 人,同比增长 1.7%。

(二) 市场需求

2014 年以来,随着全球各大主要地区及国家铜矿产量的稳步增长,后期全球铜矿供应预计延续宽松。铜矿加工费不断走高令冶炼企业利润回升,积极性的走高使得后期精铜产量将继续保持高速稳定增长。而融资难及中美两市利差收窄使得后期保税区铜库存继续流出风险加大。精铜产量的增长及进口量的减弱使得后期市场上铜供给增加。需求方面,电网投资力度减弱、房地产业疲软以及整体家电行业发展进入低速周期,将使得下游需求难有提高。2015 年中央政府有望出台更多宽松的财政政策,将在宏观层面上对有色金属起到提振作用。

(三) 产业链和相关支持产业

横峰县主要产业链为铜产业链:铜冶炼→电解精炼→电解铜 + 合金元素→熔炼铸锭→压力加工→加工半成品(铜带、铜管、铜排、铜棒、铜箔、铜板)→铜产品深加工(电子工业、普通机械制造、集成电路、专用设备、电器机械制造);报废金属零件 + 边屑→再生金属,再生金属可以用于加工半成品,也可用于生产纯铜(见图 1)。

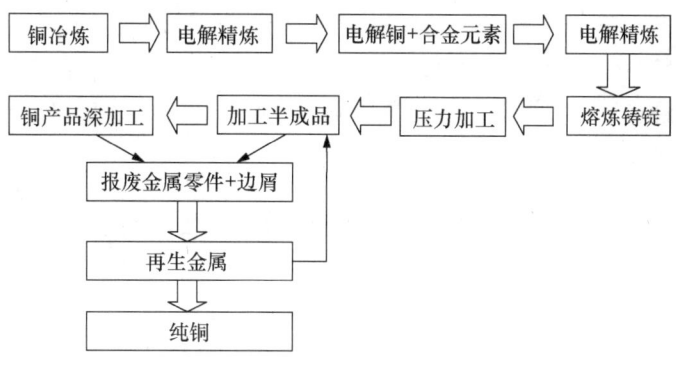

图 1 横峰县铜产业链

当前,全球有色金属新材料正朝着高性能化、多功能化、复合化、精细化、性价比提升化方向发展。近年我国信息、汽车、家电、电力、成套设备、建材等产业的发展,为铜合金材料、铝镁合金材料以及稀有金属材料提供了巨大的市场容量。以铜为例,目前世界范围已纳入标准的铜制品有 700 多种合金、5000 多个品种,而我国只有 250 种合金、3000 多个品种,高档次的铜材料依赖进口解决。鉴于横峰有色金属新材料产业相对落后的状况,要以引进、消化吸收国际先进生产技术和装备为主,并选择性地支持一批具有资源或技术比较优势的关键技术和新材料产品的自主研发,如横峰华光镍业有限公司的镍铬合金产品、江西百川电导体有限公司铜包钢、铜包铅产品,江西人民科技集团有限公司电线电缆产品,通过努力逐步建立自己的有色金属深加工新材料产业链。

（四）企业战略、结构和竞争对手

当前应充分利用人民线缆科技集团的材料国家专利、祥满满有限公司的铜管剖带专利、百川电导体有限公司的行业话语权等技术优势,着力做大做优线缆、铜管、铜带、铝合金等品牌。针对横峰县有色金属企业规模普遍较小的情况,以名牌企业为龙头,组建资产一体、市场导向、多元经营的现代化企业集团,加快实施企业组织结构向企业集团转移。以和丰铜业为重点,在做大企业规模、创建品牌产品的基础上,开展企业形象设计,提高企业知名度和美誉度。

（五）机会

2014 年有色金属行业总体保持平稳运行态势,在行业整合、供给收缩等因素影响下,稀土、镍等品种未来仍有机会,有色金属行业加快淘汰落后产能的效果也将逐步显现。因此,再生有色金属产业是最典型的战略性新兴产业。我国再生有色金属产业经过近 10 年的持续发展,主要再生有色金属产量突破 1000 万吨,已接近我国原生有色金属产量的 1/3,工业产值超过 4000 亿元,产业规模位居世界前列。预计到 2020 年,我国再生有色金属产业将不断发展壮大,产品总量将超过 2000 万吨,工业产值将接近 1 万亿元。

（六）政策环境

2009 年 12 月 12 日,国务院正式批复《鄱阳湖生态经济区规划》,标志着鄱阳湖生态经济区建设已上升为国家发展战略,国家将加大财政转移支付力度,增加该地区在民生、基础设施建设、特色产业等方面的投入,在项目布点、审批和土地利用等方面给予重点支持。处在长三角经济区、海西经济区、鄱阳湖生态经济区及苏区振兴发展规划区"四区"交汇的横峰将迎来新一轮的发展机遇。

三、提升横峰有色金属产业集群竞争力的措施

（一）实施人才战略,搭建融资平台

制定实施人才培训计划,积极引进人才,鼓励和扶持企业采取校企结合培训、企业内部培训、项目对接培训等多种方式,培养一大批熟练技术工人,确保有色金属企业的用工

需求。

推动产学研联合开发，积极引进世界知名企业和科研机构来横峰合作或独资承办、设立研究机构，主动加强与南昌有色金属设计院、洛阳矿冶设计院、北京有色金属研究院、大连理工学院、江西理工大学、昆明理工大学等知名科研院校的协作，在科技攻关、企业技改、咨询论证、新产品开发、工艺流程设计及人员培训等方面开展全方位合作。

搭建融资平台，扩展融资渠道，按照"统一规划，大集团、多路径、国际融资"的思路，以企业自身巨大的资产规模和质量优势，加大金融创新力度，实现直接、间接融资手段并举，一方面通过争取银行贷款、国家专项资金、发行债券等多种方式开拓筹资渠道，鼓励商业银行开发新型信贷品种，鼓励民间资本和境外投资公司进入担保市场，健全担保体系，解决企业贷款担保难的问题；另一方面充分利用集体公司运作平台优势，引进战略投资者，加大金融和资本经营的力度。

（二）开拓市场空间，引导市场需求

根据横峰有色金属产业特点，鼓励有实力、有潜力的企业参与国际市场竞争，帮助企业申报进出口经营权，推动中小企业和私营企业走向国际市场。鼓励企业对传统产品进行技改，提高出口商品质量和附加值，增强国际市场竞争力。发展高新技术产品出口，争取列入国家鼓励出口的高新技术产品目录。发展多元化的出口市场，在稳定传统出口市场占有率的同时开拓新兴发展中国家市场。以企业参展补贴政策为导向，引导和鼓励出口企业参加境内外各种展（博）览会。

整合有色金属行业现有营销资源，实施战略联合，分工协作、内外并重及国际化的营销战略。引导企业突破传统的无序竞争，创造需求，在当前已知市场空间之外，构筑可操作的蓝海战略，拓展新的非竞争性的市场空间，实现机会的最大化和风险的最小化。

（三）调整产业布局，优化产业结构

围绕一个中心发展配套产业，延伸产业链，提升产业整体实力。建设废旧有色金属回收利用市场，推动增长方式转变，促进以"资源—产量—再生资源"为主要内容的有色金属行业发展模式。发挥市场带动功能，形成金属再生资源回收、加工、利用的产业链条，加快促进有色金属再生资源产业发展。引导和鼓励相关企业扩大回收生产能力，力争形成有色金属回收产业链。

鼓励民营企业和资本参与科技领域合作，推进生产基地、研发基地和科技园区建设，使其成为横峰有色金属工业的产业聚集区和高技术产品研发与产业化基地。鼓励铜制品加工企业进行技术升级改造和新产品开发，加强与国内外制造业巨头的配套协作。鼓励企业开展基础性和前沿性研究，争取开发一批能全面提升有色金属工业能源利用效率的先进技术，加大节能环保技术推广力度。

（四）抓住战略机遇，组成战略联盟

抓住沿海地区尤其是长三角有色金属精深加工产业转移的机遇，挖掘有色金属产业的优势。围绕湖南有色、西部矿业、中国五矿等战略投资者，跟踪国内500强和世界500强企业的投资动态，引入战略投资者。

推动招商活动由政府主导向政府引导的方向转变，严格铜精深加工企业的准入制度，在项目环保、安全、科技含量等方面把好关口，按照有利于优化有色金属资源配置，有利于促进铜材精深加工产业集聚，有利于形成产业分工协作，有利于企业可持续发展的原则，对项目实行专家论证制度。

加快有色金属企业间的联合、兼并和重组，打造具有国际竞争力的大企业。扩大有色金属企业的经营规模，提高产业集中度，实现产业的规模化和集约化。加强有色金属上下游企业的结合，形成合理的资源配置，通过参股、联合等多种方式，实施从勘探、采选、冶炼到深加工的联盟战略，将有色金属企业整合为一个市场化、现代化的战略联盟。

（五）加大政策支持，推进制度保障

加大政府财政投入，设立有色金属产业发展专项基金，重点支持有色金属精深加工、循环利用和科技创新的重大项目。利用现有的技术改造资金、新型工业化引导资金、高新技术发展引导资金，继续扶持有色金属产业研发平台建设和企业科技攻关。对于重点企业研发新技术、新工艺、新产品产生的开发费用，予以税收上的优惠。对于综合利用本企业和其他企业废气资源的企业，按照规定享受国家资源综合利用的税收优惠政策。对于发展方向好、市场潜力大的企业在土地政策上予以支持，优先保证重点企业的建设用地。

完善有色金属行业节能减排指标体系考核机制，加强企业节能减排的监督管理，建立企业节能减排的信息交流平台，加强国内外有色金属行业交流合作，推广节能减排的先进技术和管理经验。设立节能减排专项基金，根据能耗和污染排放指标，制定节能减排重点扶持企业名单，在能源紧张时期优先保证低能耗低污染企业的生产。

从建立健全行业管理体系着手，搞好行业规划，制定产业政策。加大资源整合和行业整顿力度，做好行业归口管理等工作。加强协调服务，促进有色金属产业又快又好的发展。

第五部分　航空汽车产业集群

景德镇市直升机产业集群发展研究

一、景德镇直升机产业集群发展现状

景德镇直升机产业发展具备了先天优势和良好基础，拥有年产值过百亿的中航工业昌河飞机工业（集团）有限责任公司、研发实力强大的中航工业直升机设计研究所和配套企业40多家，主要产品有多种型号的直升机整机和旋翼、航电、装备制造器件、内饰件、锻铸件、电子元器件、电缆线等零配件。2014年，景德镇直升机制造产业集群内重点企业共实现主营业务收入460亿元，同比增长20%。

景德镇直升机产业集群拥有中航直升机设计研究所、江西昌河航空工业有限公司技术中心、江西景航航空锻铸有限公司技术中心、江西万平真空电器有限公司技术中心、江西中景集团有限公司技术中心等国家级、省级企业技术中心和研发机构5家；景德镇生产力促进中心、景德镇合盛科技孵化器公司、景德镇技术推广站等科技中介服务机构4家；有效发明专利160多项，直升机行业发明专利占据国内同行业发明专利的80%以上；国防科技重点实验室5个国防重点学科实验室1个、博士后工作站3个；拥有2个国家级国际科技合作基地；1个国家级高新区作为科技产业发展平台；还有昌河飞机工业集团有限责任公司理化检测中心（具有计量资质的检测机构）、生产力促进中心等5个科技中介服务机构。

景德镇直升机产业集群具备国内一流的完整的直升机研发、制造体系、设施和富有行业经验的专业人才队伍，瞄准世界直升机科技发展的前缘，逐步缩小与世界先进水平的差距。

二、景德镇直升机产业集群具备的优势

（一）产业优势

1. 产业投入逐年加大

航空工业军民通用的属性，使得民用直升机工业可以得益于国家对军用航空工业的重视和投入，随着我国经济实力增强，国家加大了直升机工业产业化的投入，特别是在"九五"、"十五"和"十一五"期间，加上企业自筹资金，景德镇直升机产业的总投入已高达40亿元，超过了"九五"前的20多年的总和，其中固定资产的投入约27亿元，产品研制投入约为13亿元。2011年以来，随着该市主打"航空牌"，配套航空产业建设

的投入已过百亿。

2. 产业配套日趋完善

产业形成了从直8到直11系列的大、中、轻型直升机，S92、S76、A109、S300/333国际合作机型，AC313、AC311、AC310等民用直升机机型及无人直升机等多系列、多品种的生产格局。

不仅如此，景德镇有与直升机产业配套的企业达到40多家，如江西景航航空锻铸有限公司和江西万平真空电器有限公司等为直升机产品配套、加工经认定的高新技术企业多家，以及景鑫铸造公司等从事直升机加工的配件企业，景德镇同惠电子有限公司、景华特种陶瓷公司等为直升机器件制造用的陶瓷材料高技术陶瓷生产企业，可以为主导产业即直升机产业提供配套保障，同时，为进一步扩大直升机产业的配套实力，还有引进正建设入驻的以江西直升机投资公司为代表的直升机产业类企业近20家，形成了直升机研发、生产及配套较完整的产业体系。

（二）技术优势

1. 技术体系较为完整，生产实力较强

拥有总体气动、结构强度、旋翼设计、航电火控、飞行控制等多个专业和16个系统设计试验研究室，具备直升机总装、试飞、特设、铆装、机加、旋翼制造、复合材料制造、热处理、表面处理、钣金、钳焊、导管制造和整机维修等生产能力，共有各种试验生产仪器设备7000余台（套），其中各类数控加工设备200余台。

2. 科技创新能力及制造工艺有了较大提升

通过与国际先进的直升机公司合作，已经掌握了部分直升机数字化技术。中国直升机设计研究所和昌飞公司被科技部国际合作司认定为国际科技合作基地，建立了三维设计用的CATIA工作站、计算机强度计算和仿真、内部共享的产品数据库管理工作平台，在部分直升机研制项目中实施了并行工程，拥有三轴、四轴、五轴的数控加工设备有120余台。

3. 生产体系和质量保证体系正逐步与国际水平接轨

目前，产品已基本满足如美军标（MIL）、美国材料与协会标准（ASTM）、AS9100、ISO9000和国内航空航天标准的要求。昌河飞机工业（集团）有限责任公司已成为美国西科斯基公司、意大利阿古斯特公司的供应商和波音公司的供应商。但要完全达到这些众多客户标准的全部要求，特别是要扩大生产线，还要进一步加大技改投入，改造和提升现有生产线的技术水平和生产能力。

4. 自主开发和对外合作引智初显成果

优化产品结构，实现产品系列化、现代化。现初步具有1吨（S300/S333）、2吨（直11）、3吨（CA109）、5.2吨（S-76）、13吨（直8）直升机产品，但除了2吨级的直11已得到了民用适航TC证和PC证，且能本土整机生产外，其余都还没达到整机本土生产且满足民用适航要求的条件。今后5~10年的目标是努力实现其余型号的本土整机生产，取得民用适航证，实现民用直升机的产业化，实现规模经济，争取重吨量级直升机的国家立项，并启动研制工作。

5. 基本掌握了先进的复合材料零部件制造工艺和技术

包括复杂的复合材料制造技术，如桨叶等复杂载荷零件的制造技术。采用先进的复合材料结构桨叶和新构型桨毂，可大幅度提高旋翼效率，简化桨毂构造，提高构件使用寿命，提高桨叶和桨毂的可靠性与维护性。但现有的生产能力仍需扩大才能满足未来多型号桨叶的批量需求。

6. 已具备现代直升机总装集成技术和能力

与大批量总装和电气集成检测的需要相比，还有待继续投入和技术改造，以便满足批量生产和民用适航的要求。

（三）人才优势

拥有各类科技人员4000余人，其中中国直升机设计研究所（602所）现有在职职工2600余人，各类专业技术人员1400余人，高级工程师350多人，研究员118名，有国家级专家2人、部级专家8人，入选"国家新世纪百千万人才工程"和"国防科工委511人才" 18人，省级优势知识创新团队1个，省级技术带头人1人。昌飞集团公司职工人数5382人，拥有省级技术带头人1人，技术中心总人数为827人，占企业工程技术人员总数的49%，中心有博士研究生2人，硕士研究生22人，高级技师49人，技术中心具有高级以上职称人员共561人。技术带头人团队具有享受国务院特殊津贴专家23人，"国防科技工业511人才" 4人，突出贡献专家3人，市级拔尖人才2人。学科带头人都在本领域有较深入的研究，成果丰硕。技术中心聘有国外专家10名，7名来自美国西科斯基公司，3名来自意大利阿古斯特公司，这几家公司均是国际上一流的直升机制造公司。同时景德镇市为直升机配套的企业景航铸造公司、景鑫锻造公司、江西中景集团等拥有高级工程技术人员1000多人，省级技术带头人1名，1个省级优势创新团队，1个省级工程技术研究中心，2个省级技术中心。

（四）政策优势

1. 国家对航空产业的重视，为景德镇市发展直升机产业起到良好的促进作用

2008年国家对原中国一航、中国航空工业二集团进行整合重组，成立了中国航空工业集团公司，并在上海成立了中国商飞公司。大型商务飞机作为重大专项由国务院批复立项，航空工业特别是民用航空工业的发展得到国家的高度重视。另外，随着我国低空空域管理改革工作的持续推进，我国通用航空产业面临着井喷式发展的历史性机遇。在此环境下，各地方政府对航空发展高度重视，北京、上海、天津、重庆、广东、陕西等省纷纷设立航空产业园，出台政策，鼓励航空产业发展。金融、证券等领域对直升机产业也高度重视、优先支持。

景德镇直升机产业的发展获得国家高度重视，优惠政策和各种区域合作必将对航空产业基地起到良好的保障作用。景德镇依托原有航空基础开展直升机基地建设可谓与时俱进，得天时、地利、人和之机。2012年科技部下达江西省"863"计划现代交通技术领域先进直升机技术主题项目专项经费9566万元。这是省民用直升机领域首次获得国家"863"计划专项经费资助。2012年被誉为"空中小精灵"的2吨级轻型通用直升机AC311，顺利通过中国民航局AEG审查，成为我国第一个通过AEG审查的直升机产品，

标志着这款直升机已具备投入市场运营条件。

2. 相关部委的关心支持，为景德镇直升机产业集聚发展赢得先机

2007年，根据《国务院办公厅关于中部六省比照实施振兴东北地区等老工业基地和西部大开发有关政策范围的通知》（国办函〔2007〕2号），景德镇市被纳入国家中部崛起战略，比照实施振兴东北地区等老工业基地有关政策，为景德镇直升机产业的发展奠定良好的基础。

景德镇直升机产业基地是2009年国家发改委认定的国家高技术产业基地；2012年国家工信部认定的国家新型工业化产业示范基地（军民结合）；2013年国家科技部认定的国家高新技术产业化基地；2014年国家科技部火炬中心认定的年度"创新型产业集群试点单位"。

（五）区位优势

民用直升机一般航程范围在300~700公里。景德镇地理位置优越，距我国长三角、珠三角及赣皖经济区较近，与国内上海、杭州、南京、南昌等主要城市的距离在500公里以内，离国内海岸线最近距离也小于500公里，在直升机的适宜航程之内。在景德镇周边，除了经济发达的城市以外，还有较多的国内外知名旅游资源，景德镇地处六山（黄山、武夷山、庐山、九华山、龙虎山、三清山）两湖（鄱阳湖、千岛湖）中心的优越地理位置，距各景点直线距离均小于180公里，可作为通用航空运营的重要市场加以开发利用。同时景德镇的地形地势有其故有特点，景德镇坐落在黄山、怀玉山余脉与鄱阳湖平原过渡地带，以中低山和丘陵为主，东北高、东南低，总体上适合直升机等航空器的运营。

表1 景德镇与部分国内外重要城市间直线距离及宏观经济指标

城市	城市间直线距（公里）	GDP总额（亿元）	常住人口规模（万人）
南昌	140	2207	505
合肥	280	2703	570
杭州	300	4781	791
武汉	310	3960	897
南京	340	3775	759
福州	415	3065	712
长沙	430	4450	704
上海	460	16872	2302

表1中统计的城市整体涵盖人口规模在7240万人左右，国内城市GDP总额超过41000亿元，如此大的经济体量，为景德镇直升机产业集聚发展奠定了重要的区位优势。

三、景德镇直升机产业集群面临的挑战

(一) 产业竞争极其激烈

景德镇是一个中小城市,这些年的确有了较快发展,但整体经济水平、人才吸纳环境等方面与一些沿海和发达地区城市相比存在较大差距。面对直升机市场和人才竞争日趋激烈的现状,这对目前拥有直升机产业和人才资源优势的景德镇来说,是一个巨大的挑战。从国际上来看,产业已进入全球竞争时代,国际市场产业竞争压力巨大,欧美直升机巨头看好中国直升机巨大的潜在市场,中国直升机产业面临的竞争十分激烈。以欧直公司为例,该公司在中国拥有40%直升机市场占有率。从国内来看,全国正在掀起直升机产业新布局的浪潮,竞争日趋激烈。直升机产业由原有主要分布在景德镇、哈尔滨、天津、保定,到后来发力的重庆、北京、上海、西安等省市,都在加强直升机业园区建设,千方百计打造直升机产业重心。

(二) 直升机产业投入还显不足

从直升机产业发展的规律看,也必须要有大的投入才有大的产出。现在由于直升机产业发展日益受到重视,不少地区在投入上都是"大手笔",在省委、省政府高度重视下,景德镇直升机产业有了较好的发展,取得了显著变化。但因投入相对不足等原因,发展速度与先进地区相比有一定的差距,与直升机产业发展的形势要求不相适应。2012年成立的江西直升机投资公司仅有9500万元资本金,因而在发展直升机产业发展和对外合作项目上受到明显制约,再加上直升机产业基地基础设施建设、征地拆迁和项目建设需要大量的资金投入为保障,加大投入问题已迫在眉睫。

(三) 低空试点城市推进不明显

通用航空是一个新兴市场,通用航空市场价值总量高达万亿元。《关于深化我国低空空域管理改革的意见》明确提出,鼓励地方政府和社会力量参与通用航空市场的投资建设。我国低空开放改革试点城市已扩大至"两大区七小区",即沈阳、广州管制区,唐山、西安、青岛、杭州、宁波、昆明、重庆管制分区以及长春和海南,低空开放面积占全国陆地空域面积的31.6%。据了解,截至2012年底,中国通用航空器达到1316架,比2010年增加206架;能够开展通航业务的机场、临时起降点超过400个,比2010年增加约100个;通航飞行时间达50多万小时,比2010年增长3倍多。而江西尚无一座城市列入低空试点城市,严重制约景德镇直升机产业尤其是通航产业的发展。

(四) 自主核心技术有待发展

与西方发达国家相比,景德镇直升机发展的技术水平还存在一定差距。一是自主创新能力还未达到国际先进水平,缺乏对核心关键技术的掌握,直接影响到总体方案设计、关键部件设计等能力。二是材料、制造基础工业薄弱,主要部件预期寿命较短,品质可靠性较差;由于这些差距,制约了未来新机研制和型号发展技术水平上台阶,需要在引进消化的同时,加强自主创新和系统攻关,迅速提高我国直升机技术核心竞争力。

(五) 产业结构不够合理,民用直升机型号未形成完善系列

民用直升机的型号少、未形成完善的系列化。直升机产业发展40多年来,但基本上都是以军机为主,现有的几个民用直升机型号AC313、AC311、AC310产量很小,成本较高,市场占有率较低,军民融合没有很好释放。

(六) 市场开发和客户支持体系不健全

市场开发和客户支援投入力度不够。多年来,直升机市场基本上是计划经济下的军机采购为主,在考虑军机的技改和科研时,市场开发和客户支援体系上所投入的人力、物力不够。相比军机用户,民用直升机用户有显著的不同,一是用户不多且分散;二是使用频繁维护保养较多;三是要求制造商快速响应咨询与投诉,因此现行的军机市场开发和客户支援体系,难以满足民用直升机市场的要求。

(七) 产业集群发展后劲偏弱

从宏观看,当前世界经济复苏仍充满变数,国内经济下行压力还未消逝,直升机产业蓬勃发展面临的大形势仍不乐观。从需求看,作为国家战略层面的新兴产业和省市经济社会发展重要动力的朝阳产业,拥有良好基础和比较优势的景德镇直升机产业,发展需求极为强烈。但从现状看,一方面我们引进的项目质量不优,数量不多,尤其是求之若渴的大项目、整机项目及高端配套项目较少,对产业集群发展的贡献率不够;除昌飞等少数企业,现有的投产企业大多规模偏小、竞争力偏弱,技术含量偏低,市场占有率还不理想。另一方面,受用地和融资等诸多因素的制约,在建项目进展不快,新、改、扩建项目投资总量小的现实将影响产业健康发展,产业集群发展后劲偏弱。

(八) 集群内企业缺乏专业服务平台进行沟通合作

产业集群内的企业本应是联系紧密,产品关联度极高的团体,但目前,景德镇市还没有一个专业服务平台让直升机产业企业高效沟通,互相合作,抱团发展,企业普遍是单枪匹马,各自为政,严重缺乏在区域产业链内的充分交流,存在信息不对称、资源不共享、互动性不强等问题,产业凝聚力不高,集群暂未形成应有的区域产业强大合力,市场竞争力和抗风险能力不强。

总之,综观世界前列的民用直升机企业,其初期的发展,均得到政府在资金上和政策上的大力支持。历年来,我国给予直升机制造企业的支持非常有限,导致形成当前技术储备较为薄弱的现状。相对于直升机产业发展及在市场竞争的需求,景德镇直升机产业类企业获得的产业政策支持还是不足,没有大量的产业扶持及资金支持,在面临经济全球化的今天,景德镇直升机产业要屹立市场,其面临的不仅是国内的市场竞争,更多是国际的市场竞争。因此,景德镇直升机产业集群面临的挑战极其严峻,亟待国家和省相关部门加强对景德镇直升机产业发展的支持力度。

四、景德镇直升机产业集群发展的对策

（一）完善发展规划，明确发展方向

根据国内外直升机发展趋势，立足社会经济发展现实，结合江西省直升机产业规划，进一步完善景德镇市直升机产业中长期发展规划，调整直升机产业未来发展重点和方向。

（二）加强基础设施建设，狠抓项目落地

以直升机基地建设为载体，强化产业的集聚度与关联度，加大对直升机基地基础设施建设的投入，特别是加快飞虹大桥及飞虹大道一期工程、直升机总装园防洪堤坝及排涝工程的建设，确保2015年飞虹大桥全面建成并通车。搞好"一基地三区"的"七通一平"建设，形成生产、生活、金融、商贸、物流等较为齐全的产业配套设施，使直升机基地成为我市重要的工业区和功能完备的城市新区。按照"明确目标、倒排进度、细分任务、领导挂点、深入一线、督查考核"的方式，建立完善全市直升机产业集群项目挂点责任制度，力促在谈项目早签约、签约项目早开工、开工项目早投产、投产项目早见效。争取在"十二五"期末实现直升机产业项目新签约9个、新开工8个、新投产7个的"987"项目目标，重点推进江直投公司通航产业基地等一批重大项目，为我市直升机产业发展注入强大动力。

（三）加强技术自主创新

在现有的国家级企业技术中心和研发机构的基础上，新增1家国家级企业技术中心和研发机构，增强研发实力。实施产学研结合，积极配合省里引进北京航空航天大学在直升机基地设立航空产业园区，支持景德镇市航空企业和高校、科研院所进行强力合作，依托其人才优势，重点围绕景德镇市直升机产业发展的关键技术开展联合攻关，提升市直升机产业的自主创新能力。

（四）加大人才扶持力度

通过观念创新、体制创新，积极营造吸引、培养、使用人才的良好氛围，坚持事业留人、感情留人、待遇留人，以直升机产业高层次人才引进、培养、使用和激励为重点，不断优化人才结构，造就一批专业配套、结构合理、素质优良的专业技术人才、专门技能人才和经营管理人才队伍，使602所发展成为国际一流的研发机构，支持其在上海等经济发达地区设立分支机构。鼓励企业引进高级技术和管理人才，吸引有技术、资本及管理才能的海外留学人员前往景德镇市投资创业，对企业引进的高层次管理和技术人才给予住房、个人所得税、科研经费和子女就学等方面的特殊政策优惠。

（五）创新拓宽投融资渠道

建立和完善有效的投融资体系，通过引进战略合作者、商业开发等方式筹措建设资金。通过项目嫁接和产业组合，利用BOT、项目信托、发行企业债券等工具，促进商业

化融资的实现。引进一批风险投资公司，引入一批国内外战略合作伙伴合股、参股当地直升机企业。推出一批有实力和特色的直升机产业高新技术项目，争取国家、省高新技术专项资金支持，同时，将"财园信贷通"等新型、便捷、高效的多种融资模式向直升机企业推广，并予以政策倾斜。

（六）注重对外交流合作

依托昌飞公司、602所，广泛开展与国际、国内知名航空企业交流合作，鼓励景德镇市航空企业与国际、国内知名公司合作建设技术中心，加快引进消化再创新步伐，加快对资金、技术和管理经验的借鉴和吸收。积极组织航空企业参加国际、国内航空产业博览会、项目洽谈会和高峰论坛等活动，支持航空企业开拓国际、国内两个市场。

（七）拓展航空产品市场

利用国家低空放开的有利机遇，大力开拓民用直升机市场，争取地方在武警、消防、医疗急救等方面优先采取景德镇市直升机产品；积极探索利用航空产品资源，大力拓展通航业务，通过租赁、转包等多种方式开拓市场；大力开展航空飞行培训、维修，拓宽产业发展和服务领域。

（八）深化军民融合发展

利用景德镇市直升机产业技术优势、人才优势及信息资源优势，依托国家军民结合产业示范基地平台，大力推动军民融合，充分发挥军工企业的核心技术优势，进一步加强汽车、电子、机械等民用技术的研发和产品开发，实现多元化发展。

（九）多渠道开展产业招商

加强与国外民机供应商的接洽，依托大型航空企业或集团，实行代理招商、驻点招商，举办直升机产业招商会、航空产品展示等活动，推动产业招商，争取更多直升机和配套企业落户。

（十）主导直升机相关行业标准的制定出台

鼓励引导本地重点直升机企业通过举办高规格学术会议、联合行业内的主要跨国公司、知名企业和学术机构组成标准联盟，主导或参与直升机产业相关行业标准的出台，将景德镇市直升机企业的相关成果和标准上升为国家标准和国际标准，提升企业的软实力。

（十一）通过直升机产业集聚，带动促进相关产业发展

航空产业具有极大的辐射带动作用，据美国统计测算，向航空工业每投资1万美元，10年后航空工业及其相关产业产出将高达80万美元，还可以为相关产业提供12倍于航空工业的就业机会。通过景德镇直升机产业集聚，充分发挥产业对景德镇经济发展的引领带动作用，并将产业与景德镇其他传统和优势产业相结合，发展有景德镇特色的直升机配套产业，依托直升机运营发展通用航空、飞行员培训、直升机修维等全产业链，进而带动旅游、创意等新兴服务产业，实现产业规模发展，产业结构优化的整体目标。

(十二)优化服务环境,推进服务平台建设

加强航空产业统计和经济形势分析工作,把握运行规律,研究新情况、新问题,及时发布产业发展信息,引导企业健康发展。优化工作流程,加大部门协调服务力度,加快项目审批进度。建设公益性、开放性、服务型、体系化的公共技术服务平台、信息化服务平台、孵化器平台、教育培训平台及会展平台。大力发展技术评估、技术咨询、技术服务、技术转移、专利代理、科技信息、投融资、人才培养、法律服务等各类中介组织,形成完整的服务保障体系,为企业提供便捷高效的服务。

南昌市航空产业集群发展研究

一、航空产业发展情况

(一) 世界航空产业

世界航空产业已有100多年的历史,发展至今已形成完整的产业体系,包括设计研发、整机及零部件制造、维修服务、航空物流、人才培养、会展博览等,是集知识、技术和资本于一体的高附加值和高风险的战略性产业,更是一个国家科学技术和装备制造水平的重要标志。

从全球航空制造业看:①市场规模大。波音公司一年的销售额就达到643亿美元,空中客车的销售额超过100亿美元,GE公司航空产品的年销售额也超过100亿美元。②产品竞争激烈。大型商用飞机领域通过优胜劣汰的竞争,全球市场几乎被美国波音公司和欧洲空中客车工业公司这两大航空巨头瓜分。世界支线飞机制造商之间的争夺日益白热化,诸侯割据的局面正在逐步转变,俄罗斯和中国的支线飞机也已经打入了世界支线运输机市场。③大国掌握核心制造技术。世界上形成了以美国、欧洲和俄罗斯为主的航空核心技术能力格局,这些国家长期保留飞机(含直升机)总体设计、气动布局、发动机、总装工序等核心技术。④航空制造与研发市场的垄断化。西方航空产业通过重组与兼并已在全球干线飞机制造市场上形成了美国波音公司和欧洲空中客车公司"双寡头"垄断竞争格局,其军民用飞机产品占有国际市场86%的份额。

(二) 中国航空产业

新中国成立后,在原来极其薄弱的基础上,经过50多年的建设和发展,中国的航空制造业从小到大,从修理到制造,从仿制到自行研制,现在拥有科研、实验、生产、经营、销售、教育等各方面体系,形成了具有自主研制能力、相关产品配套比较齐全的工业体系,是世界少数几个能够生产系列航空产品的国家之一。

据统计,中国航空工业累计生产各种飞机近2万架,航空发动机6万多台。我国每年航空产品的销售额超过500亿元,总资产超过2000亿元。我国在航空产业发展上坚持军民结合,统筹规划。通过多年的建设,基本形成了支线飞机、中小型直升机和通用飞机的设计、试验和生产条件,可以满足型号研制需要。大型客机的研制能力也在逐步建设之中。

（三）航空产业特点

作为一个关系国家安全和国民经济命脉的战略产业，航空制造业同一般的制造业相比，共性是主要的，但也有自己的特点。

1. 高资本投入与高风险并存

航空产品中一个机型的开发需要几亿甚至几十亿美元的投入。除需要巨额的资金投入以外，其产品的开发周期也比较长，尤其是近年来随着新技术的不断涌现，航空技术的发展速度不断加快，其综合性和复杂性不断提高，这使航空产品开发经营的风险以及投入不断攀升。

2. 高附加值与高关联度共存

民用航空产业链是以飞机制造为核心，以航空运输为主干和牵引，以飞机零配件及机载设备研发生产为重要支撑，集科研、制造、生产和销售为一体的复杂的经济生态系统。其相关配套产业又能对整个航空产业起到推动的作用。航空产业具有巨大的牵动性，可以形成巨大的产业链条，如对冶金、机械制造、化工、电子、橡胶及复合材料、纺织等众多行业的拉动作用。据测算，一个航空项目发展10年后带来的效益产出比为1:80，技术转移比为1:16，民机销售额每增长1%，对国民经济的增长拉动0.714%。在巨额利润诱惑下，无论是从军事领域还是经济领域、科技领域考虑，飞机制造产业都显示出其战略发展的重要性。

3. 高技术密集与人才的专有性共存

航空产业不仅包括一系列技术领域，还与相关高新技术产业融合和互动，不断开拓新的前言领域，呈现出动态交互发展的态势。航空市场的垄断竞争局面又进一步促成航空科技领域的垄断。技术密集、技术垄断同样加剧了这一领域人才供应的专业性，形成了航空专有人才的垄断。

二、南昌航空产业集群发展现状

（一）产业发展迅速

经过50多年的发展，江西已形成了比较完整的航空产业体系，成为中国航空工业的重要基地。2008年以南昌为主的江西省航空产业营业收入70.82亿元，到2013年，全省航空产业营业收入突破300亿元，5年增长了4.2倍。根据国家发改委高技术产业司的最新统计显示，在航空航天器制造业的工业总产值方面，江西省名列前五，仅次于陕西、天津、辽宁和四川，具有非常重要的地位。随着大飞机项目的上马，江西航空制造业又将迎来一次巨大的发展良机（见图1）。

随着南昌航空工业城的加快建设，南昌航空产业的宏伟蓝图正一步步展现，产业集群蓄势待发。

（二）产业集群布局合理

2010年初，国家发改委正式批复南昌航空产业国家高技术产业基地，使得江西的航

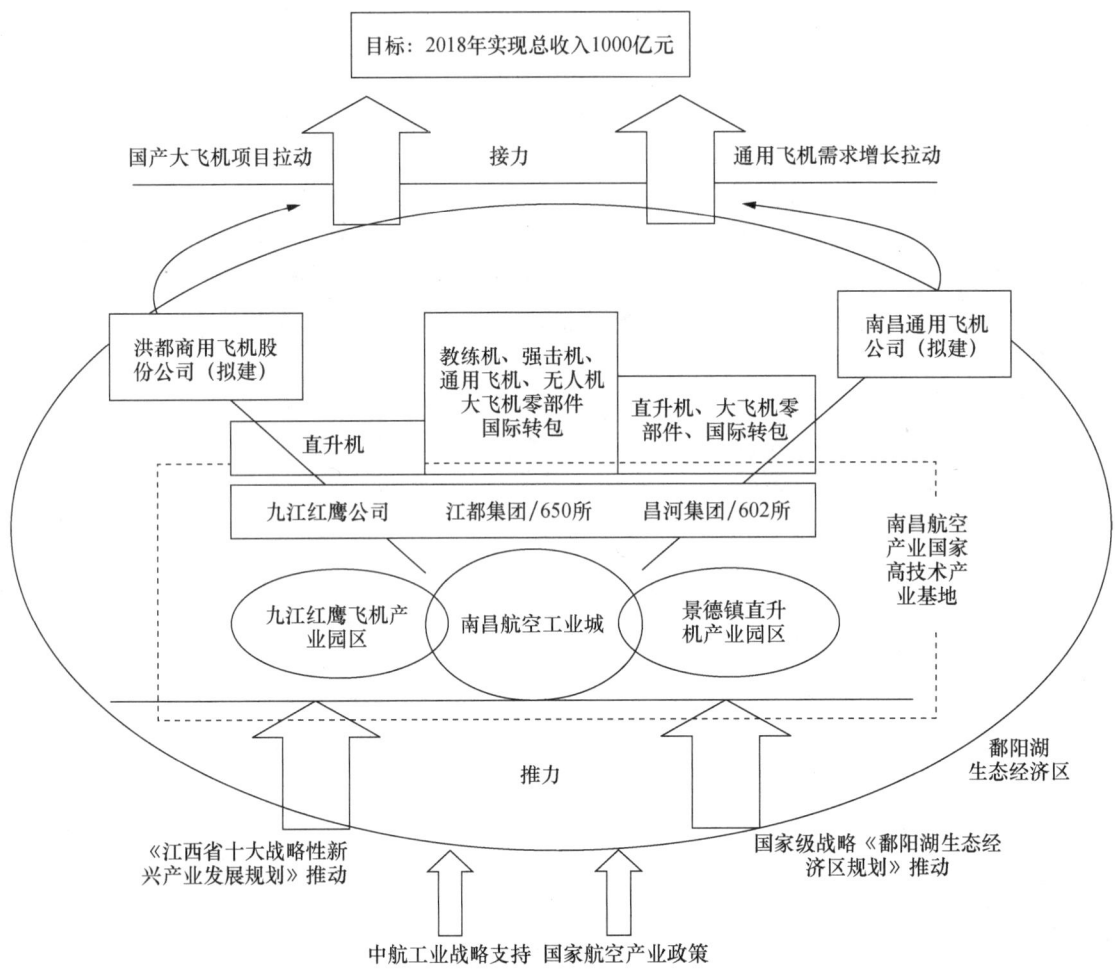

图 1　江西航空制造业发展态势

空产业有了一个聚集的载体。南昌航空产业国家高技术产业基地主要在南昌、景德镇、九江三个航空产业集中的地区进行布局，着力构建"一城二园区"的空间格局，以形成特色鲜明的航空高技术产业基地。

"一城"即南昌航空工业城，是基地的主体部分，规划面积 25 平方公里，预算投资 400 亿元，分三期开发建设。目标是到 2018 年，建设成为一个现代化的航空城，实现总收入 1000 亿。规划中的南昌航空工业城项目包括七大板块：大飞机大型零部件研制项目、发展转包生产项目、配套机载及地方军工项目、通用航空制造及经营项目、洪都集团新机场建设、运输能力建设、航空城服务体系建设。为推进项目实施，航空城还将组建航空城科技开发公司（负责航空城的规划建设）、洪都商用飞机股份公司（致力于大型飞机转包）和南昌通用飞机公司（目标为高端公务机）三大公司。其核心区主要建设大型商用客机大部件研发与制造厂区、教练机、通用飞机、军机和导弹研发与制造厂区、航空转包生产区、航空设备、材料及零配件加工等配套区。服务区主要建设科技、金融、信息、物流、生活等配套基础设施，为核心区产业发展服务。

"二园区"包括:一为景德镇直升机产业园区,由直升机、无人直升机和航空铸锻件生产三部分组成,初步规划面积18平方公里。以昌飞公司现有条件为基础,开发新机型并对已有型号改进改型,完成商用大客机前缘缝翼、后缘襟翼等大部件研制任务;以602所为主体建设无人直升机生产区、培训和维修保障中心以及试验试飞区及相关基础设施;景航铸锻公司重点发展航空铸锻件产品。二为九江红鹰飞机产业园区,在九江出口加工区新建总装生产区、培训中心及相关基础设施,在鄱阳湖畔姑塘镇建设试飞区,引进生产四种型号直升机和三种型号小型固定翼飞机,总面积2平方公里。

(三) 产业集聚效应初显

南昌是新中国第一架飞机的诞生地。经过50多年的发展,南昌已成为中国航空工业教练机、强击机、无人机、通用飞机的研发和制造基地,形成完整的航空产业体系,在航空产业聚集度、产业规模、产业结构、研发能力等资源的集中和配套齐全等方面都具有明显优势,成为国家重要的航空产业研发生产基地和航空工业资源基地。

南昌航空工业城已经入驻洪都航空工业集团公司、洪都航空工业股份有限公司、洪都商用飞机公司等企业,承担大飞机研制任务的各主要生产厂房已全面开工建设,总建筑面积17万平方米,大部件装配厂房、钣金加工厂房、数控加工厂房、表面处理厂房及配套工程已陆续投入使用。江西洪都航空工业集团有限责任公司是南昌航空工业城主要依托的龙头企业。该公司现有员工近2万人,其中有工程技职人员3000多人;高级技术职称的员工800多人。

除洪都航空整体搬迁项目、南昌通用飞机项目外,中国航天科技集团航天技术应用产业园、水上飞机浮筒和部件、航空转包及工装、直升机研发组装等项目已落户南昌航空城。新加坡亚太航空集团在南昌高新开发区投资民用无人机零部件项目,已完成亚太航空产业(江西)有限公司工商注册,总投资1500万美元,注册资本770万美元。

江西省和中国航天科技集团公司已签署战略合作协议,在南昌高新区建设航天科技技术应用产业园,打造具有航天产业特色、符合区域经济实际、具有市场影响力的高科技航空产业集群,形成产业发展聚集优势。

(四) 产业发展特色鲜明

南昌具有发展航空产业的工业基础,拥有众多的具有国际先进水平的专业加工设备,在飞机产品的钣金成型、数控加工、工装模具设计与制造、飞机部装和总装等方面,特别是在飞机大件和复杂零件制造加工中,具有雄厚的制造技术实力和强大的综合加工生产能力。

中航工业洪都公司成为我国唯一一家可提供初级教练机(初级筛选)、中级教练机(基础训练)、高级教练机(高级训练)全系列教练机的专业研制生产企业。目前,中航工业洪都公司已经发展成为我国教练机、歼击机、轻型通用飞机的科研生产基地以及航空外贸出口基地。

南昌航空产业与景德镇、九江在技术、生产等方面密不可分,共同支撑江西航空产业的发展。其中,昌河飞机工业公司是目前我国两大直升机科研生产基地之一;直8是我国运输能力最大的直升机,直11是我国第一个自行研制、拥有自主知识产权的2吨级军民通用型直升机;AC313 直升机是目前我国拥有自主知识产权、运输能力最大的民用直升机。拥有一定数量的具有国际先进水平的专业加工设备,在航空产品的钣金成型、数控加工、工装模具设计与制造、飞机部装和总装等方面,已具备一定的技术实力和综合加工生产能力;在飞机数字化设计与制造技术、经营管理的信息化等方面不断加强。

(五)产业持续创新能力不断增强

南昌航空企业的技术创新能力显著提升,改革重组为企业发展注入了新的活力。洪都集团企业技术中心加强队伍建设和技术攻关,成为江西省唯一一家被评为优秀的国家级企业技术中心。由洪都航空与沈飞联合研制的利剑无人机成功首飞,标志着我国成为世界上第四个独立掌握此类作战飞机技术的国家。与此同时,昌飞公司成功收购上海和利通用航空公司 67% 的股权,并相对控股江西昌恒航空科技公司和江西昌海航空零部件制造公司。

南昌市还与北京航空航天大学签订了《关于共同建设"北航南昌航空产业基地"》合作协议。按规定,双方将共建北航江西通航研究院,积极申报国家适航认证中心并设立北航江西技术转移中心;同时,当地政府将连续三年每年安排 300 万元专项资金用于研究院和技术转移中心的日常运营经费;设立 3000 万元的产业基地专项扶持资金,用于产业基地内的创新平台建设和成果转化项目;设立总额 2 亿元的产业基地专项引导基金,专项扶持产业基地内的成果产业化项目。

三、南昌航空产业集群的 SWOT 分析

(一)机遇分析

1. 市场需求强劲

未来 20 年将是全世界航空运输高速发展的时期,波音公司 2008 年发布的市场预测表明,在这 20 年中全球经济增长率为 3.2%,而民航客运年均增长率为 5%,货运年均增长率为 5.8%,新增民用飞机将达到 29400 架,届时全球机队规模将达到 35800 架,约为当前全球民机机队规模的 2 倍,这些飞机的市场总值为 3.2 万亿美元。空客公司的预测虽然与波音公司在具体机型的需求方面有出入,但是也认为未来 20 年市场将需要 23385 架客机,总值 26000 亿美元。这个巨大的市场需求背景是全国乃至全球航空工业制定未来发展战略的重要依据,也是中国民航工业融入全球航空产业链、进行产业化发展的重大契机。

随着人民生活水平的提高和经济的发展,据有关数据预测,到 2020 年,我国大约需要新增干线客机 1600 架,总价值为 1500 亿~1800 亿美元;而到 2050 年,我国需要更新和新增干线客机 3000 多架,加上各类支线客机和民用运输机,总价值在 3500 亿~4000 亿美元。

2. 大飞机战略上升为国家意志

大型飞机项目于 2006 年列入《国家中长期科学和发展规划纲要》的重大专项,国务院常务会议于 2007 年批准了大型飞机研制重大科技专项。《国家中长期科学和发展规划纲要》表现出国家发展民用航空工业的坚定意志,为南昌航空制造业的发展提供了一个良

好的大环境。

3. 国际大飞机项目转包与合作

从大飞机项目的全面实施来讲，随着洪都及昌飞与中国商飞签订大飞机零部件的供应协议，南昌的航空制造业有了直接和明确的市场需求，不再是无米之炊。大飞机项目的巨大商机将使江西航空制造业更容易达到规模效应，从而发挥出其作为江西支柱产业的巨大带动作用。

4. 低空领域的放开

随着国家在"十二五"期间对低空领域的逐步开放，通用航空将成为继干线飞机、支线飞机之后中国又一迅速崛起的朝阳产业，通用飞机本身巨大的潜在市场逐渐成为现实，据中国民航部门预测，到2020年，中国通用航空飞机将超过1万架，江西省在公务机、教练机、农林机和直升机等通用领域都具有明显的比较优势，有着广阔和发展空间，市场前景良好。

5. 产业升级的必然要求

江西工业化进步到了支撑产业升级的阶段。2013年，江西省人均GDP约合5100美元，根据钱纳里工业化程度的划分标准，已进入工业化发展阶段中后期。具有资金密集、技术密集特点的航空制造业将是今后江西产业结构升级的重点发展方向，承接东部地区产业转移的区位优势又将为江西航空制造业带来更多的资金、技术、人才资源。显然，这是江西航空制造业发展的又一重大机遇。

因此，工业化的新进展、大飞机项目的实施、通用飞机需求增长的态势，以及国家航空战略的总体规划，构成了南昌航空制造业发展的机遇。

（二）威胁分析

1. 航空制造与研发市场的垄断化

航空制造业具有很高的进入壁垒，寡头垄断阻碍了南昌航空制造业的发展。目前国际航空制造业的格局是：民用飞机制造和航空发动机寡头垄断严重，其他国家或企业很难进入。航空工业是技术密集型行业，同时关乎国防安全，对航空制造业发达的国家来说，如何保守技术秘密，尽量降低其他国家航空工业的发展速度已经上升到了国家安全的高度。现有的生产企业为了保持垄断地位，千方百计阻挠新的公司进入民机市场。这种寡头垄断的压力和来自国外的种种阻力，使南昌的航空工业受到封杀的可能性越来越大。在这样艰难的环境下，南昌航空制造业的发展可谓任重而道远。

2. 国内航空产业基地竞争激烈

综观全国，国内的航空航天产业争夺战已经展开，各地已闻风而动。各航空产业基地为吸纳航空产业及配套已经展开了激烈的争夺战。据不完全统计，西安、成都、天津、哈尔滨、贵州安顺、珠海、上海等地都在力推航空航天产业，苏州等新兴城市紧跟其后。上海航空产业基地、西安阎良国家航空高技术产业基地、成都空天高技术产业基地、哈尔滨民用航空产业国家高技术产业基地、贵州安顺民用航空产业国家高技术产业基地、天津中国民航科技产业化基地航空产业园、珠海航空产业园都已成为各地招商的重点地区。这些园区所在的城市正是中国航空工业发展的重点地区，其中，大部分具有产业基础。部分企业凭借自身实力，已经打入空客、波音的生产配套体系，在部分部件上还成为唯一供应商。以上除珠海是省级批复的园区以外，其余都是国家发改委批复的基地。不仅如此，一些新兴城市也在致力于发展航空航天产业。我国航空工业的这新一轮布局，必将对未来南昌航空产业的发展起到深远的影响。

为避免重复建设和警惕国外航空工业巨头利用国内各省、市、区之间的竞争获得"超额利润"，加之航空产业较为特殊，投资巨大，各个园区都试图避免产业同构，试图进行错位竞争。尽管如此，同构现象依然存在，航空产业的竞争依然激烈。

（三）优势分析

南昌航空产业集群具有较强的优势（见图2）。

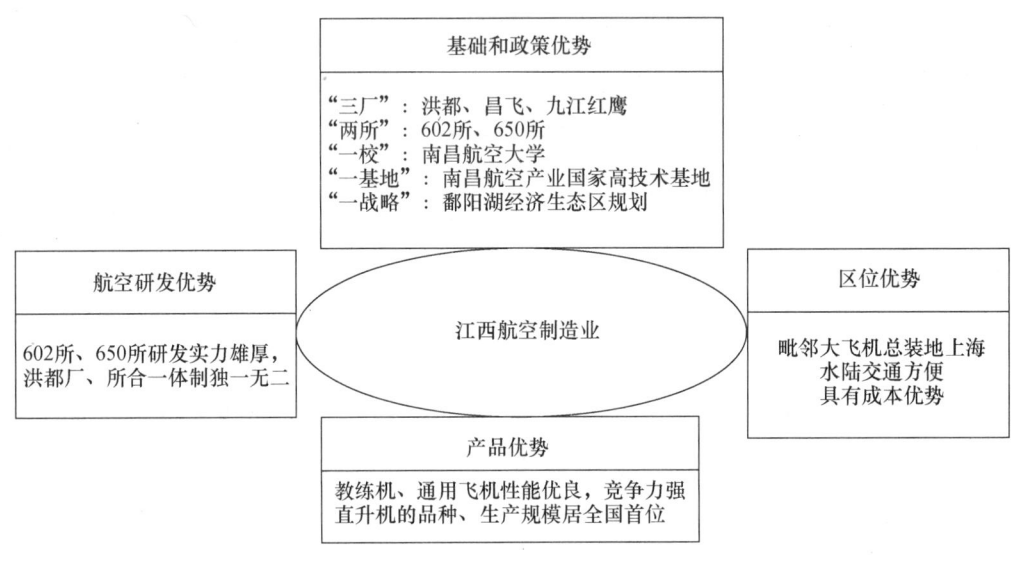

图2　南昌航空制造业优势分析

1. 区位优势

作为中部省份，江西同时衔接着长江三角洲、珠江三角洲和海西经济区，地处上述三个经济活跃地区的腹地，区位优势明显，发展潜力巨大。作为航空制造业巨大携手的大飞机项目总装已定点于上海市，而江西毗邻上海，南昌与上海的航空、铁路、公路和水路运输非常发达和便利，可较好解决运输问题，与西飞等企业相比，具有明显的区位优势。南昌又是一个离上海最近且能提供完备的航空产业集群、人才支撑的中西部经济区域中心城市，投资、劳动力、生产成本具有可比优势。南昌航空产业基地位于鄱阳湖生态经济区，公路、铁路、水运、航空港体系密集，物流运输网发达，区域内工业基础条件好，能很好地对接长江三角洲，辐射长株潭城市带，必将能作为南昌航空制造产业聚集的载体，有效地链接上游的产品供应商及下游的顾客，并连接相关的零配件生产企业，为南昌的航空制造产业链的形成发挥重要作用。

2. 制造能力优势

南昌市航空产业具有完备的航空产品生产线，具有较完整的飞机初装、总装、喷漆、试飞、测试等专业和相应的生产线。近年来由于国际合作、转包生产的需要，拥有了按照西方适航标准生产件的能力，能够按照西方适航标准生产部分民机部件，具备数控加工、复合材料构件制造、钣金、热表处理、钛合金加工和先进装配等制造能力，具有完善的质量保证体系。同时，形成了系统的生产制造体系和完善的管理制度，建立了一体化设计制造数字化平台，全面用了数字化设计、制造、试验一体化技术。而产品优势则体现在洪都拥有性能先进、性价比优良的教练飞机和通用飞机，而且几乎都是国内唯一产品。

3. 研发优势

江西航空制造业研发的优势主要体现在江西拥有650所和602所两个飞机研发机构，还有南昌航空大学、江西航空职业技术学院、江西航空技术学院等科研院所和试验基地，拥有国家级企业技术中心2家、省部级重点实验室10个、航空专业博士后工作站3家、硕士点70个，具有雄厚的研发实力。

中航工业洪都是国内唯一的厂所合一的企业，拥有国家级企业技术中心，650飞机设计所、660导弹设计研究所及博士后工作站，具有十分雄厚的飞机设计研发和试验能力，具有良好的研发平台，同时拥有比较完善的试验体系，这在国内独立的飞机设计所中都是不多见的。这种"厂所合一"的研发优势，使其在同行业中具备产品研制周期短、效率高、科学技术转化为生产力快、投入产出比例高等突出优势。洪都集团先后诞生了两位中国工程院院士，"十五"期间荣获国家科技进步一等奖、国防科技工业科学进步一等奖等92项省部级以上科技成果奖项，获得国家专利51项。

4. 投融资优势

我国民航业已经开始从资本角度全面放松行业准入，鼓励、支持各种投资主体以独资或参股形式投资经营通用航空、航空维修以及其他民航相关项目。国内对民用航空制造业的政策是分类支持民机产品发展：大中型民机型号研究由国家重点支持；中小型民用飞机、发动机零部件以及机载设备的开发和生产由企业投资为主，鼓励地方企业、私人企业和国外企业以合资入股等方式与国内航空企业合作，国家主要提供政策扶持和部分资助；鼓励地方企业、私人企业和国外企业独立。同时为民机产业提供出口信贷、融资租赁和税收方面的优惠扶持政策，为民机企业创造良好的发展环境；继续扶持企业技术改造。

上述政策为国内资本进入民航业创造了一个良好的公平竞争环境，也对行业内部的相互投资进行了规范。

2009年12月23日，中航工业集团公司和江西省政府在南昌高新区共同签署了战略合作协议，双方决定合作投资300亿元，高起点规划建设南昌航空工业城，将中航工业洪都航空工业集团公司整体搬迁（包括试飞机场）至航空城。项目资金主要由洪都集团通过市场运作等多渠道筹集，包括"洪都航空"（600316.SH）再融资，省市政府投资及省投资公司等其他企业参与投资，中航工业资金支持，国家开发银行的技术援助贷款，招商引资等。

2013年10月，根据江西省财政厅《关于下达江西洪都航空工业股份有限公司财政补贴资金的通知》，江西省财政给予洪都集团公司财政专项补助资金4860.96万元，用于支持公司南昌航空工业城相关项目建设。

5. 政策优势

江西省委、省政府高度重视航空产业的发展，"十二五"规划和《江西省支柱产业发展规划》明确将为重点扶持的六大支柱产业之一，采取多种措施予以支持。省政府专门成立了省长任组长的航空产业推进领导小组，省发改委在充分研究和论证的基础上，编制了南昌航空产业国家高技术产业基地发展规划并上报国家发改委，得到充分肯定和积极支持。省政府出台了《关于支持洪都集团大飞机项目建设及发展的意见》，并通过鼓励省内大企业集团组建股份公司、发行企业债券等方式拓宽融资渠道，大力支持南昌航空城建设。南昌航空产业国家高技术产业基地的挂牌，洪都商用飞机股份有限公司的成立，标志着江西航空制造业进入了一个快速发展的阶段。

根据《江西省十大战略性新兴产业（航空制造）发展规划（2009～2015年）》，江西将把航空基地建设纳入鄱阳湖生态经济区发展规划的重要内容，出台扶持发展的相关政策，在投资、土地出让、配套设施建设、规费减免、税收优惠、金融服务、资金支持、人才引进等方面给予优惠，支持产业做大做强。

此后，政府有关部门相继出台《江西省航空制造产业调度推进制度》、《江西省航空制造产业链延伸发展规划》，依据航空制造产业合作推进会上确定的项目，建立省航空制造产业招商引资项目库，并实行动态管理。

（四）劣势分析

1. 关键技术的掌握不足

南昌发展航空制造业走的是一条跟踪、仿制、合作的道路，许多关键技术仍要从国外引进，这也导致研究基础薄弱，技术储备不足，发动机和机载设备性能水平普遍不高，极大制约了南昌航空制造业产业集群的发展。目前南昌的航空产业和产品自主知识产权程度还比较低，航空工业核心技术和关键技术缺失，自主创新能力不强，产品竞争力弱、市场份额低，这些导致南昌航空制造业产业集群的整体竞争力薄弱。

2. 专业人才缺乏

航空制造业属高技术产业，产业集群形成和发展的关键在于人才。南昌航空制造业在人力资源方面的劣势较为突出，一方面是由于国企本身在人才管理、使用、待遇等方面制度僵化，在人才竞争方面处于劣势；另一方面南昌航空制造企业处于经济欠发达地区，科技创新主力的各研究所科技人员待遇偏低，很难吸引和保留人才，导致航空制造人才流失。由于产业集群内高技术专业人才的匮乏，高技能的技术工人短缺，更难以形成竞争能力。

3. 产业链有待完善

在航空制造业的全球价值链中，飞机的研发设计、整机制造以及航空发动机等关键部件的技术能力要求最高、投资额最大，因此进入门槛最高，附加值也最高。机体结构件、机载设备和航空系统制造环节的技术能力要求、资本要求仅次于整机研发与制造，相应的进入门槛和附加值也很高。而零部件生产和原材料供应业务环节的技术能力要求、市场能力要求和资本要求相对最低，因此进入门槛和附加值也最低。

南昌的航空工业长期以来一直集中在军事装备领域，分散了资源。全省虽有3家整机生产企业，但主要航空产品产业规模相对较小，航空产业链尚未形成。从目前来看，南昌的航空产业只包括大飞机的零部件制造和直升机、教练机等的整体生产，在航空产业链上还存在很多需要完善的方面（见图3）。

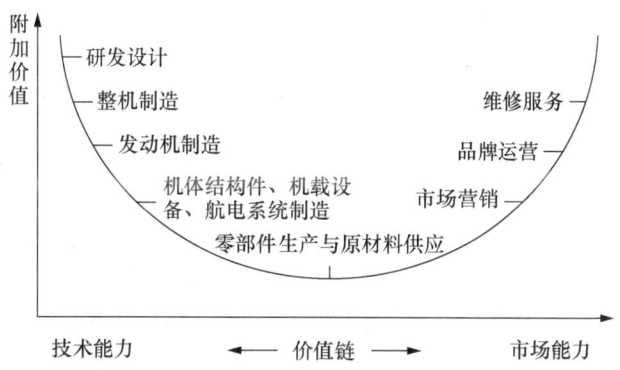

图 3　航空制造业的全球价值链"微笑曲线"

因此，南昌航空工业要抓住机遇，向上游延伸到基础产业环节和技术研发环节，向下游延伸到市场拓展环节，将重点放在航空材料、材料加工、零部件、机载设备、航空服务等方面，打造集技术研究、型号研制、销售、航空培训、使用、维护保障一体的产业链，增强核心竞争力。

总结南昌航空产业发展的各方面情况，凝练形成南昌航空产业发展 SWOT 分析表（见表1）。

表1　南昌航空产业 SWOT 分析

内部因素 外部因素		优势（S） ①产业优势 ②区位优势 ③研发优势 ④政策优势 ⑤制造能力优势 ⑥适航取证、质量体系与国际接轨	劣势（W） ①民用飞机科研设施欠缺 ②民用飞机总体技术落后 ③关键技术的掌握不足 市场适应能力不强 ④军工体制向市场化产业发展转型 ⑤专业人才缺乏。
机遇	①国家航空产业发展的大环境 ②国际航空产业的转包合作趋势明显 ③低空领域的开放 ④快速成长的市场需求 ⑤大飞机项目承接与实施 ⑥国内航空产业整合 ⑦工业化进步带来的产业升级	SO 战略（依靠内部优势，利用外部机遇） ①利用区位和政策优势，引进配套产业，扩大产能和提高竞争力 ②利用适航取证与国际接轨，提高对市场的适应能力 ③利用研发优势，加强国际深度使用，提高技术创新能力 ④通过南昌航空产业城的建设和大飞机项目的承接，争取飞机总装项目落户南昌，完善航空产业链体系	WO 战略（利用外部机会，克服内部劣势） ①利用国际转包和深度合作的机会，提高通用飞机科研和技术实力 ②利用航空产业整合的机遇，实现军工企业向市场化的转型 ③利用大飞机项目的实施，提高对市场的适应能力 ④利用国家航空战略规划的实施，加强对专业人才的培养和引进

续表

		ST 战略（依靠内部优势，回避外部威胁）	WT 战略（克服自身劣势，抵御外部威胁）
威胁	①航空制造与研发市场的垄断化 ②低空管制阻碍民用飞机的需求 ③内办航空产业基地竞争激烈	①依托现有的研发和制造优势，加强产学研合作，强化关键技术攻关，提高自主创新能力 ②利用技术优势，降低制造成本，抵抗行业竞争和适应市场需求 ③利用地方的政策和区位优势，提高航空产业基地的项目引进能力	①利用企业现有产品优势，开拓中国和亚太地区的市场，更好地适应市场需求 ②利用现有洪都集团的优势，建好南昌航空产业城 ③重点扶持洪都航空集团发展，加大力度引进国际项目合作与投资

四、南昌航空产业集群发展的对策

南昌航空产业集群以建设南昌航空产业城为当前重点目标；以增加航空企业自主创新能力为主线；以大飞机部件研发、直升机和教练机生产和航空转包生产为核心；融合南昌以至江西的现有航空产业优势资源，形成地方特色优势，加强与国际航空企业的合作与分包；鼓励和引导本地相关企业积极对接航空产业，构建航空产业完整产业供应链体系；重视引进航空重点配套项目及加速其落户南昌的进程。

（一）巩固现有基础

南昌现有的航空产业制造主要以洪都航空为基础。洪都集团具有生产"公务机、直升机、特种飞机、教练机、通用飞机"的能力，因此南昌航空产业基地要坚持多机种并举，带动零部件、航空材料及相关设备生产，同时吸引航空维修、改装、加装、培训等方面的项目布点，完善产业链布局。航空产业体量大、产业链长，其龙头是整机制造。航空运输市场直接拉动的是整机制造，整机制造必然为部件和零件提供市场，带动部件及零件生产，而部件和零件的配套能力又会对整机制造产生巨大的支撑作用。民用航空产业还有一个副龙头——客机改货机和整机维修（即改装与维修）。改装、维修具有与整机制造类似的拉动作用，也应当给予足够的重视。"配套"是指为整机制造、改装、维修及飞机提供服务支持，包括部件和零件生产，机载设备、导航与空管设备生产，新型材料及关键技术研发等。

以洪都航空为依托，重点促进国际航空企业与洪都的合作，大力引进相关配套产业，完善航空产业链体系，培育企业的自主创新能力。

（二）健全产业链

南昌航空制造业产业集群的目标是：形成航空材料、航空设备、大部件、整机设计制造、国际合作与转包、试飞及航空文化等比较完整的产业集群（见图4）。

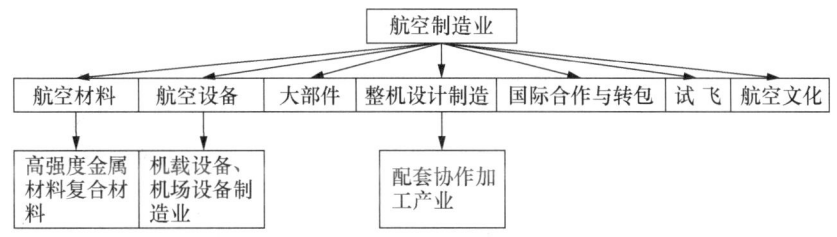

图 4　南昌航空制造业产业集群目标

南昌目前生产航空制造的企业仅有洪都航空 1 家,其配套企业为洪都集团的下属企业,只有 1 家。而航空产业却具有惊人的拉动效应,可以带动新材料、新装备、电子和软件等高科技产业的同步大力发展。企业这种"麻雀虽小,五脏俱全"的生产只会局限其技术创新和效率的提高,引进相关配套产业链企业,可以大大增强其制造生产能力。

从航空产业链的构成看,其核心和关键是飞机制造,在此之前是飞机设计,飞机设计中又包含许多层次的设计;飞机制造本身包含两个大的类别,即零部件制造和整机制造;飞机试验是一个不可缺少的中间环节,是对设计和制造的检验、补充和修正,是最后飞机运营安全与高效的保证;飞机飞行与运营就是航空运输和通用航空,前者主要是民用货运和客运,通用航空应用面十分广泛,它们是航空产业发展的最终目的;航空产业链上最后一个产业就是 MRO(维修)、修理和大修,在飞机的飞行与运营过程中,为保证飞行安全和保持飞机性能,需要定期不定期、深度不同的维修、修理与大修(见图 5)。

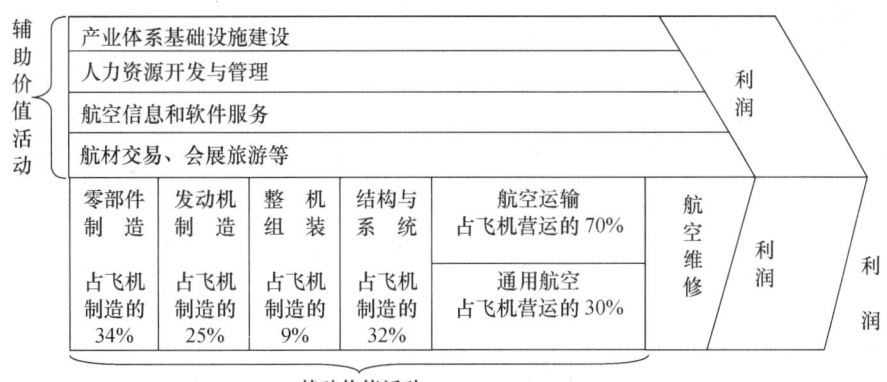

图 5　航空产业链价值链分析

航空产业价值链分析的基础是价值,并且航空产业价值链主要是由各种价值活动构成,价值链列示了总价值,航空产业链不是孤立存在的,重点强调相互联系的价值系统。从以上航空产业链价值链分析来看,南昌的航空产业只包括大飞机的零部件制造和直升机、教练机等的整体生产,在航空产业链上还存在很多需要完善的方面。南昌航空产业集群应坚持多机种并举,带动零部件、航空材料及相关设备生产,同时吸引航空维修、改装、加装、培训等方面的项目布点,完善产业链布局。

（三）实现内生式增长

南昌航空产业要实现超越式发展必须走内生式增长的道路。实现内生式增长首先要转变思想观念，眼光面向市场，发现市场，占领市场，满足消费，引导需求。推进产业内生式增长发展要注意用活两个机制："产学研"协作机制和"政府—中介—企业"协作机制。当前"产学研"机制已得到了有效的开发和利用，而"政府—中介—企业"机制尚处于探索阶段。在这一机制中，政府应该从宏观角度来把握产业发展的方向和进度，杜绝对企业直接的行政干预和支助，而应该借助中介的专业优势，将来自政府的支持更加合理地调配到整个产业链中去。

在内生式发展的具体措施上，针对国内企业或科研机构开发的高技术制品和首次投向市场的重点产品可以采用政府收购的方式。这些技术产品符合国民经济发展要求和先进技术发展方向，具有较大市场潜力。政府通过定制和收购利用公共资金来对企业的研发进行引导和补偿，通过对行政资源的合理利用来提升高新技术企业的创新能力，推进国民经济的快速发展。

在全球化合作与竞争中，关键技术和新技术是被各经济体严格封锁和垄断的，这些技术的研发，必须依靠自己，走内生式发展之路。而内生发展，高新技术主体，政府则是推动的关键力量，只有各方协调一致才能有内生力发展的美好明天，也才有创新型国家的创建成功。政府可以出台多种扶持政策，大力推进产业联盟、产业集群、产业组织等的形成和完善。

（四）建立金融支持平台

进行金融创新，做大航空产业基金，引导产业投资基金、创业投资基金等服务航空产业。引导社会各界积极参与设立行业性创业投资基金，带动民间资金支持航空高技术企业发展。为前景好又急需资金的企业提供金融支持；制定有利于航空产业发展的风险投资政策体系，并积极为园区内企业提供出口信贷支持；建立航空产业发展专项资金。

出台系统的税收政策积极吸引航空配套厂商聚集。对于国际航空转包生产项目，在出口退税、专项资金贷款贴息、产品研发专项资金、国内运输费用补贴和出口创汇专项奖励等方面给予优先安排，争取国家对南昌航空工业城暨洪都大飞机项目给予专项资金支持。对入驻航空城的相关配套企业在税收、规费减免以及其他方面给予优惠政策，鼓励企业进驻。

（五）构建专业人才储备和"产学研"平台

要加大企业的自主创新能力，可以通过与国际航空企业合作，加大技术研发和攻关，推进与高校和科研院所的联合开发，突破关键技术的研究与技术壁垒的破除，通过引进消化吸收再创新的途径，增强企业的自主技术能力和核心技术，提高自主知识产权拥有量，提升南昌航空产业的竞争能力。

实施高层次人才培养、骨干人才培训工程和优秀人才创新奖励。重点培养科技领军人才、核心技术人才及后备人才，逐步形成一支人员稳定、专业齐全、技术全面、水平过硬的科技队伍。对重点型号主管设计师及以上人员、重大研究课题负责人、基础研究和关键技术领域的学术技术带头人等高层次人才实行重点联系，动态管理。培养和引进大飞机主力生产线基地和国际航空转包生产基地所需的大量科研、生产、管理及外向型人才，南昌航空大学及南昌大学应根据洪都集团的需要设置专业，培养人才。积极帮助洪都集团招聘、引进国内外高端人才，并在职称评审、人才选拔培养及博士后工作站建设等方面提供政策支持和服务。

加强南昌航空工业城与南昌航空大学、南昌大学等高校的合作，建立企业与高校科研机构对接的科研基地。相关院校和科研机构应发挥自身在材料、自动控制、力学、计算数学、热物理、信息科学、环境科学等领域的优势，通过产学研的紧密结合实现知识和科研成果的产业化。逐步完善创新、研发基金支持体系，对重要企业的重大研发活动提供研发基金支持。从财政支持、税收减免、融资担保、人才落户等方面给予企业、研发机构优惠待遇，推动公共研发平台资源的共享利用，节省成本、增加效益。

南昌市汽车产业集群升级研究

汽车产业是南昌的第一大支柱产业,其中轻型车在国内占有一定优势,成为中国轻型车重要生产基地之一。南昌现有汽车整车和零部件生产企业上百家,其中零部件生产企业的产品涉及发动机、轮胎、汽车弹簧、汽车空调、汽车齿轮、车身及附件、汽车底盘等行业近百个种类。

江铃汽车集团公司作为南昌汽车行业乃至全市工业的龙头企业,是中国500强企业之一。公司拥有汽车发动机、变速箱、车桥等六大总成及其他零部件制造工艺设备,已具备年产25万辆整车和26万台发动机的能力。主导产品已发展到涵盖全顺商务车、JMC轻卡、JMC匹卡、陆风休闲越野车(SUV)、陆风风尚轿车等多个系列、430多个品种及主要零部件。南昌以江铃汽车为核心,吸引了美国福特、日本五十铃、重庆长安等知名企业加盟南昌汽车工业。目前南昌已有江铃、百路佳、江西消防车辆制造厂3家整车生产企业,格特拉克、李尔内饰、伟世通等各类汽车零配件生产企业200多家,已形成年产整车30万辆的生产能力。

依托江铃集团等,南昌逐渐形成小蓝、昌北、昌南、新建等几个汽车生产基地,江铃整车的配套件60%以上出自南昌本地。

一、南昌汽车产业集群发展现状

(一)产业规模日益壮大

南昌的汽车产业主要分布在小蓝经济技术开发区和南昌经济技术开发区以及新建县长堎工业园。小蓝经济技术开发区的汽车整车及零部件产业已形成以江铃集团为龙头,集聚了汽车整车及零部件生产企业88家,拥有江铃股份、江铃控股、江铃新动力、江铃专用车辆厂、江铃改装车辆厂5个整车项目及美国伟世通、李尔、天纳克、上海宝钢等83个零部件项目,已成为江西汽车零部件企业最为集中的工业开发区。"江西汽车看南昌,南昌汽车在小蓝"的效应正在逐步显现。

而南昌经开区已形成以江铃陆风、格特拉克、恒天动力和百路佳为骨干的汽车机电制造产业集群。未来几年,南昌经开区将着力引进车身电子控制、底盘电子控制、车载电子系统、新能源电子系统等相关汽车产业,提升汽车产业档次和水平,逐步形成门类齐全的汽车制造产业体系,力争在"十二五"期末汽车产业达到千亿元。

新建县长堎工业园近年来大力引进汽车产业。新建县长堎工业园已引进全国汽车板簧龙头企业长力远成,聚集了天津宇傲集团、泉州汽配城、宏达汽车、华春汽车、天马汽车及沃尔沃建筑机械零部件等20多家汽车配套产业链生产商。

（二）产业链条逐步完整

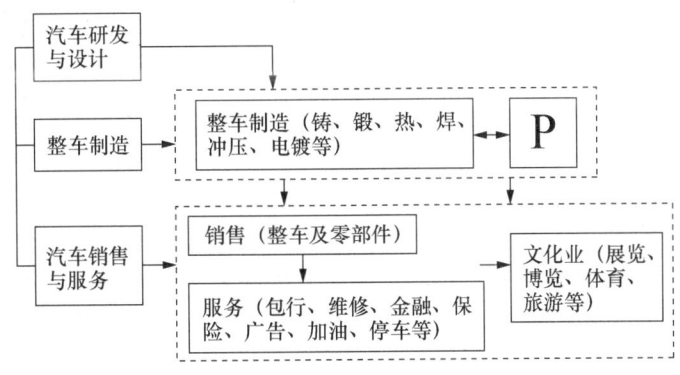

图1　南昌汽车产业链

在研发设计环节，南昌汽车产业已具备较强的研发实力。江铃已经开发出了包括了全顺汽车、"宝典"皮卡、"凯运"轻卡、宝威BUV商务多功能在内的四大系列400多个车型。江铃汽车抓住市场中枢，充分满足不同顾客群的消费需求，不断开创节能、实用、环保汽车产品的新典范。畅销中国十几年的江铃轻型卡车延续着市场优势，"宝典"皮卡、"凯运"轻卡在中国细分市场占有率名列第一，根据中国市场需求陆续开发的全顺救护车、计划生育车、物流车、防弹运钞车等，凭借多功能配置和个性化订单生产的强大优势，江铃专用车的改装开发生产能力和销量排名全国第一。百路佳拥有U形梁结构、全承载车身、整体成型大顶、嵌入式太阳能电池客车顶棚、自动水平液压支撑平衡系统、主动雷达防撞系统等38项专利技术。公司从2007年底开始研发新能源客车三大核心技术之一的控制器技术。2008年，百路佳自主研发的纯电动旅游客车和纯电动巴士，获得了世界客车联盟"最佳新能源客车奖"和"最佳新能源巴士奖"。依托强大的研发实力，产品涵盖城市客车、旅游客车、团体客车、长途客车、房车、校车及特种客车等12大产品系列、100多个品种。

在整车及零部件制造环节，2008年南昌小蓝经济技术开发区被授予"江西省汽车零部件产业基地"称号。小蓝开发区按照整车带动零部件、零部件促进整车竞争力的集群式发展思路，以电动汽车、乘用车、商用车等整车生产，带动其他产品，涉及发动机、变速器、汽车空调、汽车内装饰、汽车覆盖件、汽车装束、后视镜、车灯、油路系统、底盘系统部件、有色金属压铸、汽车钢板剪接件、冲压件等，园区内汽车产业的自我配套能力获得了空前的提升。

其中，在核心零部件方面，早在2006年9月德国格特拉克集团与江铃汽车集团强强联合，在南昌经开区成立中德合资企业，总投资达15亿元，设计产能36万套手动六挡变速箱。目前，新工厂一期已经试产，其产品除满足福特在中国的市场需求外，还将大批量出口国际市场。恒天动力有限公司斥巨资从德国引进的发动机项目已列入江西省和南昌市"十二五"规划重点项目，主要生产"南昌牌"X105、凯尔NC110、凯悦NK115、NC493系列柴油机和电站及天然气发动机，广泛用于汽车、工程农业配套、船舶、军工、行业电源等领域。

在汽车销售与服务环节，南昌汽车制造企业已经建立了较为完善的销售和服务体系。其中，江铃的营销网络遍布全国，经销商总数超过500家。百路佳依托恒天集团在国内的营销网络正逐步完善，而且，海外市场由2006年的3个增长到现在的27个，成功地将产品从高端市场引入东南亚及南美等新兴经济体，并在迪拜建立了负责中东及北非市场的专属事业部，在美国建立了位于洛杉矶的北美客车事业部。

（三）研发实力较强

悠久的汽车制造业历史和长期的技术积累，形成了南昌市较强的汽车研发能力。目前，全市拥有5家汽车技术研发中心，分别是"江铃股份产品开发技术中心"、"江西省汽车电子工程技术研究中心"、"江铃控股公司技术中心"、"江铃汽车集团技术开发中心"和"南昌市新能源客车工程技术研究中心"。

其中，江铃早在1998年就在原产品开发部、综合技术部基础上，建立了产品开发技术中心，包括综合管理部、产品规划部、项目管理部、整车设计部、发动机设计部、产品试验部、试制车间7个部门，由300多名专职研发人员组成。1999年，又成立了SVO（个性化订单）工作小组，专门跟踪市场需求，快速研发适应顾客特殊要求的新产品。这也是江铃能够开发出四大系列400多个车型的基础。

百路佳公司通过引进和重组产品、技术、人力资源、外国专家工作组等，成为一家与国际接轨，并具有独立知识产权的民族客车制造商。员工仅500余人，但技术类人才有200多人；设立了澳大利亚ADR外籍专家工作组、美国DOT外籍专家工作组、欧洲ECE外籍专家组，其中外籍专家20人。公司已通过ISO9001质量体系认证、国家3C认证、美国DOT认证、欧盟ECE认证、澳大利亚ADR认证、海湾GCC认证，并且依靠先进的造车工艺和独有的专利"U形梁结构设计"通过了澳大利亚法规强制性侧翻试验和座椅碰撞试验。

（四）具有一定的品牌影响力

江铃2014年全年累计售出汽车27.59万辆。其中轻卡全年销售106582辆，进入了细分市场前三甲，而在轻客细分市场中，全顺排名第一；皮卡细分市场中，江铃皮卡排名第二；商用车销量排名第四。可以说，江铃汽车已经成为国内具有一定影响力的品牌。

百路佳一直以来专注于美国、澳洲等高端海外市场的开发。是中国第一家大批量出口美国、第一家大批量出口澳大利亚、第一家在媒体面前进行公开侧翻试验、第一家出口校车到发达国家的客车制造商。在澳大利亚百路佳客车销量跻身前三甲，在当地，成为与沃尔沃、奔驰比肩的知名客车品牌。2008年百路佳JXK6137荣获世界客车联盟（BAAV）"最佳创新大奖"。

（五）内涵式增长模式已具雏形

江铃汽车股份有限公司是江西省首家上市公司。尽管江铃汽车股份有限公司在25家整车上市企业中总资产只居15位，营业收入只居第9位，但其净利润却排名第6位，净资产收益率排名第 5 位,销售毛利率居第 2 位。而在细分的 7 家商用载货车中总资产只居第 5 位,营业收入只居第 3 位,但其净利润、净资产收益率、销售毛利率均居第 1 位。从这些数字的对比可以发现,江铃汽车走的是一条内涵式发展的道路。

而百路佳本身就定位于全球高端市场,通过自身技术实力参与国际竞争。

(六) 新能源汽车成为新的发展方向

2009 年 2 月,南昌市被纳入首批国家节能和新能源示范推广试点城市,这成为推动南昌新能源汽车发展的一个重要契机。新的机遇、新的挑战、新的任务,为推动南昌交通节能减排,促进区域节能与新能源汽车产业发展,建设花园英雄城市,实现绿色崛起注入了新的生机与活力。

南昌"江铃股份产品开发技术中心"是国家级工程技术研究中心,该中心在电动汽车的开发方面,具备产品的自主开发能力。

近年来,江铃集团与万向集团电动汽车有限公司、南昌福瑞德科技有限公司和江铃控股公司、上海瑞华集团和南昌大学等多家电动汽车关键技术研发和制造公司进行了技术和产品的深度合作,成功研发了系列化产品。采用锰酸铁锂电池为动力的全顺纯电动服务汽车已生产销售 30 台。采用硅酸盐电池为动力的风华轿车已开发成功。采用磷酸铁锂电池和超级电容为动力的电动轻卡车目前正在试制中。全顺纯电动服务汽车已列入国家《车辆生产企业及产品公告》及《节能与新能源汽车示范推广应用工程推荐车型目录》。由南昌福瑞德科技有限公司开发的纯电动家用轿车,参加了 2009 年意大利米兰国际车展。南昌福瑞德科技有限公司与华中科技大学联合开发的 30 千瓦、70 千瓦电动汽车控制系统和驱动电机已经运用到 6 款车中,部分产品成功进入美国市场。江西凯马百路佳客车有限公司从 2008 年开始,先后与澳大利亚 BCI 客车公司、浙江万向集团以及匈牙利伊卡鲁斯客车公司等共同研发混合动力客车、纯电动客车。

二、南昌汽车产业集群发展的有利因素

(一) 区位优势

南昌地处长江中下游、鄱阳湖西南岸,同时衔接着长江三角洲、珠江三角洲和海西经济区,地处上述三个经济活跃地区的腹地,是三大经济圈向内地产业梯度转移的中转站,具有承东启西,沟通南北的独特区位优势,是国际和东部沿海发达地区产业梯度转移的理想地区。

以南昌为中心,以高速公路为骨架,构筑了一个 6 小时之内便可通达 8 个省会城市的经济圈,覆盖了我国最发达的东南沿海市场并连接了潜力丰富的中西部地区。

南昌独特的区位优势和便利的交通条件为承接周边发达地区汽车制造业的劳动密集型产业提供了优越条件。交通的便捷有助于南昌发挥后发优势,并在发展中使后来居上。随着交通的快速发展,南昌独特的区位优势和便利的交通条件为汽车销往其他省市及海外的运输费用,从而降低了汽车的成本,扩大了利润空间。

(二) 资源要素优势

南昌劳动力资源、土地资源等要素丰富，并且成本低廉，这是吸引发达地区汽车制造业转移南昌、投资发展的重要原因。南昌周边区域丰富的矿产资源也为承接资源依赖型产业提供了丰富的原材料，这为南昌发展汽车制造业提供了较好的物质条件。

南昌有 45 所大专院校和各类科研机构，拥有教师 5 万余人，科研人员 1 万余人，平均每年毕业生有 10 万余人。南昌职业教育已和北京、西安一起被誉为中国职业教育前"三强"，全国十大民办高校中就有三所坐落在南昌。南昌市劳动力素质从高到低、全面发展，配置合理，与沿海地区和中部主要城市相比，南昌的劳动力成本处于较低水平。南昌大学、华东交通大学、南昌航空航天大学等高等教育机构都拥有机械工业和实验室，致力于科研的同时，每年都能为南昌汽车产业集群提供大批高尖技术人才，为汽车产业集群的自主创新和技术研发提供了可靠的智力支持和人才支持；省内多所高职专科院校，开展订单式培养模式，为企业提供定制的技术人员；南昌市在机械制造、汽车、机电等产业多年积累，产业工人众多。南昌电力供应充足，自来水质量全国一流，南昌水、电、气价格仅是沿海发达地区的 60% ~ 70%，与武汉、长沙等其他中部城市相比，也具有明显的比较优势。

(三) 汽车消费需求的增长

国际经验表明，人均收入水平与汽车普及率存在显著的关联度，人均 GDP 达到 1000 ~ 2000 美元，开始进入大众汽车消费时代；而人均 GDP 达到 3000 ~ 6000 美元和 6000 ~ 10000 美元，是汽车拥有率上升最快的两个时期。"得中国市场者得天下"，这已成为车企新的共识。

近年来，全国汽车消费市场持续活跃。2014 年底，全国民用汽车保有量已达到 1.54 亿辆（其中包括三轮汽车和低速货车 972 万辆），比上年末增长 12.4%。

南昌市 2014 年末民用汽车保有量达到 61.81 万辆（包括三轮汽车和低速货车），其中私人汽车保有量 49.07 万辆，民用轿车保有量 37.61 万辆。以南昌市户籍总人口 510.08 万计算，南昌市平均每 8 人中就有 1 辆汽车。与 2013 年相比，南昌市民用汽车保有量增长 10.22%，民用轿车保有量增长 15.02%，私人轿车增长 22.39%。

从国内和南昌市的情况都能看到汽车消费需求的快速增长对于南昌汽车产业集群的升级是难得的机遇。

(四) 政府的支持

汽车产业是江西省重点扶持的支柱产业，已把该产业列入鄱阳湖生态经济区建设规划的重点产业之一；南昌市更是把该产业作为千亿产业来打造。南昌小蓝经济开发区是南昌市委、市政府重点支持以汽车整车生产及配套零部件项目为主体的工业园区，是江西汽车工业未来发展最重要的承载平台。同时，南昌市依托国家"十城千辆"工程，不断加大新能源汽车的技术研发力度，产品推广力度，建设新能源汽车配套服务设施，把新能源汽车产业发展成为南昌市新的产业支撑、环保先锋、低碳示范。

2009 年国务院通过的《鄱阳湖生态经济区规划》中，江西将汽车及零部件生产基地列为八大新型工业产业基地之一。2010年初，江西将新能源汽车及动力电池产业，列为未来重点发展的十大战略性新兴产业之一。

根据《江西省人民政府关于工业重点产业升级发展的指导意见》、《江西省人民政府办公厅关于支持南昌市加快汽车产业发展的若干意见》、《南昌打造核心增长极三年行动计划（2013~2015年）大纲》等规划、文件，南昌决定将汽车及零部件作为南昌当下与未来重点打造的四大战略性新兴产业、千亿产业之一。

江西省委省政府、南昌市委市政府都先后出台了关于扶持汽车产业发展的多项政策措施，并将相对完善、灵活的管理权限充分、彻底地授予了小蓝开发区和昌北经开区，实现了开发区封闭化管理与服务，开放化运营与发展。与此同时，各开发区自身也集中优势资源倾斜支持汽车企业发展，全市上下形成了优先发展汽车工业的强大合力。

三、南昌汽车产业集群存在的不足

（一）缺少核心技术

南昌现有的汽车制造技术大部分来自引进国外技术，对外依赖性较强。核心的汽车制造技术仍然掌握在跨国公司手中；拥有自主知识产权的民族品牌发展相对滞后，不足以与世界发达汽车制造商相竞争。多数企业未进入整车配套市场，具有龙头地位的大型企业尚未形成，汽车关键零部件发展滞后，产品大多数处于低端领域，汽车电子等高端产品投资严重不足。

南昌的汽车配件企业的大多数产品技术含量不高、附加值较低，尚缺乏只适合技术密集型的产品。除了伟世通汽车空调、江铃李尔等少数企业外，大多数企业并不直接与整车厂配套，处于二、三级供应商，技术含量整体较低，一些高新和核心技术产品仍然掌握在省外及国外厂商手中，汽车零部件产业缺乏核心技术竞争力，很难在国内外立足。

零部件方面，缺乏核心技术，关键零部件依赖国际资源，绝大部分都是外资的独资或者是控股生产。自主企业零部件生产水平比较低。国际化进程比较缓慢。同时缺乏世界名牌产品。相关工业技术比较薄弱，不能满足汽车产业发展需求，包括汽车专用芯片几乎空白，汽车的高端研发装备、制造装备，依靠进口。

在产品技术创新上，零部件产业尚处于引进和消化产品应用技术的初级阶段，还没有完全进入消化、吸收、创新阶段。在零部件新技术的研发方面缺乏投资，就江铃李尔、江铃新电等大的零部件合资企业也仅仅是按代工模式，按照要求生产。

（二）产业链有缺失

南昌汽车产业还没有完全形成按专业化分工、分层次合理配套的产业结构，企业自成体系，总体上还处于一个较低的层次。以江铃集团为例，江铃集团的零部件采购中本地化程度低，仅占总采购量20%左右，在十二大类汽车零部件中，小蓝开发区的零部件生产企业虽然涉及其中的十一大类，其比例高达96.7%；但究其细分小类的缺失率却达到了81.4%，大量的零部件需要外购。说明开发区内的汽车零部件企业存在门类不全、技术水平不高的问题。由于力量分散，整体优势难以体现出来，导致产品集聚度不高，特别表现在传动系、转向系和电路仪表系，其产业链内部产品有效率仅有 11.11%、9.09% 和 12.12%。产业发展必需的钢材、橡胶、生产设备、工装等配套产业链各开发区几乎没有。

同时，缺乏咨询服务机构、风险投资机构、科研机构等生产性服务企业，没有形成较为完整的产业链，企业、产业之间缺少合理的分工协作。产业链配套项目缺失难以形成。

（三）创新能力不强

技术创新体系不完善。由于中国汽车工业的过去是一个技术洼地，所以我们很容易从周边获得很多技术，发展技术快但是投入并不够高，过去主要靠引进技术发展。由于缺少核心技术以及国外的技术封锁，必须增强研发投入。

大部分零部件厂商尚不具备成熟的研究开发能力，缺乏具有自主知识产权的产品平台。高附加值汽车零部件开发能力薄弱，电子部件在汽车上的应用程度仍然比较低。

从总体上看，高层次汽车人才仍然缺乏，掌握国际先进汽车技术的高层次研发人才更是基本空白。当地汽车企业自主研发能力依旧比较薄弱，缺乏具有自主知识产权的核心技术，虽然自主品牌汽车企业集团在车身开发能力、整车集成能力建设方面相对较好，但在发动机总成开发技术和汽车电子控制技术方面仍处于劣势，前瞻性的基础技术研发尤为薄弱。

各企业的研发能力普遍不足，目前小蓝经济开发区产业集群中的大多数企业没有专门的研发机构和固定研发人员，不少企业属于外地公司的生产加工基地，生产集中在低技术含量和低附加值环节，即使是开发区引以为豪的汽车龙头企业——江铃汽车股份有限公司，虽然拥有国家认定的企业技术中心，但是核心技术仍然掌握在外资方福特集团手中。

（四）汽车产业转型升级的挑战

未来能源与环境约束成为影响汽车可持续发展的重要因素。随着我国汽车保有量的快速增长，车用燃油消耗量占总燃油消耗量的比例逐年增加，导致中国对进口原油的依赖程度越来越大。与此同时，中国城市大气污染中，机动车排放所占的份额逐年上升，汽车尾气污染已经成为我国大中城市主要污染源之一。在北京、上海、广州等大城市市区，汽车排放对大气污染的分担率已经达到了较高的水平，机动车已经成为一氧化碳、氮氧化物、可吸入颗粒物等污染物的重要污染源。种种迹象表明，能源环境问题已经成为制约中国汽车业可持续发展的重要因素。

2013 年 9 月 12 日，国务院出台《大气污染防治行动计划》（简称大气"国十条"），首次明确未来 5 年大气污染防治的治理目标，其中涉及汽车产业的规定有机动车燃油升级、机动车总量控制、老旧机动车淘汰、新能源车推广等方面。

能源和环境问题是国际汽车工业面临的长期共同挑战。近几年，全球能源与环境的严峻形势，特别是国际金融危机对汽车产业的巨大冲击，推动世界各国加快交通能源战略转型，掀起了新能源汽车发展新一轮热潮，全球汽车产业格局正面临第四轮重构，汽车产品将向安全、节能、环保方向迈进，"新能源汽车"概念也随之成为业界关注重点，新能源汽车成了各国竞相研发的目标和追求。

在应对传统汽车产业冲击的同时，南昌汽车产业还需未雨绸缪，早日着手应对汽车产业的转型升级，研发新能源汽车。

南昌过去在电动汽车的开发方面具备一定产品的自主开发能力：江铃集团与万向集团电动汽车有限公司、上海瑞华集团和南昌大学等多家电动汽车关键技术研发和制造公司进行了技术和产品的深度合作，并成功开发了全顺电动服务车、陆风风华电动经济型轿车等多款产品。"江西省汽车电子工程技术研究中心"是由南昌大学和江铃汽车集团联合组建的汽车研究中心。自2007年成立以来，一直致力于推动汽车高新技术成果转化、产业化及人才培养等方面的建设工作。目前已在纳米锂电池、磷酸铁锂电池、电动汽车电源管理系统、电机控制系统、超级电容系统等关键技术方面取得突破。

虽然大多数汽车企业对新能源汽车的未来充满信心，但就目前现状而言，产品价格过高、核心技术瓶颈难突破、配套设施不健全以及维修保养不方便等多种因素，成为新能源车发展难以逾越的障碍。产品价格偏高以及维修保养不方便，令许多消费者对新能源汽车望而却步。

（五）临近地区汽车产业集群的影响较大

受经济发展决定地区收入水平思想的影响，全国各省汽车产业发展迅速，特别是江西省周边长三角地区的鼓励政策使得汽车产业集群化趋势非常明显。甚至本省内，宜春、萍乡等工业城市也相应建立起本区域的汽车零部件产业基地，各地汽车零部件产业基地的建设，加上地理位置和资源优势的相近，给南昌汽车产业的发展带来了强大的竞争威胁。

同时，南昌的汽车产业集群还面对着与上海、浙江、湖南、广东、福建等地较为成熟的汽车产业集群的竞争。

四、南昌汽车产业集群的发展策略

（一）培育龙头企业

以江铃集团为龙头，着力打造江西百万辆汽车生产基地。支持整车企业提高资本金率，争取更多乘用车产品和校车列入工业和信息化部《车辆生产企业及产品公告》。鼓励汽车整车企业利用资质目录资源与国内汽车龙头企业开展合资合作。鼓励江铃集团、江西凯马百路佳客车有限公司等重点企业到国外设立销售基地或投资办厂，进一步拓展海外市场。

南昌大多数汽车零部件配套生产企业规模还比较小，专业化程度低，开发能力不足，并且高端技术产品生产力弱。要增强它们的竞争力，就要积极推进这些汽车零部件企业的兼并重组。集群内的零部件企业间可以通过整合优势资源和改组调整，强强联合，扩大企业生产规模，大幅度提高南昌汽车零部件产业的产业集中度，形成具有规模和技术实力的零部件企业，创造规模经济效益。同时，对那些效益不好、没有竞争力的零部件企业通过破产、兼并、改制、重组等方式转型或退出市场。

要支持江铃集团在省内进行联合、兼并、重组，积极推进其与美国福特公司、日本五十铃公司合作，进一步扩大生产规模。走兼并重组之路以形成区域大型集团。兼并企业与初建企业相比，具有效益高、时效快、资金省的特点，能够使企业迅速扩大规模，解决如企业亏损等问题。当前，南昌部分汽车（配件）生产企业所生产的产品在品种上重叠，导致产品生产配置重复，造成大量资金浪费。可以在政府指导下，通过兼并、联合、重组等方式，在全省形成几家具有核心竞争力的大型企业集团，并建设按专业分工的整车制造、变速箱、发动机等生产基地，逐步形成不同技术层次的、有竞争能力的零部件供应体系。

（二）增强技术创新能力

鼓励汽车整车及零部件生产企业与高等院校、科研院所之间加强合作，建立完善轻型卡车、乘用车、客车、专用车四个整车研发平台，发动机、变速箱、驱动桥三个核心零部件研发平台，以及新能源汽车关键零部件研发平台，提升企业自主研发能力。企业为开发新技术、新产品、新工艺发生的研究开发费用，政府从税收中予以减免或补贴。

支持和鼓励重点骨干企业积极引进新技术、新车型，在较短的时间内缩小与世界先进水平的差距；另外，在以开放的姿态展开国际国内合作的同时，注重加大研发投入，加快研发人才的培养，加速研发能力的建设，追求自主知识产权的拥有和自我品牌的创建。推行"产、学、研"联盟的创新模式，加强与先进企业、高等院校和科研机构的合作、协作与联合，以高质量、高技术、低成本实现进口替代和本地取代。提高发展自主品牌，健全自主知识产权保护体系，提升自主创新能力，实现技术创新。

通过委托设计、联合设计，逐步发展到自行设计，逐步形成自主开发能力。不断积累经验，锻炼培养人才，形成自主创新能力，拥有具有自主知识产权的产品和品牌。重点骨干企业要增大科技投入，提高科研开发费用占销售总额的比重，要着力提升新产品开发速度，缩短产品更新换代周期。设立汽车工业发展援助基金，对优强企业的重大开发项目给予资金支持。

（三）提升完整产业链

提升完整产业链并提高企业专业化程度真正意义上实现产业集群，就要充分细分产业价值链，而且产业集群中的企业要进行高度的分工协作，每个企业只从事产业价值链的某个环节。将专业化生产作为汽车生产的基本方式，特别是在未来大规模定制汽车的时代，专业化将成为汽车的惟一生产方式。南昌汽车生产企业应剥离掉自己的非核心生产业务，破除"大而全"、专业化程度不高的生产方式，集中发展自己的优势专业，提升企业的专业化程度。

不论是小蓝开发区还是昌北开发区，在招商引资或是吸引企业进入园区投资建厂时，应要求进入园区的必须是汽车行业企业或相关支持性企业，要避免大杂烩和重复建设，引导围绕核心产业的发展提供配套产品的企业入驻。按照汽车产品结构特点，一般应以发动机、车桥、变速箱、底盘、悬挂、传动轴、转向器、车身内饰、电子电器等配套产品生产企业为主。进入企业要具有产品或技术的紧密关联，形成同行企业间的横向竞争合作关系和上下游企业间的纵向竞争合作关系。一是对从事较多零部件生产业务的本地整车企业进行纵向分解，改组成立独立的零部件公司；二是横向组合，吸引中外企业建立合资经营的整车或零部件企业；三是国内外资本在园区内投资新建企业，或外地企业新增投资在当地建立配套企业。

（四）建立产学研联盟

政府不仅要抓好整车和零部件企业的发展，还需要协调高校、培训、金融、科研、检测等单位共同参与。政府可以作为投资主导，整合高校、企业、科研院所建立联合实验室、公共技术服务平台、研发中心、创新资源共享平台、人才联合培养站等，共同打造产学研战略联盟合作平台。

政府应促成集群与大学、研究机构的合作。明确理工类大学、科研机构和科技人员向企业转让技术的责任及相应的激励机制，促进科研成果向企业转移。政府应积极进行产权制度、激励制度、组织制度等方面的制度创新，为企业内部创新提供制度保障，提高集群整体的创新能力。充分利用市场机制和专门机构正确评估创新成果及研究开发成果的价值，保障创新者在企业中的利益。政府还应对自主研发企业的研发成果给予法律保护，对政府应该对自主研发的企业给予税收优惠；对企业研发项目的贷款给予支持；对研发项目产生正效应的企业给予奖励。要整顿和规范市场秩序，切实保护汽车产品的知识产权。

同时，政府可向缺乏能力、财力、人力来认定引进技术的先进性和市场的适应性的企业提供信息指导设立或指定权威技术鉴定机构，设立或推荐中介代理机构，为它们提供信息、财务和法律等方面的支持。

（五）建立、健全人才引进机制

加强与高校及职业技术学校的沟通与联系，积极引进技术学科带头人，扩大汽车技术人才培养规模，进行人才储备。还要完善吸引人才的政策，鼓励和协助企业引进人才、以事业留住人才，并且鼓励大企业建立专门的培训机构，采取在岗培训的方式，培养具有较强科研开发能力的技术人员和实际操作能力的技术工人，形成高、中、低相结合的多层次人才队伍。

（六）健全服务配套体系

引导金融、法律、物流、信息服务、技术辅导中心等配套服务体系在产业集群内形成，为企业的创新提供必要的支撑平台。特别是建立现代化的物流体系，因为供需链是形成完整的汽车产业链必不可少的重要环节。通过第三方物流，企业可以降低因拥有运输设备、仓库和其他物流设施所必需的投资，从而把更多的资金投在核心业务上。同时，企业通过外向配置资源，可以取消企业与用户双方各自独立拥有的库存和运输，从而分散风险，使企业对环境变化的适应性增强。它还能为集群中的企业提供有关市场、技术或其他专门化的信息，从而使中小零部件企业快速、低成本地利用这些信息来提高自己的生产效率。而且，现代物流基于其网络资源所提供的专业化的售后服务，能较好地满足消费者对汽车售后服务越来越多样化的需求。利于汽车企业获得新的竞争优势，为产业集群的发展奠定基础。

现代物流已发展成能将运输、仓储、装卸、加工、整理、配送、信息等方面进行有机整合，形成完整的供应链，可为用户提供多功能、一体化的综合性服务。对于南昌汽车产业集群而言，建立合理的现代物流体系将起着基础性作用。

积极发展电子商务，运用信息技术和网络技术实现江西省物流中心与企业间供应链与价值链的对接，熟悉电子银行结算与支付系统和网上市场信息分布与采购系统，使网上交易业务正常运作。

由于国内的小企业都普遍存在融资难的问题，因此，集群内的企业间需经常采用延期支付和资金互助等融资方式。基于个别业主的败德行为很容易破坏整个集群所建立起的信用体系，政府应采用现行法律体系强化原有的契约关系，保证债务履行；同时制定集群内成员企业间约束债权债务关系的规定，强化业主间约定俗成的"默契"，提高因败德行为所付的代价。此外，还应该改善金融机构对小企业的金融服务，拓宽集群内企业的外部融资渠道。

（七）发展新能源汽车产业

解决环境与能源问题的最终方法，从长远看，并不是限制汽车产业的发展，而是积极研发石油的替代产品，多样化开发汽车能源，符合国际汽车行业加快发展新能源汽车的主要趋势。从打造和培育南昌汽车自主品牌的角度来说，在当前国内外汽车市场激烈的竞争背景下，打造自主品牌、开展自主研发的关键是开发新能源汽车。因为传统能源汽车的发展已很成熟，国际大企业占据了市场的大部分份额，处于垄断地位，而新的汽车品牌不容易分割市场，尤其是新能源汽车刚刚兴起，发展前景广阔，为南昌汽车自主品牌的发展提供了机遇。

国务院总理李克强于2014年7月9日主持召开国务院常务会议，会上决定将自9月1日起免征部分新能源车购置税，这对于新能源车发展可谓是一针强心剂。发展新能源汽车是我国交通能源战略转型、推进生态文明建设的重要举措。支持新能源汽车这一战略性新兴产业发展，对于实施创新驱动，促进节能减排和污染防治，拉动国内市场需求、培育新的增长点，实现产业发展和环境保护"双赢"，具有重要意义。

南昌必须抓住这一难得的机遇，坚定不移地实施国家确立的节能与新能源汽车战略，坚持节能减排的总体导向，努力优化汽车产业、产品结构。组建节能与新能源汽车产业战略联盟。从产业的层面，增强自主创新能力，加快创新成果大规模商业化应用，打造具有较强竞争力的产业集群，提升南昌市汽车行业在新能源领域的竞争力，推动节能与新能源汽车产业的超常规发展。

江铃集团要在已开发全顺纯电动服务汽车的基础上，加大资金投入，利用现有存量，整合社会资源，继续开发江铃系列轻卡、皮卡、轿车等纯电动、混合动力汽车，尽快形成节能与新能源汽车产能规模化；凯马百路佳要加大纯电动和混合动力城市公交客车开发力度，努力形成小批量生产能力，为城市发展服务；其他各类配套企业，要尽快开发各类纯电动、混合动力汽车的动力模块，实现动力模块产品系列化，尽快开发汽车用锂离子单体动力电池和电动汽车专用变速箱，电机控制系统等节能与新能源汽车的关键零部件；积极扶持锂离子动力电池和汽车用高性能永磁驱动电机等节能与新能源汽车关键零部件技术和产品的研发。

第六部分 矿产加工产业集群

鹰潭市铜产业集群发展研究

鹰潭市是我国具有特色的铜产业集聚区，铜产业已经成为区域经济发展的主导产业，规模水平居全国前列。目前鹰潭市铜产业集约化程度较高，规模效益较好，创新能力较强，技术水平和产品质量较优，代表着我国铜产业发展的先进水平，形成了良好的产业基础和发展实力。近年来，鹰潭市按照建设"世界铜都"的思路，按照"主攻项目、决战'三区'、凸显特色、实现跨越"的总体要求，坚定不移地把主攻铜产业作为"决战工业5000亿，实现鹰潭新跨越"的重大战略来抓，做足铜文章，彰显铜特色，打造铜品牌，全力提升铜产业综合实力，为创建鹰潭市国家级铜产业基地奠定了可靠基础。

一、鹰潭铜产业集群发展现状

（一）产业规模迅速壮大

鹰潭市共有铜工业企业125家。其中，铜冶炼企业1家，铜加工企业99家（其中5家企业同时生产电解铜），铜拆解加工企业25家；全市规模以上铜加工企业达75家。日本万宝至、中国台湾光宝集团、连展科技等国际知名企业以及宁波兴业、宏磊铜业、红旗集团等一大批国内铜行业领军企业先后落户鹰潭，铜产业集聚效应明显。2013年鹰潭市"1+6"产业快速发展，全市规模以上工业主营业务收入2750亿元，位居全省第三。铜产业完成主营业务收入2500亿元、增长16%。全年实现生产总值560亿元，完成年计划的100%，同比（下同）增长11%。江铜集团公司由全球第三、亚洲最大的铜企业，成功跃居世界第二，成为江西省首家世界500强企业。先后荣获"中国铜产业基地"、"国家新型工业化产业示范基地"、"国家铜新材料产业示范基地"、"中国再生资源循环利用基地"等称号。《江西省产业集群发展研究》一文，通过近几年的数据得出江西有色金属冶炼及压延加工业区位熵为1.3945（注：按照一般的均衡标准，某产业区位熵的值大于1说明该产业在该地区的专业化程度高于全国的平均水平，具有产业集聚的优势），江西鹰潭铜产业集群具有明显的产业集群优势。

（二）产业链不断完整

鹰潭市始终坚持实施重大项目带动战略，按照"上下扩张、两头延伸"的思路和"招大引强、上下关联"的原则，主动承接沿海发达地区产业梯度转移，积极开展铜项目招商，重点引进世界500强、国内500强、行业龙头企业，全方位延伸铜产业链，以产业集聚带动项目集群，以项目集群推动产业集聚，取得显著成效。日本万宝至，中国台湾光宝、连展科技等国际知名企业相继落户，一个以江铜集团为龙头、民营企业为主体，产品门类齐全、科技含量较高的铜产业群在鹰潭加速集聚，形成了铜杆、线、管、棒、板、带、异型材及铜铸件等上下游产品配套的铜产业链，产品涵盖八大类 200 多个品种。

（三）产业布局逐步完善

依托江西铜业集团公司，带动基地内江西宏磊铜业有限公司、江西金田铜业有限公司、鹰潭兴业电子金属材料有限公司等骨干企业，最大限度地发挥现有产业优势，适度扩张铜冶炼、废铜利用、主导铜加工材产品的产业规模；继续着力打造全国最大的铜冶炼基地、铜废旧原料再生利用基地、铜产品加工基地和铜产业物流中心（"三个基地、一个中心"），形成铜原料、铜产品、铜消费的相互支撑体系；构建鹰潭经济开发区、贵溪工业园区、余江工业园区、龙岗新区、铜产业循环基地拆解加工区"五个区域"协同运作与配套发展的整体格局，切实承接国家铜产业区域转移，实现产业链的有序延伸与调整升级。

根据鹰潭各工业园区的现有铜产业基础条件，其功能各有侧重。在从矿产资源（铜精矿）→冶炼产品（电解铜）→铜加工材产品→下游应用领域→终端用户的全产业链经营模式下，贵溪工业园区定位于矿产资源（铜精矿）→冶炼产品（电解铜）→部分铜加工材产品这一环节，鹰潭经济开发区与余江工业园区定位于各类铜加工材产品→下游应用领域这一环节，龙岗新区定位于下游应用领域→终端用户这一环节，这些环节相互作用，形成鹰潭市铜产业基地内各产业链的衔接与价值传导。

贵溪工业园区和鹰潭铜产业循环基地拆解加工区：规划面积 22 平方公里。重点利用电解铜与废杂铜的原料供应优势，适度延长产业链，形成电解铜（废杂铜）—铜杆—铜线、电解铜（废杂铜）—铜阀门等产业链。建成废杂铜现货市场，让"鹰潭价格"反映废杂铜市场供需关系，完善物流配套体系。

鹰潭经济技术开发区：规划面积 11 平方公里。重点发展高精度铜板带、电子铜箔、特种线缆、无铅黄铜棒产品等铜精深加工材为主的高端产品，形成铜杆—铜线—中高压电力电缆；铜杆—铜线—变压器漆包线；铜板带—高精度铜带—射频电缆带；铜板带—高精度铜带—变压器带；铜箔—覆铜板—印刷电路板等互相调配与价值传导的产业链，引领鹰潭铜产业基地发展方向，建立出口加工区、国家级铜及铜产品质量监督检验中心。

余江工业园区：规划面积 3 平方公里。重点发展电解铜—铜管材及其产业链，打造园区"制冷空调"特色产业，同时注重开发种类多、数量小的民用产品。

龙岗新区：龙岗新区规划面积 15 平方公里。重点发展铜管、铜棒—水暖卫浴产业的产业链，形成以无铅高档环保水暖卫浴为主的产业集群。

（四）产业持续创新能力不断增强

按照"产业高质化、企业高新化、产品高端化"发展的导向，加速铜产业链向电子行业、家用电器、电力电气等方面延伸，铜产业逐步由铜材料加工基地向终端应用材料生产基地转变。全市铜精深加工企业达 61 家，约占全市铜企业的八成；实现主营业务收入 1720 亿元，占全市铜产业的 78.7%。加快战略性新兴产业基地建设，大力推进科技创新和企业自主创新，制定了《鹰潭市产学研合作工作方案》及《鹰潭市铜产业产学研合作工作方案》，与中国人民大学、天津大学、江西理工大学建立了市校合作关系，与中南大学、北京有色设计总院等有色金属系统院校建立了较紧密的项目合作关系，产学研合作项目近20项，联合开发出铜铝复合接触线、大卷重宽幅铍青铜带等高新技术产品。为了提高铜产业技术水平和自主创新能力，由鹰潭市科技局主导的铜科技孵化器建设，规划占地100亩，建筑面积5万平方米，其中一期建设建筑面积1万平方米，2010年12月完成基础设施建设和设备调试，2011年3月全面进入运作阶段。鹰潭市拥有高新技术铜企业5家，30多家企业精深加工项目获得国家科技创新基金项目扶持，铜产业拥有专利技术450件，居同行业全国第一，50多项产品被列为省级重点新产品和自主创新产品。坚定不移走绿色崛起的发展道路，先后淘汰了15家铜企业落后产能，关闭了2家高能耗粗铜加工企业。

二、鹰潭铜产业集群的竞争力分析

（一）生产要素条件

1. 区位优势明显

鹰潭市位于江西省东北部，1979年设立县级鹰潭市，1983年升格为省辖地级市，下辖贵溪市、余江县、月湖区、龙虎山风景旅游区和鹰潭经济技术开发区，土地面积3556平方公里。鹰潭市紧邻长三角、珠三角和海峡西岸经济区等经济活跃区域和铜产品主要消费市场，是我国中部地区向沿海发达地区过渡的前沿，是东南沿海发达地区进入中部地区的咽喉。与上海、宁波、厦门和广州等出海港口基本等距离，到台湾的直线距离只有500公里，是国内100个地区性物流节点城市之一，具有很强的辐射力。鹰潭市拥有优越的交通、信息、物资、金融等生产要素汇集和扩散的区位优势，邓小平曾称赞"鹰潭是个好口子"。

2. 劳动力资源丰富

鹰潭全市人口120万人，与周边11个人口大县毗邻，辐射周边县市约600万人口，常年外出务工40万人，同时也是中、西部向沿海地区输出劳动力的中转站。近年来，鹰潭市已有八成铜企业与江西理工大学、天津大学等高等院校、科研院所建立了长期合作关系，共开展铜产业技术攻关课题103项，引进各类高层次科技人才1800多人，成功申报铜产业专利技术434件。

3. 交通基础设施完备

鹰潭是华东重要的交通枢纽，交通部二级重要交通节点城市，交通基础设施完善。2条高速（沪昆、济广）、2条国道（上海至昆明的320国道、连云港至汕头的206国道）、3条铁路（浙赣、皖赣、鹰厦）在鹰潭纵横交汇。

鹰潭仓储和运输优势明显。鹰潭南站是一等货运站，占地28.6万平方米，有9条货运线、1条集装箱线，配备先进装卸机械，年货物吞吐能力300万吨，实际年货物吞吐量150万吨。整列火车可直接进入仓库的综合性货场，占地608亩、仓库5万平方米、堆场5万平方米、5条铁路专用线。鹰东编组站拥有日编解能力14000辆，正在与宁波港合作建设的占地500亩的鹰潭"无水港"，将形成公路、铁路、海运衔接的现代大物流格局。

发展铜产业，打造世界铜都，离不开物流、海关。鹰潭市借助优越的区位和便捷的交通优势,大力推进铜产业物流中心建设,致力于发展包括运输、仓储、分拨、包装、配送、加工整理、信息服务在内的完整物流产业群,建设华东地区承东启西、通江达海、公铁衔接的枢纽性"无水港"和铜物流中心,构建铜产业大进大出的流通市场。2009 年鹰潭市制定了《鹰潭市物流发展规划》,规划指出通过 5~10 年或更长时间的努力,在鹰潭市打造一个能够承担国际或国内物流服务的、大中小结合的、专业化结构比较合理的、技术装备和管理手段比较先进的、服务能力和服务水平较高,并满足使鹰潭成为环鄱阳湖生态经济区区域物流节点城市以及连接"珠三角"、"长三角"和"海西"经济区的公铁衔接、陆海联运、高效便捷的区域性物流节点城市要求的物流企业群体。

在各方的大力支持下,与宁波港集团合作建设的"无水港"已正式投入运营,实行"一次报检、一次报关、一次放行"的一站式、高效快捷的通关方式,实现了在家门口享受便利港口服务的夙愿,大大加快了货物通关速度,降低了企业成本,为鹰潭市打造世界铜都掀开了崭新的一页。同时,铜拆解加工区海关监管场所业已正式验收,属国内首创的"上海九江鹰潭水陆联运通关模式"也正式启动,这是两地海关为鹰潭铜产业循环基地拆解加工区原料进口单独开辟的。按照新的通关模式,海关采用全球定位系统,全程监控鹰潭铜产业循环基地拆解加工区所需进口原料的流向,货物不在上海口岸开箱,直接通过水陆联运方式转到铜拆解加工区再开箱检查。这一通关模式将大幅提高货物进口通关效率、缩短通关时间、节约通关成本,有效满足铜拆解加工区每年数十万吨的原料进口通关需求。

4. 知识创新能力较强

2008 年鹰潭市铜企业销售收入 870 亿元,研究与试验发展(R&D)经费支出 26.8 亿元,占销售收入的 3% 以上。

鹰潭市现拥有国家科技部批准设立的国家级铜冶炼及加工工程技术研究中心 1 家,国家质检总局批准的国家铜及铜产品质量监督检验中心 1 家,国家认证企业技术中心 1 家,注册阴极铜测试工厂化学成分检验实验室 1 个(国内唯一一家),博士后科研工作站 1 个,国家级铜产品质量检验中心 1 家,贵溪冶炼厂国家认定分析实验室 1 个,省级认定企业技术研究中心 1 家,省级重点实验室 1 家和鹰潭市市级工程技术研究中心 2 家。

近年来,鹰潭市累计开展铜产业技术攻关课题近 100 项,其中列入省部级攻关课题 60 项,荣获各级科技进步奖项 27 项。鹰潭市铜产业现拥有专利技术 434 件,其中,发明专利 41 件,实用新型 393 件,专有核心技术 14 件。鹰潭市政府和铜企业对研发和技术创新高度重视,具有较强的科技研发投入能力,创新体系建设扎实有序,具有较强的知识创造和孕育创新的能力。

5. 投融资能力较强

鹰潭市政府下发的《关于加快铜产业发展的若干规定》中明确,通过政府担保融资、财政资金投入、外商直接投资等方式,筹措 20 亿元资金,用于工业园区、拆解加工区、龙岗新区等征地拆迁、土地平整、路桥工程、供水供电等配套设施建设。

2013 年,鹰潭市固定资产投资 400 亿元,完成年计划的 100%,增长 22%;财政总收入 92.66 亿元,完成年计划的 102.8%,增长 16.8%;公共财政预算收入 66.13 亿元,完成年计划的 107.7%,增长 12.4%;规模以上工业增加值 322 亿元,完成年计划的 100%,增长 13%。全年引进省外 5000 万元以上项目资金 197 亿元、增长 14%;实际利用外资 1.9 亿美元、增长 12.7%。

鹰潭市共有两家上市公司：江西铜业股份有限公司是一家铜矿采选、冶炼/精炼和铜加工综合性企业，1997年在中国香港上市；江西三川水表股份有限公司是一家铜终端消费企业，2009年3月26日在深圳创业板挂牌上市。

（二）需求要素条件

目前，世界经济低迷、缓慢复苏，国内经济增长的需求动力有所减弱，工业经济下行压力依然存在，导致铜材市场需求不旺，部分铜加工企业订单相对不足。加上市场上电解铜和废铜之间的差价过小甚至有时出现倒挂，铜加工企业特别是以废杂铜为原料的粗铜、黄铜加工企业经营状况不容乐观。

（三）相关与支持性产业

鹰潭始终牢牢把握"做大、做强、做精，产业、产品、技术"六个定位，坚持走精深加工道路，坚持走科技创新道路，按照"延伸五条产业链，打造五个产业基地"的思路，以"产业高质化、企业高新化、产品高端化"为发展导向，加速铜产业链向电子行业、家用电器、电力电气等方面延伸，铜产业逐步由铜材料加工基地向终端应用材料生产基地转变。

鹰潭市利用电解铜箔延伸，打造电子电路产业基地，形成电子元器件产业链；利用铜杆线延伸，打造电线电缆产业基地，形成电机产业链；利用铜管和铜铸件延伸，打造水工产业基地，形成制冷设备产业链；利用铜板带延伸，打造移动通信产业基地，形成各类接插件产业链；利用铜棒延伸，打造水暖卫浴产业基地，形成水暖卫浴产品产业链。每个基地、每条产业链都连接着如宏磊、红旗、三川、耐乐、兴业、金田、奥泰、保太、三花等一大批有实力、上规模的铜加工企业。这一创新发展思路，促使鹰潭市铜产业结构发生实质性的变化，已经开始向两头延伸，即向上延伸，再生资源的利用，以铜拆解加工区为核心，确保铜原料的供应；向下延伸，由原来铜原料的加工、铜材料的加工，开始走向铜的精深加工，一批大企业纷纷落户鹰潭，带动了铜产业品质的提升，铜企业抗风险能力和市场竞争力不断增强（见图1）。

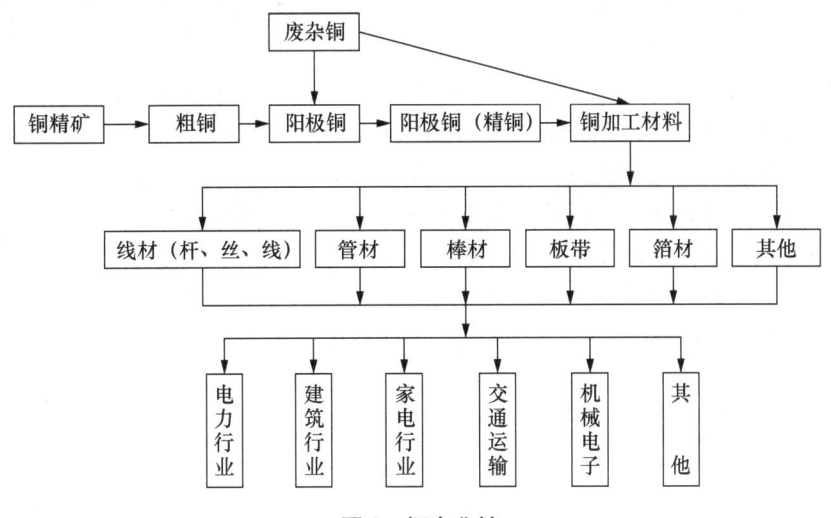

图1 铜产业链

（四）企业战略、结构与同业竞争

本着"市场主导、优势互补、共同发展"的原则，积极发挥"江铜品牌、政府平台、民企机制"的优势，把深化地企一体化合作作为建设世界铜都的重要抓手，充分依托江铜，主动服务江铜，先后与江铜集团签订了《共同发展铜产业，壮大铜经济合作协议》、《进一步深化合作推进世界铜都建设协议》等，出台了《关于支持服务江铜发展的若干意见》，以超常规举措支持和服务江铜集团，多层面、宽领域加强地企合作，建成了互动、共赢的利益共同体。按照"政府主导、企业主体、市场运作、科技支撑、利益均衡"原则，投入3.4亿元资金，全力推进贵冶周边环境综合治理，完成了3个自然村的整体搬迁，众基础代产业体系的战略部署。2001年，江西省第十一次党代会明确以工业化为核心的发展战略；2002年，省政府在政府工作报告中提出建设有色金属工业"三个基地"的构想；2003年，省委、省政府做出重点培育包括有色金属工业在内的六大支柱产业的重大决策。2006年重点发展以有色为重点的矿业经济，2007年提出把鹰潭打造成世界铜都的战略部署。

《江西省国民经济和社会发展第十一个五年规划》指出，要壮大支柱产业，延伸产业链，推进深加工。进一步提升有色金属产业优势，重点提高赣东北铜冶炼加工能力，发挥江铜集团的龙头作用，大力发展铜板带、铜管、铜箔和漆包线等深加工产品。发挥比较优势，突出骨干企业的带动作用，加强产业延伸配套，重点建设在中部地区乃至全国有影响的铜工业基地。江西省对铜产业发展的定位坚定了鹰潭市发展铜产业的决心和信心。

1. 承接沿海发达地区产业转移的条件成熟

鹰潭市具有铜产业基础好、要素成本低、配套能力强等综合优势，可以承接广东、浙江等沿海发达地区用铜产业，如水暖卫浴、电力电气、通信电子、空调制冷、日用消费品等劳动密集型产业的转移。

2. 海峡西岸经济区建设提供参与区域产业分工的机遇

2009年5月4日，国务院常务会议讨论并原则通过《关于支持福建省加快建设海峡西岸经济区的若干意见》，江西省的鹰潭、赣州、抚州和上饶4城市，被纳入海西经济区的核心区。

海峡西岸经济区战略定位之一为东部沿海地区先进制造业的重要基地。立足现有制造业基础，加强两岸产业合作，积极对接台湾制造业，大力发展电子信息、装备制造等产业，加快形成科技含量高、经济效益好、资源消耗低、环境污染少、人力资源优势得到充分发挥的在全国具有竞争力的先进制造业基地和两岸产业合作基地。

建设海峡西岸先进制造业基地。坚持走新型工业化道路，加快转变经济发展方式，提升产业发展水平。着力发展先进制造业，重点发展电子信息、装备制造、石油化工等产业。加快发展集成电路设计和软件、光电、消费电子、生物医药、精密仪器、环保、新材料等高新技术产业，着力应用高新技术和先进适用技术改造提升建材、冶金、纺织、食品等传统优势产业。实施品牌带动战略，扶持重点骨干企业发展，培育一批拥有自主知识产权、主业突出、竞争力强的大企业、大集团。鼓励建立与台湾产业配套的以及大陆台资企业所需的零部件、原辅材料中心。加快培育特色优势产业，着力培育产业集群，形成具有较强竞争力的现代产业体系。

海峡西岸经济区的建设将助推鹰潭市铜产业的发展。鹰潭市能够为经济区内的用铜产业，如电子信息、装备制造等高新技术产业提供铜基材料，具备建立与台湾产业配套的原辅材料中心的条件，此外，海峡西岸经济区的建设有利于鹰潭市引进台湾铜基材料生产企业和相关智力资源。

3. 鹰潭国家级铜产业基地是鄱阳湖生态经济区建设的重要支撑

2009年12月12日国务院正式批复《鄱阳湖生态经济区规划》，要求鄱阳湖生态经济区规划实施要以促进生态和经济协调发展为主线，以体制创新和科技进步为动力，转变发展方式，创新发展途径，加快发展步伐，努力把鄱阳湖地区建设成为全国生态文明与经济社会发展协调统一、人与自然和谐相处的生态经济示范区和中国低碳经济发展先行区。

鹰潭市为鄱阳湖生态经济区规划内城市之一，以铜材精深加工为代表的铜基材料制造业、以废铜拆解为核心的循环经济产业，能源消耗低，环境污染少是经济区着力倡导发展的产业，鹰潭国家级铜产业基地将成为鄱阳湖生态经济区建设的重要支撑。

（五）政府角色

鹰潭市委、市政府提出建设世界铜都的发展战略以来，在省委、省政府的高度关心重视，国家、省有关部门的大力支持帮助，江铜集团和全市上下的共同努力下，"三个基地、一个中心"框架基本形成，铜产业集聚效应逐步显现，铜产业发展态势十分强劲，铜产业发展平台建设成效显著。主要体现在以下几方面：

1. 配套政策完备

这些政策涉及财税扶持、外贸出口奖励、信贷支持、规费减免和自主创新扶持政策等多方面，包括《关于加快铜产业发展的若干规定》、《鹰潭市外贸出口发展基金管理办法》、《鹰潭市工业发展奖励办法》、《鹰潭市银行业金融机构信贷支持地方经济发展业绩考核奖励办法》、《鹰潭市铜加工福利企业和废旧金属回收企业税务管理意见》等。此外，为吸引更多企业进驻贵溪铜拆解园区，贵溪市不断优化投资环境，制定了收费、税收等多方面优惠政策，成立了江西省信用担保股份有限公司贵溪市分公司，积极有效为企业解决融资问题。

2. 良好的政务环境

鹰潭市政府于2000年4月12日设立行政服务中心，中心为正县级设置，服务大厅面积1100平方米，46个部门在中心设立窗口，提供无节假日、全天候审批办证服务。

3. 开放的技术共享平台

鹰潭市依托生产力促进中心申报了科技部科技型中小企业技术创新基金项目"鹰潭市铜产业共性技术服务平台建设"。联合江西铜业集团有限公司和鹰潭区域内企业的技术人才与装备实力，聘请国家和省内相关专家，组建专家组，以开放的服务模式，面向中小企业，重点在铜业共性技术创新、铜产品模具设计加工方面开展技术服务。

4. 便利的商检、报关系统

2008年12月南昌海关鹰潭联络处正式挂牌，2009年4月鹰潭市口岸管理办公室正式成立。2009年9月国家质量监督检验检疫总局正式批复江西出入境检验检疫局，同意设立中华人民共和国江西出入境检验检疫局鹰潭办事处。2009年10月海关总署同意鹰潭铜拆解加工区第七类废料进口转关，鹰潭铜拆解加工区第七类废物将由上海口岸进境，通过长江内支线至九江口岸,再经公路或铁路转关至鹰潭铜拆解加工区拆封掏箱验放。江西出入境检验检疫局鹰潭办事处的设立和进口转关的批准,将为鹰潭市进出口企业报检提供极大的便利,对于推进世界铜都建设具有十分重要的意义。

三、鹰潭铜产业集群面临的挑战

(一) 体制创新面临挑战

进一步深化企业改革,引导各类企业建立现代企业制度,在更高程度上形成多种所有制经济共同发展的体制优势。积极实施大企业带动战略,以国际先进企业为标杆,促进其经营管理与国际接轨。通过上市、联合、重组、兼并等方式形成一批国内乃至国际的行业龙头企业,成为产业集聚和辐射的中心,带动产业加快发展。围绕培育龙头企业,促进中小企业向专、精、尖、特方向发展,形成以大企业为龙头,中小企业专业化分工、产业化协作、集群化发展的健康产业生态群落方面需付出努力。

(二) 产业结构调整任重道远

鹰潭市铜产业结构不合理的格局没有根本改变,深加工、应用产品比例仍然过小。鹰潭市铜加工企业大多数属于中小企业,就单个企业而言,产品数量、品种和市场份额都较小;产品主要以铜杆、板材和异型材为主,普通铜加工材比重较大,产品附加值低;企业与企业之间、上下游产品之间关联度不高,尤其是下游终端铜消费企业聚集度不够,产业仍需延长。

(三) 科技创新能力亟待提高

高端科技人才缺乏,核心技术、新产品研发投入较少,科研资源分散,原创性研发滞后,制约了高新项目建设、结构调整和经济增长方式的根本转变。

(四) 产业配套需要完善

江西省内尚未建立上海期货交易所期铜交割仓库,江铜供给期货市场的交割铜及现货铜均考虑了产地至上海的运费及相关的仓储费用,导致在上海提铜价格与产地提铜价格倒挂,产地铜价优势无法得到合理体现。

(五) 国际化水平不足,国际竞争力有待提升

铜加工产品出口比例较低,引进外资投资数额有限,缺乏欧美日铜加工产品注册商标和专利授权,尚没有"走出去"的铜加工企业。

(六) 品牌创建尚需加强

缺乏对外推广铜产业基地和本地铜产品的媒介、宣传世界铜都的平台——国内外有影响力的铜产业发展和交易论坛。

四、鹰潭铜产业集群发展的对策

（一）落实科学发展观，因地制宜打造产业示范基地

鹰潭国家级铜产业示范基地实现可持续发展的核心是：在合理开发利用资源，保护生态环境的基础上，依靠科技创新，以发展产业链高端产品为中心，推动产业各环节实施节能减排，促进区域特色主导产业技术进步和结构优化升级。因此，鹰潭国家级铜产业示范基地必须贯彻落实科学发展观，按照建设资源节约型和环境友好型产业的要求，因地制宜地推进基地建设，为我国铜产业的可持续发展起到示范作用。

鹰潭国家级铜产业示范基地建设应在国家产业规划的框架内，遵循国家调整产业结构，优化产业布局，发展循环经济，推动产业向中西部地区梯度转移的思路实施，不允许落后产能和国内过剩产能盲目扩张。

示范基地建设应根据区域经济发展需要，按照"大集团整合、大集团融资、大集团发展"的战略思路，积极引进国内外优势企业，以打造国际先进生产力为目标，合理布局，推动生产要素向优势企业集中，变资源优势为产业优势、经济优势、技术优势。形成以国内外优势企业为龙头，带动主导产业和相关服务产业全面发展的新格局，实现经济和社会的协调发展。

鹰潭国家级铜产业示范基地绝不引进资源消耗高、环境污染重的落后生产能力。因此，示范基地必须严格按照国家相关产业准入条件，采用先进技术，构建循环经济产业链，实现清洁生产。特别是随着技术进步，现有一些还没有被列入国家产业政策明令淘汰工艺技术也会逐渐落后。因此，不断淘汰落后生产能力，是示范基地建设需要遵循的重要原则。

（二）着力优化产业政策、制度和服务体系

抓住我国产业结构调整，重化产业向中西部地区进行梯度转移的战略机遇期，鹰潭铜产业集群发展需要以具有国内外先进技术水平重大项目建设为核心，通过政策引导，全力构建有特色的产业发展载体。发展的重点是铜产业链的高端产品和延伸终端产品，形成电线电缆产业链、水暖卫浴产业链、空调制冷产业链、电子信息产业链、移动通信产业链，以及相应配套的机械制造、物流和商贸服务。发挥示范基地的聚集功能，形成具有特色的优势产业群，构建区域经济发展的支柱产业。

特色产业园区建设对鹰潭铜产业集群发展具有重要意义，地方政府应在区域经济和社会总体发展规划、资源配置、投资政策、技术服务等方面给予大力支持和政策倾斜。根据鹰潭市经济发展的现状，在发挥市场调节功能，构筑支柱产业的同时，需要政府完善支持园区建设的政策体系，支持园区健康发展。

在财税政策方面，地方政府可以利用财政资金，优先安排节能减排及循环经济项目资本金投入或补贴、产业结构优化升级技术改造财政贴息项目前期研发经费补贴项目等，支持园区建设。同时，完善税收政策，园区开发项目按15%税率征收所得税，免收或减收市政公用设施配套费、消防费、环保排污费、电讯设施安装费、征用土地管理费和地籍变

更费等地方市政费用，必须征收的费用也主要返回用于园区基础设施建设。主要通过政府的资金运作，不断完善园区道路、供电、供水、供热、通信、污水治理、固废处置、防洪等基础设施，奠定园区持续发展的基础。

在价格政策方面，以多种大用户用电优惠方式，优化配置地区电力资源，实现园区企业用电价格合理化，为园区发挥集聚创造良好环境。同时，严格执行差别电价政策，加快淘汰落后生产能力。另外，要深入研究电价政策，通过国家财政补贴、地方留成电力价格自定、"直购电"试点等多种方式，创造国内电价优惠试验区，实现资源的优化配置，促进经济和社会的可持续发展。

发挥政府在资源配置方面的引导作用，通过土地管理、矿产资源管理、环保管理、节能减排考核与奖惩等措施，促进生产要素向优势企业集中，全力支持园区建设。完善园区的公共技术保障体系，强化技术咨询服务，建立专家咨询制度。可以根据园区发展需要，制定国家产业准入条件和能耗标准的地区产业技术标准，推动园区内产业健康发展。

建设园区的服务组织保障体系，特别是要发挥中介组织的作用，搭建便捷信息平台，强化政府、企业、科研机构之间的联系，促进园区和谐发展。

在吸引投资和落实项目入园方面，大胆制定引荐资金与项目奖励办法，鼓励项目技术持有方技术入股。

（三）加强人才队伍建设

人才是发展的根本，加强人才支撑体系建设，是鹰潭铜产业集群发展的当务之急。目前鹰潭市铜产业已经具有一定基础，初步汇集一批技术过硬、生产实践经验丰富的团队，但仍不能满足打造先进生产力的需要。特别是缺乏有能力判断相关产品的开发价值，能够有效组织管理发展高端产品和终端产品的人才。从吸引境内外优势企业来投资发展高端产品和终端产品需要看，对人才队伍素质要求更高，不仅要懂技术、会管理、具有非常强的组织协调能力，还要熟悉人文风俗，语言过关、外交能力突出、具有国际化经营头脑的复合型人才队伍。需要花大价钱采取各种手段招募和培养，夯实优势产业发展的基础。

鹰潭铜产业集群发展的关键在人才。鹰潭市需要加强人才队伍培养，特别要注重培养一线创新人才，造就一流领军人才。针对鹰潭市的实际情况，产业示范基地的人才战略首先应从三个层面上展开：即项目管理人才、技术开发带头人、熟练技工。

项目管理人才是多学科交叉的复合型人才，在产业示范基地创建进程中，挖掘和培养这类人才尤为重要。项目管理人才首要应具备组织管理能力和公共关系能力，能够从容应对项目招商引资的一切活动，能够拓展并鼓动技术与资金落户产业示范基地；其次应具备广阔的知识面，对电线电缆产业链、水暖卫浴产业链、空调制冷产业链、电子信息产业链、移动通信产业链，以及相应配套的机械制造、物流和商贸服务等领域有较全面的了解，能够参与专业对话，具备良好的判断力；最后应具备项目策划与运行能力，应熟知项目运作程序，有能力协调各方面关系，将各种政策措施在项目实施过程中加以创新性运用。对项目管理人才的要求非常高，挖掘和培养这类人才难度也非常大。

技术开发带头人是鹰潭铜产业集群发展及吸引项目的重要保障，应着力挖掘和培养电线电缆产业链、水暖卫浴产业链、空调制冷产业链、电子信息产业链、移动通信产业链，以及相应配套的机械制造、物流和商贸服务等技术开发带头人，不断提高技术开发带头人的行业知名度，以技术开发带头人的感召效应与凝聚力，锻炼培养并吸引一批业务技术骨干，形成铜产业集群发展的技术力量依托。

熟练技工在企业正常生产过程中的作用极为重要，企业生产运行情况的好坏，主要取决于生产操作工人的技术熟练程度。针对不同的项目、不同的工序，对技工的要求也截然不同。虽然熟练技工主要是项目投资经营方必然要考虑的问题，但在产业示范基地谨慎进程中，作为投资者要考察的软环境之一，能否很容易挖到熟练的技术工人，肯定是投资者关注的一个重要内容。一旦项目在产业示范基地落户，必然需要大批熟练技工。而在目前，鹰潭市还不能满足产业链高端产品和终端产品发展对本地熟练技工的要求。产业示范基地的管理者提前将这些问题加以考虑，并作为能够为投资者提供的服务内容之一，将对鼓励投资者的信息大有益处。

因此，实施积极的人才培养战略对鹰潭铜产业集群的发展十分重要而紧迫。为加快产业示范基地人才队伍建设，应抓紧制定人才培养专项规划，出台鼓励人才成长、吸引和留住人才的优惠政策与办法，努力造就多层次、多元化、多特色的人才队伍。

挖掘和培养人才，可以考虑采取多种途径和方式：如项目管理人员，可以在当地企业和政府部门中进行选拔，可以面向社会进行公开招聘，可以委托猎头公司在全球挖掘等。学科带头人非一朝一夕所能造就，应打破企业之间条条框框的限制，优先在当地集中选拔一批敬业精神强的优秀科技人员，为他们创造宽松的工作环境，使其中的出类拔萃分子脱颖而出，担当学科带头人的重任。当地缺乏的学科带头人，要不惜代价、想方设法从国内外引进；熟练技工的培养要结合具体项目要求，采取送出去培训实习和引进来专家授课相结合等方式进行。关键岗位的关键技工，也要争取从相关企业的熟练技工群中引进。

不论是产业示范基地的管理部门还是项目投资经营者，都应特别关注和重视类似企业的离退休人员，他们之中或许就有产业示范基地建设急需的紧缺人才，而往往利用这些离退休人才成本更低、效果更好。

无论采取哪种挖掘和发现人才的方式，在人才培养专项规划中都要重视再教育、再培训工程，要与有关大专院校、研究机构建立长期的战略合作，为科技人员接受再教育、再培训、"再充电"创造条件，并使他们看到升迁的机会和希望，认识到实现自己的人生价值所在。这样，不仅有助于科技人员的知识更新，适应产业发展的需要，也有助于稳定科技人员队伍。

（四）积极培育自主技术创新能力，实现可持续发展

企业是创新的主体，创新是企业的灵魂。国家对科技创新给予了高度重视。鹰潭铜产业集群的发展要实现可持续，必须提高自主创新能力。

1. 搭建技术集成开发平台

鹰潭铜产业集群发展在技术创新方面首要面临的问题是科研力量的集成。目前产业示范基地内现有企业的科研开发能力已经具有一定规模，应借产业示范基地建设的契机，采取得力措施，引导园区内骨干企业合理配置研发力量和研发资源，形成技术开发的集成力量，搭建技术创新的集成平台，进而使研发综合资源发挥最大的效率。

集成区域内现有科研力量，建立一个政府引导协调下的开放式科研开发机构，围绕电线电缆产业链、水暖卫浴产业链、空调制冷产业链、电子信息产业链、移动通信产业链，

以及相应配套的机械制造、物流和商贸服务等领域的新技术、新装备有组织地自主开发，远比建立一个全新的综合性研发机构来得容易，是提升鹰潭市整体研发实力、提高自主创新能力的有效途径。研发力量的集成与自主创新能力的提高，将对产业示范基地的建设起到重要的支撑作用。

2. 加强全方位交流与合作，多方寻求技术支撑

鹰潭市研发力量的集成将会碰到体制因素的障碍，不可能一蹴而就，需要一个过程。当前解决园区的技术制约瓶颈，更应注重采取"引进来、走出去"的方式，加强合作与交流，多方引进先进技术，形成产学研相结合的技术创新体系。

一是要加强与研究院所的交流合作。在电线电缆产业链、水暖卫浴产业链、空调制冷产业链、电子信息产业链、移动通信产业链，以及相应配套的机械制造、物流和商贸服务等产业研发与设计领域，我国已经有一批具备相当实力的研究院所。这些研究设计院所长期从事相关产品的科研开发与工程设计，致力于技术成果的转化与产业化，加强与它们的交流与合作，不仅可能获得重要的技术支撑，而且可能获得更多的备选项目与技术来源。

二是要加强与大专院校的交流合作。大专院校研究力量雄厚，研发设施齐全，科研成果量大，更兼有一批长期跟踪国内外新材料产业前沿技术进展的专家教授，特别是近年来大专院校对于科研成果的产业化高度重视，不仅企业主动上门与大专院校加强联系，寻求项目合作开发，而且大专院校也主动走出校门，寻找可推进自身科研成功向产业化转化的合适合作企业，这就为产学研相结合创造了更加成熟的合作环境。加强与它们的交流与沟通，将成为鹰潭国家级铜产业示范基地又一重要的技术与项目源泉，对提升产业示范基地乃至江西省传统企业技术水平和技术开发与支撑能力至关重要。

三是加强与行业组织的交流合作。行业组织不同于研究院所和大专院校，虽然它们基本不从事技术开发与研究，但它们专注于某一行业的动向与进展，对行业全面情况更加清楚，熟悉行业政策法规，肩负引导行业健康发展的任务，努力促进行业科技成果的转化。因此，加强与行业组织的交流与合作，能够更加便捷地获取更多的技术经济信息，成为产业示范基地建设重要的参谋机构和基地建设的重要推介力量。

此外，与国内相关龙头生产企业加强交流沟通与合作，也将对促进产业示范基地建设具有重要的借鉴意义。

开展广泛的交流与合作，多方位寻求技术与项目支持，是加快目前产业示范基地建设步伐的有效捷径，也是提高区域技术创新起点。

3. 增加科研开发投入

建立技术创新体系，支撑铜产业集群发展和地方经济的可持续发展，必须增加科研投入，尤其是对具有较好产业基础但研发力量相对薄弱的地区更应如此。一方面，通过创新体系建设，从国家有关部门争取研发经费；另一方面争取江西省创新体系建设的配套资金支持。更重要的是，鹰潭市政府要加大科研经费的财政投入，通过地方财政投入的增加，调动企业开展技术创新的积极性，激励企业安排更多的科研开发资金。通过多渠道筹措科研经费，使产业示范基地可用于技术创新体系建设的资金显著增加，争取建立地方技术创新体系专用基金。通过努力，鹰潭国家级铜产业示范基地内主要企业的科研投入应争取达到产品销售收入的2%以上。

4. 积极开辟多种融资渠道

在投融资政策方面，按照国家有关政策和深化投融资体制改革的要求，创造条件，积极申报国家技术改造专项、高技术产业示范项目专项、节能减排和循环经济专项、重大科技开发专项等，争取国家专项资金支持。同时，根据国家专项安排，配套安排地方资金支持，为企业通过资本市场融资创造条件。

为了促进鹰潭铜产业集群发展，需要按照国家产业政策和投融资体制改革的总体要求，通过政策引导，调动各方面的积极性，加快投资主体多元化步伐，实现产业协调发展。

大量引入非公有资本。非公有经济是鹰潭铜产业集群发展的主要着力点之一，并且是充满活力的重要组成部分。因此，鼓励、支持、引导非公有经济在具有特色的电线电缆产业链、水暖卫浴产业链、空调制冷产业链、电子信息产业链、移动通信产业链，以及相应配套的机械制造、物流和商贸服务等领域发展，对增强产业集群的竞争力和抗御市场风险能力，促进产业结构优化升级十分重要。要认真贯彻落实国家各项扶持中小企业发展的政策措施，积极解决中小企业在融资、政府服务等方面的问题，促进非公有经济健康发展。

同时，应高度重视国有经济在铜产业集群发展的中的主导地位，发挥国有经济的引领作用。通过引进具有实力的国有企业，构建鹰潭铜产业集群发展的基础。

（五）进一步增强原料保障能力

鹰潭铜产业集群发展的重点是围绕铜资源开发利用展开，积极发展电线电缆产业链、水暖卫浴产业链、空调制冷产业链、电子信息产业链、移动通信产业链，以及相应配套的机械制造、物流和商贸服务等领域，需要有强有力的铜原料保障。

增强铜原料保障能力，主要通过境内外资源开发，建设稳定的原料基地实现。一是加大江西省及其周边地区铜矿资源地质勘探力度，增加资源储量及矿产地储备。特别要鼓励骨干企业投资矿山勘探与开发，提高企业资源自给率。二是支持有条件的企业积极利用境外铜资源，包括在境外投资办矿、投资买矿，投资废杂铜回收，建立境外矿产原料基地和废杂铜原料基地，保障原料供应。三是与国内外铜矿资源开发或原料经营企业建立长期战略合作关系，形成长期购买协议，实现原料的稳定供应。四是高度重视再生铜资源的利用，通过铜拆解加工园区建设，积极利用国内外废杂铜资源，把产业示范基地建设成我国中部地区重要的再生铜生产中心。

大力发展循环经济，提高资源利用效率，也是增强原料保障能力的重要措施。按照纵拉成链，立体成环的发展思路，鹰潭国家级铜产业示范基地发展电线电缆产业链、水暖卫浴产业链、空调制冷产业链、电子信息产业链、移动通信产业链，以及相应配套的机械制造、物流和商贸服务等产业，必须通过发展循环经济，充分利用区域内水、土地、能源、矿产，以及生产过程中产生的"三废"等资源。因此，产业示范基地内各园区必须建设统一的供水和污水处理体系，全面提高水的复用率，实现新水—中水资源的梯级利用；各园区必须建设统一的固体废弃物处置设施，实现资源的再利用；各园区需要建设统一的生活垃圾处置设施，实现生活垃圾焚烧发电、供热。尽管实现循环经济发展目标可能存在一定技术问题，但规划必须按照循环经济的发展思路进行安排。

赣州市稀土产业集群发展对策研究

赣州素有"稀土王国"之美誉，是中重稀土生产基地，全国三大稀土生产基地之一。近年来，江西省高度重视稀土资源产业，将稀土资源产业列为十大战略性新兴产业之一。在赣州市委、市政府统一领导下，狠抓了稀土生产经营秩序的整顿和产业集群发展工作，赣州稀土产业集群发展后劲十足，已经成为江西经济发展的重要增长极。

一、全球稀土资源分布情况

从全球稀土资源分布情况看，据美国地质调查局的资料，世界稀土资源蕴藏量约9850万吨，其中，中国占36.5%，俄罗斯联邦占19.3%，美国占13.2%，澳大利亚占5.5%，印度占3.1%，其他国家和地区占22.3%。由此可见，我国拥有丰富的稀土资源，是世界主要的稀土生产国和供应国。

从全国范围看，我国稀土分为轻稀土和中重稀土两种，轻稀土主要分布在包头、四川等地，属于低价值矿种。中重稀土主要分布在广东、江西为主的南方五省。我国稀土资源的98%分布在内蒙古、江西、广东、四川、山东等地，形成北、南、东、西分布格局，具有北轻南重的分布特点。其中内蒙古包头白云鄂博4350万吨，占83.7%，山东微山占7.7%，四川凉山占2.9%，江西、广东、福建等南方七省占5.7%。

从江西省范围看，全省离子型稀土远景储量940万吨、保有储量230万吨，储量居全国第一，在世界稀土产业界也占有举足轻重的地位。

从赣州市范围看，赣州是我国钨业和离子型稀土的发祥地，开发利用历史悠久，钨资源开采已逾百年，稀土开采40余年，享有"稀土王国"、"世界钨都"的美誉。离子型稀土分布在全市17个县（市、区）146个乡镇，主要集中在龙南、定南、寻乌、信丰、安远、赣县、全南、宁都8个县，其中，寻乌以低钇轻稀土为主，龙南以高钇重稀土为主，其余6县则以中钇富铕型稀土为主，构成了赣州各具特色，轻、中、重齐全的离子型稀土矿山资源体系，占江西探明和评价预测储量的90%以上。

二、赣州稀土产业集群发展现状

（一）稀土产业集群发展迅速

2014年，全市稀土产业实现主营业务收入246亿元、利税总额21.5亿元，分别占全市规模以上工业的16.6%和17.6%，全市主营收入前20位企业中，稀土企业占7家。赣州拥有经国土资源部批准的稀土采矿许可证88本，占全国南方离子型稀土采矿许可证总量 104 本的 84.6%。在国家工信部下达的 2013 年南方离子型稀土矿产品、冶炼分离产品指令性生产计划中，赣州分别占 56% 和 53%。在国家国土资源部下达的 2013 年南方离子型稀土开采总量控制指标中，赣州占 70%。赣州稀土产业主营业务收入占全国的 1/3 左右，已成为全国最大稀土产品生产加工基地和重要的稀土新材料产业基地。赣州市目前拥有稀土企业 60 余家，其中稀土分离企业近 20 家，金属冶炼、稀土原矿企业等产业链中油企业近 30 家，荧光材料、永磁电机、稀土陶瓷企业 10 家左右。

近年来，赣州以科技为引领，加快推进稀土产业转型升级，不断延伸产业链条、壮大产业规模。赣州离子型稀土原地浸矿技术、冶炼分离、金属冶炼技术水平先进，稀土氧化物、稀土金属、中重稀土合金、稀土铸铁等产品质量居全国前列，钕铁硼磁材、发光材料、稀土陶瓷材料等稀土新材料已经具备较好的基础。

（二）稀土产业链逐步健全

赣州稀土产业经过多年发展，已经形成了包括地质资源勘查、稀土矿山开采、冶炼、加工、稀土新材料运用的稀土产业链（见图 1），稀土产业已经成为赣州重要的支柱产业。

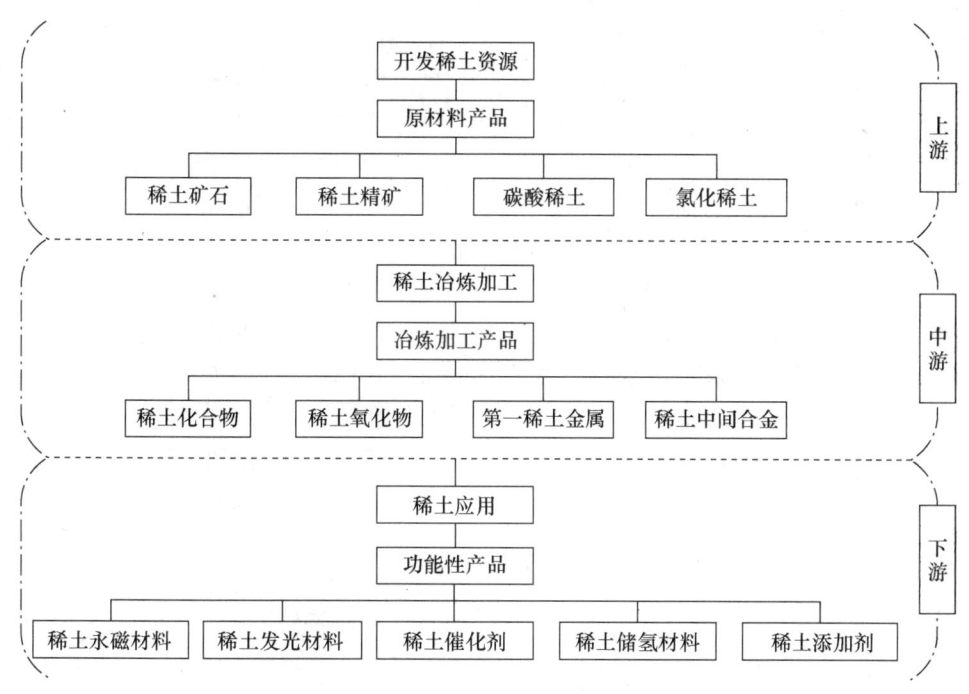

图 1　赣州市稀土产业链

1. 赣州稀土产业链上游环节现状分析

（1）矿山开采。赣州近年来加大稀土矿山管理力度，在保护中进行开发，年产能力 1.5 万吨，约占全国同类矿产品产量的 60% 左右。当前，赣州各级政府大力提倡和推广原地浸矿开采技术，资源利用率提高了 30% 左右，同时使得开采区原始地形地貌得到较好的保护。

(2) 稀土分离。赣州市现有稀土分离企业 16 家，全市稀土分离生产能力 4.8 万吨，占全国同类矿的 50%。其中赣县红金稀土、定南大华、安远明达等企业无论在规模、产品档次等方面均跻身全国稀土分离行业前列。

2. 赣州稀土产业链中游环节现状分析

稀土冶炼加工。目前，赣州全市稀土金属和合金生产总能力约 3.7 万吨（其中稀土金属近 1.8 万吨，稀土合金近 2 万吨），成为全国最大的稀土金属生产基地。其中，赣州虔东实业集团、江西南方稀土高技术公司和赣州晨光稀土的稀土金属生产规模分别达到 4000 吨/年、2500 吨/年和 3800 吨/年以上，成为全国最大的稀土金属生产企业。企业生产的稀土金属和合金有十余种产品，生产技术和工艺主要采取熔盐电解和真空还原两种方法。近两年来，随着企业的科技进步，装备正逐步向大型化发展，极大提高了产品一致性和质量稳定性。同时，一些金属产品经机械加工成各种定型金属和异型金属，部分企业正逐步开发钕铁硼薄片等磁性材料的中间产品。

3. 赣州稀土产业链下游环节现状分析

(1) 稀土应用。目前，赣州稀土深度加工和应用领域主要集中在稀土永磁材料、稀土发光材料、稀土催化剂、稀土储氢材料和稀土添加剂等方面。其中，稀土永磁材料生产企业 10 家，钕铁硼生产及薄片产能 1.6 万吨左右，排名全国区域产能第四。稀土发光材料生产企业 7 家，生产能力达 5000 吨，成为全国发光材料领域的后起之秀。值得一提的是五矿依路玛稀土发光材料有限公司年产稀土三基色荧光粉 4000 吨，占到全国生产总量的 50% 以上；五矿东林照明（江西）有限公司已形成年生产 3 亿只稀土节能灯管的能力，年销售收入有望达到 30 亿元，将成为江西省最大的节能灯企业。稀土储氢材料企业 2 家，生产能力 2600 吨/年。稀土添加剂生产企业 1 家，稀土合金添加剂企业 1 家，生产钇基重稀土复合球化剂、钇基稀土钢用复合变质剂、钇基重稀土铜添加剂等 8000 吨/年。

(2) 赣州市还形成了龙南京利有色金属有限公司、赣州晋通新材料有限公司、全南晶环科技有限公司等一批以钐铕钆富集物为原料的氧化铕专业厂和以稀土富集物、磁材厂废料为原料的资源二次综合利用企业，稀土废料综合处理生产能力 5 万吨，占全国的 70%，成为全国稀土资源二次综合利用企业最多、产量最大的集散地。

总体上看，呈现出产业链前端企业多，精深加工企业少的现象。

（三）稀土产业持续发展能力增强

技术创新有所提高。建立了国家钨与稀土产品质量监督检测中心、国家离子型稀土资源高效开发利用工程技术研究中心、钨资源高效开发应用工程技术研究中心、赣南地调大队院士工作站等技术创新公共平台，产业技术创新能力不断提高。

近年来，赣州深入推进稀土钨资源整治整合，实施更为严格的保护性开采政策，严厉打击非法开采行为，规范矿山开采秩序，以赣州稀土集团为主体全面整合稀土资源，资源有序开发能力不断提升；严格执行国家环境保护标准，积极研发运用稀土原地浸矿、钨冶炼离子交换工艺等绿色高效开采冶炼工艺，从源头上减少污染物排放，推进分离冶炼企业环保核查，认真组织开展行业准入工作，实现各类污染物达标排放，同时大力实施废弃矿山生态环境综合治理工程，近两年来完成造林复绿 3 万亩、土地复垦 1.5 万亩，生态环境有效改善。

（四）稀土产业集群布局合理

为贯彻落实"对接长珠闽，建设新赣州"发展战略，赣州市进一步调整和优化稀土工业产业布局，合理配置资源，培育和壮大稀土产业。赣州市稀土产业集群布局合理，具体如下：

1. 中心城区（章贡区、市经济技术开发区）

不新建稀土分离企业，依托现有企业和科研院所重点发展高性能的稀土磁性材料，永磁电机以及功能性材料和器件，继续稳定和扩大传统稀土金属产品的市场占有率，大力开发各类中重稀土合金材料，提高产品性能和质量。大力引进和发展稀土应用产品，同时重点建设与稀土加工配套的化工园区。

2. 赣县

不再新建稀土分离企业，重点建设稀土特色工业园，对现有分离企业进行整合，增强互补性，分离能力控制在4600吨/年以内，侧重发展高性能稀土发光材料及其应用产品。

3. 龙南

在现有分离能力的基础上，通过改扩建，控制在3000吨/年以内规模，侧重发展稀土荧光材料中间产品以及重稀土合金及永磁材料产品。

4. 定南

在现有1000吨分离能力的基础上，通过改、扩建，控制在3000吨/年以内分离能力，同时，侧重发展磁性材料的中间产品。

5. 信丰

不再新上稀土分离企业，对现有的稀土分离逐步改造成以加工各类富集物为主的特色企业，重点开发钇、铕等高纯氧化物。

6. 安远

不再新上稀土分离企业，维持现有1400吨/年分离规模，侧重发展大粒径、超细氧化物以及钇锆等系列产品。

7. 寻乌

全县控制分离规模2000吨/年，侧重发展以轻稀土为主的深度加工产品以及稀土农用微肥等应用产品。

8. 全南、宁都

不再新上和改扩建分离企业，侧重做好现有矿山规范开采工作。全南县逐步形成以加工各类富集物和稀土废料回收的综合利用加工企业，重点开发铽铒铥镱镥等重稀土分离产品及陶瓷应用产品。

三、赣州稀土产业集群发展 SWOT 分析

近年来，赣州充分发挥稀土资源优势，大力推进资源整合和产业整合，稀土产业步入持续健康集群发展轨道，同时也存在不少问题和挑战。

(一) 优势分析

1. 资源优势得天独厚

赣州18个县（市、区）均有资源分布，累计查明离子型稀土资源储量92万吨，保有储量45.69万吨，在国内外同类型矿种中位居第一，远景储量在1000万吨以上，离子型稀土开采指标占全国同类矿的50%以上。赣州的离子型稀土包含全部15种稀土元素，更为宝贵的是，富含铽、镝、铕、钇等发展尖端科技和国防工业的重要元素，是迄今为止国内外独特的稀贵稀土资源，在全国乃至世界具有举足轻重的地位。40余年来，赣州累计开采稀土25万吨，占全国离子型稀土开采总量的七成，为我国国防建设和高新技术产业发展作出了重大贡献。

2. 区位优势比较显著

赣州市连接珠江三角洲和港澳地区，是内陆的前沿，珠三角沿海开放地区通往内陆腹地的咽喉，对接受沿海产业辐射、承接产业转移而言具有内陆地区其他城市所无法比拟的区位条件。如我国已成为世界上照明灯具的生产大国，灯具生产企业集中在广东、浙江、上海、江苏等省市，4省市的灯具产量约占全国总产量的70%以上。赣南处在4省市的中间地带，便利的交通条件、相对低廉的运输价格及赣州承接产业转移的优惠政策，为荧光产品的输出及新兴市场的开拓提供了较为便利的条件。赣州的铁路、公路、水路、航空等运输方式齐全，距香港、澳门、广州、深圳、珠海、汕头、厦门等地的车程不过6~8小时。赣州现设有公共保税仓、公路货柜车查验场、铁路集装箱货场等，具有较完备的涉外服务机构。赣州先后建设了钨和稀土新材料出口创新基地、火炬计划钨与稀土新材料产业基地、新型工业化有色金属（稀土新材料）产业示范基地等国家级产业集聚基地，产业承载能力不断增强。

3. 具有长期的稀土产业开发管理经验

赣州在加强稀土整合，实施保护性开采方面采取了一系列措施，对全市稀土矿产品生产经营管理实行统一管理、统一开采、统一经营、统一规划和统一招商，取得了显著成效，为产业的进一步发展营造了良好的政策环境。

4. 具有较好的产业发展基础

经过多年的发展，赣州已成为全国最大的离子型稀土矿山开采、分离和金属冶炼的生产基地，部分产品的质量达到国际国内先进水平，在国内外稀土市场有了较大的影响。

(二) 劣势分析

1. 环境压力持续增大

赣州市稀土资源得天独厚，但是长期以来，赣州稀土产业以稀土矿开展为主，缺乏对稀土资源深层次的利用与开发，稀土资源的开发利用得不到下游相关产业群的支撑，产品附加值低。而且，尽管赣州推广使用对环境影响较小的原地浸矿开采技术，但也会由于大量使用草酸和硫胺浸出液，造成周边水域污染，给环境带来较大影响。

2. 产业链条结构性矛盾明显

深加工和应用企业生产规模小、实现利税少、产品档次低。稀土产业到金属为止的初级原料和加工产品约占全市稀土产品总量的80%，高附加值的深度加工和应用产品仅占

20%左右,数据清楚地反映了赣州稀土产业的结构不合理,以及与国内外稀土产业发达地区的巨大差距。由于深加工应用产业的严重滞后,势必造成稀土初级产品供大于求,加剧初级产品的流失。一些新上和在建的稀土永磁项目又基本属于中低档产品,造成了新一轮重复建设和产品趋同,如稀土发光材料设计产能已超过6000吨,产品定位多为三基色荧光粉;钕铁硼磁性材料现有生产能力约2万吨,但产品定位多为中低档。

3. 配套产业发展滞后

稀土产业配套发展滞后,影响了产业向精深发展。全市分离企业加工所需的化工原材料大部分从外地购进。稀土磁材项目在后续机械加工和电镀方面不配套;资本市场、技术市场发育迟缓,影响了稀土的精深加工。

4. 企业创新动力不足

尽管稀土产业向下游应用延伸已获得行业共识。但实际上,多数稀土产业企业多以原料供给为主,对于冶炼分离企业来说,向下游稀土应用领域延伸意味着从原料加工行业跨入了产品制造行业,给企业运行带来巨大风险,加之稀土矿山开采长期带来的利润驱使企业研发动力明显不足,政府和市场又缺乏很好的引导,最终企业只会从自身利益考虑,而不愿意投入研发。由于受技术、资金、市场开发等因素制约和引进机制缺乏力度,稀土应用水平低,目前仍以稀土初级冶炼产品加工为主。

5. 专业技术人才缺乏

产业研发平台的技术创新能力较弱,缺乏有实力的国家级稀土研发平台,缺乏高端应用领域的高素质人才。企业自主创新意识不强,研发投入少,技术人才缺,技术创新能力较差,自主创新知识产权产品较少。稀土产业在部分领域具有原创技术,但在高端磁性材料、发光材料、储氢材料的生产技术与国际先进生产技术有较大的差距。

(三)机会分析

1. 政策支持

《国务院关于支持赣南等原中央苏区振兴发展的若干意见》指出,原中央苏区特别是赣南地区经济社会发展存在特殊困难和问题,要给予特别的政策支持,赣州市执行西部大开发政策,使得赣州市成为中部中的西部,在投资、金融、产业政策、国土资源政策、人才政策、对口支援等方面享有不少政策支持优势。

2. 市场需求回暖

2008年后,稀土市场需求下降,出现产能过剩情况。2014年以来,我国经济发展已进入新常态,随着工业结构调整和转型升级步伐不断加快,智能制造、高端装备、新能源汽车、工业机器人、3D打印等新产业的发展,为稀土产业提供了新的市场。电动汽车、高速铁路、工业机器人等新兴产业蓬勃发展,将大幅增加稀土永磁电机、镍氢动力电池等稀土材料和产品的需求。发电、化工、钢铁、建材等工业炉窑尾气处理使用的钒系脱硝催化剂,将逐步被稀土基无毒催化剂替代,有利于拓展镧铈等轻稀土元素的应用领域;随着汽车尾气排放标准提高,稀土催化材料的应用量也将大幅增加。高纯净钢、稀土铝镁合金、PVC改性剂、特种玻璃、功能晶体等高端发展产品都离不开稀土元素,新型功能材料、结构材料的快速发展将给稀土产业带来新机遇。中国工信部在2014年度稀土矿开采总量指标控制在10.5万吨,与2013年的9.38万吨相比,增加了11.94%。主要是考虑到全球的需求以及国内企业的生产能力，中国政府决定增加 2014 年的稀土矿开采总量。2015 年，中国会继续对稀土矿开采总量进行控制，以更好地规范市场秩序和保护资源。预计 2015 年的总量与 2014 年基本持平。海关总署 2015 年 3 月 8 日公布，中国 2015 年 2 月出口稀土 2052 吨，出口金额为人民币 15279 万元。

（四）威胁分析

1. 国家调控政策影响

2015 年 1 月 1 日起取消稀土出口配额管理，2015 年 5 月 3 日之后又将取消稀土出口关税。我国取消稀土出口配额、关税等措施后，出口企业数量可能会增加，企业间为争夺市场份额，相互压价、恶意竞争会有所抬头，现有的市场不利形势将进一步叠加放大，会对依法依规的稀土企业正常生产经营带来巨大的冲击。

2. 潜在产能过剩威胁

赣州市稀土企业定位多以资源为核心向中下游产业链延伸，包括稀土永磁、发光、储氢、抛光粉、催化剂等主要稀土功能材料。未来规划重点也是进一步向中下游应用产品延伸，这在一定程度上可能造成产能过剩的威胁。

3. 稀土替代产品威胁

2012 年以来，美日欧加强密切合作，拟联手研发稀土替代品，三方的研究人员将展开合作，以求在催化转换器和电池等产品的生产中降低对中国稀土的依赖。特别是在稀土替代品等具有挑战性的主要科技领域开展研究。尽管短期内难以有较大突破，但依然是一个不可忽视的威胁。

四、赣州稀土产业集群发展对策

《国务院关于支持赣南等原中央苏区振兴发展的若干意见》（国发［2012］21 号）确立了赣州建设全国稀有金属产业基地的发展定位，明确把赣州建成全国乃至世界知名的稀土钨稀有金属产业基地、稀土产学研合作创新示范基地和重要的新材料产业基地。

（一）进一步推进产业链向高端、多极延伸

1. 高起点科学规划，形成市、县分工协作的梯度发展格局

牢固树立全市产业集群"一盘棋"的思想，着重抓好资源产地和中心城区的产业布局。以资源县为基础，展开稀土原矿和分离冶炼布局，集中培育发展具有一定规模和产品档次的中上游产业；以赣州中心城区和市有色产业基地为核心，展开稀土深度加工、应用产业布局，重点发展起点高、附加值高、规模大的稀土中下游产业。同时，以赣县、章贡区、赣州经济技术开发区为主体，侧重发展磁性材料、储氢材料及重稀土合金等深度加工应用产品；以定南、龙南、信丰、安远为主体，侧重发展稀土精细化冶炼、发光材料及其应用产品。实施两大板块错位发展，优势互补，逐步形成协同联动、利益共享的完整产业链和发展格局。

2. 依托资源比较优势，推动稀土产业链向高端、多极延伸

稀土产业的一个重要特点是产值沿产业链呈裂变式的增长，从原料到新材料和元器

件，产值可以成百倍增长。铽、镝、铕、钇等中重稀土元素是赣州市稀土资源的比较优势，也是生产高性能稀土发光材料、磁性材料、储氢材料的重要原材料。依托这一优势，赣州市应积极推动产业的高端切入和多极延伸。

围绕稀土新材料的研发应用，着力拓展延伸五大产业链，培养五大产业集群：

一是稀土磁性材料产业链：依托下游风力发电、新能源汽车、节能家电等产业的发展，开发高性能稀土永磁材料，打造稀土永磁材料—永磁电机—装备制造产业链，培育以稀土永磁材料和各种机电应用产业为核心的产业集群：包括高性能稀土永磁材料、汽车领域配套磁瓦等。

二是稀土发光材料产业链：把握照明、显示等领域的发展趋势，加快照明用荧光粉朝连续化和低能耗生产方向发展，显示用荧光粉朝精细合成生产方向发展，打造从发光原材料开发到发光材料日常应用的完整产业链，培育以稀土发光材料及应用元器件生产为核心的产业集群：包括灯用荧光粉、PDP荧光粉、长余辉荧光粉、电致发光荧光粉等。

三是稀土催化材料产业链：加强稀土催化材料的技术研究，重点开发汽车尾气净化催化剂，打造稀土催化材料—稀土催化剂—整体式催化剂封装成型产业链，培育以稀土催化、功能陶瓷等新材料及稀土在化工、建材领域应用为核心的产业集群：包括汽油机车排气净化催化剂、稀土激活抗菌剂、空气净化剂、稀土功能陶瓷等。

四是稀土储氢材料产业链：以新能源汽车产业发展为契机，重点开发高比容量、低自放电、长寿命、快速吸放氢稀土储氢合金，打造稀土储氢材料—动力电池—新能源汽车产业链，培育以稀土储氢材料及各种动力电池、电动车等应用产业为核心的产业集群：开发稀土储氢材料、金属氢化物电池等。

五是其他稀土功能材料产业链：重点利用氧化钠、氧化铁等稀土氧化物激活手段和半导体光催化特性，开发稀土激活抗菌剂和空气净化剂，发展重稀土中间合金产品，以稀土—有色金属材料深加工及其元、器件生产为核心的产业集群：包括稀土钢、稀土铁、稀土球墨铸铁、稀土镁合金、铝锆钇合金等。

3. 实行产业高端切入，打造稀土精深加工企业"航母"

实行稀土深加工产业统一招商，纳入全市招商引资的调度与考核。一方面，以市稀土矿业公司采矿权入股或转让的方式，吸引战略投资者，推动深加工和应用产品的研发生产，培育世界一流的大型稀土企业集团；另一方面，以赣州市现有骨干稀土企业为招商平台，实施高位嫁接，谋求与国内外顶尖企业合资、合作。通过引进和发展高端技术，生产高端产品，拉动稀土产业链的延伸，增强赣州市稀土产业和产品在国际市场上的竞争力。

（二）进一步推进资源和企业整合

1. 加快稀土矿山的优化重组，实现生产经营秩序的根本好转

提高环水保和资源综合回收率"门槛"，对现有矿山依法依规进行全面清理，依法淘汰环水保达不到要求和资源回收率低的矿山开采点，大力推广原地浸矿新工艺，坚决杜绝池浸和堆浸工艺。赣州市稀土矿业公司要建立真正意义上的矿山法人治理结构，落实采矿权人的权利和义务，实现矿山开采的集约化和规模化，建立资源整合的长效机制。

2. 强化稀土原矿配额管理，实现资源的优化配置

在开采环节，实施生产配额向矿山资源综合利用程度高、环水保设施健全、集约化、规模化开采的县（市、区）矿山倾斜，减少矿山生产经营秩序混乱的县（市、区）的生产配额。在加工环节，完善原矿供应与企业规模、效益、环保、后期投资绩效挂钩的分配机制，推进稀土资源向深加工及应用产业的龙头企业配置。同时，逐步推广原矿加工分配招投标机制，采取经济杠杆调节矿产品流向，拉开不同档次加工企业的原料配置，做到扶优限劣。

3. 加强分离冶炼产业的整合，实现对初级产品的有效调控

严禁新上分离冶炼项目，继续实施严格的加工企业资源配额管理，逐步淘汰规模小、技术水平低、环保不达标的企业。同时，引导现有分离冶炼企业并购重组、优化升级，向中下游产业链延伸，向大企业、大集团靠拢。加大对分离冶炼产品，特别是铽、镝等特色元素的调控力度，积极探索稀土分离产品和重点有价元素商业储备的有效途径。

4. 建设专业市场和物流中心，确立南方离子型稀土的集散中心地位

加快赣州市有色金属专业市场和物流中心的建设，继续鼓励赣州市采选、加工企业"走出去，引进来"，吸引外地原矿向赣州市集聚，在赣州市形成南方离子型稀土原矿的集散中心，为产业发展奠定资源基础。

（三）进一步推进产业集聚、集群式发展

1. 建立健全利益分配机制，实现市县两级产业共建

进一步建立健全资源所在地与加工所在地利益共享机制，实行资源地和加工地按一定比例分税，完善各县（市、区）落户市有色产业基地项目财税分享制度，通过资源调节、税收分成的方式，实现产业共建、利益共享。

2. 发挥政策导向作用，引导产业集聚和健康发展

要有选择地引进稀土加工项目，原则上稀土深加工企业必须集中落户市有色产业基地，形成集聚效应，做大做强稀土产业。赣州市工业及产业集群工作领导小组要综合分析国内外稀土产业发展趋势，结合赣州市稀土产业发展状况，提出赣州市发展稀土加工的导向目录，引导企业向稀土深加工和应用方向发展。并严格实施有效调控，避免产品趋同和低水平重复建设。

3. 加强配套体系建设，引导各生产要素向有色产业基地集聚

增强赣州市有色产业基地各项配套体系的建设，建立起稀土研发、分析检测、信息交流"三个中心"。建立和完善以稀土企业为主体的技术创新体系，设立稀土产业开放式、多元化研发平台；加快建设国家钨、稀土产品质量监督检验中心；加强以稀土企业门户网站和电子商务为主的信息交流平台建设。充分利用以赣州经济技术开发区为中心建设国家级钨和稀土新材料科技兴贸出口创新基地的契机，积极向国家有关方面争取项目资金和开采配额、出口配额等各方面的政策支持，引导资金、技术、人才、信息向有色基地集聚，促进产业集群发展。

（四）进一步推进产业管理体制建设

1. 充分发挥行业协会作用，强化行业自律

赣州市稀土行业协会要团结全市稀土企业，共同遵守行规行约，维护市场规范和稳定；建立行业价格引导机制，推动资源价值体现；当好政府的参谋、企业的娘家，及时掌握行业动态、传递行业信息，协助政府做好产业布局、结构调整，平衡产销、合理分工，积极维护企业合法权益，努力提高市场配置效率，为政府和企业提供服务。

2. 充分发挥市稀土矿业公司的作用，引导稀土产业健康发展

最大限度地发挥资源在稀土产业发展中的"牛鼻子"作用，以赣州市稀土矿业公司为中心环节，调节资源与企业之间的供求关系，推动稀土资源开采的规模化和集约化，提高资源综合利用水平；认真履行采矿权人的权利和义务，建立资源规范管理的长效机制。通过公司的运作，形成对全市稀土资源的合理调控和有效配置，力争在稀土矿产品和重点有价元素的商业储备、均衡价格、稳定市场等方面有较大作为，并加快构建赣州市稀土招商引资的重要平台。

石城县矿山机械产业集群发展研究

矿山机械是石城的传统工业产业，也是石城的支柱产业之一。近年来，石城县坚定走新型工业化道路，大力实施"强攻工业"发展战略，明确以矿山机械产业集群为导向，工业经济实现快速发展。

一、石城矿山机械产业集群发展现状

（一）产业规模发展迅速

石城县矿山机械产业发展历史悠久，该产业始于20世纪70年代，历经40年的发展，主要生产重选、浮选类矿山设备，先后研发了"高效密机"、"7750淘汰机"、"球磨机"、"高速离心选矿山"、"废旧电线电缆回收设备"、"废旧电路板再生利用成套设备"等，并生产出一批废旧铜回收专用设备、空气粉尘净化、污水处理等环保专用设备，其中重选类矿山机械产品已占全国销售市场的2/3。全县共有登记注册的矿山机械企业及个体工商户99家，其中企业36家（规模企业9家）、个体63家，其中43家参加矿山机械协会。

石城县矿山机械设备的生产规模在不断扩大，生产重选、浮选和磁选类矿山设备30种170多个型号，几乎涵盖了有色金属选矿机械的所有必备品种。全县矿山机械制造业2014年销售收入突破3亿元。目前矿山机械产品已占全国同类产品市场的1/3，产品销往全国20多个省、市、自治区，特别是在江西、云南、广西、贵州、湖南等省占有率高达80%，而且产品早已走出国门销往俄罗斯、朝鲜、越南、泰国、缅甸、新加坡等地，石城矿山机械产品远销全球50多个国家和地区。近年更是远销非洲和南美的许多国家。

（二）产业链逐步完善

石城县坚持实施重大项目带动战略，以产业集聚带动项目集群，以项目集群推动产业集聚，取得显著成效。以江西威尔国际矿山装备有限公司为龙头、民营企业为主体，在产业分工方面，一些部件已从整个生产环节中逐渐剥离出来，变成专业化生产，出现了专业生产床头、床面的企业甚至小到齿轮、铜套、油等零部件都有专门企业生产，产业链已经显现，分工协作的生产方式特征初露端倪，企业间相互依存、合作的关系日益突出。

（三）产业集群效应初步显现

石城矿山机械产业集群具有明显的集群优势。以"省级矿山采选机械产业基地"为基础，依托江西威尔国际矿业装备有限公司，带动基地内江西铭鑫冶金设备有限公司、江西金石宝矿山机械制造有限公司，最大限度地发挥现有产业优势，适度扩张废旧铜回收专用设备、空气粉尘净化、污水处理等产业规模；以"古樟工业园"为依托，矿山机械、轴瓦、齿轮为重点，积极引进上下游配套企业，努力打造配套领域宽、品种齐全、企业密集的新型机械制造产业基地。积极引导矿山机械产业向大型化、智能化、清洁化、自动化生产方向发展，培植一批龙头企业，引导轴瓦加工产业向重工油膜轴承发展，引导齿轮加工产业向齿轮精加工方向发展。

（四）产业技术创新不断增强

石城县为增强矿山机械工业企业的发展后劲，先后与北京矿冶总院、北京矿冶研究所、辽宁矿山设备集团总公司等国内知名研究机构和企业建立了长久的技术协作关系，与江西理工大学合作设立了矿山机械研发中心，在技术支持上有可靠的保证。利用江西理工大学在技术创新、产品研发、人才培养、信息交流等方面优势，广泛开展校县合作、校企合作，提升矿山机械产业发展创新能力、产品升级换代能力、市场竞争能力，实现产、学、研一体化。石城县铭鑫冶金设备有限公司先后研制出了20多种新产品，获得5项国家技术专利，"年产3000套废旧家电综合处理成套设备技术改造"项目还获得国家技改专项资金730万元。石成金矿山机械制造有限公司"中心传动球磨机"研发项目获技术创新补助5万元。

（五）产业布局逐渐合理

省级矿山采选机械产业基地初步形成。石城县结合各产业特点量身定制工业园区。在古樟工业区重点发展新型矿山机械制造、现代服装轻纺及电子产品加工，在屏山创业区重点发展新型建材、矿产品精深加工，集中打造具有影响力的产业基地。2014年铭鑫冶金设备有限公司与威尔国际矿业装备有限公司成为该县首获国家高新技术的企业。石城县由招商引资转向择商选资，围绕矿产品精深加工、新型机械制造，重点瞄准全球500强、中国500强、央企及实力雄厚的企业，着力引进投资规模大、税收高、污染小、科技含量高的大企业。组成安商工作组，及时解决企业在生产发展过程中遇到的各种困难。成立了石城矿山机械协会，加强企业之间的联系与合作。

二、石城矿山机械产业集群存在的主要问题

石城县矿山机械产业发展了40多年，虽然发展势头是好的，发展方向是正确的，但一直没有做大做强，目前主要存在以下问题：

（一）企业筹资困难

现今石城的矿山机械生产企业基本民营化，而筹资难一直以来都是阻碍民企发展的绊脚石，造成石城矿山机械企业筹资困难主要有：一是融资渠道狭窄，主要局限于亲戚朋友之间相互借贷，筹股，且金额小，无法满足企业扩大生产的需要。二是信贷支持乏力，企业规模小，财务制度不健全，达不到评级授信的要求而且不能提供有效足额的担保，使金融机构无法提供信贷支持。三是受金融机构信贷管理体制的约束，有些企业即使以个人名义申请抵押贷款，也因手续烦琐、环节多、审批时间长等原因，等款到时已错过最佳

时机。

（二）产业配套水平低下

从机械类型上来说有采矿机械、选矿机械和探矿机械，石城的矿山机械主要是选矿机械，从产业链上来看，石城县矿山机械产业虽然在专业化生产、分工协作上露出端倪，但产业配套水平较低。每年要从福建、湖南调进大量的生铁、电机、铸钢、轴承、树脂等。配套产品的大量外购增加了企业成本。

（三）产业质量标准不规范

石城建立了矿山机械产业局，为矿山机械制造企业提供了统一的技术标准和行业监督管理。但到目前为止都没有起到行之有效的作用，有的只是字眼上漂亮，技术标准照样没有统一，行业监督也只是形式。县内矿山机械产品的质量标准是企业自行制定，多数甚至没有质量标准。各企业之间的关联度很低，还有个别企业不履行行业协会的有关规定，进行恶性竞争。

（四）产业整体技术不高

从采矿、选矿到烘干，企业普遍生产规模小，科技水平低，缺少投入，多数生产工艺容易被简单模仿，创新能力差，多年来一直以传统产品为主，大都为适应个体私营小矿山所用的小型号、低档次产品，缺少适应大型矿山所用的大规格、高档次产品。生产偏离市场，走的模式是先生产出来再试用修正最后才销售，没有充分调查市场，生产出市场所需要的产品。科技水平低导致企业存在着压价竞争、互挖墙脚的现象，导致企业增产不增收，扩销不扩利。

三、石城矿山机械产业集群发展的对策

树立"善当配角，错位发展"的理念，以加快发展产业集群为目标，以"联强靠大、扶强扶优"为核心，以创新技术为重点，以推行技术标准为手段，提升石城县矿山机械产业的整体水平，做大做强石城县矿山机械产业。

（一）培育龙头企业

坚持扶优扶强的原则，大力培育龙头企业，以此带动矿山机械产业发展。加大对龙头企业的扶持力度，一方面在资金上给予大力倾斜，使其扩大生产规模和提高科技创新能力，形成产、供、销一条龙；另一方面在政策上给予倾斜，要用有限的土地、资金、人力、物力重点投向有能力、有实力、有魄力的龙头企业。大力支持江西威尔国际进行股份制改造后上"新三板"。对入园供地项目进行效益挂钩，严把准入关，做到优胜劣汰。大力宣传和推广石城矿山机械，按照扶优扶强的原则，着重推介标准示范良好行为企业和矿产机械企业开发的新产品。

（二）推广标准体系

在全县全面推广矿山设备生产企业标准体系，逐步规范石城县矿山机械产业的生产与发展。一方面，重点发挥标准示范良好行为企业的典型示范作用。确保江西金宝石矿山机械制造有限公司、江西恒昌矿山机械设备制造有限公司、江西赣源选矿设备制造有限公司等申报二星级标准示范良好行为企业的验收过关。另一方面，县质监局牵头相关部门要加大对矿山设备生产企业的检查力度，督促不符合标准企业进行整改。

（三）提高产业经营管理水平

石城县许多企业管理者是农民企业家，没有专业管理知识，也没有接受专业管理培训，思维方式、管理模式与市场经济发展需要还有很大差距，因此要经常聘请外地的企业管理、市场营销等方面的专家到石城县开展培训讲座。了解外界信息，增强市场变化的敏感度，加快企业主发展理念的转变，摒弃封闭发展、自我发展的狭隘思想。同时组织业主到工业发达地区或大中型企业参观、学习，开阔视野，不断更新经营理念，提高管理水平。

（四）抓好技术创新

1. 加强与科研院所的合作

积极与北京矿冶研究总院机构研究院所、省矿山设备研究所等高校或科研机构建立合作机制，开展技术攻关，加速产品的更新换代。

2. 鼓励产品创新

从工业发展基金中拿出资金对矿山机械技术革新和新产品开发的有功企业、人员进行奖励，推动企业的产品创新。对填补石城县矿山机械空白配套的企业进行额外奖励，在用地等给予倾斜，使矿山机械在石城真正实现"一条龙"生产。

3. 建立企业横向交流平台

发挥行业协会的作用，加强企业之间的联系，探索企业之间在生产销售、服务等过程中的信息共享与交流。

（五）加大资金扶持力度

1. 银行加大新产品的开发

推进小企业贷款的制度和产品创新，根据企业情况，积极试办非全额担保、循环担保、联户联保等贷款担保形式，适时引入自然人担保制度。加大对矿山机械行业的贷款营销力度，以推动经济金融在相互支持、相互促进中实现双赢。实施好"小微信贷通"、"财园信贷通"等优惠金融政策，加快推进有实力企业"新三板"挂牌上市融资。

2. 政府增加政策扶植

在税收优惠、财政补贴方面，出台一些鼓励政策，进一步加大对矿山机械产业集群的扶持力度。

第七部分 纺织服装产业集群

南昌市纺织服装产业集群发展研究

南昌纺织服装产业规模在中部6个省会城市中排第一位，在全省11个设区市中排第一位，占全省纺织服装产业总量的三成半。主导产品是针织服装，全部出口世界各地，是全国最大的针织服装出口基地之一，占全省纺织服装产业出口总量的90%。2014年已成为针织服装产业国家外贸转型升级专业型示范基地，这为南昌的纺织服装企业转型升级带来了空前的机遇。

一、南昌纺织服装产业集群发展现状与问题

（一）发展现状

1. 产业体系相对完整

作为传统产业的南昌市纺织服装产业经历了几十年的发展和壮大，已成为南昌的一个支柱产业，产业集中度有一定的基础，纺织服装企业就有3000多家，从业人员10余万人。虽然"两头在外"，既不靠近原材料产地，产品也多为出口，但这里拥有一条从针织布印染到针织服装加工的比较完整的产业链，包括棉花加工、面料（含色织布、牛仔布、印染布）、印染、印花、染整、后整理、水洗、辅料加工、包装等各类企业和国内外销售市场。大部分服装企业能有效运用电脑设计系统设计新产业、生产新产品，实现了企业规模经济效益。

2. 中小民营企业比重大

以中小企业为构成主体，是南昌产业集群发展的一个重要特点。大量从事相关产业的中小企业集聚在特定地理区域，形成集群，则可以视为南昌产业集群发展的一个重要机制。同时，私营企业也成为推动产业集群发展的重要力量。

3. 以加工贸易方式为主

南昌纺织服装业门类比较齐全，主要以棉化纤纺加工、棉化纤纺织品及编织品制造、纺织服装制造三种行业为主，以生产文化衫、针织运动衫、牛仔衣（裤）为主，大小规格齐全，颜色图案各异，高中低档齐备，95%产品出口中东、南非、欧美等国家和地区，与美国、日本、韩国、澳大利亚、加拿大、中东、瑞典、中国香港、中国台湾等20多个国家和地区建立了贸易关系。文化衫出口占全省总量的1/2。

（二）存在的问题

1. 处于产业链底端

南昌的纺织企业主要是代工生产，然后贴牌，获得微薄的加工利润。许多产品虽然市

场占有率高，但国际市场议价能力不高（见图1）。

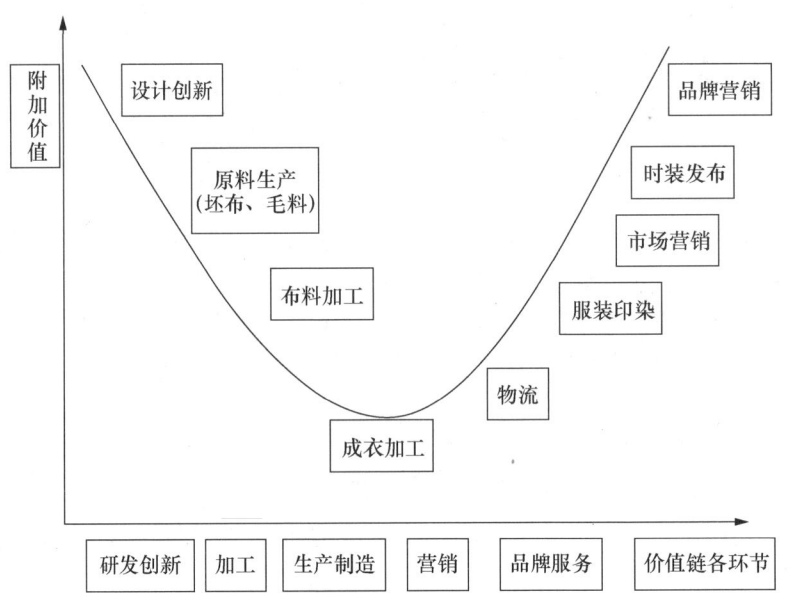

图1　纺织服装行业全球价值链

2. 品牌效应缺乏

南昌市的纺织服装产业高、中档产品匮乏。企业存在明显的"散、小、乱"问题，自创品牌较少，品种单一、档次较低，对市场支撑不大。产业集群内的绝大部分企业仍以OEM为主，利润微薄，缺乏对出口营销渠道的影响力和控制力。

现有纺织产业园区规模小，大企业少，绝大部分是中小企业，没有一家龙头企业或国内知名品牌，缺乏产业集群的带动作用。大多数企业都还处于成长阶段，在业内的"话语权"分量不重，对消费人群还未完全具备品牌吸引力。

3. 企业研发能力不足

南昌的纺织服装企业，虽然一些企业有自己的设计人员，但基本不存在独立创作和设计，多数是根据客户的订单要求进行生产。少数一些有服装款式开发设计的企业，也还处于较初级水平，主要是对市场上流行的款式进行模仿和改进。

企业不搞研发的原因在于对产品独立设计的要求不迫切。目前南昌纺织服装企业主要进行来样加工，仅需按样打板即可，不需要进行设计，即使做内销，由于中低档文化衫、T恤衫、休闲衫的款式基本不会有很大改动，也不需要企业进行别出心裁的设计改进，按照流行款式模仿即可。

即使企业想通过品牌来提升产品的形象和价格，却因为缺乏提升品牌形象所需要的资金、缺乏高质量的半成品供应以及开发品牌服装所必需的设计机构等原因而放弃。

4. 缺少专业市场和公共服务平台

与国内同行业先进地区相比，南昌纺织服装市场功能不全。有些市场如洪城大市场，虽然起步很早，但发展不快，辐射带动作用不强。本地专业市场多为中转型二三级批发市场，知名度不高，无法与粤浙苏等大型批发市场相比。

此外，南昌纺织服装产业集群公共服务平台建设滞后，制约产业集群内企业的发展。产业园区中小企业多，缺少信息、融资、研发、检测、物流等公共服务体系，阻碍了产业集群的整体发展。

二、泉州、虎门等地先进服装产业集群的成功经验与启示

综观国内外发达地区的繁荣，都有服装产业支撑的身影。在发展服装纺织产业上，福建泉州、广东虎门等许多地区已经做出了有益的探索，并取得了很好的经验，值得我们学习和借鉴。

（一）大力推动全产业链发展

泉州服装产业集群，除服装企业本身以外，其外围的几千家化纤、纺织、针织、染整、纺机、服装辅料等配套企业，构成了较为完善的服装产业群体。在服装面料自给率不断提高的同时，其他与服装配套的拉链、商标、衬布缝纫线、绣花线、花边、织带、纺机配件等都能得到配套供应。

虎门全镇有299家面辅佐料企业，438家物流、印染、绣花等配套企业，324家咨询、培训、设计、策划等服务机构，形成了集研发、设计、生产、销售、服务于一体的完整产业链，实现全环节生产销售。

（二）大力发展电子商务

泉州的服装产业集群在多年的发展中已初步建立起比较完整的市场销售体系。泉州的服装产业充分利用连锁经营、特许经营，电子商务等新型营销方式开拓市场，形成了批发、零售、专卖、商场四位一体的产品营销体系。

2014年，虎门镇委、镇政府依托雄厚的服装服饰产业基础，大力推动服装服饰电商发展，制订发展规划、出台扶持政策，推进电商基地建设，发展跨境电子商务和移动电子商务，使虎门成为全省乃至全国服装服饰电商发展的排头兵。

虎门镇已建或在建的电商园区共8个，分别为虎门电商产业园、大莹服装电商城、意法电商城、百达国际电商城、裕隆电商城、虎门跨境电商园、虎门电商品牌孵化展贸中心、客天下国际布辅料城。园区定位涵盖跨境电商、内贸电商、港台商品、服装供货等，八大园区总建筑面超过30万平方米，落户或签约入驻的电商企业现已超过3000家，是目前东莞市最具产业特色和基础的电商基地。2014年获市授"跨境贸易电商产业园"称号。

（三）大力打造产品特色

泉州服装产业集群主要打造"闽派"服装，以石狮、晋江为主要产地。风格特征体现为阳刚粗犷；品牌共性则是爱拼敢赢的闽南精神。服饰风格与东南亚流行节奏相似，以运动、休闲男装见长，比较有代表性的品牌有七匹狼、爱登堡、柒牌、劲霸、九牧王等。

而"粤派"服装，则突出体现女性的简洁柔美，以虎门最负盛名。因为地理位置因素，粤派服装受港台时尚特点影响较大。粤派服装融新潮和实用于一体，以清闲的大自然

色彩为主调，多用轻薄的涤棉面料，剪裁得体，款式多变，线条简洁流畅，突出女性的温柔气质，较适合南方女子纤细娇巧的身段。

（四）大力培育区域品牌

泉州纺织服装产业集群，聚集了 53 家上市企业，产值近 2000 亿元。集群知名品牌众多，如著名的安踏、利郎、匹克、柒牌、九牧王、361 度等几十个知名品牌都在泉州，而广东虎门镇现有以纯、松鹰等一批龙头企业，拥有服装服饰注册商标 5 万多个，中国驰名商标、中国名牌产品、广东省著名商标等，仅"以纯"一家就有 209 个注册商标。虎门镇被国家质监总局审批通过筹建"全国服装知名品牌示范区"。

（五）大力推动科技创新

泉州纺织服装业抢先一步，从科技创新入手，赋予泉州品牌新的内涵。浔兴拉链建立起了全国拉链技术开发中心；石狮已有 100 多家骨干公司与全国知名科研院所结成产学研合作开发产品，形成了盖奇集团"中国 T 恤面料研究中心"、文兴集团"中国休闲面料开发基地"、文兴布业公司"中国防寒服研发生产基地"、海兴科技公司"国家生物质纤维发展基地"等多个"国字号"研发中心的金字招牌。泉州纺织服装产业拥有的研发实力，让"泉州创造"正在成为每年的行业发布会上流行服装业的风向标。

"石狮纺织服装创新发展云"项目建成后，将汇聚全球纺织服装资源和要素，在研发设计、生产组织、终端消费等环节，为广大纺织服装企业提供信息服务、技术支持和决策参考，实现纺织服装产业链条的快速反应和紧密衔接，促进纺织服装产业朝时尚化、个性化、高端化的方向转型升级。

（六）大力培育专业市场

国内发展势头比较好的产业集群地区，基本上都有强大的专业市场配套。可以说，这是中国纺织产业集群快速发展的一个最典型的模式。由于专业市场具有的流通功能，扩散功能，辐射功能，所以可以扩大产业集群地的影响，发展产业规模并促进产业集群地的转型升级；而产业集群地区把各种生产要素聚集过来，日渐强大的产品生产和开发能力，又托起了专业市场，促进专业市场不断采用现代营销手段，增加市场功能。专业生产和专业市场在一个地域里实现了价值链的较为完整的过程，各类产品可以迅速推向市场，而市场又可以迅速反馈对产品的评价，"贵在神速"，时间为这样的空间组织方式创造了发展机会。

虎门服装市场规模庞大，现有服装服饰市场区域面积约 7 平方公里，总经营面积 232 万平方米，有 40 个专业市场、1.5 万个经营户，年销售额近 600 亿元。在这些专业市场，信息价值、知识外溢、技术外溢得到了更充分的体现。

（七）建立公共服务平台

虎门镇建立了国家级服装创新服务中心——虎门服装创新服务中心，内含虎门服装技术创新中心、虎门富民服装商务中心、国家纺织面料虎门馆、中国纺织工业联合会检测中心虎门实验室、虎门服装设计中心、虎门服装技术培训中心、虎门电子商务示范基地、新丝路时尚发布中心、以纯集团服装展示中心、虎门服装品牌推广中心 10 个平台，着力为服装服饰业提供全方位服务，在业界享有较高的知名度和影响力。

三、南昌纺织服装产业集群发展的对策

（一）加大支持力度

政府成立相关产业促进机构，专门负责整个南昌纺织服装产业的发展规划、具体措施的实行、指导行业协会运行以及市场的规范健康发展。

完善公共政策体系，积极争取、充分用活各级政府关于纺织服装产业发展的各项优惠政策，尽快研究制定承接沿海产业梯度转移、加快南昌纺织服装产业发展的政策措施。

着力优化发展环境。对纺织服装产业重点项目实行"绿色通道"制度，简化审批程序，缩短审批时间，提高办事效率；加强园区和企业周边建设和生产环境的整治。进一步规范行政执法，严肃查处乱收费、乱罚款行为。严厉打击强买强卖、欺行霸市等违法犯罪行为。对符合条件的服装纺织企业，给予优先办理自营出口权。

进一步完善为企业提供流动资金小额贷款担保体系，解决中小企业贷款难的问题；进一步创新出口退税工作机制，加快企业资金流转。同时，加大对纺织服装产品出口生产企业的扶持力度，纺织服装产业是南昌市出口创汇大户，政府应对产品出口生产企业在设立海外办事机构、技术改造、投融资方面提供更有力的政策、资金支持。

（二）做好承接产业转移

当前沿海纺织产业转移的实质是市场转移。南昌应充分利用自身的区位优势、成本比较优势和资源优势，积极创造条件，包括加强工业园区的建设、环境的改善和政策的配套，积极承接当前纺织业的转移。同时，也要加快技术、原料结构调整，提高服装纺织产品附加值，立足于提高竞争力，抓住市场。通过沿海市场的链接，直接进入全球服装市场中去，获得一个更大的发展空间。要根据产业基础及发展条件，研究提出各有侧重的承接重点。通过开展多种形式的产业招商，分门别类引导企业、项目向适合发展的特色园区和产业基地集中，在壮大经济总量的同时，培育形成一批主导产业突出、发展前景好的特色园区和产业集群。

（三）实施人才战略

服装人才的创新能力不足反映了当前我国服装设计教育理念的滞后性，只有了解掌握设计研究的前沿信息，正确把握设计研究的方向才能使我们的创新设计与设计人才的培养符合我们的国情与市场需求。

要充分挖掘本土纺织服饰教育、培训力量，以政策为导向，引导其规范、规模发展，形成高度本土化的教育培训市场；加快人才培养，以江西服装学院为基础，集中全省的服装设计资源，开展服饰设计、生产、经营方面的职业培训。

组织集群内企业经营者，赴外地先进地考察，开阔眼界，学习经验；或选送大专院校接受管理、经营知识的短期培训；或请专家学者前来组织讲座，以不断提高企业家素质。

鼓励企业与高等院校、科研院所及相关行业的企业合作；鼓励大型企业和企业集团建立技术中心，形成企业技术创新体系；服装及家用纺织品行业应考虑建立设计研究中心；加强职业培训，提高管理技术人员和职工的素质。在产业集群的地方设立职业技能培训中心，应大力鼓励、支持面向普通员工的职业培训、进修等形式，培养初、中、高级技术工人，满足企业对技术工人和企业文化的需求。培养和引进素质较高的科技人才和经营管理人才，并创造良好的工作生活环境，特别要建立机制健全、运行规范、服务周到、监督有力的人才市场体系。

（四）加快产业创新

要继续深化科技体制改革，努力建设以企业为主体、市场为导向、产学研相结合的自主创新体系，全面提升企业的自主创新能力。首先，要提高南昌纺织服装产业集群开发能力，引导和支持产业集群区域建立纺织研发中心。其次，要鼓励和引导大中型企业建立技术中心，对产业集群内技术创新能力强的、辐射范围大的企业技术中心要特别给予重点扶持。再次，要不断提升产业集群文化和品牌效应，充分显现区域创新特色。改变过分依赖劳动力资源成本优势，长期忽视产业升级对劳动力资源优势的放大作用，而要面对国际国内买方市场的条件，增强质量、品牌创新能力，改变以往低质跑量为主的产业集群，充分提高产业层次和集聚竞争力。最后，要建立产、学、研相结合的新型行业创新示范体系，集中力量解决行业技术创新中的共性问题，加速新技术成果的转化应用。

要把技术进步作为推动产业转型发展的重要抓手。充分利用国家有关优惠政策支持，采取鼓励技改引进等措施，切实引导企业加快技术改造和技术引进步伐。积极推动产学研合作，鼓励企业多形式开展与科研机构、大专院校的合作，形成"产、学、研"互动互利的新型关系，促进科技成果的产业化进程。依托省内服装院校前沿设计力量及品牌企业的市场信息优势，培育发展一批规模较大、研发设计能力较强的服装纺织产品设计服务机构、品牌推广中心和服饰文化创意产业园。鼓励产业基地或骨干企业自主打造电子商务平台，或与第三方电子商城合作建立网上交易平台，构建"传统与现代"、"线上与线下"融合发展的新型营销模式。

（五）实施品牌发展

打造集群名牌。培育打造纺织服装产业的区域名牌。通过强化集群产区名牌的带动作用，配合区域经济发展，提升、优化配置的需要，打造组建集群名牌团队，特别是名牌团队的形成和带动促进作用。

培育企业产品名牌。扶持名牌产品和著名商标生产企业做大做强，打造南昌市纺织服装品牌。按政府的有关扶持政策措施，为企业提供全方位的服务，支持并加快以品牌建设为纽带的资产重组和生产要素资源整合、优化工作，加强合资、合作，吸引战略投资者加盟，通过购并、兼并、买壳、注资等方式间接或直接上市，提高企业核心竞争力。

加大本土品牌培育和知名品牌引进的力度，不断提升本地服饰纺织品牌知名度，形成南昌服饰主流品牌。积极引进国内外著名服装服饰品牌和大企业来当地设立总部、地区总部、研发、采购、中心、结算中心和投资办厂，提升当地服装产业的总体水平。更新营销理念，采取服务营销方式，进行体验式营销；拓展销售渠道，建立低成本、快速扩张的销售渠道，以此来增加南昌服装品牌的影响力和知名度。

(六) 完善产业链

政府要制定科学的产业集群发展规划，统筹规划纺织产业及其配套产业的发展，把握南昌纺织服装产业的现有优势和潜在优势，明确产业配套和产业链的发展重点；同时运用产业政策手段，优化投资结构，组织实施一批规模大、水平高的重大技术改造项目和新建项目，促进产业升级；支持行业龙头企业加大自主创新力度，增强核心竞争力和对整个行业的带动力；加强集群内企业间协作，延伸产业链，促进企业间网络组织的形成，推动产业集群发展，优化产业组织结构；鼓励和引导中小企业与大企业和企业集团分工协作，促进中小企业产业进入大企业产业链或采购系统，突出产业特色，推动产业链招商。

要采取措施提高区域产业配套能力和产业链的完整性。根据产业布局、发展空间、区位等因素，确定发展方向，有选择地招商引资。

(七) 完善投融资机制

对龙头企业优先科技攻关专案、高科技产业化专案、省（市）技术改造贴息和资助专案。同时，加大对纺织服装产品出口生产企业的扶持力度，纺织服装产业是南昌市出口创汇大户，政府应对产品出口生产企业在设立海外办事机构、技术改造、投融资方面提供更有力的政策、资金支持。

政府应积极制定政策，改善投融资机制，解决纺织服装企业的资金短缺问题：首先，要改革行政审批制度，尽量减少行政审批程序，改审批制为备案制或网上审批，也可以在集群内设立分支机构，加快审批；其次，对符合国家产业政策和南昌市制造业专项资金支持导向目录的纺织服装工业企业，其生产性固定资产投资专案中的厂房、设备等与生产直接相关的投资贷款、南昌市制造业专项资金应优先给予贴息支持；再次，进一步完善为企业提供流动资金小额贷款担保体系，解决中小企业贷款难的问题；复次，进一步创新出口退税工作机制，加快企业资金流转；最后，积极鼓励民间资金投入集群内的各种项目建设，建立完善投资服务体系和投资机制。

(八) 引建配套市场

纺织专业化市场构成产业集群的销售通路和价格网络，有很强的市场辐射功能和产业导向功能。

选择有产业及市场基础的地方高起点建立一个集纺织原料、辅料、纺机配件、染化料等批发零售、物流仓储配送于一体的现代纺织专业市场。利用专业市场的辐射功能，提高关联产品配套能力，实现南昌纺织服装原辅料及配件就地采购，缩短产品研发及生产周期，提高企业快速反应能力和生存能力。南昌市的纺织服装市场专业化要走市场内涵扩张的路子来壮大建设专业化市场，发展方向是一方面注重诚信、法制、信息等市场环境的规范，另一方面注重交易结构的多样化和交易方式的现代化。还要创造条件向现代物流中心方向发展。

奉新县纺织产业集群案例研究
——从波特钻石模型视角分析

奉新县是省经贸委授予的"江西省纺织产业基地",是省政府批准建设全省唯一的印染集控区,被中国纺织工业协会授予"中国新型纺织产业基地"、"全国纺织产业转移试点园区"和"中国棉纺织名城"称号。

一、奉新纺织产业集群发展现状

(一)产业规模迅速壮大

纺织产业链加速延伸,丝源祥再生科技纺织原料、中国织材纺纱、永兆实业印染等项目相继建成投产,产业规模迅速壮大。尤其是纺纱规模2014年达到230万锭,占全省的46%,比上年提高了2.1个百分点,成为全国9个"中国棉纺织名城"之一,也是江西省首个获此殊荣的县。

(二)产业链技术较为先进

奉新县纺织产业装备不断提升,产业结构日益优化。在承接纺织产业转移的过程中,奉新县始终坚持了高起点、高标准、高门槛;同时,力促落户企业加快科技创新、节能减排。纺纱企业大都采用意大利和日本络筒机、气流纺、喷气纺、紧密纺等国际、国内最先进的生产工艺和先进的技术设备,无接头纱比重达到100%,纺织企业劳动定额大大低于国家纺织行业标准。比如,宝源彩纺、华春色纺等公司采用国内最先进的环锭纺成套设备,比国内同行业节能15%,万锭用工55人;颖盛纺织涡轮纺设备相比其他纺纱设备节能30%,万锭用工35人;中国织材环锭纺万锭用工42人;锦润纺织万锭用工30人。

(三)产业龙头作用显著

奉新县纺织产业龙头迅猛发展,引领作用日益增强。在纺织工业发展过程中,一批龙头企业在市场竞争中脱颖而出,率先上规模、上档次,龙头引领逐步强化。基地内现有24家投资超亿元的重点纺织企业,投资总额超120亿元,建筑面积超100万平方米。比如,2011年中国香港上市的中部纺织标杆企业——江西金源纺织公司,投资11亿元,纺纱规模达到37.5万锭,是国内化纤的龙头企业,荣获全省"优强企业专项奖";江西宝源彩纺公司投资12亿元,纺纱规模达40万锭,是国内天然彩纺龙头企业;江西华春色纺公司投资10亿元,纺纱规模达30万锭,是国内彩色涤棉龙头企业;三邦线业公司是国内工业用缝纫线头龙头企业;江西恒昌棉纺织印染有限公司是国内棉纺龙头企业;台湾企业江西颖盛纺织有限公司是一家拥有台湾知名品牌"斯诺维"的纺织服装企业。在奉新投资的纺织企业无论是投资规模还是产品质量，都在国际或国内有较高知名度和较强市场竞争力，并且在行业中有一定的市场销售定价权。

（四）产业链不断完善

奉新县纺织业产业链条逐步完善，集聚优势日益显现。奉新县始终注重纺织产业和相关配套产业的优招优选。基地已落户投资亿元以上棉纺织企业10家，年产30万吨再生资源涤纶纤维企业3家，染整织造企业6家，年生产630万件（套）服装加工企业5家，印染集控区污水处理厂等配套企业4家。随着富利昌、丝源祥等一批纤维生产项目的竣工投产，奉新纺织产业基地具备了前端的工业原料生产能力；同时，随着纺织印染集控区污水处理厂项目的投入运营及永兆实业、洁彩纺、中江纺织等针织印染项目的落地，又为奉新纺织产业基地后续企业的引进和纺织终端产品的开发提供了有利条件，基地的集聚优势将日益明显，形成了从原料—纺纱—织布—染整—制衣的较为完善的纺织产业链。

二、运用波特的"钻石"模型理论分析奉新纺织产业集群竞争力

（一）要素条件

波特认为，生产要素可以被归纳为人力资源、天然资源、知识资源、资本资源以及基础设施五类，这些生产要素一般是混合出现的，但每个产业对其依赖程度又随产业性质而定。奉新纺织产业集群的生产要素表现在以下方面：

1. 资本资源

财园信贷通融资模式在奉新县推广，信贷规模达1.6亿元，放贷1亿元；成功引入南昌银行，中华包装在中国成功上市，华春色纺在深交所成功发行江西省首单中小企业私募债；县信用联社改制农商行进展顺利，清收不良贷款本息8000多万元。奉新诚信建设成效明显，也是全省唯一推荐参加全国诚信建设典型县评选的县。全力保障企业用电、融资、用工，彭家11万伏变电站成功投运，帮助园区企业融资18.77亿元、招聘员工6000多人。2013年签约项目41个，合同资金125.8亿元，其中超10亿元项目5个，超5亿元项目8个；实际进资46亿元，同比增长18%，荣获"全省引进省外资金先进县"称号。

2. 基础设施

奉新纺织产业基地在工业园先后投入7亿元建设资金，开发面积7平方公里并基本实现了"六通一平"。园区交通网络完善，主次干道硬化面积达52万平方米；电力保障稳定，拥有220千伏电站1座，110千伏电站5座；土地价格较低，土地等级为国家规定的最低等级15级；人力资源丰富，具有一批比较成熟和稳定的技术工人和管理人才。江西省唯一的印染集控区建设快速，现在区内日处理废水5万吨的污水处理厂一期已投入运营。

3. 区位相对优越，物流成本较低

奉新地处长三角、闽三角和珠三角的共同腹地，距南昌市区60公里，从奉新出发

可迅速进入全国高速公路网，属沿海发达地区8小时经济圈范畴，与我国主要纺织大省即五省一市的三省相邻，与东南沿海各港口和江北重镇的直线距离，大多在300～400公里，交通区位优势明显。因此，奉新运输成本相对较低，据了解，奉新纺织企业原料及产品进出平均约300元/吨的运费，与中西部其他省份相比，在争夺东部市场和出口的物流成本方面具有一定的比较优势。奉新—高安—昌傅高速公路规划建设也进一步降低物流成本。

（二）需求状况

奉新县的纺织服装产业主要集中于纺纱环节，以化纤针织纱线为主，产品涵盖纯涤纱、纯棉纱及其他涤棉、涤粘等混纺用纱、服装缝纫线、纺织化纤原料、纯棉大提花面料与服装等20多个品种，产品质量精益求精，具有较强的市场竞争力。其中金源、宝源、华春生产的涤纶纱及精梳涤棉纱在江浙及广东等沿海主要纱线市场知名度较大，市场认可度较高，其涤纶纱所占高端涤纶纱需要的市场份额高，涤纶纱单价在市场上具有话语权；三邦线业生产的纯涤缝纫线产品主要以间接出口形式销往外地，质量一流，具有较强的竞争力。基地内现已创建了"大华"、"金源祥"、"恒昌"、"宝春"等知名品牌。另外，原材料生产企业赣鑫纺织及丝源祥再生科技、富利昌化纤等企业，利用聚酯包装袋等废物加工生产涤纶短纤项目，使完善产业链条与循环经济发展实现了无缝对接。

（三）相关、支持性产业

基地内还设有配套的金融办、江西省纤维检测局奉新检测站、标准厂房（项目孵化园）、纺织技术培训中心、园区开发有限公司等配套服务中心，为纺织企业的引进奠定了坚实的配套基础，将进一步加速产业链条延伸。奉新已形成了年印染纺织品4万吨，年产各类纱线60万吨、涤纶短纤20万余吨、针织面料3万余吨、针织内衣10万件和各类服装100万件的现状纺织生产规模，是全省最大的棉纺基地，"奉新纱线"区域品牌雏形显现。纺织工业增加值由2002的0.58亿元增加到2013年的27.83亿元，年均增长率42.17%；工业总产值从2002年1.86亿元增加到2013年的104.98亿元，年均增长率44.28%，均大于同期全国纺织工业19.41%的平均增长水平。

（四）企业战略、结构与同业竞争

当前奉新的纺织工业正处于转型升级的关键时期，行业既要沉着应对国内成本持续上涨、资源环境压力加剧、全球产业格局加速调整带来的挑战，更要抓住国内消费升级以及本轮深化改革带来的机遇，以改革创新的勇气和智慧实施创新驱动战略，调整优化产业结构，加速形成以技术、品牌、绿色发展为核心的竞争力新优势，推动奉新纺织产业水平更上一个新台阶。目前奉新县产业规模仍然偏小，仅与中部地区的县级市与新野、樊城等相比，其产值和生产能力都有很大差距；而相对发达地区，奉新目前的总量规模还不及魏桥、华芳等大型重点企业。产业规模小一方面限制了快速发展的能力，缺乏市场影响力，另一方面又缺少风险抵御能力。同时，产业规模小也不容易形成上下游带动作用，不利于进一步承接产业转移。与产业规模相对较小相对应的是产品结构单一。奉新纺织产品主要是化纤针织纱线，产品结构过于单一反过来又限制了产业规模扩大。同时产品集中在单一的上游材料方面，附加值相对较低，难以发挥纺织服装在品牌、设计、文化等方面的高增长潜力（见图1）。

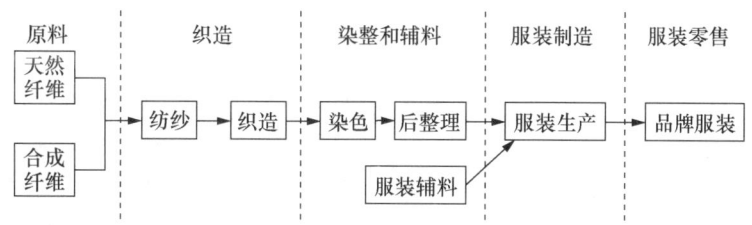

图1 纺织产品产业链条

随着沿海经济快速发展，劳动力资源越发紧张，土地、电力和管理成本大幅上升，特别是人民币升值和出口退税率的降低，对纺织服装企业来说无疑是"雪上加霜"，其竞争优势逐步削弱。因此，沿海纺织服装强省开始进行产业转移到奉新。奉新县始终把纺织产业作为主导产业来抓，致力完善纺织产业链，纺纱规模达到230万锭，占全省的46%。这种纺纱在奉新纺织产业链条中占主导，是优势，是机遇。

（五）机会

中国纺织企业大多从事服装生产的低端环节，如美春服装就是为日本代工的企业，日本人均一套美春服装厂生产的美尔雅服装。而研发设计和品牌营销都在日本，所以中国在研发设计和品牌营销方面还大有文章可做（见图2）。

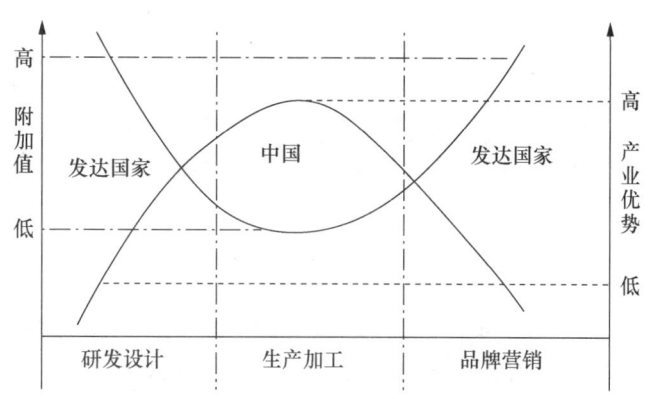

图2 中国纺织产品的市场机会

（六）政府角色

按照"政府扶持中介，中介服务企业"的宗旨，立足长远发展，合理确定配套产业的种类和规模，出台相应扶持办法，鼓励本地私营企业和外来企业投资发展，做到"政府引导、逐步形成、滚动发展"。

三、奉新纺织产业集群发展的对策

（一）加强人才队伍建设，提高纺织行业的核心竞争力

积极争取建立纺织技术学校，设立纺织行业技术研究中心，为纺织产业发展提供人才和技术支持；充分发挥奉新职业技术学校和职业培训机构的作用，根据企业需求，抓好纺织一线生产工人、专业技术人才的培养培训；制定优惠政策和创造良好的用人环境，千方百计吸引外地纺织行业生产、管理、设计、营销等各类人才到奉新就业发展。

（二）积极培育自主研发设计能力，提高产品附加值

积极向上争取科研项目和技术改造资金，鼓励较大的企业建立技术开发中心，或与科研办机构、大专院校建立合作关系，不断增强企业产品研发能力，提升技术装备水平。棉纺行业重点实施以提高"三无一精"（无卷、无接头纱、无梭布、精梳纱）比重为主的技术改造及新型纱线开发应用；印染后整理重点加强针对新型纤维的混纺、交织产品的印染后整理技术研究；化纤行业重点开发具有优异性能的功能性纤维、高性能纤维、差别化纤维及复合型纤维，注重开发引进竹碳纤维、原竹纤维等新型纺织材料。

（三）以纺纱优势为起点，做大下游产业

抓住国内纺织产业转移的机遇，积极开展产业招商，重点瞄准国内纺织产业原料生产、织造、印染、长丝织造行业的百强企业，积极引进和培育龙头企业，带动奉新纺织产业链各个环节的同步发展，增强产业链的紧密和不稳定性。重点抓好原料、织造、印染三大基础项目。原料项目重点发展涤纶短纤和再生涤纶短纤生产项目，力争引进年产20万~30万吨涤纶短纤生产线，满足奉新纺织原料需求；织造项目以配套本地原材料产品为主，发挥技术装备优势，提升织造能力和水平，重点生产高、中档针织面料；印染项目抓好印染集控区的建设，抓好印染、水洗、整理企业的合理布局，做到高起点规划，高标准建设，为吸引相关企业落户创造有利条件。

（四）打造奉新纺织品牌，积极培育新品牌

需要改变当前奉新纺纱的现状，在积极做大纺纱的下游产品的同时，积极培养江西自有服装品牌。服装品牌和纺织名牌的培养是一个漫长的过程。

实施名牌战略，坚持培育地方品牌和引进知名品牌并举，提高品牌贡献率。大力鼓励支持本地纺织服装企业申报国家、省级名牌产品，加大对优势企业、优势品牌的宣传力度，努力培育一批在国内外同类产品中具有较强竞争力的名牌产品，同时着力引进知名品牌企业或促进本地企业与外地知名企业的合作。

（五）着力优化产业政策、制度和配套体系

一是引导组建行业协会，协会负责协调企业关系，制定行规、行约，维护行业利益，检测行业的运行，总结经验交流，及时了解并向政府反映企业的困难和问题。同时，政府

负责前期资金,由协会牵头,采取市场化运作,探索建立技术、人才、咨询、培训、信息、融资、网站等多元化全方位的公共服务平台,逐步完善产业集群的社会服务体系。二是把专业市场的培育作为引导纺织产业快速发展的一个重要载体,按照大产业、大流通、大服务的发展需要,采取多元化融资的办法,加快建设集原料、产品、配件及信息与技术服务为一体的综合型纺织产业大市场,推动生产要素的高效配置。三是争取国家部委支持,建设原棉监管库和储备库。争取国家相关部委支持,在奉新县建立原棉监管库或储备库,从源头上解决奉新县棉纺企业的棉花需求。四是围绕供产销环节,加快建设适合纺织产业特点,尤其是服装等终端产品需要的多批次、高频率、小批量、多品种等复杂要求的专业性第三方物流体系建设,加强仓储物流信息化建设,提高物流效率,降低物流城。五是进一步加快纺织基地内的基础设施和商务中心建设。加快完善纺织基地内的道路、网络、水、电、通信等基础设施建设。尽快启动污水处理厂二期建设,在繁殖基地内建设一个大型的、综合性的商务中心,按照功能齐全、设施配套、品位较高的要求,建设一个集商贸、写字楼、餐饮、住宿、超市、银行、休闲娱乐为一体的商务中心。

于都县服装产业集群发展分析

于都工业园的服装行业是当之无愧的龙头产业,现就该县服装产业的发展现状、存在问题与发展对策作如下分析。

一、于都服装产业集群发展现状

(一) 产业集群初具规模

纺织服装产业是于都县企业数量、从业人员最多的产业。据不完全统计,全县共有各类轻纺企业(含小作坊)近2000户,从业人员近4万人,另外该县在外40余万名务工人员中,从事轻纺业的人员也最多,有近14万人,国内几乎所有品牌企业的生产和管理人员中都有于都人的身影。通过招商引资,先后引进赢家服饰、德尔惠、鸿星尔克、雅戈尔、哥弟时尚服饰等项目,纺织服装企业逐步向自主品牌企业转变。截至2014年底,于都工业园区共有针织、制衣、鞋类等服装企业67家,占园区整个企业数的36%,其中全国有影响力的企业三家,有赢家服饰(拥有娜尔思、珂莱蒂尔、奈寇、恩灵等高端知名品牌服装)、东来服饰(生产哥弟女装品牌服饰),有港、台、闽、粤、浙等多地商客企业。2014年,于都工业园区服装企业实现主营业务收入52.98亿元,占园区总收入的31%;工业增加值12.7亿元,占比32%;出口创汇11.8亿元,占29.5%。位列园区轻纺服装、机械电子、绿色照明、矿产品加工、食品药品五大产业之首,为园区增利税、促产量、兴人气、上品位做出了首要贡献。

(二) 主要从事加工业务

于都县纺织服装业在整个服装产业链的主链中基本集中在服装加工环节,且多为来料加工,没有形成完整的产业链,优势突出的是针织、毛织能力大,来料加工能力强,而前道原料产能与后道染整加工能力几乎为零。在主链上的不完善没有制约于都纺织服装产业的发展,做强做大产业链中一两个环节展示了于都县纺织服装业的优势(见图1)。

(三) 产业链主要辅链不断完善

产业链的辅链各环节自始至终贯穿于整个服装产业链的各个阶段,具体包括纺织服装机械、服装信息化、服装物流、服装展会、服装媒体、服装教育、服装咨询、服装表演和服饰配件(见表1)。

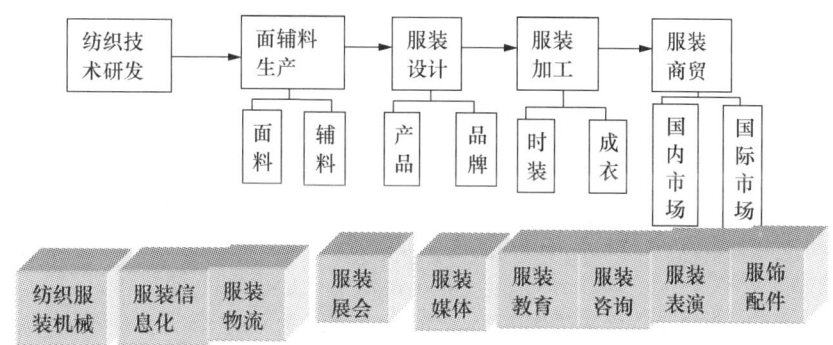

图 1 纺织服装业链条

表 1 于都县的辅链基本情况

序号	集群内企业或机构	现状
1	服装生产企业	服装生产企业数量虽多，但规模小，知名品牌少
2	织造企业	无
3	针织企业	于都县华鑫针织有限公司、江西圣帅针织制衣有限公司、赣州浩翔针织有限公司、赣州福海针织有限公司及港、台、闽、粤、浙等多地商客企业
4	服装机械及服装配件供应商	无论是服装机械还是服装配件供应商，本地均无相关规模以上配套企业
5	包装物生产及相关企业	有塑料袋生产厂家
6	服装专业市场	既未形成布匹、针织品等生产要素市场，也没有服装产品的专业市场
7	棉、羊毛线、纤维等	无
8	漂染企业	无
9	面料研发机构	除个别企业内部有自己的面料研发机构，全县并无专门的面料研发机构
10	物流企业	正在建设大型的物流基地
11	政府职能部门及基础设施	县经贸局作为主管纺织服装企业的职能部门，对纺织服装产业的发展相当重视。在县委、县政府领导下，建成永春县"轻纺服装园"，为纺织服装企业的发展提供良好的基础设施
12	专业人才市场	已有自己的人才市场，但针对纺织服装产业的专业人才市场尚未形成
13	电子网络市场	个别企业使用电子商务，形成了各自的电子网络市场，但全县并未形成自己的电子网络市场
14	培训机构	
15	纺织服装行业协会	于都县服装行业协会

二、于都服装产业集群发展过程中存在的问题

于都工业园区虽于2006年3月被省发改委批准为省级工业园区，但地处于都县城，规模总量仍然偏小，服装行业的发展亦受限制，整体而言，存在企业数量少（尤其大企业少）、规模小、总量轻、贡献低、发展慢等局限，2014年的产业规划初步形成了一条以

棉纺业为基础，以加工为核心，以服装商贸做带动，以工业园区为依托，在纺织服装机械、服装物流、服装媒体、服装教育等各个领域有一定基础的较为完整的服装产业链条，即在主链中以加工为核心，围绕这一主链去完善其辅链的各个环节，但目前还是存在以下问题：

（一）服装业总体素质不高，规模不大，家族式的经营管理落后

园区很多家族式企业，大部分都是几十人，租个厂房或租本地农民安置房进行来料加工生产以赚取加工费，很难真正上规模，管理方式都是家族式管理，全家上阵，关键部门都是自家人把守，缺乏创新，对人才不够重视，各自为政，缺乏合作精神。

（二）综合竞争力较低

大多数企业规模较小，研发设计能力薄弱，多数企业处于模仿、贴牌阶段，科技含量低，产品附加值低，缺乏自主品牌，难以满足现代社会个性化需要。

（三）信息化程度不高

多数企业对信息化认识不足，重视不够，缺乏对信息化建设的投入，处于跟风状态，产品同质化严重甚至为求生存，抢的订单，盲目进行低价竞争。

（四）市场体系不健全

一是专业市场体系不完整，大部分产品没有专门的市场；二是缺乏外销市场；三是金融、服务、技术等市场还不成熟。

（五）服装设计人才短缺

缺乏服装设计、企业管理、资本造价等方面的专业人才。

三、完善于都服装产业集群的建议

（一）构建以加工为主链，纵向延伸于都服装的辅链

于都服装产业在横向链条上并不完整，甚至产业链中的核心链条仍有缺失，于都县的服装产业只能在产业主链上主攻一环节即加工环节。在原料供应等环节可以采用直接外购等方式，但要做好加工环节，就必须将纺织服装机械、服装物流、服装媒体、服装教育等各个领域完善起来。

（二）依托科技创新，做强纵向于都服装产业链

于都服装产业链的发展，要注重相关辅助产业的发展。纺织服装产业虽然是传统产业，但不能依靠传统的技术；传统产业要做大做强，更要通过引进先进技术不断发展。于都的服装企业虽然注重引进先进的机器，但在纺织技术上还有待提高。专门的面料研发机构是纺织技术发展的重要依托，于都县要引进高技能人才，成立面料研发机构。可以走出

于都县，与国内知名的纺织院校或研发机构合作，并成立网上"于都纺织服装技术研究所"，通过电子邮件、视频会议等方式连接企业与研究所，带动技术创新。

要从设备、工艺、品牌与市场方面不断提升服装产业自主创新能力。在设备方面，鼓励引进最先进设备，为大量生产高端、复杂产品打好设备基础；在工艺方面，鼓励淘旧用新，不断满足现代人的服装需求；在品牌方面，鼓励企业积极创建自主知识产权品牌，拥有自主品牌才能将企业做大做强。目前园区有赢家、鼎晟、迪美、金王子等近十家企业拥有自主品牌，实行产销自给，企业发展势头迅猛。园区计划每年实现10%的服装企业开发自主品牌，力争5年时间园区60%以上服装企业实现品牌自主，推动1~2家名企上市，为创建于都服装大市场夯实品牌基础。在市场创新上鼓励国外与国内市场并重，高端与普通结合，以扩大市场份额为目标，在不断的市场开拓中快速壮大于都服装市场。

（三）强化职业培训

要依托于都职业中专、新长征学院等平台，大力发展职业教育，重点引导新增劳力参与服装教育，为于都服装行业发展提供源源不断的后备人才。同时加大职业培训力度，整合新农村建设、扶贫、就业培训资金，对服装企业员工进行岗前培训和技能提升培训，整体提高员工素质与技能。

（四）完善行业协会等中间组织

进一步完善于都县服装行业协会、于都县企业与企业家协会、县团委所属的县青年企业家联合会，充分发挥好协会在制定行业规划、推动合作互助、推动行业自律、实行有序高速长久共同发展的牵头整合作用，行业规划的制定与完善在政府的引导下进行，要以建成于都服装产业大市场为目标，综合发展针织、制衣、鞋帽企业为主导，原料、贸易公司、配料、包装等相关链企，实现产供销一条龙的长远可持续发展模式。推动企业间合作互助，逐步实现人才、订单、设备、工艺、包装、物流等资源共享，共同降低成本，增产增效。推动行业自律，在单价、工资、福利、待遇等方面确定可接受的大众标准，避免无序恶性竞争，政府对企业协会应给予必要的资金扶持。

（五）完善公共服务平台建设配套设施

1. 着手规划与建设于都服装产业文化

将于都打造为长三角、珠三角服装产业转移的首选承接基地，国家中部地区重要的服装市场，实现企业数量众多、产业配套齐全、产值员工占比过半。

2. 建成于都服装企业城

在园区建设500~2000亩的服装产城，吸引服装企业落户建厂，每厂占地50亩不等，统一规划，为急需自建厂房的服装小企做大做强提供当地支持，形成集群效应。目前仅于都籍在外创办服装企业不低于500家，预计5年左右即可填满服装企业产城。

3. 着手建立于都成衣市场

为企业日渐增多的自主品牌提供集群市场，有效拓展销售渠道。并且多渠道建立电子商务平台，利用现代化营销网络渠道促进服装产业集群的全球销售。

4. 加大招商引资力度

加大设备厂、布料厂、配件厂、包装厂等配套企业招商引资力度，有效降低企业的生产成本，缩短采购时间。促进企业增效。

5. 完善企业发展环境

交通、物流、检测、廉租房等配套平台，为企业与产销及员工福利提供便利支持。

（六）加大集群扶持力度

1. 提供财政支持

对企业的高端设备、高档原料、先进工艺、市场营销等方面给予财政补贴，鼓励企业增产增销、实现增税增利。

2. 提供税收支持

在严格执行国家税收优惠政策的同时，鼓励服装企业改来料加工为进料加工，改过境加工为自主营销，提升企业利润空间。对纳税贡献大的企业给予一定的返税奖励。

3. 提供融资支持

适当的降低门槛，加大对服装企业的小微贷、财园贷、助保贷等项目的支持，为企业提供免担保贷款，切实解决其融资贵、融资难问题。

第八部分 食品医药产业集群

袁州区医药产业集群发展研究

宜春市袁州区医药产业集群发展相对起步较晚。2000年初，袁州区委、区政府依托原有的医药工业基础和得天独厚的自然环境、丰富的中药材等优势条件，开始在中心城区北郊筹建袁州医药工业园，着力重点发展生物医药产业。通过十余年的努力，目前袁州医药产业集约化程度较高，规模效益好，创新能力较强，技术水平和产品水平较优，形成了较好的产业基础和发展实力。

一、袁州医药产业集群发展现状

（一）综合优势明显

1. 资源优势

宜春得天独厚的自然环境、丰富的中药材等优势条件，使得宜春的中医药产业具备良好的发展基础。

袁州区现有野生药材资源品种数百种，长期以来，区内的农民有着栽种中药材的传统习惯。主要种植品种有车前子、白术、黄栀子、杜仲等，并形成了一定的生产规模。为配合医药产业的发展，当地政府大力推进中药材种植，在天台、新坊、洪塘、南庙、楠木等乡镇发展中药材基地，全区中药材基地逐年扩大，物质基础较好。

2. 区位优势

袁州区处于赣西地区中心位置，距南昌、长沙约200公里，距中南沿海发达城市群的长三角、闽东南和珠三角均在8小时车程以内，是"长珠闽"的共同腹地。袁州医药工业园位于江西西线与湖南东线开发空间地带的重点，由赣粤、沪瑞、武吉高速公路，320国道、浙赣铁路构成的交通网络，建起了袁州通往东南沿海主要城市的高速通道。杭长高铁和宜春明月山机场的建成，使袁州发展新兴产业的优势更加突出。

3. 人才优势

袁州医药工业基础较好，拥有原秀江制药厂和原赣中制药厂等一批老牌医药企业，培养了一大批医药行业的管理人才和技术工人。目前，这批制药技术骨干大多在袁州生物医药产业基地各企业供职。

宜春学院化学与生物工程学院多学科渗透，具有理工融合的特点。设有药学、生物工程、制药工程等8个本科专业及食品检验、中药制药、药物分析3个专科专业，设有校级生物工程研究所和配位催化研究所。每年能为生物医药产业基地输送专业人才。

4. 研发优势

袁州生物医药产业的研发按照企业研发创新与科研机构研发相结合的方式。基地的几家大型制药企业拥有自己的研发中心,形成了一定的研发实力,取得了不少科研成果。

为配合袁州生物医药产业的发展,宜春学院也加强了生物医药专业领域的学科建设。设置了药化、药理、药剂、分子生物学、微生物、分析测试中心等实验室;拥有 WATERS 高效液相色谱仪、气相色谱仪、原子吸收分光光度计、PE 傅里叶变换红外光谱、BECKMAN 核酸/蛋白分析系统、倒置荧光生物显微镜装置和图像分析系统、PCR 全自动扩增仪、半自动生化分析仪等高档精密仪器设备,并取得了一系列的天然药物方面研究成果。

5. 政策优势

医药产业是宜春市工业产业中的重要组成部分。近年来,宜春市努力打造"食品药品安全示范区"这一品牌,出台了《关于促进宜春市医药产业健康快速发展实施意见》。

袁州区委、区政府对医药工业园的发展采取了一系列引导性政策,如提高对入驻企业的门槛,拒绝高污染、高危险性产品企业入驻等。对于符合园区发展战略要求的企业尤其是生物医药企业,采取积极扶持的态度,给予一定的优惠政策。

(二) 产业集群基本形成

1. 产业规模不断壮大

袁州医药产业现有医药类企业 50 家,医药类企业中从事医药中间体、保健品、中成药、医疗器械等产品生产的企业 34 家,医药物流企业 7 家,医药彩印包装企业 9 家,生产经营品种达 1300 多个。2014 年,袁州医药产业主营业务收入突破 100 亿元,产业群被列为省级重点产业集群。医药产业已经初具规模,产业特色鲜明,集群呈现出较好发展态势。袁州医药工业园已建设成为江西省省级医药工业园、省级医药产业基地、省级民营科技工业园。

2. 产业链逐步完善

袁州医药产业集群的产品涵盖了中药、西药、生物农药、医疗器械、药用包装材料等多个门类、千余品种。

以济民可信药业、百神药业、海尔思药业、心诚药业等中成药生产为主的企业,形成了从中药材种植、研发、饮片加工、制剂生产到市场物流的中成药生产体系和以医药制造、医药研发、医药物流及医药包装为一体的较为完整的医药产业链条。

3. 龙头企业带动力强

袁州医药园的企业发展迅速,集群龙头企业济民可信药业、百神药业、科伦医疗器械现为国家高新技术企业。

济民可信药业是江西省医药行业列入"十百千亿"工程的两家企业之一,被评为"2014 年中国医药工业最具投资价值企业"。在龙头企业的辐射带动下,各类医药类企业汇聚于此,医药规模以上企业主要经济指标占全区工业指标的近 2/3。

2013 年,按医药工业主营业务收入统计,济民可信、百神药业进入了全国医药企业 300 强,分别列第 16、第 161 位。这些龙头企业的崛起,具有很强的辐射带动能力,有效地带动了宜春医药产业集群的发展。

4. 创新水平不断提高

通过积极鼓励和引导医药企业进行技术创新,研发具有自主知识产权的产品,医药产业的整体竞争力不断增强。

济民可信拥有全国急救用药第一品牌"醒脑静注射液"，全国处方药补益类及肾科中成药市场份额第一的"金水宝胶囊"，生产经营的国家级新药和国家中药保护品种有20余个，公司还有多个新药正在研发之中。

百神药业现有八大系列60多个品种，其中2个全国独家和国家专利产品，25个国家医保品种，3个国家中药保护品种。企业自主研发的"活血止痛胶囊"、"蛇胆陈皮口服液"是国家中药保护品种、国家重点新产品、江西省名牌产品，公司还拥有三项处于世界领先水平的专利技术，与中山大学、省药品开发部、江西昌洪国药研究所、南昌大学、江西省药物研究所等均有紧密合作，同时还是宜春学院的科研示范基地。

5. 服务平台逐步建立

园区现已聘请南昌大学中国中部经济社会发展研究中心编制《江西省袁州医药产业集群发展专项规划（2014~2020年）》，对医药专业市场、医药物流港、中小企业孵化基地及电子商务中心进行了专项规划。目前园区内劳动力培训实训中心已经建成，并与市区劳动部门建立了用工服务平台，"财园信贷通"等融资担保体系也逐步建立运行，投资3.8亿元的中小企业孵化基地项目已经开工建设，项目建成后将为生物医药领域的技术成果转化、产业化在创业阶段提供孵化场所、服务、政策和资金支持。

二、袁州医药产业集群发展面临的挑战与机遇

（一）面临的挑战

1. 医药文化沉淀不够

袁州区和樟树市两地仅相距100多公里。樟树药都有着1800多年的历史，医药企业多，产品种类丰富，而袁州医药园建于2000年，相比之下医药文化不显厚重，医药会展中心、医药文化交流中心缺乏，医药企业根植性不强。

2. 集群"内生力"驱动不足

袁州医药产业集群内的产业资源分散，企业间联系少，缺乏有效沟通。生物医药和医疗器械作为园区发展重点，起步较晚，相关企业数量少；医药流通企业还没有形成规模，缺乏物流信息系统；第三方物流缺乏药品管理的专业人才，对医药产品特殊的仓储、配送、养护了解不深，区内生产企业、流通企业之间的集群内生力驱动不足，产业链条的衔接不顺畅，对医药产业集群的形成产生负面效应。

3. 科技创新依然不足

宜春的医药类高校和科研院所数量相对较少，缺乏从事医药基础性研究的条件；企业研发经费支出占比较小，而医药产业研发又具有投入大、研发周期长、技术要求高的特点。袁州医药产业虽然形成了部分知名品牌，但大多数的企业创新活动集中于模仿性新药开发、延伸性新药研究开发，突破性新药开发活动极少，医药专利总量很少，正如我国绝大多数医药企业一样，处于产业结构金字塔的底部（见图1）。

4. 招商引资竞争激烈

在促进产业集群的众多因素中，资本是决定性要素。袁州医药产业集群以生物医药、

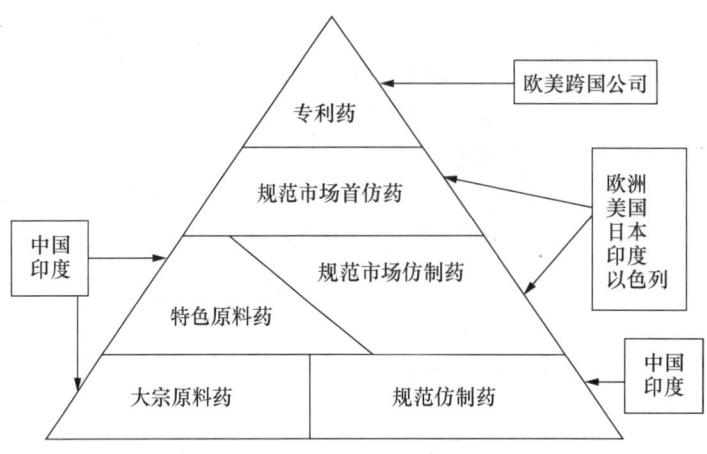

图 1　世界医药产业格局

医疗器械等为重点发展方向，这两个产业属资金、技术密集型产业，对资本的需求较大。处于非沿海发达地区的地理劣势，风投和游资介入较少，客观上影响了袁州医药产业集群化形成的进程。

5. 市场整顿力度加大

近年来，国家对医疗市场加大了整顿力度，包括治理医药流通的环节次序、打击商业贿赂、促进民族医药的发展等。市场整顿优化了医药行业的产业环境，同时也对产业发展造成了一些负面影响。如推行 GMP 认证，虽然提高了准入门槛，提高了产业集中度，提升了产业质量，但同时也增加了企业生产成本，增加了投资压力，降低了其扩大规模、增加研发的动力。另外，对于需要以资本运营作为拓展产业集群话语权的园区来说，又增加了一道发展的屏障，且对中小企业产业集群的成长尤为不利。

6. 行业中介组织缺失

国内部分医药发达省份已将招标采购、药品注册、定价、遴选等前期工作权限下放给医药行业协会等行业中介组织，政府有关部门只负责后期的监管和审批等。行业协会作为政府和企业之间的桥梁，可以畅通信息反馈渠道。而袁州医药工业园尚未成立医药行业协会，政府部门的工作量较大，企业诉求经常得不到满足，双方之间的沟通不畅，一定程度上束缚了企业的发展。

(二) 面临的机遇

1. 产业加速发展的契机

生物医药是一个正在快速成长的全球化产业，被誉为 21 世纪的朝阳产业，中成药市场具有巨大的发展潜力。与此同时，为解决群众"看病难、看病贵"问题，国家将全面启动医疗体制改革，全面实施医疗保险和新农村合作医疗制度，不断加大对医疗卫生的财政投入，医药市场潜力巨大。预计到 2020 年，我国医药市场价值将超过美国成为全球第一大药品消费市场，为医药产业的发展创造了广阔的发展空间。

2. 产业转移的契机

一方面，国际医药企业巨头出于降低成本的目的，把医药的中间体转移到印度、中国这样低成本国家；另一方面，国内东部沿海发达地区产业正加速向内陆地区转移。袁州如能凭借已有医药工业基础和中药材种植优势，主动抓住这一契机，积极承接国际国内产业转移，便能趁势做大做强医药产业集群。

3. 产业政策调整的机遇

鄱阳湖生态经济区上升为国家战略、江西"生态立省、绿色崛起"战略，中药材种植基地为政策扶持的重点、医药生物产业列为重点发展产业、医药产业内的兼并重组与重新布局等一系列政策举措，都为袁州医药产业带来巨大的发展机遇。袁州所拥有的资源地域优势，优良的中药品种，厚实的产业基础，加上政府大力支持和企业不断求新做大做强的决心，这一切都为产业的发展奠定了坚实的基础。

三、袁州医药产业集群发展的对策

（一）以组织政策支撑为保障，增强发展续航力

要充分认识自身产业集群孵化和培育过程中的引导和辅助使命，改变行政管理方式，加快由监管型政府向服务型政府转变，不断优化政务环境。园区各部门机构设置和建设规划要与医药产业发展结构紧密联系，使园内医药企业在基药投标、新药认证等发展方面遇到的问题能够及时得以反馈并找到解决方案；要加快培植能够提高袁州区医药凝聚力和竞争力的区域产业文化，形成有规模的配套协作集群效益；要增强入园医药企业植根性，切实防范本轮产业转移期过后，低劳动力成本优势丧失时产生"飞地经济"效应。

与此同时，要综合企业的工业产值、与产业链接程度、能源消耗等指标，制定一套科学的企业考评体系。完善企业引进和淘汰机制，有选择性地设置企业出入园门槛，在重点引进先进重大医药项目等产业发展驱动力的同时，逐步替代园区内附加值低、技术落后的非医药企业，促进市场规律和产业政策在园区产业的发展升级中共同发挥调节作用。

（二）以科技品牌支撑为引擎，增强发展创新力

继续加强对区域医药品牌的培育、运作和推介力度，积极打造区域品牌，发挥区域经济的凝聚力和向心力。扩大本土品牌经营规模，促进名牌企业在园区医药产业链上进行横向纵向的全方位联合协作，努力实现优势资源共享，培育产业集群协作共发展的运作氛围。

同时，继续跟踪高成长型的特色中小企业，关注有技术特色且运行机制灵活的中小企业，对其可能面临的资金及原料问题提供解决方案建议。如对中小企业生产线改造支持方面，应由是否通过 GMP 验证向其电子化规范化生产水平等依据拓展。致力实现产品品牌、企业品牌、区域品牌的有机整合与互动发展，打造出在中部乃至全国市场富有影响力和竞争力的特色医药产业品牌。

在园区搭建起功能齐备的医药研究质检平台，加速社会化、专业化的质量标准研究中心、安全性和有效性试验评价中心、临床试验疗效中心、制剂工艺研究中心等公共技术服务平台建设，为全市医药行业的产品研发、中试和产业化提供成熟配套的先进装备、技术

和信息服务。突破袁州医药产业集群创新能力的瓶颈，为袁州医药产品开发和成果转化提供条件。

（三）以医药物流为桨翼，增强发展支撑力

相对于日渐壮大的医药产业规模来说，袁州医药园区稍显薄弱的医药物流产业会成为其产业集群发展升级的短板。因此，现阶段作为袁州医药产业发展重要引擎的医药物流业，急需提档升级。医药产业园要把医药产业物流中心建设作为园区发展的一大重点，发挥袁州区与浙赣铁路交错、紧邻沪瑞高速公路出口和320国道，距离省城南昌只有2小时车程、处于环鄱阳湖生态区、长株潭城市群辐射的区位优势，培育、吸引大型专业性的仓储、配送、营销产业的整合聚集。争取基本药物目录配送权，进一步深化增强行业影响力。服务周边省市、扩大国内市场、拓展国际市场，把袁州医药工业园建成江西省和中部地区区域性生产流通物流中心，进而建成面向全国的现代化的国家及医药生产商贸中心。

要重点发展三大物流领域：都市配送型物流、产业基地型物流、行业分拨型物流；通过发展上述三大物流领域继而建设三大物流体系，一是建设畅通高效的对外辐射交通运输网络体系，二是建设物流信息库系统体系，三是建设兼容扩展的标准体系。

在未来的发展中，要不断引进专业现代化人才队伍，加速构建规范和权威的医药产业电子商务平台，促进袁州医药线上线下交易相互补充、配套发展，设计开发针对分类OTC和处方药的B2B、B2C友好采购和交易网络界面，完善客户信息管理系统。建立与目前电商市场领头者如阿里巴巴、京东、亚马逊等的合作，加强电商自建的交错宣传索引，达到迅速提升袁州医药产业知名度、扩大产品销量和辐射域的目的。

（四）以资本融资支撑为后盾，增强发展扩张力

长期以来，中小企业信用缺失、治理不规范和经营风险大等内生缺陷导致的融资难成为困扰袁州医药工业园企业发展的重要制约因素。市场经济具有优胜劣汰的发展规律，这就要求政府及金融机构要在帮扶选择中扶优汰劣。园区要减少以简单增资来缓解园区内企业经营困难、生存压力的融资方式，而要以产业发展和生态的眼光对企业进行资金扶持，使得稀缺的金融资源得到较优配置。

首先，医药园区要继续帮助企业拓宽融资渠道，完善医药产业政策性资金扶持体系。逐步完善地区性金融法律法规体系，营造金融支持体系良好的生存空间。在此基础上设立产业基金、政府担保公司及风险投资基金，完善融资平台，提升政策性银行服务效应。在实际担保贷款操作中，针对园区中小医药企业资产分布特点，设计新形式的融资担保工具，如为土地证、房产证、装备、股权凭证等目前企业常见的低流动性资产提供质押贷款。同时针对企业连续经营年限、财务状况、股东个人无限连带责任违约情况等约束条件，控制企业贷款坏账风险，提高贷款质量，解决园区企业担保难、融资难问题，为企业长期健康发展建桥铺路。

其次，鼓励企业充分利用风险投资基金等强力融资工具。由于风投多倾向于投资高新技术或高风险高回报的产业，园区应鼓励成长性中西成药、保健品、生物医药等企业不断进行自主创新，提高产品的技术含量与附加值，开发出市场热销产品，以吸引风险投资基

金。推动园区产业发展升级，积极推动园区企业进行股份制改造，积极推荐符合条件的企业进入创业板融资。吸引民间资金购买企业债券，增强企业与当地居民的资本关联度。

（五）以集群协同发展为桥梁，增强发展配套力

医药产业集群的发展是一个系统性的工程，在跨区域的医药产业集群合作中，要根据比较优势的原则，积极开展合作。由于各地区医药资源禀赋、区位条件、科研人才等条件不尽相同，医药生产管理部门要积极促进跨区域医药产业集群的合作，努力打破集群内企的封闭性和保守性，加大集群与外界的联系，构建有效的集群外部网络关系让集群的技术链、资金链、信息链和物质链在不同区域"四链合一"。

医药产业应根据自身医药药材、研发的布局特点以及生产特性，大力发展具有优势的子集群，打破均衡发展思路，采取非均衡战略；加大集群开放度，提升集群间的合作网络，寻找定位医药产业的细分市场，分别建设制药集群、研发集群等。还要支持行业协会在两地沟通政府企业、制定行业标准、规范行业秩序和建办会展、组织招标、名牌认定、价格协调、公信证明等方面发挥作用；规划建设一个集医药会议、会展、交易等功能为一体的综合型医药商贸专业市场；健全医药技术咨询、创新研发、市场调查、会计、资产评估、涉外律师、信息咨询、物业管理、仓储物流、报关报检等中介服务体系。

（六）以跨国交流合作为纽带，增强发展驱动力

在加强本地的科研机构与企业间联系的同时，更应当加强与跨国药企之间的交流与合作。引进跨国研发机构对激活江西地区既有 R&D 资源起着一定的作用，但如何在技术上变被动为主动，积极利用国外技术的临近优势学习到国际先进的研发模式和流程，从而实现技术跟进，才是更为关键的问题。

目前，在植物药的研发方面有两个趋势：一是以美国为代表的成分研究方法，即西药化的方法，由植物提炼的单分子结构药物；二是以德国为代表的欧盟国家的组分研究法。目前上海药物所已开始与世界第五大制药巨头瑞士诺华合作进行天然药物研究；与中科院昆明植物所合作拟建全球最大的中药化合物库。袁州医药产业集群也应该加强医药企业与医药行业内其他跨国企业，特别是加强医药本地企业（同一价值链的配套企业、协作企业、竞争企业）之间、医药企业与医药类大学、医药科研机构及医药信息中介服务机构之间的联系和交流，增强医药产业自主创新、产品研究和研发能力，从根本上提升本地医药产品在全国乃至全球金字塔中所处的不利地位。

樟树市中医药产业集群发展研究

樟树市位于江西省中部，是江西省第一个全国百强县市。樟树医药产业源远流长，始于汉晋，成于唐宋，盛于明清，历经1800年不衰，享有"药不到樟树不齐，药不过樟树不灵"的美誉。目前已形成覆盖一、二、三产业的全产业链的产业集群，集群规模达255亿元，是樟树药业历史和医药文化的传承和发展平台，是中华民族瑰宝——中医中药传承和弘扬的载体，是业界公认和中国中药协会唯一授牌的"中国药都"。

一、樟树医药产业集群发展现状

（一）综合优势明显

1. 资源优势

樟树一直享有"药都"的称号，不但拥有多种道地药材，还是国内外著名的药材集散地，为全国中药材种植基地和国家中药原料生产供应保障基地。镇郊的阁皂山有天然药材200多种，道地药材以"三子一壳"（吴萸子、黄栀子、车前子和枳壳）为主。丰富的中药材资源为樟树市生物医药产业的发展提供了充足的原药材。

2. 品牌优势

2013年7月樟树被中国中药协会正式授予"中国药都"称号，樟树成为国内唯一被行业协会认定为"中国药都"的县市；每年举办的药交会，至今已成功举办45届，影响深远，成效显著；园区医药企业拥有中国驰名商标4件，分别是仁和、闪亮、妇炎洁、优卡丹，省著名商标49件；"樟树吴茱萸"、"樟树黄栀子"成功获得国家地理标志产品保护；"仁和健心胶囊"产品被列为国家"863"高科技项目，填补了江西省医药"863"高科技项目空白。

3. 研发优势

樟树市拥有省级高科技带头人1人；江西省赣鄱英才1人；国家及创新平台2个：江西生产力促进中心（国家级示范中心）、庆仁（国家）企业技术创新中心；国家级工程技术研究中心下属实验室2个：樟帮中药饮片固体制剂试验室、仁和新药开发联合试验室；省级工程技术研究中心2个：樟帮中药饮片炮制工程技术研究中心、江西中药保健品工程技术研究中心；优势技术创新团队1个：江西中药保健品优势技术创新团队；专业研发企业4个：成都天地仁和药物研究有限公司、江西仁和药物研究院、江西德上药物研究院、广力中药研究所。

仁和、天齐堂、庆仁、康保、康力、五洲等医药企业都有自己的研发团队，与江西中医大学、南昌大学、成都中医大学、北京中医药研究院、厦门大学等医药高等院校和医药研究院所都有合作。全市医药行业拥有自主知识产权专利 327 件。获省级科技鉴定成果 23 项，拥有省级自主创新产品 19 个。

4. 产业关联优势

龙头企业的发展带动了整个医药产业的发展，产业链条环环相扣，覆盖了一、二、三产业，即一产的中药材种植，二产的中药饮片、中西药和保健品生产，三产的医药流通、药交会以及配套的医药研发、外包设计印刷、货物配载运输等，应有尽有，环环相扣，互相促进，共同推动产业发展。樟树的道地药材通过中药材市场销往全国，或供给医药保健品生产企业作为生产原料，其产品又通过医药商业企业销往全国，同时带动了金融、研发、外包、餐饮、宾招、物流等诸多产业的发展。

5. 服务平台齐全

（1）研发测试平台。樟树出台了《关于鼓励实施科技兴市品牌兴企战略奖励办法的通知》（樟府办发［2103］25 号），积极鼓励和支持企业自主创新。樟树拥有专业人才 2000 余人，创新平台 10 余个。现有江西德上医药研究院有限公司、江西广力药物研究院有限公司、中药产业窗口服务平台、樟树市药品检测中心等研究检测平台，能够在第一时间满足企业的科技要求。

（2）综合服务平台。樟树市委市政府先后成立了药业发展领导小组、药业局、药业发展办公室、福城医药园管理办公室，以及中药新产品开发及技术推广服务平台、江西中药产业集成及企业创新信息化服务平台等近 10 个公共平台，为企业的发展提供强有力的保障和支持。

（3）融资担保平台。集群目前拥有融资担保平台 2 家：樟树市信用担保公司、江西省信用担保公司樟树分公司；小额贷款公司 6 家：5 家正常运营商，1 家正在筹建。2010 年 8 月，樟树市被评为国家级"中国最具特色金融生态示范城市"。这些融资担保平台，为产业发展提供了一个良好的金融生态环境。

（4）物流服务平台。国家 4A 级综合服务型物流企业——华正道物流集团江西华正道物流有限公司落户樟树并已投入运营，占地 200 亩的华正道国际物流园已开工建设；中海油物流项目与中国物流水运口岸作业区项目也已落户樟树。这些大型的物流平台，能为园内企业提供快速、高效、廉价的物流配送服务。

（5）交流和信息平台。樟树药交会是 1958 年经国务院批准的三个药交会之一，至今已成功举办 45 届。2005 年开始，樟树药交会升格为由省政府举办，规格更高，影响更广，为樟树中药企业提供了与全国乃至全球药业同仁交流的平台。

樟树中药材专业市场为全国 17 家中药材专业市场之一，也是江西省唯一的国家级中药材专业市场。2010 年被评为江西省诚信市场。市场经营占地 235 亩，现有 16 个省市、72 个县市的 300 余户药商在场内经营，年成交量 10 万吨，交易额近 30 亿元，辐射全国 21 个省市、港、澳、台以及东南亚地区。

（二）产业集群基本形成

1. 产业集群基础扎实

樟树医药产业已初步打造成为以中成药系列为主，中药材种植、加工、炮制、中药和保健品研发、药品生产、药品流通、电子商务、物流等为配套的医药产业集群基地。集群内 100 多家医药企业中,专业从事医药生产加工的企业有 70 多家。形成了一条以药品生产加工为核心,以医药商贸做带动,以产业园区为依托,在医药生产、物流、展会、媒体、教育等各个领域有一定基础的较为完整的医药产业链。

2008 年,樟树市医药产业集群荣获"中国县域产业集群竞争力百强"称号,成为江西省唯一入选的县域产业集群;2013 年 11 月,工信部授予樟树医药产业基地为国家新型工业化示范产业基地。2014 年樟树市医药产业集群入选江西省首批工业示范产业集群。

2. 龙头企业实力雄厚

樟树医药产业龙头企业的仁和集团,是国家创新型示范企业、国家工业品牌培育试点企业、农业产业化国家重点龙头企业、江西省专利实施示范企业。仁和集团荣获"中国商标战略实施示范企业"称号,并连续六年入选中国最具价值品牌 500 强。在第四届中国最具竞争力医药上市公司评比中荣膺全国 20 强。

2013 年,据国家工信部按医药工业主营业务收入统计,樟树市共有两家医药工业企业(仁和集团、天齐堂)进入了全国医药企业 300 强,分别列第 54、第 223 位,其中天齐堂药业居全国中药饮片加工企业前 5 强,列全省中药饮片加工企业第一。这些龙头企业的崛起,有效地带动了樟树医药产业集群的发展。

3. 产业链条逐步完善

樟树在大力发展医药生产加工企业的同时,十分注重拉长医药产业链,形成了医药产业完整的产业链。

一是向上拉伸,大力发展药材种植基地。樟树药材基地总面积 18 万亩,有百亩以上基地 86 个,千亩以上基地 18 个,种苗基地 6 个,种植面积在江西省县级市排名第一,约占全国中药材种植面积的 1.64%。其中,吴城乡庙前黄栀子种植基地为全省首个通过国家 GAP 认证的中药材种植基地,"樟树吴茱萸"已成功获得国家地理标志产品保护。

二是向下拉伸,大力拓展医药流通领域。全市通过了 GSP 认证的流通企业 24 家,进入全省前 10 名医药流通企业的有 7 家,分别为仁翔药业、九州药业、五洲药业、康成药业、康力物流、仁济医药、信德医药。经营品种有中成药等 12 个大类近 2 万个品规,全市医药流通企业实现销售收入 115 亿元,约占全省的 50%。

三是向外延伸,带动相关产业发展。2013 年,医药产业带动人员流动 50 万人次,带动货物配送量超过 5000 万件,带动外包设计印刷业年贡献产值 15 亿元以上,促进就业人数 2.6 万人,药农 3 万人,促进了交通、餐饮、宾馆等服务业的发展。

二、樟树医药产业集群面临的机遇与挑战

(一)面临的机遇

1. 鄱阳湖生态经济区上升为国家战略带来的发展机遇

樟树作为鄱阳湖生态经济区的核心地区,医药生物产业被列为重点发展产业。

2. 江西省"生态立省、绿色崛起"战略带来的发展机遇

中药材种植基地为政策扶持的重点。

3. 医药产业内的兼并重组与重新布局带来的发展机遇

樟树有厚实的产业基础优势，在政府推动的同时，更需要企业有超前的眼光寻找合作机会，借势做大做强。

4. 国内外产业转移带来的发展机遇

樟树依托传统产业优势基础，发挥区位交通优势，积极承接国际国内产业转移，用好两种资源、两个市场。加快产业升级，完善产业链条，推动经济跨越发展。

5. 政策支持力度加大带来的机遇

医药产业多年来就是江西省以及樟树市重点扶持的产业。樟树市委市政府在用地、资金、人才等诸多方面对医药产业优先扶持，出台了《关于鼓励实施科技兴市品牌兴企战略奖励办法的通知》（樟府办发［2013］25号），积极鼓励和支持企业自主创新；财政每年安排专项资金2000万元专项扶持医药产业集群发展。

（二）面临的挑战

未来发展面临的主要挑战有：

1. 企业同构现象严重

主要体现在产品同构和技术同构两个方面。除少数企业具有较强的全国知名度、拥有自己的拳头产品外，其他大多数企业在管理、产品结构安排等方面同构现象严重。管理方式雷同、产品结构雷同、营销手段雷同，缺乏自身特色，从而制约了企业发展后劲，不利于整个行业的有序、稳定发展。

2. 行业内部结构不够合理

樟树大多数医药企业多数从事的仍是保健品生产销售或药品流通，而有着樟树特色的中药饮片加工企业却只有10家；与医药产业配套的货物配载企业虽有三四十家，但都是家庭作坊式的。仁和集团一家独大，药品、中药饮片制造企业相对较少，医药商业、保健品企业竞争过度，不利于行业的健康发展。

3. 自主创新能力不足

几十年来，樟树受区域限制，大中型医药研究机构和科研院所难以落户和对接樟树。一方面，樟树医药产业的科技创新能力不足，突出表现为科技创新体系不完善、科技服务业发展薄弱、企业研发投入不高、自主创新环境有待优化；另一方面，人才队伍结构不尽合理，缺乏一批能推动产业发展的高端人才和专业技术人才。人才管理体制落后，配套激励措施严重不足，科技人才定向培养和再培训较难。

4. 与先进国家差距较大

中药在国外被称为植物药。我国是世界上公认的植物药大国，但却不是植物药强国，世界植物药市场主要以美国、德国、法国、日本等占主导。樟树市的中医药产业与先进国家的医药产业发展相比，差距还很大。

医药产业的发展离不开一项重要的组织，那就是技术转移中介。实现高效的技术转移对医药产业中科研成果的转化、技术创新等方面有着极为重要的现实意义。美、德两国先后制定和颁布了一系列与技术创新活动和技术信息服务有关的法律法规，以这些法案为支柱，构建了一个完整的技术转移法律体系，并在技术转移的实践中不断修正和完善（见表1）。

表1 中药制药先进国家产业发展情况

技术项目	先进国家（美、德、日）	技术项目	先进国家（美、德、日）
专利	已有完善审查及保护	药效评估	有丰富、悠久的能力及经验；各大药厂有能力建立具有独特优势的评估模式；很多具有国际水准的委托服务公司
法规	德国、日本已收入药典，免做毒理试验；美国植物新药开发有完善法规；植物性药材能以特定保健用食品及汉方药品被日本批准上市	生产与质量控制（CMC）	中草药生产过程中CMC基本上无法做到尽善尽美，在FDA及日本厚生劳动省可以接受的情况下，各大药厂有丰富的经验及能力
临床试验	德、日等国针对传统中草药进行药效评估；2006年，美国FDA首次核准了第一个植物新药软膏的上市	生产制造过程中的开发	已累积数十年经验，建立了开发多种成分尤其是有效成分的管控生产技术
毒理	多家符合GLP毒理检测公司，但价格昂贵	药材	分子生物学药材鉴定、植物组织培养、基因转殖技术、GAP种植皆已成熟
安全药理	已有悠久、完备的设施、技术及经验		

三、樟树医药产业集群发展的对策

依托"中国药都"、"国家重要原料生产供应保障基地"和"中医药产业——国家新型工业化产业示范基地"等优势，在巩固传统中药产业和中药材种植优势基础上，积极推动医药产业向全价值产业链扩展，打造医药产业集群，大力发展总部经济，完善医药产业组织，培育知名企业品牌和产品品牌。重点发展传统中药、生物医药、医药物流和电子商务，实现中药产业化、现代化、国际化，促进医药产业整体实力的跨越升级，打造"世界中药之都"。

（一）健全政策机制，优化发展环境

在争取各级政府支持的基础上，给予一定的政策倾斜，助推樟树药业转型升级，做大做强。一是健全优质服务机制，制定若干鼓励医药发展的政策法规；二是健全组织协调机制，加强医药发展战略和机制研究，协调相关部门和各级政府推动本规划纲要的实施；三是健全产学研合作机制，大力搭建产学研合作平台，提升企业的自主创新能力促进科技成果转化；四是健全资金投入机制，加大医药尤其是生物医药和中成药的科技经费投入，引导企业增加研究开发的投入，吸引社会投资和国际合作资金，形成支持医药创新发展的多元化、多渠道的投入体系；五是加快由监管型政府向服务型政府转变，不断优化政务环境。

（二）建设新医药园，打造发展平台

医药园区建设是产业转型升级的新希望，也是加快樟树药业发展的新引擎，必须科学规划、准确定位，努力将其打造成为档次较高、功能齐全、独具特色的医药聚集区。一是着力建设药都现代医药物流园，努力将其打造成为区域性医药物流中心，成为全国医药物流网络的重要节点；在规划上，突出电子商务，建设仓储区、保健品及饮片区、中药及流通交易区、配套服务区等功能分区。同时，着力引进或由本地实力雄厚的知名企业进行市场化运作，实现统一开发、建设和管理。二是建设中药饮片及保健食品工业区，主要用于樟帮中药饮片及中药保健品生产。

（三）开发养生产品，延伸产业链条

倾力打造以樟店沿线、阁皂山区域为主的"养生福地"、"养生天堂"，形成以养生为主题的文化、旅游、休闲经济圈，集自然环境、园林景观、传统文化、中医国学、修身问道、养生保健、休闲度假、旅游观光等于一体，形成东方古海养生体验区、中国药都文化体验区、世界养生文化体验区。

利用樟树酒业、盐产业的优势，实现与药业有机结合，形成相互促进、共同发展。酒、盐本身为药，要在"药+酒"、"药+盐"产品上实现创新，开拓更大市场。

（四）引进知名企业，提升药都实力

在大力发展自有品牌的基础上，出台相应的政策和措施，引进一批全国知名的药企、重大医药项目进驻樟树，加速推动中医药产业转型升级，迅速提高樟树药业竞争力和影响力。同时，越来越多的名企名店集聚樟树，必然带来技术、人才等要素的集聚效应，为打造樟树中药"药谷"提供有力支撑。

（五）立足自身优势，发展电子商务

2014年全年我国电子商务交易额约13万亿元，但中药材电子商务发展缓慢，还处于方兴未艾阶段。目前，中药材电子商务仅成都中药天地网开设了"中药材买卖通"电子商务平台，为"商家—商家"模式，全国尚没有一家中药材"商家—消费者"模式。樟树可以以药食两用中药材为突破口（中药材以农产品名义在网上经营销售，适应国家对药品电子商务的严格监管），按照企业化运作模式，创建直接面对全国10多亿消费者的中药材电子商务交易平台，打造全国首家"中药材淘宝网"。预计年销售额可达百亿元以上。

（六）鼓励中药生产，注重技术创新

扶持做大中药企业，建设现代中药生产基地，推进中药产业集约高效发展。鼓励支持现有中药生产企业建立严格的产品质量保证体系，运用现代高新技术进行生产工艺改进和技术装备提高，保证中药生产的优质、高效、低耗、环保、依托樟树现有资源优势，构建中药研究开发创新平台，围绕樟树重点和特色中药项目开展技术攻关，进行中药研发、药效评价、质量控制等方面的研究，提高质量和临床疗效。

金溪县香料香精产业集群发展案例研究

金溪香料香精产业集群发展是"草根力量"聚集创造的奇迹,为江西省县域经济发展闯出了一条新路。它植根于农民和田野,有着强大而不竭的生命力,有着广泛的群众基础,一步一个脚印,如滚雪球般壮大,并形成了原料、加工、销售的完整产业链。

一、产业集群发展起源及现状描述

(一)起源

金溪香料香精产业集群缘起李祥林。由于他,金溪香料香精产业集群从无到有,开启了金溪香料香精产业集群的传奇发展历程。20世纪90年代,在家务农的李祥林家门前有一个已枯萎的樟树根,浙江一位客商以低廉价格买下来并在原址请李祥林帮助进行加工。这让具有经商头脑的李祥林看到了商机,随同这位客商到香料企业打工。经过3年的学习观察,李祥林回到金溪与贩运生猪发家的徐国平、周振华一起共同投资创办了金溪县第一家香料企业——金溪漂润香料厂。

(二)现状描述

金溪的这三位农民企业家,以改革开放为支点,历经20多年的奋斗,使金溪香料香精产业集群从无到有、由小变大、母体裂变、滚动壮大,进而形成产业集群。2004年11月,"漂润"母体裂变成三家香料企业:李祥林创办"思派思"、周振华创办"华宇"、徐国平创办"伊斯特"。三人在"分家"时约定,在做好"看家本领"——保持天然樟科香料全国领先的基础上,于不同的地方、不同的香料领域选准主攻方向,并成立了股份有限公司,积极吸引社会资本入股,建立董事会和股东大会。此后,李祥林南下昆明崇明县与当地股东合资收购了当地一家香料厂,建立蓝桉基地50万亩;周振华前往贵州收购了黄平县松香厂及本县永青林场化工厂,建立了10万亩松节油原料基地。

之后,金溪香料产业出现了聚集效应,至2014年底,该县工业园区拥有香料香精企业达41家,其中已投产27家;开放产品达十二大类,130个品种;香料香精产业实现主营业务收入55亿元,比上年增长34.6%,上缴税金1.08亿元,比上年增长29%。

2012年7月,国税部门正式同意金溪县香料企业试行增值税农产品进项税额核定扣除办法,为天然香料的生产清除了政策"壁垒",这在全国还是首例。

二、产业集群发展要素分析

(一) 区位优势良好,资源优势明显,劳动力资源富足,但人才引进难

金溪地处江西东部,抚河中游,东临浙江,南接福建,北连华东铁路枢纽鹰潭。县城距离南昌150公里,距抚州47公里,距鹰潭51公里,距旅游胜地龙虎山29公里,316国道、206国道交汇穿境而过,距鹰瑞高速、福银高速、昌厦公路不足50公里,鹰梅铁路、抚吉高速延伸(吉安—抚州—福建光泽—武夷山),交通比较便利,是江西对接长珠闽较为前沿的阵地。

金溪县拥有宜林果的山坡丘地132万亩,人均4.4亩,在土地资源、环境容量等方面有较大优势。香料植物种苗是保证香料质量的基础,优良的种苗不仅能提高产量,同时对提高和稳定香料香精的质量起着极其关键的作用,从源头上保证了金溪县香精的优秀品质。经改良的矮化芳樟树具有香味纯(具优雅的花香香气,深受国际市场欢迎)、生长快(种植三年即可砍伐枝叶,以后每年均可砍伐1~2次)、投资少、收益高、技术门槛低等特点。无性繁殖具有能够保持木本优良特性、繁殖速度快的特点,可以保持矮化芳樟树优良形状,并可以快速繁殖,满足生产需求,为香料产业的可持续发展提供原料保障。

金溪全县人口31万人,其中劳动力12万人,可提供的富余劳动力约2万人,员工月平均工资为1200元,仅是沿海发达地区的60%~70%。金溪县高度重视香料产业人才队伍建设,县劳动就业局与县香料产业协会依托"农民工阳光培训工程",经常免费举办香料专业技能培训班,培养调香师、化验员等香料专业技术人才发展提供丰富劳动力资源,又可大量节约企业运行成本,成为金溪吸引外来投资者的重要优势。

人才的引进对于香料香精产业的发展起着举足轻重的作用,直接关系企业技术创新及市场竞争力,然而金溪较发达地区相比基础设施薄弱、交通欠发达、生活条件相对较差,经济发展的相对落后,发展空间和成长空间小,难以成为他们创业和发展的首选地。与发达地区相比工资待遇偏低,缺乏引进人才、留住人才的物质基础,致使人才引进难、留不住,制约了企业的发展步伐。

(二) 较强的科研能力,但精深加工少

目前有21位硕士以上学历的人才常年在金溪工作,其中博士以上学历的4位,拥有国内外香料香精专家顾问4名。2010年10月江西省金溪县天然香料研究所正式挂牌成立,2012年5月,全国唯一的国家樟树工程技术研究中心在金溪挂牌成立。与上海香料研究所、浙江大学、南昌大学、江西省林科院等30多家高校和科研院所建立了长期的技术合作和人才培训关系。全县香料香精企业已申报专利25项,其中已授权10项。拥有省著名商标3个,其中2个已申报国家驰名商标。

金溪县通过政府财政支持,企业主动参与的形式,培养、引进了一批香料高级管理人才和高级技术人才。采取企业自主研发,引进技术消化吸收、产学研联合攻关等多种方式,开发了一批新产品、攻克了一批关键技术,企业自主创新能力和核心竞争力进一步增

强。香料企业自主研发的"分压蒸馏"核心技术,在江西乃至在全国都处于领先地位。其中,二氢月桂烯和二氢月桂烯醇两个产品获得省科技进步二等奖;紫苏葶等新产品获省优秀新产品。

金溪香料香精产业产品主要以基础香料为主,高档香精产品还是空白,下游应用太少;金溪尽管香料资源很丰富,但多数停留在提供原材料和工业香料的提纯上。酶催化、微生物发酵等现代生物技术在天然香料生产上的应用还不广泛。超临界萃取技术等天然香料生产技术,以及质谱、核磁共振谱等先进香料香精分析技术不足。应用产品比例仍然过小,企业与企业之间、上下游产品之间关联度不高,尤其是下游终端日用化产业聚集度不够,产业仍需延伸。

(三) 完整的产业体系,但发展速度缓慢

金溪县始终把加速发展香料香精产业作为进一步发展金溪经济的主攻方向,组建专业招商团队,瞄准香料香精项目开展招商,全方位地完善香料香精产业体系。经过多年的发展,已经形成了包括原料种植、产品加工、产品检测、科研教育等部门构成的完整产业体系,形成了天然香料、合成香料、日化香料和食用香料等品种较齐全的香料香精产业链(见图1)。香料香精产业已向日用化工终端产品进行延伸,其中拓普克林公司生产的香精日化产品还在互联网开设了电子商务业务。

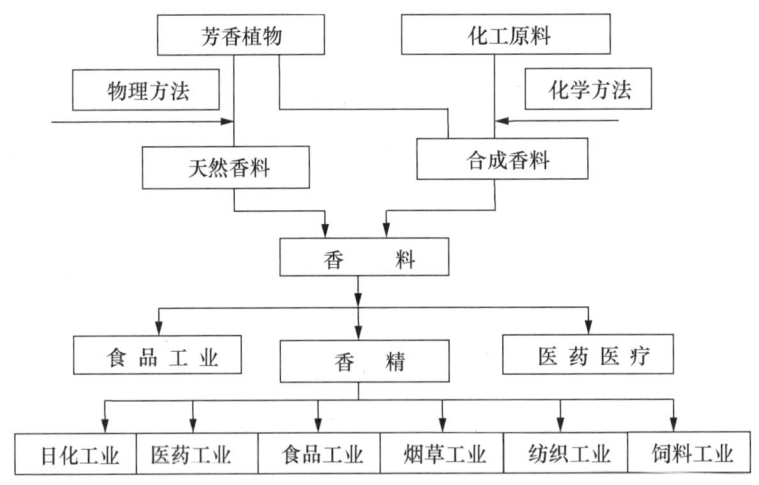

图1 金溪香料香精产业链

金溪拥有产业原料林约20万亩,涵盖芳樟、黄(水)栀子、澳洲茶树、无患子等原料种植基地;拥有香料香精生产企业和加工贸易企业40余家,初步形成集香料种植、生产、加工、贸易于一体的较完整产业链。

金溪是香料的生产基地和原料的集散地,产品出口比重较高。自2008年以来,受欧债危机的影响,人们对食品、日化用品品质需求的降低,使得作为"工业味精"的香料香精原料市场受到冲击,香料香精产业的发展速度放缓。另外,香料香精在日用化工业生产过程中所占比重较小,市场总量较小,对吸引下游终端日用化工工业集聚

优势较小。

（四）广泛的国际合作，但国内外知名企业较少

金溪县香料香精企业与中粮集团、瑞士芬美意集团、德国德之馨集团等跨国企业有合作，产品出口份额占80%以上。金溪县已成为全省唯一的省级香料产业基地，全国最大的天然香料生产基地和原材料集散地，被国家工商总局认定为"华夏香都"。

2013年，在美国旧金山举行的全球IFAT（香料香精产业）年会上，共有40多家企业设立企业宣传馆，金溪就有4家。金溪思派思、华晨香料企业与芬美意，黄岩香料与IFF，天奕香料与奇华顿、华宝，华宇香料与中粮集团等国内外知名企业保持了长期、良好的合作关系，在行业内影响力不断扩大。世界十大香料生产企业都到金溪考察或采购过产品，多家国际香料巨头公司已有意将金溪县纳入各大企业的全球原料采购基地。

金溪香料香精产业虽然与国内外知名企业长期保持合作，具有一定的影响力，但在金溪落户的国内外知名企业还相对较少，缺乏大型的"龙头"企业，在提升金溪香料香精产业集群整体竞争优势方面，促进香料香精产业集群不断演进方面的助推力不够。

三、产业集群发展对策分析

（一）以打造特色为重点，推进产业集群原料基地建设

2014年1月11日江西省长鹿心社在金溪调研时指出，突出特色、发挥比较优势，打响品牌，延伸产业链，提高附加值，促进香料特色产业做大做强。金溪香料香精产业集群重点发展芳樟、澳洲茶树、无患子、水栀子等天然香料植物的种植，把天然香料植物的种植纳入农业综合开发、水土保持、扶贫开发等项目规划，积极争取国家项目资金支持。积极为香料原料基地建设提供技术支撑，建立优质母本园，推动香料基地健康发展。积极引进新产品，提供原料基地品质。力争到2017年使全县香料原材料基地扩大到40万亩以上。

（二）金溪香料香精产业集群发展方向和重点

金溪香料香精产业集群发展方向和重点如图2所示。

（三）以创新招商方式为重点，推动产业集群重大项目引进

把引进香料香精项目作为重要招商内容，每年确保引进固定资产投资2000万元以上规模香料香精项目8个以上。对固定资产（指实际土地款、厂房、设备）投资3000万元以上的香料生产项目及投资一定规模的香精生产项目可以根据项目推进进度、创税能力，采取"一事一议"的办法促进项目的承接。积极扶持现有骨干企业发展，争取中烟集团、江中集团、诚志日化等省内下游应用企业，采取参股、收购、重组等方式与金溪县香料香精企业加强合作（见表1）。

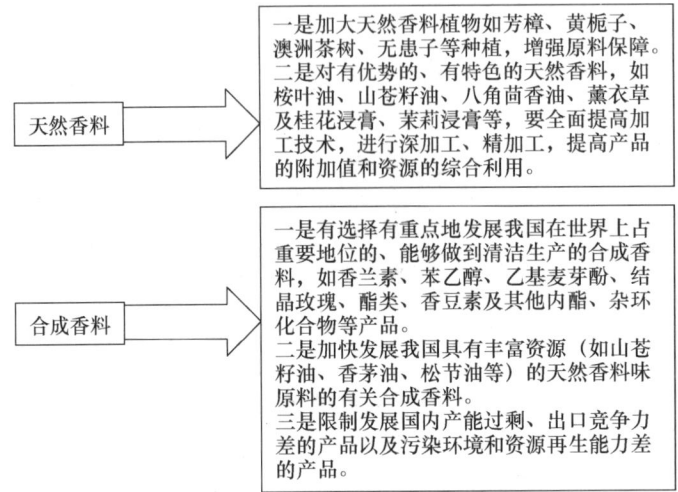

图 2　金溪香料香精产业发展方向和重点

表 1　金溪县在建香料香精项目情况

序号	企业名称	客商情况	主要项目产品
1	江西微胶囊香精公司	香港客商	芳樟醇、樟脑粉
2	江西普凯化工公司	江苏苏州	茴油、芳香樟
3	江西渠成香化公司	浙江永康	萜品醇、松节油
4	苏华（金溪）香料公司	江苏苏州	A－松油醇
5	鸿盛香粉公司	江西金溪	山苍籽油
6	金溪天然香料公司	江西景德镇	樟树等天然树种
7	金溪天然食品公司	浙江杭州	香料食品
8	江西天然色素公司	浙江安吉	水栀子提取天然色素
9	江西鑫盛香料公司	江苏昆山	香料中间体
10	美耐康（江西）公司	外资企业	植物提取物

（四）以提升核心竞争力为重点，促进产业集群水平提升

鼓励企业进行对外技术交流，由政府搭台、企业参与聘请国内外香料香精专家、教授为企业技术顾问，定期对金溪县香料香精的产业发展进行技术帮助和指导。积极争取南昌大学、江西师大等省内知名高校，省科学院应用化学所等科研机构，加强与金溪香料香精企业研发合作。支持金溪重点龙头香料香精企业整合技术力量和资源，设立省级香料香精技术中心和重点实验室。支持香料香精企业出国出境参会、参展。力争将香料香精企业列入"全省中小企业国际市场开拓资金项目"，将金溪县香料香精企业产品出口纳入我省"省级外贸出口发展基金"扶持范畴，并对香料香精产品出口创汇给予专项补贴。

（五）以完善配套服务为重点，推动产业集群加快聚集

建设危险化学品的物流延伸服务区，修建符合国家标准的危险化学品库房和液体储罐，引进先进技术和自动化系统，运用专业化、标准化的管理手段，实现金溪县危化品的"三集中"即集中交易、集中储存好和集中配送，解决金溪县危化品经营单位分布散乱、库存不科学、运输车辆难控制等各类安全隐患，满足未来 10~20 年金溪县香料化工发展的需要。创建金溪香料香精产业银行，积极解决香料香精企业融资难问题。

（六）以加强产业信息化为重点，提高产业集群影响力

要高度重视香料香精产业集群发展，将金溪打造成具有全球影响力的"世界香都"作为香料香精产业集群发展目标。为促进香料香精产业集群又好又快发展，在产业规划、资源配置、环境营造、政策服务等方面，政府要出台一系列加快产业发展的政策措施，把发展香料香精产业摆在突出位置，加强领导，落实责任，强化措施，全力推动金溪县香料香精产业集群的发展。及时向外发布金溪香料香精产业发展信息。定期召开香料香精行业会，积极争取上级政府和部门的支持，邀请更多内外知名企业家来金溪考察参观，扩大金溪香料的知名度。

推动企业境外投资
促进南昌市生物医药产业升级

生物医药产业由生物技术产业和医药产业组成，其中包括化学药、中药、生物技术药物、保健食品、药用辅料和包装材料、医疗器械、制药设备等。作为21世纪最具有活力和发展前景的产业之一，生物医药产业在国家"十二五"规划纲要中，被列为加快培育发展的战略性新兴产业。

"走出去"进行境外投资是国内企业再进一步发展并国际化的一个全新思路，借助国外优质资源可以帮助中国企业获取世界先进技术，促进企业跳跃式发展，进行产业结构升级，能够在国内产生市场开拓和技术外溢效应，加速产品的更新换代和自主创新能力的提升。推进南昌生物医药产业在全球优化布局、合理配置要素资源，能够不断壮大、提升南昌本土经济，培育本土跨国公司，赢得国际竞争新优势。南昌市生物医药企业也可以借鉴"走出去"的发展思路，境外投资可以使企业充分利用当地技术资源优势，提高结构调整和产业升级能力。

一、南昌生物医药产业发展现状

（一）产业布局日趋完善

根据《江西省十大战略性新兴产业（生物）发展规划（2009~2015年）》，南昌被列为全省生物医药产业发展的核心重点区。南昌高新技术开发区重点发展生物医药、生物医学工程、生物能源等，园区内产业规模达到200亿元；南昌小蓝工业园重点发展生物制药和功能食品，园区内产业规模达到200亿元；桑海生物医药产业园，重点发展中成药和药品物流，园区产业规模达到100亿元；进贤医疗器械产业园，重点发展一次性医疗器械，园区内产业规模达到200亿元；湾里药谷重点发展创新药物及技术服务、人才培养，区内产业规模达到50亿元。

进贤县2013年医疗器械生产企业达115家，其中投产97家，在建的18家。主要生产71大类600多个医疗器械产品，经营企业达527家，2个产品获中国驰名商标，4个产品为中国名牌，30多个产品为江西著名商标。进贤医疗器械产业的比重占全省医疗器械产业的70%，尤其是一次性输液器产品占国内市场份额的31%。2007年，进贤医疗器械科技园被江西省发改委、经贸委批准为江西省医疗器械产业基地。

（二）产业规模加速提升

南昌医药和医疗器械产业规模得到大幅提升。全市具有一定规模的各类医药企业

300多家,药品生产品种超过1800个,有10个单品种销量过亿元。全市实现主营业务收入超亿元的医药企业20家。近年来,香港立健、德国克林尼科等医药和医疗器械企业相继投资南昌。一次性医疗器械制造规模全国最大,医疗检测仪器制造规模居全国第三,中成药生产规模居全国第三。目前已初步形成四个产业集聚地:一是以汇仁集团为龙头的小蓝药品生产基地;二是以江中药业为龙头的高新技术开发区医药研发中心和医药商业物流中心;三是以桑海集团为龙头的桑海经济开发区药品生产基地;四是以江西洪达医疗器械集团、江西益康医疗器械公司为龙头的进贤医疗器械生产基地。

(三)产业链条逐步完整

南昌市的众多生物医药相关企业,有从事生物医药生产的、有从事生物医药研发的、有从事药用包装的、有从事药用印刷的、有从事医药配送的、有从事医学检测的、有从事医疗器材的、有从事外包服务的,这些企业形成了医药产品、医疗器械及医疗保健品研发、生产、物流配送和营销的完整产业链。

以江西生物医药港为例,截至目前,该区共有60多家生物医药企业,形成包括以江中制药、弘益药业、特康科技为代表的药品和医疗器械研发集群,以美国默克集团、汇仁药业、仁和药业、济民可信和3L医用制品等为代表的药品和医疗器械生产集群,以国药控股、赣药集团为代表的医药贸易销售集群,构建了医药产品、医疗器械及医疗保健品研发、生产、物流配送和营销完整产业链。

(四)创新体系正在形成

南昌市生物医药产业具备了企业规模、技术水平、管理能力等较突出的比较优势,汇仁集团、江中集团、济民可信集团、诚志集团等一批品牌企业脱颖而出,为增强发展后劲,一些企业和南昌市相关大专院校、科研院所积极合作,已经初步建立了以医药生产企业为主体,以江西中医药大学(中药固体制剂制造技术国家工程研究中心、现代中药制剂教育部重点实验室、江西省中药种质资源工程技术研究中心)、南昌大学(食品学科和技术国家重点实验室、国家新药临床研究基地)、江西省中医药研究院(江西省中药质量标准工程技术研究中心)、江西省药物研究所(江西省中药工程技术研究中心)等为技术支撑,以项目的产学研结合为载体的、较完善的全省生物和新医药产业创新体系,集聚了一支专门从事生物和新医药研究与开发及其成果转化的科技队伍和企业家队伍,为生物和新医药产业的发展提供了较好的基础条件。

企业的技术中心及科研机构还相继承担了一批国家"973"、国家"863"、国家自然科学基金、"十一五"、"十二五"科技支撑项目课题,在药材及制剂质量评价、中药新药和保健产品开发、药物新剂型研究、化学原料药、拥有自主知识产权的化学创新药物研究等方面取得了较好的成绩。

二、南昌生物医药产业集群 SWOT 分析

南昌生物医药产业集群经过多年的努力,已形成了一定的规模,并在技术创新、产业

布局、培育龙头企业等方面取得了一定的成绩，积累了一定的优势。

当前，我国人口老龄化、城市化、健康意识的增强以及疾病谱的不断扩大也正促使医药需求持续增长；生物科技的发展使得供给从技术上能够保证医药创新研发，满足医药需求；而政府对医疗投入的不断加大提供了满足需求的资金。发展生物医药产业也正面临着前所未有的历史机遇。

与此同时，需要引起我们注意的是，发展生物医药产业也同样面临许多的困难与挑战。主要体现在以下几个方面：

（一）产业投资风险大

生物医药产业的发展，明显具有高投入、高风险、高回报、长周期的"三高一长"特征。我国在生物制药研究上的资金投入严重不足，新药开发进程缓慢，一旦国外竞争对手抢先申报药品专利权，就会使国内的前期开发投资落空，使得技术创新面临较高的技术风险、市场风险和财务风险。企业必须不停地面临着技术发展、技术竞争和技术选择的压力与挑战，慢一步或错一步都可能惨遭"前功尽弃、淘汰出局"的命运。

（二）外企直接冲击

世界上很多生物制药企业都已直接或间接进入我国市场，它们不仅将自己获得批准的药品迅速来中国注册，同时将生产线建在中国境内生产，有的还将新药开发的临床试验移到中国境内来完成，它们依靠资金和技术的优势，对我国正在成长中的生物制药业产生了巨大的冲击。

（三）创新能力有待增强

南昌的生物医药经济中，占较大比重的基本上是仿制药，或是简单的剂型改进，被世界公认的创新药品很少。产品不可能出口，只能内销。产业严重缺少原始创新品种的研究开发，企业未能形成"生产一代、储备一代、研制一代"的企业技术创新体系。

国内的医疗器械市场，多数关键技术也被国外大公司垄断，国内高端医疗器械产品技术性能和质量水准落后于国外先进水平10年左右。虽然进贤医疗器械产业发展迅速，但基本上还是靠"一根针"在支撑，高科技产品比重非常低。

（四）同行竞争严峻

鉴于我国目前各地区综合经济实力、科技创新能力及产业发展模式的相似性，差异化要远小于同质化，区域竞争越来越激烈。加上国外跨国公司的纷纷涌入，国内市场国际化、国际市场国内化，包括南昌在内的国内生物产业将面临越来越激烈的国内外市场竞争。

南昌生物医药产业还存在产业总量偏小、产业技术水平整体偏低、科技成果转化率低、发展总体偏慢等问题，如何加快促进当地生物医药产业发展，在新一轮的战略发展中不落后，将是一个巨大的挑战（见表1）。

表 1　南昌生物医药产业 SWOT 分析

内部因素 外部因素	优势（S） ①形成的江西医药港优势 ②科研实力雄厚，产业发展后劲充足 ③医药企业聚集，产业集群效应明显 ④智力资本密集，产业支撑平台众多。	劣势（W） ①生物医药产业链同化，产业模式雷同，缺乏合理的规划和分工 ②产品营销能力低，产品创新不足 ③高端人才比较缺乏，研发力量比较薄弱
机遇 ①全球生物医药产业的活跃为南昌医药产业发展带来极大机遇 ②政府政策的支持是生物医药产业发展的重要推动力 ③市场需求的拉动是生物医药产业发展的内在动力 ④鄱阳湖生态经济圈的建立为南昌生物医药产业的发展注入了新的活力	SO 战略（依靠内部优势，利用外部机遇） ①基于自身优势充分利用机会大力发展南昌生物医药制造产业 ②规模化扩张，统一规划市内几大生物医药产业基地	WO 战略（利用外部机会，克服内部劣势） 抓住南昌生物医药制造已有优势，发挥规模效应，积极扩大产业优势
威胁 ①产业投资风险大 ②外企直接冲击 ③创新能力有待增强 ④专业人才缺乏 ⑤同行竞争严峻	ST 战略（依靠内部优势，回避外部威胁） 通过科学管理、优化内部组织机构，加强企业现代化管理应对外部竞争	WT 战略（克服自身劣势，抵御外部威胁） 进一步扩大生物医药产业基地优势，发挥集群效应，进一步吸引融合领先行业标杆

三、建立有效的传导机制，推动南昌生物医药产业升级

（一）南昌生物医药企业境外投资的研发反馈机制：传递机制的核心

南昌生物医药企业在境外投资过程中的海外研发可包含两类研发活动：创新型 R&D 和适应型 R&D。创新型 R&D 是指研发项目在母公司体系内具有创新性质，研发成果可运用于境外公司的全球市场。适应型 R&D 是对母公司引进的技术按照东道国需求水平和特点进行改进，这类研发活动往往以产品的当地化为目标。企业可根据自身在企业境外投资后的市场定位选择不同的研发类型。

企业在境外投资过程中的创新型 R&D 主要通过以下三条路径促进企业自主创新能力：首先是研发要素的吸纳机制，企业会通过吸纳研发要素而获得最新的技术，把握技术的动态发展；其次是研发成果的逆向转移机制，创新型 R&D 带来的研发成果会通过逆向转移使得企业获取更加先进的海外技术；最后是研发人员培养机制，创新型 R&D 中研发人员的运用和培养会使得企业提升母国的研发能力。通过上述三条路径的融合，创新性 R&D

最终能够促进境外投资企业的技术快速进步，从而促进企业的自主创新能力，进一步带动东道国结构调整和产业升级。

企业在境外投资过程中的适应型 R&D 促进企业自主创新能力的路径主要包括：在企业境外投资过程中，企业会根据东道国市场需求和偏好改变公司自身产品，以使其更适应于海外市场的需求，从而通过收益反馈机制使得企业自主创新能力得到进一步提升。

上述研发反馈机制具体作用过程如图 1 所示。

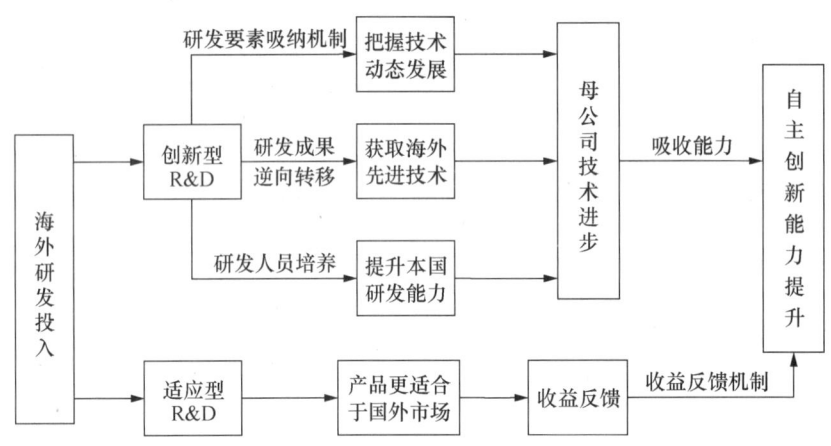

图 1　南昌生物医药企业境外投资促进自主创新能力的研发反馈机制框架

（二）南昌生物医药企业境外投资的收益反馈机制：传递机制的必要环节

南昌生物医药企业境外投资的过程中，收益反馈机制与海外研发反馈机制密不可分，互相促进。一方面，收益反馈机制能够通过资本的流动间接促进海外研发反馈机制的深化和延续。当企业将收益汇回母公司时，则母公司的财富增加。首先，这会使得母公司增加更多的核心研发投入，从而提升核心研发能力；其次，母公司会利用增加的收益购买更多先进的技术，能够开发新的产品和改进生产流程；最后，累积的财富会促使母公司引进更多高技术人才，借此提升整体研发水平。当企业将收益留存在境外子公司，则会进一步深化海外研发反馈机制，通过不断的循环和累积，增加子公司的研发投入、提高研发能力。另一方面，海外研发反馈机制中的企业研发动机需要收益反馈机制的驱动。正如上述内容的分析中，收益反馈是企业境外投资开展适应型 R&D 的直接动力。

上述路径都会最终促进南昌生物医药企业的自主创新能力，并实现结构调整与产业升级。研究框架如图 2 所示。

（三）南昌生物医药企业境外投资的子公司本土化机制：传递机制的重要补充

南昌生物医药企业境外投资的海外研发反馈机制和收益反馈机制，是南昌生物医药企业境外投资促进自主创新能力传递机制的主要组成部分。但是，在研究中发现，企业境外

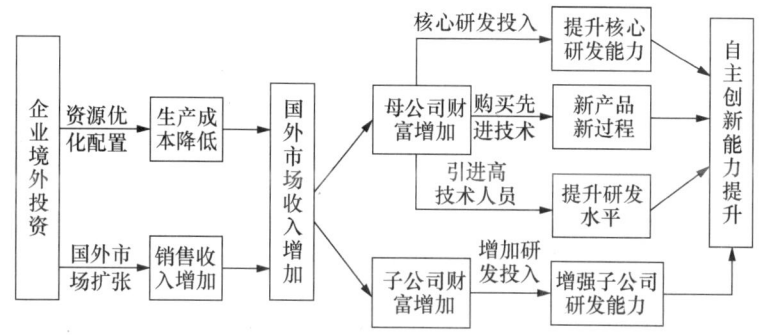

图 2　企业境外投资促进自主创新能力的收益反馈机制框架

投资这类商业活动存在着较高的风险性，由于企业自身的经营和管理能力通常弱于被投资方且存在较为严重的信息不对称现象，往往在投资后的技术、文化和人力资源整合等环节存在着潜在的冲突和效率损失。为此，我们提出南昌生物医药企业境外投资的子公司本土化机制作为企业投资促进自主创新能力传递机制的重要补充，保证传递机制的顺畅运行。

面对境外投资中潜在的风险和困难，企业境外投资过程中设立海外子公司并开展本土化运作最终能够克服上述难题，实现企业的自主创新能力提升，并带来结构调整和产业升级。首先，子公司本土化会通过技术溢出获取当地适用性技术，通过人员流动推动本国员工培训和国外技术人才引进，通过当地上下游产业链获得上下游技术和知识溢出，通过当地营销网络和市场实现网络内部的风险合作。其次，子公司本土化机制同时利用上述各方面的便利使得母公司获取最新技术、实现隐性知识有效转移、提高产品的技术支持、采购新的原材料或学习到新的组织方式，并且获取对方自愿共享的新知识和非正式的技术溢出及信息溢出。最后，母公司根据自身的吸收能力获得本土化带来的自主创新能力的提升，促进结构调整和产业升级（见图3）。

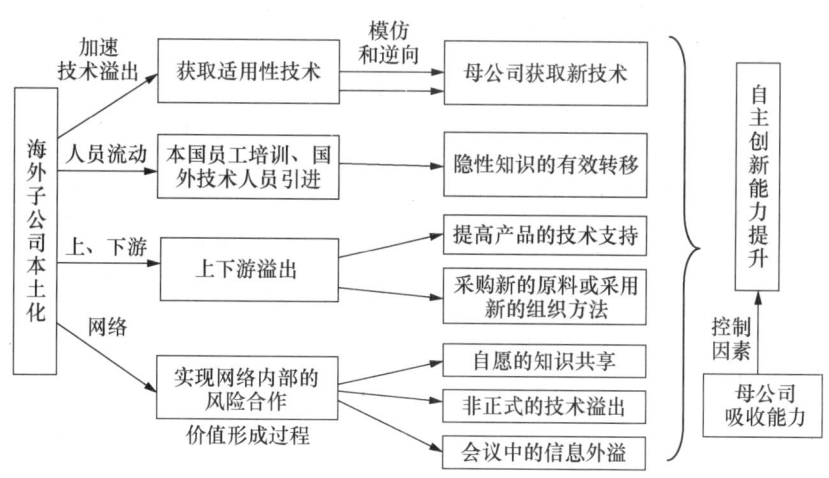

图 3　企业境外投资促进自主创新能力的子公司本土化反馈机制框架

四、南昌生物医药产业升级对策

（一）合理配置资源，注重政策调控的程度和时机

从中国转型和改革的历史来看，发展方式转型的主要挑战并不是经济体制本身，而是政府经济职能的完善，政府决策与调控方式的转型。特别是在对直接投资的政策影响方面，更应当注重政策调控，加强对各类资源的统筹管理，在整合各类经济资源方面加大调控力度，重视调控的高度和时机，合理配置资源。增强战略规划的科学性、预见性和有效性，为企业走出去创造良好的投资环境。与此同时，南昌市政府还面临着推进结构调整和产业升级的重大任务，在发挥市场作用和政府推动力量二者的平衡中，政府不仅要加大相关领域的投入和支持力度，更要注重政策之间的协调配合，避免冲突带来的浪费和低效。

（二）扶持重点企业，加强对投资主体的服务保障

由于南昌生物医药企业的特征决定其自身规模和能力有限，获取相关投资信息的能力较低，制约了境外投资的顺利开展。因此，南昌市政府可以对重点企业开展试点工作，成立非盈利性的境外投资工作组，集合多方资源为南昌生物医药企业成长为跨国公司提供中短期资金借贷、保险或担保服务，协助企业进行海外投资项目调查和可行性研究，定期发行新闻通讯和专题报道，提供投资东道国的经济产业政策、投资情报，搭建海外投资经验交流平台，提供对外投资咨询服务，协助企业进行投资分析，把握投资机会。此外，还可以为南昌生物医药企业培训技术人员和跨国经营人才提供技术援助。设立经济商业情报中心，在驻外使领馆设立经济商业情报中心，利用外交资源为南昌生物医药企业开展境外投资和跨国经营服务。

（三）完善专业人才培养模式，夯实技术获取基础

加大对企业技术创新的扶持力度，培养后备人才，鼓励和引导企业、高校以及科研院所围绕产业技术创新发展战略性合作，共建"人才培养合作联盟"。采用产学研相结合的人才培养模式。在药物研发方面有所突破的高校教师可以来到联盟进行成果转化，同时，联盟内的研发人才也会走进高校，向学生传授研发经验。此外，联盟还可以帮助落户企业吸纳高校研究生加入到新药研发团队，实现企业、高校、科研机构资源共享，助力生物医药研发型人才培养。

在当前的市场环境下，要进一步推进南昌市生物医药产业做大做强，还要求生物医药企业之间加强联系、加强合作、加强交流，通过联盟的管道，让企业间形成良好的合作氛围，以达到资源有效利用、优势有效放大、产业有效集聚、人才有效流动，为南昌市生物医药产业造就新优势，形成新合力。

南昌市食品产业集群发展研究
——基于"钻石理论"模型分析

民以食为天,食品产业是一个刚性需求的民生产业。世界食品工业以约 3 万亿美元的营业额居世界工业之前列。在世界经济全球化、信息化、市场化的大背景下,国际食品产业的发展也呈现出了新的特征,产业的集聚发展、相互间的渗透发展以及产业的持续发展,构成了当今食品产业发展的主旋律。

南昌在食品行业中已经具有一定的基础,以南昌的比较优势,食品行业应该作为南昌值得重视的产业。在国际国内经济结构大调整的背景下,南昌的经济要取得进一步的发展,应该牢牢抓住就业高、市场比较成熟的基础性行业,食品行业便是其中之一。

一、南昌食品产业集群发展现状

(一)产业基础雄厚

江西省已把该产业列入鄱阳湖生态经济区建设规划的重点产业之一;南昌市规划用 3 年时间培育一批重点企业,壮大一批自主品牌,做强一批主导产品,初步建立现代食品工业生产和市场体系。南昌的食品产业经过长期的发展,到目前已经形成了以金圣卷烟、汪氏蜜蜂、煌禽烤卤、阳光乳业、台湾统一、娃哈哈、润田、亚洲啤酒、雪津啤酒、滕王阁月饼等为龙头的食品企业,涵盖食品制造、食品加工、饮料制造、卷烟四个行业的格局。2014 年,南昌食品产业主营业务收入突破千亿元大关。

(二)龙头企业作用明显

产业集群发展的核心是重大企业、龙头企业,一个产业集群的形成,往往得益于一个或几个龙头企业的带动。如百事可乐、可口可乐落户小蓝开发区后,相关的包装、制箱、吹瓶、物流企业大量跟进,迅速成为江西省的食品产业基地。以煌上煌为代表的本地食品加工企业,为其他中小规模的食品加工企业起到了很好的示范作用。煌上煌集团被列为全国农产品深加工示范基地和国家农业产业化开发项目示范企业、农业产业化国家优秀重点龙头企业,是全国肉类食品行业强势企业和中国民营企业 500 强企业之一。

二、南昌食品产业集群的竞争力分析

(一)生产要素条件

1. 区位优势要素

南昌地处长江中下游、鄱阳湖西南岸,同时衔接着长江三角洲、珠江三角洲和海西经济区，地处上述三个经济活跃地区的腹地，区位优势明显，发展潜力巨大。南昌是全国重要的内陆交通通信枢纽，这有利于回避多数食品量大、耐储性差、运输时间长等劣势。

京九、浙赣、皖赣铁路和温厚、昌樟、京福、沪瑞、赣粤高速公路在此交汇，105国道、320国道、316国道纵贯全境，境内公路全部联网；昌北国际机场可达全国各大城市；水运经赣江入长江而出东海。是三大经济圈向内地产业梯度转移的中转站，具有承东启西，沟通南北的独特区位优势，是国际和东部沿海发达地区产业梯度转移的理想地区。

2. 资源要素

南昌乃至江西在食品生产行业中具有突出的资源要素做保障，主要体现在食品生产的原料充足、从事食品生产的劳动有保障、研发基础雄厚。江西的气候特征和土壤条件，有机农业、绿色农业和特色农业生产也提供了有利条件。

南昌乃至江西的水资源非常丰富，江西省水资源量约占全国水资源总量的5.2%，人均拥有水量和耕地亩均占有水量均高于全国平均水平，也高于长江流域平均水平，位列全国前茅，而且南昌的水质也名列全国甚至全球城市前列。南昌市水质在中部六省省会和省内主要城市水质对比中均有较好的竞争优势，成为发展饮料等多个食品产业集群发展的突出优势。南昌水资源矿物质含量达国家规定矿泉水标准。

作为中国农业大省，江西省在稻谷、柑橘、油料作物等农产品种植领域的资源优势突出。江西是重要的稻米产区，素有"江南粮仓"之称，产量约占全国10%；江西是全国柑橘的主产区，产量约占全国11%；江西处于全国油菜主产区、花生分散产区，产量较丰富，同时油茶籽资源丰富，产量约占全国20%，居全国第二位；江西猪肉、禽肉和水产品等畜牧养殖资源较为丰富。江西生猪养殖较丰富，年产量接近200万吨，产量占全国3%；江西禽类养殖规模较大，年产量50万吨，约占全国3%；淡水养殖面积34.5万公顷，鱼类170多种，并且鳗鱼、鲥鱼、小龙虾等水产品大量出口。

因此，南昌具有生产要素的基础优势。南昌的稻谷、肉类、蔬菜、水产、禽蛋等农产品在江西省内优势突出，为南昌发展食品产业提供了有力支撑。依托江西省各地种类丰富的特色农产品，特别是南昌丰富的农产品资源，为南昌诸多下游食品产业集群带来了良好的发展机遇。

在科技支撑方面，南昌境内拥有江西中德联合研究院、南昌大学食品工程学院、江西农业大学食品科学系等一批国内知名的科研院所和一大批科研成果；全省每年有3000名以上的食品专业毕业生；加上各大企业每年招聘的来自全国相关专业的人才，这些人才保障，一方面推动了食品工业企业的技术装备水平显著提高，另一方面新技术新产品的研发能力不断增强，也为大力发展食品工业带来强大后劲。

（二）需求要素条件

我国计划在21世纪前20年，集中力量全面建设小康社会，这无疑对国民基本需求的食品市场产生持久的推动作用，居民食品消费总量会继续保持较高比例的增长。随着人民群众收入的增加和生活水平的提高，为食品工业发展提供了更广阔的市场空间。我国作为世界最大的食品市场，10年来保持了20%以上的增速。

居民收入较快增长和生活水平不断提高，为食品工业发展提供了更为广阔的市场空间。"十二五"期间，随着居民收入持续增加和生活水平的不断提高，人们在饮食上不仅满足于食品数量的增加，更注重于食品安全卫生、营养保健和方便快捷。食物消费行为个性化、多样化，追求优质品牌的消费意识将不断增强，以及城乡一体化和社会主义新农村建设步伐的加快，这都为食品工业大发展提供了广阔的市场空间。

2013年城镇人口占总人口比重53.73%，仍有很大提升空间。同时单独二胎政策的放开，增量需求进一步得到释放；国民收入水平提高，可支配收入持续增长，食品消费进一步多样化，城乡居民对食品的消费将从生存型消费向健康型、享受型消费转变，食品消费总量将持续增长。

（三）相关与支持性产业

南昌还是农产品、食品贸易的集散地，拥有不同种类的、较为齐全的食品批发市场和食品信息网络。近年来南昌加快物流业发展，完善产业布局，推进以物流基地为核心，物流中心和配送中心为支持的物流体系，为南昌食品产业集群发展提供了有效的支撑。在南昌市南部物流出入口处，围绕向塘货运编组站规划了昌南物流基地；在青云谱区和南昌县交界墨山区域内建设了昌南粮食物流中心；根据南昌市企业生产和居民生活需要，南昌市还规划建设两个以冷链物流为主要功能的配送中心：南昌肉联厂冷藏配送中心和昌南冷藏配送中心，能有效为区内企业提供冷链物流配套。

各园区大力实施产业招商，积极承接国际及沿海发达地区产业转移，努力引进一批食品饮料产业链配套延伸项目和战略投资者，加速项目集聚、产业集群。青山湖区依托南昌统一、娃哈哈食品饮料、雪津啤酒等一批支柱企业，先后引进了紫江PET、金源包装、华奥印务等配套企业，在食品支柱企业做强做大的同时，一批中小配套企业迅速成长。

南昌市还将陆续建设等10个万亩以上优质粮油生产基地以及10个千亩以上优质蔬菜生产基地、果茶生产基地、花卉苗木生产基地以及水产养殖基地等。

同时，还将重点建设南昌县煌上煌禽肉制品加工基地、新建县田昌有机藠头生产基地、青云谱区阳光乳业乳制品加工基地、南昌县神珠禽蛋制品加工基地、新建县超琳蜂蜜柚子茶加工基地、新建县南方黑芝麻系列加工基地、经开区百盛食品米乳饮料深加工基地、南昌县宝迪生态食品工业园、桑海开发区双汇肉制品加工基地、新建县雨润肉制品加工基地等10个年超亿元以上的特色农产品加工基地。

此外，重点建设青云谱区南昌深圳农产品中心批发市场、青山湖区南昌生猪交易市场、东湖区南昌赣昌水产品综合大市场、南昌县小蓝禽蛋批发市场、南昌县三江蔬菜批发市场、湾里区江西农产品现代流通中心、进贤县江西弘洲绿色农产品物流港、新建县江西大铭农产品冷链物流中心、南昌县江西玉丰实业农产品保鲜物流中心、南昌县江西省绿滋肴产业化流通中心10个大型农产品流通企业。

南昌食品产业还依托全省食品工业科研院校的力量和食品工业专家网络，大力推进产、学、研一体化，科、工、贸一条龙，推进企业技术开发和创新。南昌有全国唯一的国家重点实验室——南昌大学食品科学重点实验室，食品工业科研院校与全省食品企业合作，大力推进了企业技术开发和创新，有力地促进了全省食品工业技术水平的提高和产品的更新换代。奶制品、啤酒、饮料等行业技术装备水平有了较大提高，稻谷加工业技术装备达到国内先进水平，企业装备水平正在逐步适应食品工业发展的要求。

（四）企业战略、结构与同业竞争

2014年，南昌市食品产业完成工业总产值1037.58亿元，同比增长16.9%，成为当地首个产值突破千亿元的产业。

南昌的食品产业主要包括食品加工业、食品制造业、饮料制造业三大类。主要代表为小蓝开发区以可口可乐、百事可乐、亚洲啤酒、康师傅饮料、今麦郎饮品、福建达利、煌上煌集团、绿滋肴、绿海茶油、赣粮米业、天津宝迪等一批食品饮料企业；经开区以康师傅、润田饮料和英雄乳业为骨干的食品饮料产业；青山湖区的统一、娃哈哈、英博雪津，滕王阁、金冠马得利、乔家栅等烘焙食品企业以及川奇保健食品等食品饮料企业。

虽然南昌2014年全市食品产业完成工业总产值突破千亿元，成为南昌市首个产值突破千亿元的产业，但与国内其他先进地区相比，南昌食品龙头企业数量较少，实力不强，品牌产品未形成规模，产品结构不合理，企业融资困难等发展中的突出问题没有得到根本改变。

江西省食品产业已有南昌小蓝经济开发区食品饮料产业基地、九江市庐山区绿色食品产业集群、南昌青山湖区食品产业基地、新建长埭食品工业园、赣州开发区食品产业园、樟树酿酒产业基地、吉水县粮油食品产业集群、上高绿色食品产业集群、南城南丰农副食品产业基地、新干县粮油食品产业基地等一批省级食品产业集聚示范区。各食品产业基地分别在茶饮料、矿泉水、方便食品和农副食品加工业等方面有着各自的竞争优势，就南昌而言，青山湖区和小蓝经济开发区食品产业集群内均有以上行业中相类似企业，竞争压力较大。

（五）产业发展机遇与威胁

随着中国经济规模的高速增长，国民消费能力的稳步提升，特别是在转变经济增长方式、提升消费在国民经济中所占比重的大背景下，中国食品消费产业迎来了一个新的发展机遇期，食品行业已经发展成为各个行业中经济增长速度最快的产业之一。

此外，国家大力发展现代农业，出台了减免农业税、农业补贴、收储涉农产品等强农惠农政策；沿海食品企业为降低物流、用工等成本，向中西部原材料基地和流动人口常住地转移；随着城镇化建设加快及城乡居民收入和生活水平的不断提高，自给型消费结构将进一步向商品型结构转化，未来10年我国城市中高端市场将稳步增长、农村大众化市场将逐步发育成熟。

国内总体发展阶段变化、人民生活水平整体提高形成的农产品深加工转化率不断提高、农产品加工业产值占农业产值比重不断提高，加工食品占饮食总消费比重不断提高形成的总需求扩张，这些情况，均为南昌全方位进军食品产业提供了宝贵的发展机遇。

但是，不容忽视的问题是，我国经济社会发展正面临日趋强化的资源和环境双重制约，以节能减排为重点，加快构建资源节约型、环境友好型的生产方式和消费模式，已成为我国今后一个时期的主要任务。我国食品产业部分行业单位产品的能耗、水耗和污染物排放仍然较高，节能节水、降低能耗、污染物减排和治理的压力较大。要在短期内达到宏观政策的目标，必须使食品行业进行生产技术升级，短期内无疑会增加该行业的生产成本。

此外，集群发展成本的上升也是目前食品产业集群面临的首要问题。集群在发展之初主要是依靠低廉的地价、较低的工资水平和政府优惠政策这些优势吸引食品企业入驻。经过几年的发展，集群内工业用地基本饱和，一方面国家对土地供应采取了较严格的宏观调控措施；另一方面产业集群内也缺乏行之有效的项目退出机制，工业土地作为稀缺资源，用地成本正在不断升高，原有优势难以维持。在人力资源方面，江西作为劳动力输出大省，由于本地工资水平低，常年面临着熟练工流失的问题。为了维持正常的生产规模，企业势必要提高工人的薪酬待遇，所以劳动力成本优势的消失只是时间问题。

（六）政府角色

江西省委、省政府将绿色食品产业作为全省十大战略性新兴产业之一，2013年江西省人民政府出台《关于深入实施工业强省战略加速推进新型工业化的意见》及其8个配套文件，省政府办公厅印发了《关于加快食品产业发展的意见》，目标是将南昌打造成为饮料制造产业带，在具有资源优势、物流和消费集中的地区，加快食品产业集群发展，促进全产业链的有效衔接，重点强化小蓝经济开发区、青山湖区等7个省级食品产业基地的建设。

食品产业作为江西省六大支柱产业，省委省政府明确提出集中优势产业群体，建设农副产品深加工和食品制造业特色工业园，着力扶持有竞争力的食品企业集团，培育一批有全国影响的龙头企业。并且给予产业以改善投资环境，加大招商引资力度，实现专业化生产，发挥集聚效应，积极调动各方积极性，加大产业投入力度，完善管理体系，强化服务意识，加快科技进步，提高产品科技含量等一批发展保障政策。

从南昌市层面来看，食品产业同样是十大基础产业之一，是南昌市产业发展的重要一环。市委、市政府就食品产业的发展同样提出了要促进专业化分工和产业链延伸，提升食品产业专业化水平，实施量质并举、产业集群和品牌发展战略，做大做强食品工业总量，初步建立现代食品工业生产和市场体系，促进食品工业可持续发展。

三、南昌食品产业集群发展的对策

在当前中国经济进入"新常态"的大背景下，经济增速逐渐放缓，经济结构面临重大的调整。食品行业作为基础产业，从南昌自身的角度出发，应该牢牢抓住。食品行业不仅关系到国计民生，而且也是解决就业的重要行业，值得特别重视。

（一）培育龙头企业

以市场需求为导向拓展食品发展空间，进一步培育龙头企业，从资金投入、信贷服务、用地管理、电价优惠、改善农产品流通环境等方面加大对龙头企业的扶持力度。龙头企业的效益好、技术水平高、市场占有份额大、发展后劲强，在资产重组和结构调整中处于核心地位。目前，食品行业已进入成熟微利时代，基本处于完全竞争状态，要靠质量去赢得生存空间，食品业的低风险性只有在行业龙头身上才能得到体现。

要充分利用现有龙头企业和名牌产品优势，按照规模经济、专业化和特色化发展的原则，通过上市、兼并、收购、合并、合资等形式，不失时机地进行企业规模扩张和品牌扩张,在不断完善原有产品体系的基础上,培育新的利润增长点,巩固龙头企业地位。加快现有优势食品产业企业的改组、扶持、培育一批优势突出、品牌知名、管理科学、创新能力较强、有发展前景的企业,通过提高产品技术含量、加强企业间合作和重组,逐步做大做强,发展成为龙头企业;支持和鼓励龙头企业,以产权为纽带,组建跨地区、跨行业、跨所有制的企业集团,以国内外市场需求为导向,开拓国际市场。形成产业集中度较高,大企业为主导、中小企业协调发展的格局。

构建食品龙头企业与中小食品企业组成的产业链。扶持、引导发展方向正确、发展前景看好的各类中小食品企业向专、精、特、新的方向发展,形成以龙头企业核心产品为依托、技术标准为载体的大中小食品企业合理分工的产业格局,提高优势产业的整体竞争能力。

(二) 打造集群品牌

江西拥有丰富、优质的农畜产品资源,南昌食品产业集群应承担起江西省从"粮仓"向"厨房"转变的重要载体,打造辐射全国的"中央厨房"。要依托广阔的农产品资源大力发展食品加工和深加工产业,为消费者提供最为可靠的食品。

江西省的水质、土壤等农业环境良好,拥有丰富的绿色农产品资源,为南昌食品产业集群发展绿色食品制造提供了重要保障。凭借这一独特的自然资源优势,南昌的食品产业集群可以打造全国知名的"绿色食品产业基地",借助优质的绿色食品原料资源,鼓励食品加工企业(尤其是农副产品类)通过提高食品生产全过程的"绿色品质"提高产品附加值,同时鼓励企业增加产品科技含量,添加流行口味元素及改善食品外观设计不断推陈出新,实践绿色、健康的产品理念。

在构建产业集群的过程中,推广小蓝经济开发区食品产业"安心供应链"的品牌形象,并严格要求本地食品生产企业在生产过程中严格履行"安心供应链"。通过打造"安心供应链"这一品牌形象,一方面可以有效增强对企业的约束力,另一方面则充分打响了"小蓝食品,安心供应"的地域性品牌,并延伸至整个南昌的食品产业。促进在招商引资过程中对企业的吸引力,吸引更多知名、有实力的食品生产企业入驻产业集群,不断充实、壮大南昌食品产业集群。

(三) 延伸、整合产业链

食品加工程度决定了食品业的规模和竞争力。食品产业的产业链条越长,加工越精细,产品附加值就越高。垂直整合资源,拉长产业链条,是提升食品工业的重中之重。

推动食品产业链的纵向延伸。积极推动食品产业链的前后延伸,提高产品加工深度和产品附加值。鼓励食品产业链中的龙头企业根据资金、技术、管理等有利条件,加强对农业生产—农产品—保鲜和加工—高值化利用—流通—销售的食品产业链各个环节的有效整合,提高资源配置使用效率,最大程度降低成本、获取更大的市场竞争优势。

鼓励食品产业链中的企业横向整合。支持食品产业链中的优势企业实施横向整合,优化资源配置,调整、优化产业布局,壮大食品产业竞争能力。

要加强农业产业化配套建设。屠宰、食用油、蔬果加工、乳制品等行业依赖农产品资源,对猪禽、油菜籽/油茶籽/花生、蔬菜/水果、茶叶、稻米、牧场等农畜资源需求较大,应通过与周边农村地区政府合作,加强与农业产业化组织的联系,通过联系当地农业合作社,帮助企业落实订单农户,协调农业合作社给予南昌的食品企业以稳定的采购量,优惠的采购价格;同时,帮助企业落实规模化农业生产基地,协调组织当地劳动力,为企业的农业生产基地服务。通过种种手段,保障企业的农产品原材料供应需要。

在食品产业生产配套方面,要积极吸引专业的食品添加剂(如乳制品、软饮料、焙烤食品、糖果行业所需的乳化剂;乳制品、软饮料、方便食品行业所需的增稠剂;软饮料、焙烤食品、糖果行业所需的甜味剂;软饮料、方便食品、焙烤食品、糖果行业所需的染色剂;啤酒、软饮料、乳制品、方便食品、罐头所需的防腐剂等)和食品包装材料(如饮料、啤酒、乳制品、食用油行业所需的包装瓶企业;肉制品、蔬菜水果加工、各类休闲食品、精制茶加工、乳制品企业所需的包装袋企业以及包装盒企业)企业等入驻集群。

要加大食品产业的物流配套。由于食品对时间、安全的严格要求导致食品物流费用占比远高于平均水平,使得食品物流成为"最昂贵的供应链",对物流的及时性和安全性要求也极高,目前国内在食品物流这一领域尚处于粗放发展阶段。食品产业物流配套今后将是南昌食品产业集群发展的一项重要发展机遇环节,是发展食品产业集群需重点建设的配套环节。重点服务乳制品、肉制品、速冻食品、蔬果加工等主导产业对冷链物流需求高的行业,抓住食品加工及流通产业是冷链物流的主要服务对象。南昌发展冷链物流潜力大,要规划一定面积的物流园区,建设冷库和冷藏车,并且积极引进第三方冷链物流服务商,依托第三方物流商建设冷库和冷藏车等基础设施,提供配套服务,打造南昌市冷链物流服务中心和建立食品物流园中园。

(四)增强自主创新

以食品企业技术中心建设为重点,完善技术创新体系建设。推动食品产业链龙头企业和重点企业普遍建立省级技术中心,完善企业技术中心基础设施建设。加大科研经费的提取比例,提高自身对科技开发的投入。

加速提升食品企业信息化水平。将食品龙头企业和重点企业作为推进企业信息化的示范企业。以关键环节、重点食品为核心,推进产业信息化,重点推进食品企业生产流程质量控制的信息化和管理过程信息化、营销电子商务化。大力推进食品安全可追溯体系建设。

鼓励企业运用现代高新技术改造提升传统食品产业。积极鼓励企业在传统食品改造中引进现代加工手段,在提高食品质量和安全保障水平的同时,提高传统食品的档次,带动传统食品市场份额的提高。

推进产学研合作,提高食品工业技术创新能力。大力推进以食品企业为主体、产学研联合开发的食品工业科技创新体系建设,充分利用南昌大学国家食品重点实验室、中德食品工程中心等大专院校和科研院所的科研设施和人才资源,解决自身开发能力不足的问题,降低食品企业的研发成本和风险,加速科技成果、专利技术的产业化。

针对中小企业众多的行业,以及龙头企业主导的行业,分别采取政府引导和企业主导的方针对食品研发提供支持。对于中小企业,以政府为主,主动与外部研发机构联系,联系省内如南昌的中德联合研究院、南昌大学、江西农大等专业食品研究机构协调其与企业合作，解决食品产业发展的共性技术问题，为多家企业提供统一的技术支持、提供公共技术支持；对于规模较大的龙头企业，以企业为主，自主设立研发中心或与外部研发机构合作开展相关研究，提高企业自身的技术实力，进行产品创新，并且政府提供优惠政策或补贴，以鼓励企业的研发创新。

（五）重视人才培养

要重视、加大人才培养和引进力度，为食品企业做大做强提供人才保障。食品企业要围绕发展战略制定人力资源计划，积极培养和引进人才，为人才成长和才能发挥创造良好的环境条件；提倡企业与高等院校联合办学，南昌食品产业应积极配合上级政府和有关部门引导在南昌的各大专院校增加食品专业设置，大力培养不同层次的食品专业人才和经营管理人才，解决企业的高级人才和普通劳动力引进问题，增加招商吸引力；加大食品行业技术工人的职业培训力度，积极鼓励社会培训机构为食品行业培训技术工人。

第九部分 其他

会昌县氟盐化工产业集群发展研究

会昌县位于赣州市东南部,矿藏主要有锡、岩盐、萤石、石灰石、稀土等,岩盐储量高达19亿吨,萤石资源也十分丰富,是江南唯一同时拥有岩盐和萤石矿产资源的县份,特别适合发展氟盐化工产业。会昌经过几年的发展,氟盐化工产业有了一定的基础,拥有九二盐业、鹰鹏化工等一批企业。会昌充分发挥"氟盐化工产业基地"这块金字招牌的磁石功能招商选资,把好绿色生态环保关口,倾力打造氟盐化工产业基地。

一、会昌氟盐化工产业集群发展现状

(一) 氟盐化工产业基地基本情况

为了吸引客商前来投资,会昌已投资数千万元,完成了氟盐化工基地的基础设施建设。会昌氟盐化工产业基地筹建于2006年,以会昌县筠门岭镇为主体,以氯碱、氟化工为主导产业,产业初具规模。2010年会昌县氟盐化工产业主营业务收入31.5亿元,占全省氟盐化工产业的比重在20%以上。县内探明氯化钠储量达9.5亿吨,居江西第二位,萤石储量130万吨以上。

2011年6月,会昌县经江西省工信息委批准并授予"江西省氟盐化工产业基地"称号。首期规划面积800亩,建设年产3万吨四氟乙烷(R134A)、5.1万吨四氟乙烯(TFE)及其聚合物等6个项目,项目总投资20亿元;二期规划面积700亩,主要建设年产5000吨氯化聚丙烯、5000吨水性氟涂料、4000吨氟橡胶等6个项目。计划用5~10年时间,把江西省氟盐化工产业基地建设成为投资超100亿元、主营业务收入超300亿元、利税超50亿元的国家级氟盐化工产业基地。

(二) 会昌氟盐化工基地的产业链正逐步完善

会昌氟盐化工产业基地的龙头企业石磊氟化工有限公司是赣州市氟盐化工产业集群的骨干企业之一,也是基地未来发展的重要支撑。2004年冬,石磊公司会同金龙锡业合作拍得江西九二盐矿的资产,并兴建了60万吨真空制盐生产线。2010年1月新建年产30万吨离子膜烧碱项目,一期工程年产10万吨生产线现已竣工;2011年,会昌县年产1.2万吨电子级氢氟酸生产线项目正式签约,该项目投资5000万元,这是该县继年产15万吨离子膜烧碱等工业项目建设启动之后的又一大项目。

2012年7月,公司新上5万吨无水氢氟酸项目投产;以锂电核心材料六氟磷酸锂为突破口的含氟新材料、4万吨环保制冷剂R410a、硫铁矿制酸、含氟聚合物等项目正在稳步推进,16万吨甲烷氯化物项目已经通过了国家环保部组织的专家评审。

为充分发挥会昌县萤石、岩盐、锡、铜等资源优势,加快振兴发展的进程,会昌县以被命名为"江西省氟盐化工产业基地"为契机,抢抓赣南苏区振兴发展的战略机遇,加快推进基地基础设施建设,提升基地的承载力,积极引进上下游产业配套项目。目前,盐化工形成烧碱、耗氯产品、耗氢产品、耗碱产品精细化工产品的产业链条;氟化工形成新型 ODS 替代品、含氟聚合物、含氟精细化学品和副产氯化氢综合利用的产业链条。

(三) 会昌氟盐化工基地的产业集群效应初显

依托九二盐业、石磊矿业、鹰鹏化工等企业形成的现有产业基础,结合盐资源和萤石资源的综合优势与市场条件,会昌氟盐化工产业基地确定其发展目标定位:"以氟化工为主体,以基础盐化工为配套,以精细盐化工为补充"。准备用 8 年时间朝着定位目标发展,将江西省氟盐化工产业基地打造成为国内一流的特色型氟盐化工基地。

该县根据国家和省里的氟盐化工产业政策,编制产业发展规划,注重延伸产业链,引进了八大氟盐化工产业项目。这些项目包括年产 30 万吨的离子膜烧碱项目、年产 12 万吨的甲烷氯化物项目、年产 5 万吨的无水氢氟酸生产项目、年产 2 万吨的二氟甲烷生产项目、年产 4 万吨的 R410A 混配制冷剂项目等,总投资近 28 亿元。这些项目达产达标后,每年主营业务收入将达到 150 亿元。

会昌县在工业经济转型发展中走产业集约发展之路,把优势企业培育壮大,发展成为产业的龙头,带动一批相关企业的快速发展,凸显出"既有'一轮月',更有'满天星'"的集约集群发展态势,工业经济呈现又好又快的发展势头。

自 2011 年以来,会昌县氟盐化工产业主营业务收入达 31.5 亿元,增长 60.12%,占全省氟盐化工产业的 30.05%;实现利税 51860 万元,增长 70.31%,占全省该行业的 31.4%;上缴税金 28595 万元,增长 26.78%。预计到 2015 年,基地将实现投资超 50 亿元、主营业务收入超 150 亿元、利税超 20 亿元,到 2020 年实现投资超 100 亿元、主营业务收入超 300 亿元、利税超 50 亿元,会昌正努力打造成为国家级氟盐化工产业基地。

二、会昌氟盐化工产业集群的 SWOT 分析

(一) 会昌氟盐化工产业集群发展的优势 (S)

1. 区位优势

会昌县位于江西省东南部,赣州市东南部,武夷山余脉西麓,南岭余脉北端,赣江一级支流贡江上游;东南邻福建武平,南接寻乌,西南毗安远,西北连于都,东北交瑞金。为赣、闽、粤"三省通衢"之地。东西宽 56 公里,南北长 85 公里。距赣州市(经杉树排、瑞赣高速)137 公里。会昌县实现了乡乡通水泥路,县内路网纵横,交通便利,交通优势日益显现。

会昌氟盐化工产业基地位于会昌县城南 38 公里的筠门岭镇境内,紧靠 206 国道(已经建成了二级公路,是基地的主要通道),毗邻广东、福建两省。距赣龙铁路西江站 75 公里,距离赣瑞高速 70 公里,距离济广高速筠门岭出口 2 公里。另外,国家规划建设的"天津—汕头"南北干线铁路经过会昌周田镇和筠门岭镇,对氟盐化工基地的打造有重大

意义。从地理区位上看，在200公里的半径内，基地是赣州、梅州、龙岩三市的中心，这些城市的公路、铁路交通都很发达。便利的交通条件可使得基地在1天内可以到达华东、中南和华南地区的任何一个大中型城市。

2. 自然资源优势

矿产资源丰富，已探明开发的矿藏有锡、盐、萤石、铜、稀土等30多种，其中锡金属储量54万吨，开采条件居亚洲第一，岩盐储量19.6亿吨，为江西第二，石灰石资源遍布北部乡镇。

（1）萤石资源：萤石是不可再生资源，是氟盐化工产业的最基础原料。萤石是会昌的优势矿产之一，主要产于武坝镇的瑞—会萤石矿和筠门岭萤石矿体，全县萤石储量达200万吨。经赣南地质调查大队详查，现已探明萤石C1级储量29996吨，C2级储量5412吨，D级储量95.23万吨，平均品味为65度，最高品味达90度以上。

会昌本地企业江西石磊矿业有限公司控股、参股企业拥有的萤石资源探明及控制储量500万吨以上，远景储量1000万吨以上，已有5座矿山和4座选矿厂投入生产，萤石精粉生产能力达15万吨/年，是中国萤石资源储量较大的矿山企业，系中国萤石专业委员会副理事长单位，其中子公司会昌石磊、全南石磊是国内少有的大型萤石矿，均为国内萤石精粉产量最大的企业之一。石磊矿业的萤石资源储备，可以在相当长的时间内满足自身的发展需要。

（2）盐矿资源：会昌县周田矿区有着非常丰富的矿盐资源，岩盐储量达19亿吨，其中B+C+D级氯化钠储量9.5亿吨，平均盐层厚度223米，平均品味在60%左右，属中等矿石，为江西第二大盐矿。

（3）硫铁矿：会昌境内该矿种地质储量400万吨以上，境内硫铁矿目前未开发，临近的宁都县青塘镇已探明矿石量1184万吨，硫平均品味22.56%。

3. 具备良好的需求要素条件

我国氟盐化工产业多在江浙、山东一带布局，而氟盐化工产品特别是制冷剂产品的最大消费市场是珠三角地区，如格力、美的、TCL等知名电器行业巨头，这些企业都在离会昌不到500公里的珠三角地区聚集。但是珠三角地区由于资源缺乏，制冷剂产品生产几乎空白，多由江浙一带供应，空间距离远，运输成本高。会昌发展以新型制冷剂为主导产品的氟盐化工项目，不仅具有天然的市场优势，更可以有效降低空调等电器的生产成本，对构筑我国氟盐化工产业合理布局有着重要的意义。

（二）会昌氟盐化工产业集群发展的劣势（W）

1. 环境、安全、资源的制约

欧美发达国家利用自身的技术优势，以保护环境和提高产品安全性为由，陆续实施了一批新的条例和标准，如REACH公约、RoHS/WEEK Directives和POPs等。根据这些新的条例和公约，一些产品的使用将受到限制，这给正处于发展阶段的我国精细化工、化工新材料提出了严峻的考验。与此同时，近年来国家也越来越关心与人民生活息息相关的工业品的安全，正在不断加大安全管理力度和提高安全标准。

作为全球最大的制造基地，我国的环境承载力正经受着前所未有的考验，环境已成为影响我国经济发展的制约因素之一。因此，为了解决好经济发展和生态环境的矛盾，国家要求工业生产不断降低单位产值污染物的排放量,最终实现经济与生态环境的协调发展。在化工新材料的生产中,虽然污染物的排放总量小于基础化学品,但由于污染物组成复杂,治理的难度相当大,面对日益严格的环保要求,会昌氟盐化工基地面临的资源利用、环境保护任务十分艰巨,因此必须坚持发展循环经济,推广清洁生产工艺,严格按国家标准排放废气、废水。

2. 当地经济环境的制约

会昌县整体经济基础仍然还较薄弱,经济总量和人均水平偏低,发展优势和发展后劲不足。资源性产业比重偏高,高新产业、新兴产业比重低,产品技术含量低,企业自主创新能力不足。资金、技术、人才等要素的短缺,制约了会昌县新型工业化的发展,社会发展和管理面临诸多新课题。氟盐化工产业有严格的环保标准,因此在基地建设的过程中,要使项目建设做到环境友好、绿色生态。

3. 产业链不完善的制约

会昌氟盐化工产业基地企业规模不大,竞争力不强,仅生产初级产品氢氟酸和盐,下游产品生产刚起步,一系列问题困扰着产业的发展。路网、市政设施以及污水处理厂等基本配套设施缺乏,特别是产业形成后,货物的吞吐量特别大,且多数为危险化学品,对运输能力有较高要求,但会昌有危险化学运输资质的企业仅一家,难以满足产业发展。

(三)会昌氟盐化工产业集群面临的机遇(O)

作为同时拥有岩盐和萤石矿产资源的县份,会昌县特别适合发展氟盐化工产业。会昌县着手高标准打造氟盐化工产业基地,聘请国内著名专家完成了《会昌县省级氟盐化工产业基地规划》编制,并获得了省工信委通过,从而使会昌县氟盐化工产业上升到省级优势产业发展层面。继而又从产业链、规模、政策、定位上进行了量化、细化,建立了氟盐化工产业基地投融资服务、资源整合协调机制、支持产业政策、基地发展要素保障和高位推动五大体系,积极帮助基地企业提高竞争力。

会昌县《2013年政府工作报告》中提出,要推进产业发展,增强振兴发展支撑力——加快发展新型工业,加速产业集聚。一要依托资源禀赋和产业基础,推动产业集中、集群、集约发展;力争鹰鹏化工年产5万吨无水氢氟酸及2.4万吨电子级氢氟酸、红狮日产4500吨水泥生产线(二期)等16个重大工业项目开工建设,实现石磊氟化工年产5万吨氢氟酸和2万吨电子级氢氟酸等12个重大工业项目竣工投产。二要培育重点企业,建立更加有效的企业扶持机制,加强政企、银企、校企对接,促进资金、土地、人才、技术等要素向重点企业集聚,引导企业通过科技创新、资本经营、企业重组、嫁接合资等途径做大做强。三要加大中小成长型企业扶持力度,年内力争新增规模以上工业企业10家以上。四要打造工业平台,继续抓好台商创业基地、氟盐化工产业基地基础设施建设和安置区建设,规划建设保障性住房及生产生活配套服务设施,进一步健全园区管理体制和运行机制。这些政策都为会昌氟盐化工产业发展提供了很好的机遇。

为了吸引客商前来投资,该县已投资数千万元,完成了路网、市政设施、污水处理等氟盐化工基地的基础设施建设,使基地既坚持集约用地,又功能完备;同时加大对物流企业的扶持发展,满足氟盐化工产业发展需要。与此同时,会昌县引导基地企业项目建设做到环境友好、绿色生态,循环回收利用,减少废物排放,降低物耗、能耗,大力发展氟盐化工产业集群,力争把江西省氟盐化工产业基地建设成为国家级氟盐化工特色产业基地。

会昌县还曾经派出 16 名懂经济、善管理的干部到鹰鹏化工、石磊矿业、力菲克药业、九二盐业等优势企业挂职,协助企业解决生产发展问题;出台政策激励优势企业引进技术、设备和工艺,抓好质量、环保和安全体系认证,提高自主创新能力,对取得省级以上著名商标和名牌产品的企业,县财政予以 3 万元以上奖励。近年来,该县企业技改投入资金 1.1 亿元,新上技改项目 19 个,完成技改项目 12 个。金龙锡业公司在县里的扶持下完成工艺改造、完善环保措施、健全现代企业制度,成为锡矿开采和锡金属精深加工的龙头企业。今后还应继续实施该项措施,巩固成果。

在赣州市第四次党代会上,岩盐和萤石矿产资源丰富的会昌县又迎春风,会议提出要把氟盐化工产业发展成年主营业务收入超 200 亿元的产业集群,为该县大力发展氟盐化工产业增添无穷动力。继被授予江西省首个"氟盐化工产业基地"后,该县氟盐化工产业又一利好消息,年产 30 万吨离子膜烧碱项目二期工程当年年底已投产。该县氟盐化工产业集群效应初显。

(四) 会昌氟盐化工产业集群发展的挑战 (T)

会昌氟盐化工产业基地虽然具有较好的区位优势、丰富的自然资源,当地政府也对基地的发展给予高度重视,但从基地的主营收入来看,还处于全省劣势。究其原因,发展起步慢、市场跟随者的竞争战略是其中的原因,同时也还面临着以下挑战:

1. 世界经济增长不确定性带来的挑战

世界经济在经历了危机后,已经结束了下降的势头,但也应该看到,全球经济发展还存在一定的不确定性,首先是发达国家经济增长乏力,而发达经济体是全球消费的主力军,其经济难以实现稳定增长,投资也相对低迷,导致全球总需求不足,在这样的大背景下,化工行业的需求也将受到负面影响。其次,发达国家经济低迷和新兴国家经济高增长,导致发达经济体出现通缩和新兴市场出现通胀,容易引起贸易战和再次的金融风险,对全球经济的发展也是潜在的威胁。

2. 产品更新换代和市场竞争加剧的挑战

随着科技的发展和技术的不断进步,新产品的研发周期越来越短,产品更新换代加速,这对会昌氟盐化工产业基地的技术创新能力和产品升级换代速度提出了挑战。

虽然我国有多种化工产品产量居世界第一,但是国内技术水平不高,产品同质化现象较为严重,因此,国内产品之间在许多领域存在着激烈的竞争。

我国是全球最具发展潜力的市场,国际化工巨头在我国大量投资建设化工项目,他们凭借技术优势占领了国内高端市场,国内企业进军高端市场还面临着与国际化工巨头的正面冲突。

此外,中东地区凭借丰富低廉的油气资源,建设或者拟建大量石化产品装置,中东地区市场容量有限,未来必然有部分产品要出口中国市场,进一步加剧了国内行业竞争形势。

因此,未来国内化工行业竞争将较为激烈,在选择建设项目时,要综合考虑这些因素。

3. 化工新材料行业的竞争日趋激烈的挑战

相比于基础化工，氟材料、钛材料等化工新材料属于高技术含量、高附加值产品，但近年来高额利润引来大批企业进行投资，竞争日趋激烈，部分低端产品已成微利产品，未来只有重点发展高技术含量的高端产品才能实现差异化发展，获得良好的经济效益。

（五）SWOT 分析表

罗列 S、W、O、T 的各种表现后，基本上对产业的竞争地位有了一种模糊的描述，接下来，我们构造 SWOT 结构矩阵（见表 1）。

表 1　会昌氟盐化工产业 SWOT 分析

内部能力 外部因素	优势（Strength） ①区位优势 ②自然资源优势 ③具备良好的需求要素条件	劣势（Weakness） ①环境、安全、资源的制约 ②当地经济环境的制约 ③产业链不完善的制约
机会（Opportunities） ①获得省工信委和县政府的支持 ②路网、市政设施、污水处理等配套基础设施建设已建成 ③沿海地区产业转移加快	SO 战略（依靠内部优势，利用外部机遇） ①基于自身区位优势和自然资源优势，充分利用当前机会发展会昌氟盐化工产业 ②打造会昌产业集群，注重项目支撑，加速产业集聚	WO 战略（利用外部机会，克服内部劣势） ①充分利用外部机会，改善会昌的自然环境和经济环境 ②注重规划支撑，强化顶层设计 ③降低内部劣势的抑制性作用，完善产业链
威胁（Threaten） ①世界经济增长不确定性带来的挑战，国内外竞争加剧 ②产品更新换代和市场竞争加剧带来的挑战 ③化工新材料行业的竞争日趋激烈带来的挑战 ④人才的流失。	ST 战略（利用内部优势，回避外部威胁） ①充分利用会昌具备的良好需求要素，开发新工艺，提高原材料利用率，从而降低材料消耗和生产成本 ②注重要素支撑，破解发展瓶颈 ③加快成果转化和产业化发展步伐，加快技术进步抵御外部威胁的影响	WT 战略（减少内部劣势，回避外部威胁） ①通过政府相关措施，改善外部环境，减少内部威胁，回避外部环境威胁 ②注重服务支撑，创优发展环境 ③积极培育自主技术创新能力，实现可持续发展

三、会昌氟盐化工产业集群发展的对策

会昌县资源丰富，欠缺的是技术和资金，整体的投资环境需要完善。但在开发成本、发展空间、政策优惠、市场潜力等方面，具有无可比拟的后发优势。

按照 SWOT 分析基本思路，在对会昌氟盐产业集群进行优势、劣势、威胁和机会的分析之后，我们提出以下对策和建议：

（一）注重规划支撑，强化顶层设计

针对江西氟盐化工产业发展规划滞后，发展定位模糊、布局分散、产业链短等制约产业做大做强的主要障碍，会昌县委、县政府要从理清主导产业发展方向、完善产业链条搭配、明确基地功能分区、提升配套基础设施等关键问题的顶层设计入手，坚持以规划为统领，产业布局服从规划，配套设施建设遵从规划，项目落户符合规划的原则；委托业内权威的专业设计，将现有的《氟盐化工产业基地总体规划》、《江西省氟盐化工产业基地规划》、《锡产业发展规划》、《铜产业发展规划》、《非金属矿产业发展规划》等专项规划进行统筹编制，形成完整的规划体系。

与此同时，还要注重引导石磊氟化工、九二盐业等龙头企业结合产业整体规划，制定企业发展规划，形成政企规划紧密衔接、合力推进的良好局面。

（二）注重项目支撑，加速产业集聚

大项目—产业链—产业集群—产业基地，这是近年来会昌依托大项目加速氟盐化工产业集聚的发展路径。目前，在氟盐化工产业基地落户的矿产品精深加工企业有九二盐业、石磊矿业、石磊氟盐化工、鹰鹏化工、小山锡业、锦顺达锡业、赣州亚泰钨业7家企业，其中，在基地已签约的落户项目共14个，总投资达45.8亿元。这些项目建成投产后，会昌的氟盐化工产业链条将更为完善，基地产值和效益将呈几何级倍增。

会昌需要按照链条项目抓招商、招商项目抓落地、落地项目抓推进、竣工项目抓达标，以项目带动产业聚集的总体目标，通过深入实施重大项目带动战略，着力引进一批配套的企业及具有增链、补链、强链功效的产业链条项目。同时，要多建设循环回收利用项目，循环回收利用，既可减少废物排放，又可降低物耗、能耗；同时又使得产业具有良好的综合利用前景，形成生态循环链。

（三）注重要素支撑，破解发展瓶颈

面对大量的项目用地需求、巨大的园区基础设施资金缺口和粗放式的资源开发、利用现状，会昌县委、县政府要冲破原有的观念束缚，推进观念创新，着力破解发展瓶颈。

1. 创新融资方式，化解资金投入难题

充分利用市场化手段，实现融集城市建设和产业发展资金，合理推行BT、BOT项目建设模式，实现园区基础设施建设由单纯政府主导向政企合作建设的转变。促进银企对接，破解融资难题。实行金融机构支持县域经济发展考核奖励制度和企业联保制度，积极发挥县级财政融资担保平台的作用，多渠道拓宽企业融资途径，形成政银企合作对接的良性互动。县政府要主动协调企业与金融部门的关系，设立中小企业担保基金，以破企业融资难题。引导石磊矿业、鹰鹏化工等龙头企业调整股权结构，吸纳社会资本，带动相关企业发展，加快产业聚集。

2. 创新征地拆迁模式，破解项目用地瓶颈

要提高并统一县城规划区内和规划区外的征地拆迁标准，把安置区的建设与城镇化规划和建设紧密结合，同步启动。

3. 创新资源配置方式，实现集约高效绿色开发

会昌是南方甚至全国独有的兼有萤石和盐矿的区域，为了实现资源的集约高效绿色开发，加速将资源优势转化为经济优势，会昌要坚持"政府主导、企业主体、市场运作、依法推进"的原则，以"整合资源、规范秩序、完善机制"为重点，建立资源所在地与加工所在地利益共享机制、增量资源优先配置精深加工企业机制，研究制定限制矿权企业销售原矿、初级产品的措施，鼓励存量资源通过市场手段进入深加工企业。坚持"谁投资谁受益，谁开发谁保护，谁开采谁治理，谁破坏谁恢复"的原则，注重运用法律、经济和行政手段保护资源、改善生态环境，积极推进矿产资源综合利用、三废利用和矿山生态环境治理，实现经济效益、社会效益、资源效益与环境效益的统一。

（四）注重服务支撑，创优发展环境

产业要做大做强做优，必须要提高政府的服务水平和服务质量，只有政府有效的帮助和高效服务，才能不断优化产业发展环境，坚定企业发展信心，进而不断放大"洼地效应"，营造起"蝉鸣效应"。

促进政企对接，提升服务水平。实行县领导挂点、县直单位和乡（镇）帮扶、工信干部联系规模以上工业企业、重点培育的中小成长型企业和重大工业项目制度，将帮扶服务企业工作纳入全县重点工作考评内容，积极提供政策和信息服务，全程跟踪项目开工、投产、运行，统筹调度生产要素，保障重点企业和重大项目需要。

（五）注重创新支撑，提升核心能力，实现可持续发展

强化企业技术改造和自主创新能力，是老工业基地调整改造和工业结构优化升级的重要内容，也是振兴工作取得成效的重要经验。

1. 加强人才队伍建设

促进校企对接，满足人才需求。把人才队伍建设当作提升"软实力"，加速产业发展的一项重要工作来抓，引导企业树立招工就是招人才的理念，出台专业技术人才引进奖励政策。基地与如江西理工大学、江西应用学院等赣州本地院校加强专业人才培养合作；县职校根据县内企业的用工需求，实行订单培训，对企业熟练技工优先安排在校毕业生在县内企业实习就业；整合培训资源，加大对农民工职业技能培训力度。

2. 构建和完善区域创新体系、提升传统产业的自主创新能力

有条件地建设工程研究中心、工程实验室、企业技术中心及公共技术服务平台，创建以企业为主体、市场为导向、产学研相结合的技术创新体系；要进一步强化对企业技术中心建设的管理和指导，加大支持力度，创造良好环境和条件。调动社会科研资源，推进产学研合作。

3. 增加科研开发投入

日本是全球最重视科研开发的国家之一。2013 年据日本有关机构对近 300 家大企业调查，经营状况好转后的日本企业并没有将利润用于提高职工工资，而是投向科研开发，增加科研经费的企业占 43%，更新设备的企业占 18%，反映了日本企业高度重视科研开发和技术创新。在这一点上，国内很多企业都应该学习参考日本的做法，从而提升自主创新实力，实现企业的可持续发展。

培育产业集群是工业化发展到一定程度的必然趋势,是走新型工业化道路的必然途径。会昌县以发展氟盐化工为着力点,努力实现"一年一变样、三年大变样、五年上台阶、八年大跨越",积极打造国家级氟盐化工产业基地。通过优势产业集群发展提升产业素质,必将提高县域综合竞争力,打造县域经济发展的支撑。

万载县花炮产业集群案例研究

万载是全国五大烟花爆竹主产区之一。花炮产业既是万载千年传统产业，也是万载经济发展主导产业、财政收入的主要来源。近年来，万载按照"做强、做优、做稳"的总体指导思想，把烟花爆竹产业作为推进幸福万载建设的三大重点产业之一，围绕"百亿产值、十亿税收"的发展目标，实施整顿提升工程、标准化创建工程和集群化发展工程，不断夯实安全基础，大力实施科技创新，加快推进产业升级，使全县烟花爆竹产业驶入安全高效发展的快车道。

一、万载花炮产业集群发展现状

（一）产业规模迅速壮大

目前，全县有花炮生产企业398家，引火线企业90家，花炮原材料生产企业15家，印刷包装企业36家，花炮营销企业32家，燃放企业13家，危货运输企业5家，烟花储存仓库5个，从业人员15万余人。万载烟花爆竹产品种类多达14个大类4000多个品种，销往全国各地市场及出口100多个国家和地区。近年来，山西鸿鑫、香港荣声、广州熊猫、安徽强隆、李渡烟花等国内行业龙头企业以及全国最大的花炮物流企业华洋物流先后落户万载，花炮产业集聚效应明显。截至2014年11月，万载县花炮产值达71.7亿元，同比增长42%，其中出口4.79亿美元（含加工订单），同比增长23.4%。万载烟花爆竹产业基地被省商务厅正式认定为江西省第一批外贸转型升级产业出口基地。

（二）产业链条不断完善

万载县始终坚持重大项目带动战略，按照"重大项目（龙头企业）—产业链—产业集群"的发展思路，大力实施招大引强工程，全方位延伸花炮产业链条，进一步完善配套产业，重点打造人才科技、原辅材料供应、物流仓储、销售、文化、燃放、融资七大平台。目前，创办了花炮专业学校，花炮科研所正式挂牌运行；株潭天禧商贸物流中心已动工建设，占地面积280亩，打造花炮原材料交易平台；江西万港物流（公路口岸作业区）将在年内运营，占地200亩，打造集监装、运输、报关为一体的物流平台；九江港危货外运码头正式开通；新建的花炮成品销售市场已经交付使用；以花炮元素为主题的龙湖公园暨花炮燃放国际赛事中心正在抓紧建设。

（三）产业安全度不断提升

万载始终把抓好烟花爆竹行业安全生产作为一号任务。一是对花炮企业进行整顿提升。2009年以来，万载共投入民间资金6亿多元对全县花炮企业进行全面整改提升，共淘汰规模较小、条件较差的企业93家，拆除不符合安全距离的工房2600多间，新建各类工房14800栋，产能提升至4000万箱以上，产值可超100亿元。2013年6月，全县花炮生产企业在全省率先启动新一轮标准化创建工作，总投入创建资金10亿元，全面提升企业的硬件条件和规范整顿企业的内部管理，目前已完成206家，经省市验收发证82家，标准化创建工作2014年内全部完成，现有企业产能将提升50%以上。同时，推广机械化生产。目前，万载所有花炮企业都推广使用了机械化生产，全县已有安引机6000余台，电脑结鞭机近千台，电脑装药机也有几十台，消除了家庭手工作业现象，事故率大大降低。二是开展引火线专项治理。打击、关闭非法引火线生产户517家，全县引火线总数控制在90家，经省市验收发证到位87家。三是强力"打非治违"。对"三超一改"、转包分包及发放下手工等重大安全隐患予以严厉打击。目前，共排查各类安全隐患1214条，已整改到位1211条，停产整顿企业73家，经济处罚29.6万元，治安拘留3人。

（四）知名度不断提升

万载烟花爆竹生产历史久远，迄今已有1400多年历史，其花炮传统制作工艺已列入国家非物质文化遗产。2008年9月，首届中国万载花炮文化节成功举办，来自海内外的1000多名客商和媒体云集万载；2009年，成功举办"首届海峡两岸烟花爆竹产业发展高峰论坛"，同年，经中国日用杂品流通协会认定批准，万载县被授予"中国烟花爆竹之乡"荣誉称号；2010年，"万载花炮"集体证明商标获国家工商总局正式批准。同时，"万载花炮"走出去步伐不断加快，全国农运会、北京奥运会、上海世博会、首都国庆60周年庆典、广州亚运会等重要盛会、场所都留下万载烟花的璀璨光影，万载鸿鑫礼花公司在2013年上海第十四届国际音乐烟花节上荣获礼花弹比赛第一名，金峰花炮参与2013年美国FNA烟花博览会燃放表演夺得金奖；金峰花炮在美国投资200万美元成立了"匹克烟花公司"；鑫隆公司、溢彩公司等出口龙头企业还在国外设有仓库、销售公司和营销网点，把销售平台直接搭到国外，并在国外纷纷注册品牌，其中金峰公司在美国注册的"霸鸟牌"还被省商务厅授予"江西省重点培育和发展的出口名牌"，进一步提升了万载花炮的知名度和美誉度。

二、万载花炮产业集群的竞争力分析

（一）产业基础优势

烟花爆竹在万载已有1400多年的生产历史，无论是在基础环境还是传统意识上，都有得天独厚的优势，历史上形成的烟花爆竹的生产氛围、技术条件、生产方式、制纸技术及纸品、原材料采购和人们的各种工艺、经验都是其他地方不可比拟的。20世纪90年代之前，万载的烟花爆竹总体水平远在浏阳、上栗、醴陵之前，传统花炮文化底蕴深厚。

(二) 生产要素优势

1. 区位交通

万载县位于赣西北，锦江上游，东临上高县、南接袁州区、西连浏阳市、北毗铜鼓县，公元222年（三国孙吴黄武年间）开始单独设县，距今近1800年。全县面积1719平方公里，辖9镇7乡1街道，181个行政村，总人口56万。万载地处浏阳、醴陵、上栗三角地，位置优越，交通便利，区位优势明显，县城距南昌昌北机场170公里，离长沙黄花机场178公里，距宜春明月机场25公里，离浙赣铁路宜春站30公里，距昌金高速26公里，宜万高速、昌栗高速及320国道穿境而过，至上海、厦门、广州、温州等地均在8小时左右，距江西南昌港、九江港和湖南霞凝港分别是170公里、280公里、170公里。

2. 人力资源

万载有56万人口，人居环境优良，自有劳动力基本能够供给企业生产需要，扣除在外的7万余名青年工，具备20万左右的花炮生产、管理、营销方面人力，加上独有的优美环境和人居条件，万载有足够的条件吸引外来务工人员。目前，万载从事烟花爆竹生产的人口15万人，有3%左右的外来技术和劳动工人。

3. 生产技术

万载生产爆竹的技术优势早在数百年前就已经实现，在爆竹传统生产的72道工序中，无论是卷筒、栽引、和药、紧口到封装，手工技术优势已得到同行的广泛认可。机械化普及的今天，电脑控制的装药机、结鞭封装一体化机都是万载率先在企业推广使用。在烟花生产技术上，万载也突飞猛进，技术水平达世界一流，自动装药机、沙炮自动装药包装机、全电脑控制的燃放设备堪称世界一流。近年来，先后与南京大学、南开大学、南昌大学、宜春学院、宜春检验检疫局等高校、科研院所合作，主攻新材料、新机械、新工艺、新产品、新包装等。成功研制了"康安一号"、"康引一号"等安全新型药剂并全面推广使用，万载成为全国第一个在花炮企业中全面禁止使用、购买、储存氯酸钾及制品的花炮产区；建立了一所国家级烟花爆竹检测实验室，对花炮药剂配方进行事前检测，研发了爆竹装硝、安引和结鞭机等，使万载所有花炮企业生产实现了机械化、自动化生产。

(三) 市场竞争优势

在漫长生产历史中，万载的"罗马烛光"、"花篮"、"跳轮"、"金盘银盏"烟花以及排炮、大地红爆竹形成了在欧美、东南亚以及中国各省市（除西藏外）的独特市场，排炮、大地红几乎遍及各省市；烟花产品虽受规模限制，但目前也在几大洲均有独特的市场，国内则主要是在省会城市和市县级城市有较大市场。产品质量水平已得到市场普遍认可，不论是东北、华南、华北、华东还是东南亚地区对万载排炮、大地红品牌普遍认同度很高，其中特别突出的品牌排炮在市场价格上均高出同类产品价格的15%~25%，以安全、环保、响率高、不断声、不断火为突出特点。

(四) 政策环境优势

经过千百年的积累，万载已在政府层面、主管部门、乡村、企业形成了一套较为完善、比较科学的管理模式，县委县政府将花炮产业列为"1号"工程来发展。1986年万载在全国率先成立县花炮局,主管花炮产业发展。2010年,制定了《万载县烟花爆竹产业五年发展规划》,坚持"首位发展、控小扶大、调优调强、特殊保护"的发展方针,走安全与发展协调、规模与效益并重的发展之路,实现产业快速健康发展。相继出台了《关于进一步加快花炮产业优化升级的实施意见》、《关于加强烟花爆竹行业安全监管和队伍建设的意见》、《关于强力推进烟花爆竹安全生产标准化创建工作的通知》等政策文件,从企业整合、科技创新、花炮文化、融资体系、市场发展、队伍建设等方面,制定了一系列扶持措施,为进一步加快万载花炮产业转型提质步伐提供了政策保障。

三、万载花炮产业集群面临的挑战

(一) 政策门槛越来越高

烟花爆竹对国家来说属于控制行业范畴,许可的门槛条件越来越高,不论是企业规模、安全基础、产量产值等,都在受到前所未有的限制。从企业规模看,万载年产值2000万元以上的规模企业只有33家,仅占总数的8.3%左右,大多数企业的年产值在500万~1000万元,规模不大。经过整改提升和标准化建设,万载花炮企业结构调整取得了较大的成绩,但高档次、高附加值的企业仍然很少,还没有一个集生产、销售、研发、物流以及涉及相关行业的企业集团,也没有一家销售额过亿元的核心企业。按国家安监总局最新要求,万载烟花爆竹企业总数将控制在290家以内,这意味着万载在2009年整顿提升的基础上还要减少108家企业,淘汰率高达27%。

(二) 市场要求越来越严

随着花炮市场的规范化进程,对产品质量、药物成分、药物敏感度、外观包装、工艺技术、燃放安全要求等会更高,而自2002年省政府要求万载退出花炮产业后,万载大量人才外流、改行,烟花人才技术匮乏。目前,万载较多烟花企业均聘请外地技术人才,核心技术掌握在他人手中,报酬工资高,稳定性较差,存在较大风险。加之万载大部分企业研究市场不够、主打产品雷同、产品紧贴市场不够,导致企业竞争力弱、抗风险能力差。而且,万载花炮行业的人才缺乏不仅体现在生产技术人才上,更体现在企业管理、安全管理、市场营销、财务会计以及与现代企业管理和国际贸易接轨的人才缺乏之上。很多企业营销理念落后,死守一两个老客户,不求做大做强发展新客户,生产管理故步自封,家族管理严重影响企业发展。

(三) 行业标准越来越高

国际标准在不断变化,目前出口欧盟的产品要受其"进口物质注册标准"的限制,本身出口欧盟的大部分物质(包括烟花爆竹)将被此贸易条款拒之门外;200毫米以下的礼花弹若采取黑火药开爆的都将自动降为1.3G类别,同时任何品种均须经联合国的评级测试通过,后者一律作为1.1G级别处理。国家将烟花爆竹产品标准提升到类似兵工产品的标准对待,而标准又未考虑在机械化生产中的适应性,这些都将带来十分不利的影响,加上江西历年来对烟花生产许可持谨慎态度,部分企业的生产线增、扩、改难度较大。

（四）品牌要求越来越高

品牌是企业的生命线。市场越规范，品牌意识要求就越高，品牌的知名度对产品市场拓展所起的作用就越重要。目前，万载大多数企业对品牌的重视程度不够，打造品牌意识不强，全县拥有注册商标的企业少，真正有自己品牌的还不到50%，在工商注册的商标只有120多个，拥有注册商标的产品产值仅占全部产值的36%。万载花炮产业还没有一个驰名商标或知名品牌，特别是烟花品牌还远不足以左右市场，因而市场份额不大。现有的企业品牌影响力也仅限于市县范围，在全国乃至全球的知名品牌还未打造，因而竞争力相对不足。

（五）运输渠道越来越困难

佛山三水港的烟花禁运，对湘赣烟花出口企业是一个重大障碍；北海、上海等港口对花炮产品的限制，产地自行监装的约束，无疑都对花炮产品运输产生了重大影响；货运车辆的危货要求、限载、监装、乱执法等都对企业造成成本上升和风险的加重。因此，寻找新的运输渠道和方式，开展公路、铁路、水陆相结合的运输已迫在眉睫。

（六）融资渠道还不顺畅

虽然万载通过财政注资政策性担保机构（县中小企业信用担保公司重点支持花炮产业，在保余额1.1亿元）、与金融机构合作推出搭"助保贷"（建行为15家企业放贷7558万元）、"联保本"（农信社为224户花炮放贷1.148亿元）新型融资产品等方式为花炮企业缓解融资难题，但由于整改提升、标准化建设需要大量资金投入，大部分企业资金仍然周转不过来。同时，由于烟花爆竹产业的特殊性，一些商业银行对花炮企业融资贷款设置很高门槛或者不开展放贷业务，加上诚信等级体系未能建立，花炮企业贷款融资显得特别困难。

四、万载花炮产业集群发展的对策

（一）发展方向

1. 专业化生产

通过花炮企业标准化创建，大力推广机械化生产，引导花炮产业走专业化生产的道路，推进产业结构向"专、精、特"的方向发展。

2. 集团化经营

通过整合有效资源，鼓励花炮企业兼并重组以集团式发展，实行强强联合，发挥骨干企业、优势企业的作用，实现资源的优化重组，提升花炮产业集群竞争力。

3. 科技化支撑

加大科技投入，鼓励和扶持企业组建科研机构，攻克生产技术难题，研发新材料、新包装、新产品，提高市场竞争力。

4. 品牌化推广

大力实施品牌战略，引导企业树立品牌意识，推广使用"万载花炮"集体证明商标，对产品进行统一包装、统一标识、统一价格，并全力争创中国驰名商标。

（二）主要措施

1. 加大企业培植力度，着力调整产业布局

加强龙头企业的培育壮大。严格控制企业数量，做大做强单个企业，在扶持本土龙头企业发展的基础上，引进一批有实力、善管理的大型企业落户万载，与本土企业或上下游配套企业实行强强联合，组建若干个产值过亿元的龙头集团企业。

积极扶持一批成长型企业发展。加快推进花炮企业标准化创建工作。鼓励企业内部股份改造，引导企业走特色化、专业化发展之路，鼓励企业开发具有竞争力的个性产品，增强企业竞争能力。建立现代企业制度，运用现代管理理念和先进的管理技术，建立一支优秀的管理队伍和营销队伍，改变传统家族式管理模式。全县重点扶持100家产权清晰、标准化建设良好、专业特色明显的成长性企业。

鼓励企业兼并重组。鼓励重点企业和投资者向产业链的薄弱环节及有土地、劳动力资源优势的乡镇延伸，布局上有增有减，淘汰散、小、乱、差企业，使产业结构更趋合理。针对部分生产企业管理水平差、开工不足、市场竞争力不强的现状，鼓励其靠大投强、优势互补，由龙头企业牵头重组兼并，建立产业联盟，增强抵抗风险的能力。

完善产业链条。着力推进李渡烟花、喜尔美花炮等刚引进的花炮生产基地项目以及原材料大市场、公路口岸作业区、华洋物流等现有在建项目，力争项目建成早日投产、发挥效益。以九江港开通为契机，帮助花炮出口企业做好协调服务工作，同时鼓励物流企业组建危货运输公司，积极探索新型运输渠道。

2. 全力做好花炮宣传，着力拓展销售市场

在全国市场分片分区设立办事处。对当地市场进行调查分析，熟悉当地市场的价格行情、消费习惯、市场准入机制、市场管理模式及焰火燃放等信息；建立重点客户台账，负责"万载花炮"售后服务、拓展市场、联系焰火燃放业务、花炮招商等工作；加强与当地市场行业主管部门或行业协会的沟通协调，争取支持。

积极实施"走出去"战略。全力组织企业参加全国各省市订货会、产销对接会，组织企业积极参加美国、欧盟、南非等国外的产品博览会，加强行业间的沟通与交流，既开阔眼界、更新观念，又向市场全方位推介万载花炮，展示实力，不断提升万载花炮影响力。

强化销售网络平台建设。鼓励企业在国内设立直销窗口、成立省级流通公司、买断省外地区经营权，扩大内销市场，逐步实施连锁经营，开拓终端市场，掌握销售主动权；支持企业在海外设立销售公司和办事处、买断或入股国外花炮公司，加强对海外销售渠道的控制。

3. 完善融资体系建设，着力缓解融资难题

发挥政策性担保机构的作用。县中小企业担保公司、财政担保中心等政策性担保机构要将扶持重点放在花炮企业，对安全条件好、发展前景好的企业予以重点扶持，简化放贷手续，同时做好资金监管、跟踪服务工作。

探索新型融资渠道。积极争取国有金融机构加大对花炮产业的支持力度，降低融资门槛、简化放贷手续、创新金融产品，大力推广信用联社为花炮企业授信、评级、联保等贷款方式，支持建设银行"助保贷"开展业务。继续实行出口退税抵押贷款、引进仓单质押公司担保贷款，积极引进民生银行、兴业银行、村镇银行等有竞争力的金融机构参与花炮产业的发展建设。

加快诚信体系建设。建立花炮企业生产、经营、信誉等信息系统，实现信息共享。加强花炮生产企业诚信体系建设，根据企业的资产质量、生产状况、市场竞争力、失信违规违法行为记录等，设立标杆，建立台账，将企业分为不同的信用类别，并采取不同的方式对其实施管理和融资扶持。

4. 加强人才队伍建设，着力推进科技创新

建立人才专项资金。重点用于引进和培养花炮产业高层次创新人才；鼓励大中专毕业生到花炮企业从事管理工作。

培养科技人才。以县烟花爆竹专业学校为依托，与宜春学院、北京理工大学、湖南安全技术职业学院等单位合作，培养烟花爆竹科技人才及行业所需的高、中级管理人才。

加强科技攻关。充分利用万载现有烟花爆竹人力资源、技术力量和科研设施，积极组织烟花爆竹新型原材料药物和产品技术攻关，举办花炮新产品展示大奖赛，鼓励企业开发新功能、新工艺、高附加值的烟花爆竹产品。注重引导加强企业间技术、工艺、装备应用交流，提升万载烟花爆竹整体产业水平。

5. 大力实施品牌战略，着力培育花炮文化

加大"万载花炮"地理标志集体商标的宣传使用力度。积极向上级争取"万载花炮"品牌商标的认定工作，积极申报省著名商标和中国驰名商标；争取"万载花炮"商标走出国门，在美国、欧盟等地注册商标。同时，积极组织全县花炮企业依法依规使用"万载花炮"地理标志集体商标，大力实施"万载花炮"品牌建设推广工程，采取政府主导、花炮商会组织、市场运作的模式，给指定厂家生产的指定产品进行统一包装、统一标识、统一价格，提升万载花炮的整体质量及整体形象。

引导企业树立品牌意识。出台激励机制，积极引导花炮企业注册商标争创品牌，引导现有知名品牌积极申报驰名商标、中国名牌产品和中国出口名牌产品，培养一批著名商标和知名品牌。

着力培育花炮文化。把花炮产业纳入文化产业发展规划，并作为万载文化产业的支柱来培育、打造，积极争取上级政策扶持。建设好和使用好龙湖公园暨烟花燃放国际赛事中心，打造万载花炮文化形象名片；举办好花炮文化节，文化搭台，经贸唱戏，推进产业的交流与合作；精心打造花炮创意园建设项目，加强花炮文化创意，以经营文化品牌的战略推动产业发展；精心打造花炮文化博物馆建设项目，挖掘和整理传统花炮文化。

余江县雕刻产业集群发展研究

近年来,余江县委、县政府加大了对雕刻产业的扶持力度,出台了一系列扶持政策,并把雕刻产业发展列入余江中长期发展规划,余江雕刻行业呈现出快速发展的态势,取得了良好的效果。

一、雕刻产业集群发展现状

余江雕刻在产业承接、产业集聚、园区建设、技术创新、雕刻文化与产业融合、产业接通和产业延伸、区域发展等方面产生了较强的辐射带动效应。余江雕刻产业获国家级和省级奖励,荣誉主要有"中国雕刻之乡"、"中国佛佑之乡"、"中国根艺之乡"、"江西省雕刻产业基地"、"江西省特色商业街"、"江西省雕刻创业示范街"、"江西雕刻文化商业街"、"江西雕刻文化创意产业基地"、"江西省文化创意休闲街区"、"江西省文化产业示范基地"、"江西精品文化旅游景点"和国家3A级旅游景区等称号。2013年获得了江西省文化产业示范基地称号,余江雕刻产业成为鹰潭和江西省的一张亮丽的名片,余江雕刻在国际、国内市场有很高的知名度。

余江雕刻产业原材料及品种丰富,产业链延伸较为充分;产、供、销市场服务功能日臻完善,雕刻文化内涵得到进一步彰显,产业承接辐射能力进一步增强,产业集聚示范平台进一步加大,区域合作带动作用进一步显现。余江雕刻配套优惠扶持政策、产业规划、产业承载平台齐全完善,雕刻产业人才济济,产业技术创新能力强。

2013年雕刻产业实现营业收入10.5亿元,其中外贸出口2634万美元,安排就业1.5万人,利润总额7500万元,税金3600万元。其中木雕产业已形成年销售收入5.25亿元,利润总额3750万元,税金1800万元;玉雕产业已形成年销售收入2.1亿元,利润总额1500万元,税金720万元;石雕产业已形成年销售收入1.89亿元,利润总额1350万元,税金648万元;铜雕产业已形成年销售收入1.26亿元,利润总额900万元,税金432万元。

二、雕刻产业集群的优势分析

(一)品牌优势

余江是中外闻名的雕刻之乡,已获"中国雕刻之乡"、"中国佛佑之乡"和"中国根艺之乡"等称号。余江雕刻产品涵盖木雕、玉雕、根雕、铜雕和石雕五大系列十大类9000多个品种,其中五个系列十大类3000多个品种,远销日本、东南亚、西欧、北美等国家和地区；外销的佛檀、佛盆、佛具等木雕产品的产量和出口额均居全国首位，2013年雕刻产业出口额达2640多万美元。2013年余江成功举办了"中国第十五届根博会"，江西省"振兴杯"雕刻行业职业技能大赛和鹰潭"余雕杯"雕刻工艺大赛。近两年被省级及以上有关部门授予质量或诚信经营荣誉称号的商户及其商品数量140多家（个），获一等奖雕刻商（产）品150多个，银奖铜奖800多个，果喜集团被日商誉为"天下雕刻第一家"，排同行前列。

（二）产业辐射优势

余江县位于长三角经济圈、珠三角经济圈、闽三角海西经济圈、环鄱阳湖经济带及革命苏区经济合作的"交集区"和"叠加区"，在雕刻产业承接、产业集聚、园区建设、技术创新、雕刻文化与产业融合、产业接通和产业延伸、区域发展等方面产生了较强的辐射带动效应。余江与长三角、珠三角、闽三角地区及境外联系日益紧密，梯度产业转移趋势明显。一是雕刻产业向余江转移的速度在加快。雕刻产业承接转移的新增投资额几乎占全年到位资金总额的30%以上。二是雕刻工业加工贸易项目成为余江承接产业转移的重点。2013年引进外来投资项目共50多个，其中工业项目20个，占引进项目的40%；工业项目到位资金1.6亿多元，占总到位资金的50%。利用外资方面，加工制造业占主导，新批雕刻外商直接投资制造业企业3个，占新批项目数的30%。在全县外贸进出口业务中，雕刻工业进出口占额达35%以上。三是转移承载平台扩展较大。仅2012年全县雕刻工业发展平台（园区）共征收土地1000亩，新增工业用地600亩。

（三）区域联动优势

利用遍布全国的3万多雕刻大军，余江县雕刻产业主动融入长三角、珠三角和闽三角地区，不断加强与境外及港澳台地区交流与合作，针对产业集群、重点行业和重点区域开展产业招商，紧紧围绕雕刻产业这一特色产业及专业市场等商贸服务业，突出招大引强。积极探索区域联动发展新途径，深化与长三角经济圈、珠三角经济圈、海西经济圈、环鄱阳湖经济带及东中西部地区的区域分工合作，吸引国内外投资者到余江投资创办雕刻企业，而且重点在设施共享、园区共建、利益共享、信息互通等方面率先突破，在更大范围内实现资源优化配置。余江已成为全国雕刻文化产业承接加工贸易转移的样板基地，吸引相关产业投资的洼地。2013年，全年引进1000万元以上项目4个，其中500万元以上项目11个，实际引进内资1.67亿元、外资300万美元。

（四）人才优势

余江雕刻产业人才济济，产业技术创新能力强。一是有一大批突出人才。如中国木雕大师1人、中国根艺美术大师5人、国家高一级技师2人、国家高二级技师14人；江西技术能手16人、江西工艺美术大师1人、江西工艺美术家2人、赣鄱"555"技能领军工程人才1人、江西省"四个一批"领军人才1人；鹰潭市工艺美术大师10人、鹰潭市工艺美术名人6人；有技能大师工作室10多个。二是拥有1个设备共享平台，雕刻研发中心和产品检测中心两个中心，正在完善雕刻专家人才库和数据库。利用余江雕刻产业网、余江雕刻期刊、余江雕刻培训学校和余江雕刻电子商务中心等平台，建立了余江雕刻产业大型仪器协作共用网、全国雕刻产业人才专家库和中小企业科技创新服务网；与省内外20多所院校研究所进行了产学研合作和雕刻专业培训协作。三是有数目众多的专业人才和熟练技术工人。余江雕刻行业拥有各类专业人才1500多人，熟练技术工人9000多人；开发各类新产品新工艺技术300余个（项），专利100多项，聘用国内一流雕刻专家50多人，培训各类专业技术工人1000余人。

（五）发展环境优势

虽然余江的雕刻产业发展步伐在加快，但由于非常重视加强环境保护意识，余江县的环境承载力进一步增强，可持续发展能力更加突出，拥有宜业、宜居的良好生态环境。余江县利用国家3A旅游景区和龙虎山5A级旅游景区资源，全力打造旅游目的地和游客集散地，同时积极发展低碳循环经济，大力推进雕刻工业互动体验游、雕刻文化创作游和红色文化游设施建设。不仅如此，还建立健全了环保准入机制，完善雕刻园区污水处理厂等环保设施，大力推行清洁节能工业生产，实行市场准入制度，对落户余江的企业实行环保在线监控，严禁承接高能耗、高污染、淘汰的雕刻加工项目，严禁生产加工影响民族稳定等有损社会稳定和谐的商品及产品，以保持优越的生态环境及和谐安定社会环境。

三、雕刻产业集群面临的挑战

雕刻产业的发展带来了经济效益，增加了百姓收入，提高了余江的知名度，已成为余江的一张文化名片。余江雕刻产业的发展虽然很快，但相比之下，无论是规模还是发展速度都不及其他新兴产业的发展，余江县雕刻产业的发展还有很多不足，也面临很多困难。

（一）用地指标不足，制约产业园区快速形成

余江县受用地指标问题困扰已久，没有发展储备用地，给予雕刻企业落户的总体土地面积不大，土地选址也不佳，无法满足大型木材商、家具、根艺、玉石等厂商对土地的需求。余江雕刻集群化发展有优势，且符合现有形势，如不能及时提供大批联片土地建设集中产业园区，将延误良好发展机遇，不仅影响产业正常兴起，且造成一定的负面影响。近年来，雕刻建设指挥部招商小分队赴浙江、福建、广东、上海、北京等地招商，带回了一大批投资意向很大的客商，但因为迟迟得不到土地供应，大多失望而归。

（二）金融支持不得力，小微企业融资难

余江雕刻企业多为中小微企业，老板多为"泥腿子"出身，成为金融机构内心嫌弃的对象。鉴于政府政策要求，各大银行经常也会邀请座谈，调研情况，邀请媒体报道一下，就没下文，搅乱了经营者心绪，打击了返乡创业者的信心。近年来，真正以创业、发展企业贷到款、融到资的基本没有，另外服务水平与发达地区也相差甚远。

（三）竹木加工许可指标严重不足

省市林业部门对竹木加工许可证发放控制过严，每年余江只有两个指标，办理难度相当大，这与大力发展雕刻产业的要求相差甚远，已经成为红木家具、宗教造像等木制雕刻

企业入驻的直接瓶颈。

（四）产业宣传的深度不够，范围有待扩展

宣传资金短缺。宣传行为具有周期长、见效隐形的特点，短期内无法获得明显直接的经济效益，若没有庞大的资金保障，产业宣传工作只能滞于点面。

四、雕刻产业集群发展的对策

（一）大力扶持龙头企业

鼓励和扶持创新企业研发，调整产业结构，打造名品名作。在全县雕刻企业中筛选10~20家重点企业，实行县级领导分管责任制，实行挂牌保护、免检制度。同时，对重点企业从资金、土地、资质、信息、人才等方面给予大力支持。对符合资质申报条件的企业积极帮助申报，争取上级扶持政策，促进企业做大做强。

（二）做好孵化器工作，延伸雕刻产业链

做好孵化器工作，构建立体化的雕刻产业配套体系，不断完善雕刻产业链。逐步建立起从上游的雕刻产品研发、设计，到中游的雕刻产品生产、加工，再到下游雕刻产品物流、配套展示、市场营销的雕刻产业链。同时，不断延伸雕刻产业链条，将其扩展到商业、运输、餐饮、建筑、旅游、服务等延伸性产业，以及广告、咨询、培训、信息、金融等支撑产业，形成特色鲜明、结构完整、功能完善的雕刻产业链。

（三）形成地方特色品牌

围绕打造中国雕刻之乡的目标，创建"余江雕刻"品牌。凭借优质香樟木材资源、花鸟工艺技术、宗教造像文化历史积淀和数万雕刻人才的优势，重点量产立足江西、辐射国际国内市场的香樟木系列工艺品、花鸟根雕艺术品、红木（白木）中欧式家具和佛龛佛具佛佑产品四大系列的雕刻精品。

（四）突出产业招商宣传

围绕打造"余江雕刻"地理标志的目标，大力推动上级有关部门在各个层面宣传余江雕刻，支持余江作为发展江西雕刻的核心来培育形成全国最大的雕刻产品集散地。有效利用互联网平台，创建和完善余江雕刻网，以此为主阵地，宣传推介余江雕刻。开设网上订购业务，使互联网成为雕刻对外宣传和产品销售的重要渠道。鼓励、扶持行业协会组织参加全国有重要影响的博览会。加大对产业政策与环境的宣传，将"以商招商"进一步延伸与拓展，招商范围由"余江籍"向全国推进。

星子县体育用品产业集群发展分析报告

一、星子体育用品产业集群发展现状

（一）龙头企业已经形成

星子县坚持以科学发展观为指导，大力实施"旅游强县、强工兴城"发展战略，凝心聚力，开拓进取，以打造"中国体育用品之都"为目标，大力发展球类产业集群，2013 年，全县实现规模以上工业主营业务收入 154 亿元，目前形成规模的九江思麦博运动器材有限公司是由世界最大球类生产商——台湾思格瑞公司投资建设，该项目为 2006 年江西省八大招商引资项目之一，注册资金 5000 万美元，占地面积 940 亩，总建筑面积 106.63 万平方米，在职员工 6000 余人。于 2005 年 12 月落户当地，2008 年 4 月正式投产。

该公司专业从事篮球、足球、排球、橄榄球等国际体育比赛用球的生产，产品包括"阿迪达斯"、"耐克"、"斯伯汀"等世界著名品牌。主要销往欧美、日本等发达国家或地区。2008 年，该公司通过 ISO9000（质量体系）、ISO14001（环境保护）、OHSAS18001（职业健康安全体系）等国际标准认证；先后荣获 2009 年江西省先进出口企业、2011 年九江工业企业 30 强（位列第 17 位）、江西省外商投资进出口 20 强，2013 年又成功入选江西省 120 家重点出口企业。

（二）配套产业集聚迅速

星子工业园区体育用品项目正在快速发展，乐胜运动器材项目已建成，2013 年 6 月底竣工投产，乐胜是由广州客商投资 1.18 亿元的运动器材项目，2014 年 6 月底投产，投产后年产值达 2.8 亿元，利税 4500 万元。南京乔伟运动器材项目已进行实地考察，有来星子投资意向，另外南昌一家运动服装项目也正在洽谈中，星子工业园区体育用品产业正在蓬勃兴起。

二、星子体育用品产业集群的发展优势

（一）龙头企业强力带动

全球最大的专业运动球类生产厂家——九江思麦博运动器材有限公司坐落在江西星子工业园区内，为星子增添了更多体育运动气息。思麦博有着较强的生产能力，较大的影响

力，稳定的产值对促进县工业企业发展具有较大促进作用，特别是为星子工业园区体育用品运动球类产业发展带来了良好的发展机遇。有这个稳定的生产点，就有更多的吸引力，吸引球类产业集群发展。

（二）文化带动产业发展

星子不仅体育产业迅速发展，而且人文自然资源得天独厚，星子是世界文化名人陶渊明的故里，中国古代四大书院之首白鹿洞书院也坐落在星子，《桃花源记》、《望庐山瀑布》、《爱莲说》等文学名篇均诞生星子县，这说明星子文化底蕴深厚，文化与体育产业的发展都是现代人们生活中不可分割的重要组成部分，需齐头并进。

（三）区位优势较为明显

星子背靠庐山，南临鄱阳湖，境内环庐山公路与昌九高速公路对接，105国道贯穿全境，正在修建的九江绕城高速和都九高速及昌九发展大道将贯穿全境，与京九铁路、昌九高速、九景高速全部贯通；水上运输四通八达，顺鄱阳湖入长江黄金水道，上连武汉，下接上海。尤其是随着鄱阳湖生态经济区和"大九江"建设的深入推进，星子发展的机遇越来越多，优势越来越大。

（四）党委政府大力支持

星子县委、县政府的高度重视，更是促进了球类产业的发展。特别是这几年"旅游兴县、强工兴城"重要发展战略目标的确定，连续出台了《加快工业发展的若干意见》、《星子县投资优惠及奖励办法》等一系列文件，都把体育用品产业列为星子主导产业推进发展，并将于近年内制定球类产业集群发展意见，说明政府对做大体育用品产业发展的决心。

三、星子体育用品产业集群发展面临的问题

（一）产业链条延伸不够广

星子是个工业小县，工业一直都是星子的短板，工业总量在九江市排位中处于靠后的位置。虽然通过近年的发展，与自身相比，各项指标增速有所加快，但星子工业仍没有顶天立地的大企业，也没有有力支撑的大产业，还处在产业散、规模小的状态。目前真正投产达效的只有思麦博，但思麦博产品主要是以充气球类如篮球、足球、排球为主，其产品的原材料全部需要去外地采购，在星子本地没有原材料生产商，其产品销售也是出口外销，本地没有厂商能够收购，无法形成产、供、销一条龙发展，上下游配套不到位。

（二）体育用品产业规划尚未出台

2013年，星子县完成规模以上工业主营业务收入154亿元，按照拼搏500亿元的目标要求，要在4年内增加350亿元，也就是需要年均增加近90亿元、年均增长36%，今后几年，星子工业发展的任务之重、压力之大，前所未有。目前落户星子县的体育用品产

业项目并不多,没有形成集群发展的效益,体育用品产业集群发展目前还未完全实现,也没有制定具体的球类产业发展规划,要想完成决战工业目标任务,实现产业集群发展,难度较大。

(三) 工业用地指标不足

星子县 2013 年的工业用地指标只有 300 亩,2014 年通过政府积极争取,省里给了 350 亩的工业用地指标。但球类产业是一个劳动密集型的产业,需要的员工较多,生产流水线也较多较长,随便一个效益好的项目需要的土地都是百亩以上,但星子县的用地指标有限,如果全给了体育用品产业,其他的工业企业将无地可供,对星子县的招商引资将是致命打击。

(四) 企业用工难以保障

随着近几年国家政策的调整,越来越多的人选择自主创业,选择进厂打工的越来越少,特别是沿海地区甚至还出现了用工荒、高薪留工的现象。星子县有较多的自然风光,特别是靠近庐山,全县从事农家乐的人数较多,其他成年劳动力要么自己创业,要么外出打工,导致县部分企业也出现了用工荒,特别是随着近年来劳动力价格的上涨,招工难也成了新问题。

四、体育用品全球价值链的价值分析

随着经济全球化的深入,体育用品全球价值链中的各个价值增值环节在形式上可以看作是一个连续的过程,但在空间范围内却离散地分布于世界各地体育用品产业集群里。这种离散分布的结果是体育用品全球价值链的价值,并非均匀地分布于价值链的各个环节上,而是根据产业集群所拥有的比较优势以及嵌入价值链中的地位,高低不等的附加在各个片段上。这说明,区域体育用品产业集群的升级不仅要了解所处产业的价值来源,而且要准确把握所处产业价值链各价值环节的分布情况。然后,对比区域体育用品产业集群获取价值的现状,根据集群自身的优势,找出体育用品产业价值链的"战略性环节",嵌入其中实现升级。

当前,体育用品全球价值链链条长、影响范围广,主要进行着从研发设计、加工制造、销售到品牌等不同环节的增值活动。体育用品研发设计环节处于价值链上游,与下游销售环节、品牌环节相比,它对资金的要求并不是最高的,具有中偏上等价值利润,属于技术密集型环节。虽然研发设计环节不是价值链中附加值最高的环节,但它决定着销售与品牌的成功与否。体育用品加工制造环节居于价值环节的中游,对资本和技术的要求不高,属于劳动密集型环节,这也是为什么我国大多数体育用品生产企业能嵌入全球价值链的原因。销售和品牌环节居于价值链的下游,凝聚了价值链的大部分附加值,但需要充裕的资金与技术作为支撑,因而属于资本和技术密集型环节(见图1)。

综上所述,星子县体育用品产业集群,利用劳动力资源比较优势,立足生产环节,嵌入了体育用品全球价值链。正因其进入门槛低,所以在生产环节的竞争异常激烈,而且在此环节可获取的价值收益却日益减少,因而集群面临升级的压力就日益增大。要想实现在

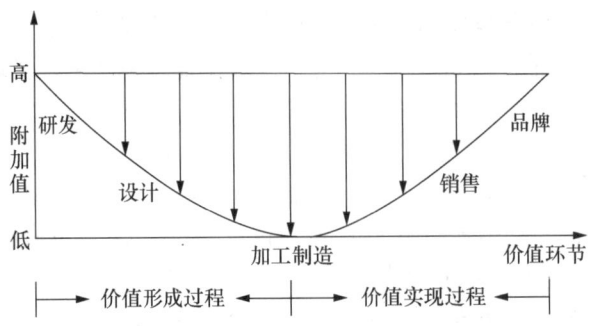

图 1　体育用品全球价值链

全球价值链上的升级，必须通过创新进而嵌入到全球价值链的高端环节中去，攫取价值链中的经济租金，获得更高价值来源。同时，保证集群自身所处价值环节对其竞争者来说具有较高的、持久的、坚固的进入壁垒，来应对处于价值链中的其他竞争者。

五、星子体育用品产业集群发展的对策

（一）制定产业集群发展规划

一个产业要获得较好的发展，政府必须科学引导。星子县以科学发展观为指导，结合本地实际情况，从实际状况出发，充分考虑国际国内及区域经济发展态势，对球类产业发展的定位、产业体系、产业结构、产业链、空间布局、经济社会环境影响、实施方案等做出三年以上的科学计划。在明确球类产业规划的前提下，为主导产业、跟随产业和支撑产业的发展进行详细规划，理清产业的发展次序，解决产业聚集的关键问题，形成产业集群所必需的产业生态圈。以九江思麦博为龙头，强力进行球类产业招商引资，对球类产业上下游进行配套，完善产业链条。搭好产业发展平台，明确县工业园区为球类产业发展基地，把平台建设作为加快工业发展的有效载体，继续加大园区基础设施投入，搞好园区路网、污水管网等基础设施，筑巢引凤。

（二）积极争取工业用地指标

通过"增减挂"、低丘缓坡、废弃工矿试点、包装重点项目等途径，争取更多用地指标，为球类企业落户提供用地保障。强化上下对接、左右衔接，做好省、市重点（大）项目申报工作，积极向上争取球类产业用地指标，着力破解土地瓶颈，为打造球类产业集群发展提供坚实的要素保障。积极研究出台工业企业供地政策，做到企业用地与投资强度、产值、税收挂钩。推行集约节约用地，通过复垦、土地整治、土地增减挂钩、新农村建设等，增加建设用地指标。实行全县一盘棋，在内部建立建设用地指标购买或指标效益分成等激励机制，建设规划、工业园、商务等部门加强项目建设规划的把关，能建多层厂房的一律建多层厂房，提高土地利用率。

（三）多方入手保障企业用工

建立以劳动保障部门为主体，乡镇、园区和招商引资单位为补充的企业招工服务机制。走出去招工，积极与都昌、鄱阳等劳务输出大县和四川、贵州等劳务输出大省建立联系，帮助企业发布招工信息，进一步加强与南昌金手指劳务派遣有限公司签订劳务派遣协议，切实帮助企业解决招工难；相关部门和企业之间加强沟通协调，根据企业的用工需求，结合"金蓝领工程"、"阳光工程"等民生项目，加大适用人才培训力度，解决技术工种招聘难题；企业要强化人本理念，不断提高员工待遇，改善员工工作和生活环境，保障员工合法权益，政府加大公租房建设力度，确保务工人员"招得进、用得上、留得住"。

（四）加大招商引资力度

特别是加大体育用品、球类产业招商引资力度，积极参加体育用品类的推介会、博览会，充分利用全国性的平台进行球类产业招商推介，以"招大引强"为目标，力争多引进球类产业配套项目，完善球类产业集群发展；强化产业招商，产业招商必须要拥有充分的产业发展氛围和充足的产业发展资源。星子县以参加中国体育用品博览会为契机，通过九江思麦博运动器材有限公司牵线搭桥，以商招商，以企业客商带动招商，与多名体育用品生产企业客商进行洽谈，多家体育用品生产企业有在星子投资意向。开展"财企惠贷通"融资模式，积极为园区企业搭建融资平台，为球类企业发展给予资金政策等各方面的扶持。增强星子筹办大规模的体育盛事的能力，进一步扩大星子体育产业知名度。

（五）优化政务服务环境

进一步强化服务意识，简化办事程序，提高工作效率，创造有利于企业发展的政务环境。加强行政服务中心管理。严格执行"两集中、两到位"，所有进驻行政服务中心的单位做到"人员到位、授权到位、限时办结"优化审批流程，对所有审批事项进行流程再造，变串联审批为并联审批，尽量简化内部流程。对互为前置条件的审批事项，通过项目审批联席会议制度，实行同时审批。成立了行政审批代办中心，切实落实行政审批"代办制"，方便企业办事。严肃查处"强揽工程、吃拿卡要、推诿扯皮"等影响发展环境的问题，真正把企业的发展当做分内的事情，帮扶企业发展。

图书在版编目（CIP）数据

2015年江西产业集群发展报告/江西经济管理干部学院，江西省工业和信息化委员会. —北京：经济管理出版社，2015.4

ISBN 978-7-5096-3699-2

Ⅰ.①2… Ⅱ.①江…②江… Ⅲ.①产业经济—经济发展—研究报告—江西省—2015 Ⅳ.①F127.56

中国版本图书馆CIP数据核字（2015）第060964号

组稿编辑：杜　菲
责任编辑：杜　菲
责任印制：黄章平
责任校对：超　凡　王纪慧

出版发行：经济管理出版社
（北京市海淀区北蜂窝8号中雅大厦A座11层　100038）
网　　址：www.E-mp.com.cn
电　　话：（010）51915602
印　　刷：三河市海波印务有限公司
经　　销：新华书店
开　　本：787mm×1092mm/16
印　　张：21.25
字　　数：528千字
版　　次：2015年4月第1版　2015年4月第1次印刷
书　　号：ISBN 978-7-5096-3699-2
定　　价：88.00元

·版权所有　翻印必究·
凡购本社图书，如有印装错误，由本社读者服务部负责调换。
联系地址：北京阜外月坛北小街2号
电话：（010）68022974　　邮编：100836